MBA MPA MPAcc
管理类与经济类综合能力

写作真题库

主编 张乃心　早年真题范文精选

北京理工大学出版社
BEIJING INSTITUTE OF TECHNOLOGY PRESS

版权专有　侵权必究

图书在版编目（CIP）数据

MBA MPA MPAcc 管理类与经济类综合能力写作真题库：函套 2 册 / 张乃心主编 . -- 北京：北京理工大学出版社，2024.7.
ISBN 978 - 7 - 5763 - 4387 - 8

Ⅰ. H15-44

中国国家版本馆 CIP 数据核字第 2024B6E714 号

责任编辑：武丽娟　　**文案编辑**：武丽娟
责任校对：刘亚男　　**责任印制**：李志强

出版发行 / 北京理工大学出版社有限责任公司
社　　址 / 北京市丰台区四合庄路 6 号
邮　　编 / 100070
电　　话 /（010）68944451（大众售后服务热线）
　　　　　（010）68912824（大众售后服务热线）
网　　址 / http://www.bitpress.com.cn

版 印 次 / 2024 年 7 月第 1 版第 1 次印刷
印　　刷 / 天津市蓟县宏图印务有限公司
开　　本 / 787 mm × 1092 mm　1/16
印　　张 / 26.5
字　　数 / 661 千字
定　　价 / 99.80 元

图书出现印装质量问题，请拨打售后服务热线，负责调换

目录 Contents

上篇 早年论证有效性分析真题及精选范文 1

早年管理类论证有效性分析真题及精选范文 2
- 2012 年管理类论效（气候变化）.................... 2
- 2011 年管理类论效（股市赚钱）.................... 5
- 2010 年管理类论效（世界是平的）.................... 8
- 2009 年管理类论效（知识就是力量）.................... 12
- 2008 年管理类论效（中医科学性）.................... 14
- 2007 年管理类论效（诺贝尔经济学奖）.................... 16
- 2006 年管理类论效（航空公司订单）.................... 18
- 2005 年管理类论效（MBA 教育）.................... 20
- 2004 年管理类论效（公关公司）.................... 22
- 2003 年管理类论效（蜜蜂苍蝇实验）.................... 24
- 2002 年管理类论效（运动与看电视）.................... 25

MBA（10月）论证有效性分析真题及精选范文 26
- 2013 年 10 月论效（勤俭节约）.................... 26
- 2012 年 10 月论效（四不承诺）.................... 28
- 2011 年 10 月论效（个人所得税）.................... 30
- 2010 年 10 月论效（猴群实验）.................... 32
- 2009 年 10 月论效（民主集中制）.................... 35
- 2008 年 10 月论效（官员选拔标准）.................... 37
- 2007 年 10 月论效（终身制和铁饭碗）.................... 38
- 2006 年 10 月论效（经济与丑闻）.................... 40
- 2005 年 10 月论效（洋快餐发展）.................... 41
- 2004 年 10 月论效（与老虎赛跑）.................... 43

早年经济类论证有效性分析真题及精选范文

- 2021 年经济类论效（根治诈骗） ... 44
- 2020 年经济类论效（金融机构） ... 46
- 2019 年经济类论效（AlphaGo） ... 48
- 2018 年经济类论效（市场竞争） ... 50
- 2017 年经济类论效（市场规模） ... 52
- 2016 年经济类论效（结婚证书） ... 54
- 2015 年经济类论效（互联网大会） ... 56
- 2014 年经济类论效（高考改革） ... 58
- 2013 年经济类论效（黄金周） ... 60
- 2012 年经济类论效（迁都） ... 62
- 2011 年经济类论效（汉语能力测试） ... 64

下篇 早年论说文真题及精选范文 ... 67

早年管理类论说文真题及精选范文

- 2012 年管理类论说（十力语要） ... 68
- 2011 年管理类论说（拔尖冒尖） ... 70
- 2010 年管理类论说（追求真理） ... 73
- 2009 年管理类论说（三鹿奶粉） ... 76
- 2008 年管理类论说（原则与原则上） ... 78
- 2007 年管理类论说（南极司各脱） ... 79
- 2006 年管理类论说（和尚挑水） ... 81
- 2005 年管理类论说（丘吉尔的决策） ... 83
- 2004 年管理类论说（旅行者和三个人） ... 85
- 2003 年管理类论说（未考） ... 87
- 2002 年管理类论说（压力） ... 88
- 2001 年管理类论说（成功女神） ... 90
- 2000 年管理类论说（毛泽东周谷城） ... 91
- 1999 年管理类论说（画一天卖一年） ... 93
- 1998 年管理类论说（儿童高消费） ... 94
- 1997 年管理类论说（洋招牌） ... 96

MBA（10 月）论说文真题及精选范文

- 2013 年 10 月论说（实现中国梦） ... 97
- 2012 年 10 月论说（3G 和 4G 时代） ... 101

2011 年 10 月论说（地委书记种树） 103
2010 年 10 月论说（荣钢集团捐款） 105
2009 年 10 月论说（牦牛群） 107
2008 年 10 月论说（卷柏） 109
2007 年 10 月论说（眼高手低） 111
2006 年 10 月论说（可口可乐） 113
2005 年 10 月论说（一首小诗） 115
2004 年 10 月论说（滑铁卢战役） 117
2003 年 10 月论说（读经读史） 119
2002 年 10 月论说（易经） 121
2001 年 10 月论说（相马赛马） 122
2000 年 10 月论说（幼儿园） 123
1999 年 10 月论说（领导者素质） 125
1998 年 10 月论说（下棋） 126
1997 年 10 月论说（格言） 127

早年经济类论说文真题及精选范文 128
2021 年经济类论说（食蚁兽） 128
2020 年经济类论说（退休老人马旭） 130
2019 年经济类论说（毛毛虫实验） 132
2018 年经济类论说（教授穿金戴银） 135
2017 年经济类论说（穷人福利） 137
2016 年经济类论说（延迟退休） 140
2015 年经济类论说（取乎其上） 144
2014 年经济类论说（勇气） 145
2013 年经济类论说（尚拙） 146
2012 年经济类论说（抢购茅台） 147
2011 年经济类论说（蚁族） 149

附　录　论说文真题分类 151

专题一　按照材料类型分类 153
类型一　故事类型 153
类型二　说理类型 160
专题总结 168

专题二　按照价值取向分类 169
类型一　题干价值取向单一 169
类型二　题干价值取向不单一 175
专题总结 183

专题三　按照行文主体分类 184
类型一　题干中有特定主体 184
类型二　题干中无特定主体 194
专题总结 198

专题四　按照行文结构分类 199
类型一　A 好 /A 不好 199
类型二　A 促 B 208
类型三　A 更好 209
类型四　A、B 可共存 /A、B 相辅相成 211
类型五　A 和 B 好 /A、B 缺一不可 212
专题总结 213

专题五　按照理由类别分类 214
类型一　努力更大更强 214
类型二　借助外力规避风险 220
类型三　非借助外力规避风险 221
类型四　克制欲望 222
类型五　让别人开开心心 224
类型六　教育相关 226
类型七　个人素质相关 227
类型八　其他 229
专题总结 231

管理类综合能力考试论说文真题分类速查 232

MBA 综合能力考试（10 月）论说文真题分类速查 234

经济类综合能力考试论说文真题分类速查 235

上篇

早年论证有效性分析真题及精选范文

早年管理类论证有效性分析真题及精选范文

2012年管理类论效（气候变化）

地球的气候变化已经成为当代世界关注的热点。这一问题看似复杂，其实简单。只要我们运用科学原理——如爱因斯坦的相对论——去对待，也许就会找到解决这一问题的方法。

众所周知，爱因斯坦提出的相对论颠覆了人类关于宇宙和自然的常识性观念。不管是狭义相对论还是广义相对论，都揭示了宇宙间事物运动中普遍存在的相对性。

既然宇宙间万物的运动都是相对的，那么我们观察问题时也应该采用相对的方法，如变换视角等。

假如我们变换视角去看一些问题，也许会得出和一般常识完全不同的观点。例如，我们称之为灾害的那些自然现象，包括海啸、地震、台风、暴雨等，其实也是大自然本身的一般现象而已，从大自然的视角来看，无所谓灾害不灾害。只是当它损害了人类利益、危及了人类生存的时候，从人类的视角来看，我们才称之为灾害。

假如再变换一下视角，从一个更广泛的范围来看，连我们人类自己也是大自然的一部分。既然我们的祖先是类人猿，而类人猿正像大熊猫、华南虎、藏羚羊、扬子鳄乃至银杏、水杉、五针松等一样，是整个自然生态中的有机组成部分，那为什么我们自己就不是呢？

由此可见，人类的问题就是大自然的问题，即使人类在某一时期部分地改变了气候，也还是整个大自然系统中的一个自然问题。自然问题自然会解决，人类不必过多干预。

📖 考试大纲官方解析[①]

本题的论证主要存在如下问题：

1.把爱因斯坦的相对论理解为宇宙间事物运动中普遍存在的相对性，是对相对论的误解，不能作为论据。

2.由"宇宙间万物的运动都是相对的"得出"观察问题时也应该采用相对的方法，如变换视角等"，不能成立，类比不当。

3.从大自然的视角否认自然灾害，与人类关注的气候问题不是同一个问题，偏离了论题，因此无法作为文章的论据。

4.类人猿是整个自然生态中的有机组成部分，不能由此推论出人类也是自然生态中的有机组成

[①] 2009年及以前的管理类综合能力考试、全部的MBA综合能力考试（10月）和2021年及以前的经济类综合能力考试的论证有效性分析真题没有官方的考试大纲解析。故本册仅2010—2012年管理类综合能力考试的论效真题中包含该模块。

部分，因为"祖先"具有的性质，后代未必具有。

5.由人类是"整个自然生态中的有机组成部分"，推不出"人类的问题就是大自然的问题"，因为部分具有的性质，整体未必具有。

6.通常所说的"人类"是相对于"自然"的一个概念，我们所指的大自然是相对于人类社会而言的，不能把自然和人类社会混为一谈。

7.既然"人类的问题就是大自然的问题"，那么人类的干预也就是大自然的问题，这和"人类不必过多干预"的结论相矛盾。

参考范文

参考范文一

由气候变化问题引发的论证合理吗？

材料围绕气候变化问题展开了一系列论证，然而由于其论证过程存在诸多缺陷，其结论令人难以信服。

首先，由"宇宙间万物的运动都是相对的"得不到"我们观察问题时也应该采用相对的方法"这一结论。"宇宙万物的运动"和"我们观察问题的方法"是两个概念。前者指的是一种物理现象，而后者指的是一种看待问题的方法，二者不可相提并论。

其次，"只有自然现象损害了人类利益，我们才称之为灾害"的推理并不必然。在远古时期，地球环境的变化导致恐龙灭绝；在近代，一些极端自然现象导致某些海洋生物灭绝。这些我们也称之为自然灾害。自然灾害的范围很广，并不是只有损害了人类利益的自然现象才被称为自然灾害。

再次，"我们的祖先类人猿是自然生态中的有机组成部分"并不意味着"我们自己就是自然生态中的有机组成部分"。我们的祖先类人猿并没有像我们一样建立城镇、发展科技，它们和普通的动物相似，生活在山林之中。类人猿是自然生态中的有机组成部分，但是我们不一定是。

最后，"人类的问题就是大自然的问题，自然的问题自然会解决，人类不必过多干预"是自相矛盾的。既然人类的问题是大自然的问题，那么人类的干预也是大自然的问题，这与"人类不必过多干预"的结论相矛盾。何来自然的问题自然会解决，不需要人类干预呢？

综上所述，若想得出材料结论，上述论证还需要进一步完善。

参考范文二

关于气候变化的论证合理吗？

材料由"气候变化"引出了一系列的论证，该论证过程看似合理，实则存在诸多缺陷。

首先，"宇宙间万物的运动都是相对的"不能说明"观察问题时也应该采用相对的方法"。一方面，物体运动的相对是指物质之间的相对关系，而相对方法指的是观察问题时所采取的相对应的方式，二者的概念并不相同；另一方面，物质运动是客观的，而观察问题是主观行为，二者不可类比。

其次，并不是只有损害了人类利益的自然现象才被称为自然灾害。自然灾害不仅包括威胁人类生存的自然现象，还包括损害动植物或者地质地貌的自然现象，如陨石撞击地球、山体滑坡等。

再次，类人猿是自然生态中的有机组成部分不代表人类也如此。类人猿是人类的祖先，祖先所具有的某些特性后代未必具有。比如，类人猿善于臂行，而人类是直立行走。

最后，材料前文说人类的问题就是自然的问题，后文又说自然的问题自然解决，人类不必过多干预。既然人类的问题是自然的问题，那么人类解决的问题是不是也就等同于自然解决的呢？更何况人类在面对灾难的时候难道要无动于衷吗？论证之间相互矛盾，材料还需要提供更为充足的论证来支撑观点。

综上，材料对于"气候变化"的相关论证存在诸多逻辑缺陷，其结论难以必然成立。

2011年管理类论效（股市赚钱）

如果你要从股市中赚钱，就必须低价买进股票，高价卖出股票，这是人人都明白的基本道理。但是，问题的关键在于如何判断股价的高低。只有正确地判断股价的高低，上述的基本道理才有意义，否则就毫无实用价值。

股价的高低是一个相对的概念，只有通过比较才能显现。一般来说，要正确判断某一股票的价格高低，唯一的途径就是看它的历史表现。但是，有人在判断当前某一股价的高低时，不注重股票的历史表现，而只注重股票今后的走势，这是一种危险的行为。因为股票的历史表现是一种客观事实，客观事实具有无可争辩的确定性；股票的今后走势只是一种主观预测，主观预测具有极大的不确定性。我们怎么可以只凭主观预测而不顾客观事实呢？

再说，股价的未来走势充满各种变数，它的涨和跌不是必然的，而是或然的，我们只能借助概率进行预测。假如宏观经济、市场态势和个股表现均好，它的上涨概率就大；假如宏观经济、市场态势和个股表现均不好，它的上涨概率就小；假如宏观经济、市场态势和个股表现不相一致，它的上涨概率就需要酌情而定。由此可见，要从股市获取利益，第一是要掌握股价涨跌的概率，第二还是要掌握股价涨跌的概率，第三也还是要掌握股价涨跌的概率。掌握了股价涨跌的概率，你就能赚钱；否则，你就会赔钱。

📖 考试大纲官方解析

本题的论证主要存在以下问题：

1. "要从股市中赚钱"，"关键在于如何判断股价的高低"。"股价的高低"和"股价的涨跌"是两个概念，不能混为一谈。

2. "要正确判断某一股票的价格高低，唯一的途径就是看它的历史表现。"其实，历史表现只是判断某一股价高低的依据之一，而不是唯一的依据。文章忽视了其他因素。

3. 主观预测是根据历史表现的客观事实做出的，主观预测也可能和客观事实相一致。因此，不能全然否认主观预测的合理性。

4. "要从股市获取利益"，只要"掌握股价涨跌的概率"，也就是"只能借助概率进行预测"，这与上文反对"只凭主观预测"自相矛盾。

5. 掌握了股价涨跌的概率就能赚钱，这一判断过于绝对。掌握了股价涨跌的概率有可能赚钱，但也有可能赔钱。因为小概率的暴跌所造成的损失，有可能抵消或超过大概率的微涨所带来的收益。

📖 **参考范文**

参考范文一

<h3 style="text-align:center">掌握股价涨跌概率未必能赚钱</h3>

材料通过对股价涨跌的一系列分析，试图论证"掌握股价涨跌概率就能赚钱"的观点，然而，其论证过程存在诸多逻辑谬误，现分析如下。

首先，判断股价高低时，看股票的历史表现并不是唯一途径。股票价格与公司经营情况密不可分，其变化会受宏观经济形势、整体行业发展、国家政策扶持等多种因素影响。利好消息往往能促进股价在短期内大幅上涨，故如果只看股票的历史表现，可能会在实际投资过程中错失良机。

其次，不应将客观事实与主观预测相对立。客观事实是基于股票历史表现而呈现的事实，重视客观事实无可厚非，但主观预测也同样是基于股票历史表现、宏观经济发展、同类股票走势等多种因素而做出的科学合理的预判，二者是相辅相成的。脱离了历史表现，主观预测可能会成为没有根据的空想；而没有主观预测，客观事实便失去了用武之地，故我们不可以将二者的关系割裂来看。

再次，材料前文指出"判断股票价格的高低不应只凭主观预测"，后文又指出"股价的未来走势只能借助概率进行预测"。然而，借助概率本身就是一种主观预测，这与前文反对只凭主观预测自相矛盾。

最后，掌握股价涨跌概率也未必能赚钱。涨跌概率是基于历史数据的主观分析，代表的只是一种可能性，因股票受多种因素影响，我们并不能保证大概率事件一定发生，小概率风险一定能得以规避，故由或然性前提无法推出必然性结论，进而可以得出掌握股价涨跌概率也未必能赚钱。

综上，其论证难以让人信服。

参考范文二

<h3 style="text-align:center">只要正确判断股价涨跌概率就能赚钱吗？</h3>

材料通过一系列的论证，试图说明"只要正确判断股价的涨跌概率就能从股市中赚钱"这一结论，然而其论证过程存在诸多问题，现分析如下。

首先，材料混淆了"股价的高低"和"股价的涨跌"这两个概念。"股价的高低"是指某只股票在某个特定时间点的价格水平。"股价的涨跌"则表示股票价格的变动方向，通常用于描述股票价格的短期或长期趋势。

其次，判断某一股票价格的涨跌概率时，看它的历史表现并不是唯一的途径。不仅可以通过股票的历史走向来判断价格高低，还可以结合当时的社会环境、企业动态、行业走向等各个方面的信息综合判断某一股票的内在价值，通过其与市场价格的对比，可以得知价格是否存在高估、低估的现象。仅仅根据历史表现来判断股票价格高低的论证是令人难以信服的。

再次，材料认为凭借主观预测就是不顾客观事实，其实不然，股票的今后走势虽然是主观预测，但其也是基于大量的客观事实做出的预测。换句话说，主观预测的走势是基于客观事实的延伸,所以材料认为凭借主观预测就是不顾客观事实的结论有待商榷。

最后,材料认为掌握了股票涨跌的概率就能赚钱,否则就会亏钱,该论证失之偏颇。掌握了股票涨跌概率并不代表股民们能够把握好买卖股票的时机从而获利。同样,没有掌握股票的涨跌概率并不表示股民会在股票市场亏本,股民在股票市场中有可能是一种保本状态。故材料的论证是不完善的。

综上所述,材料在论证过程中存在诸多逻辑缺陷,因此,"只要正确判断股价高低就能从股市中赚钱"的结论是值得商榷的。

参考范文三

掌握了股价涨跌的概率就能稳赚不赔吗?

现代社会中许多人都将投资股市作为生财之道,然而,材料基于一系列有缺陷的论证就盲目得出掌握股价涨跌的概率就能赚钱的结论,很明显这一结论是值得商榷的。

首先,低价买进股票并高价将其卖出确实是从股市中赚钱的一种十分常见的方法,但这并不是唯一的途径。我们都知道,对于投资者来说,被投资公司还会给其带来股息分红或因被投资公司价值增值带来的资本溢价等投资性收益。故该论证显然难以令人信服。

其次,判断某一股票价格高低的方法有许多。例如,依据各种技术指标如K线图或MACD指标等,可以判断该股票短期内是否具有上涨空间,或是通过宏观基本面分析原理来判断该上市公司是否具有增值潜质,从而判断其股票价格的高低。而股票的历史表现并不是判断股价的唯一途径,只依据股票的历史表现往往会使投资者做出错误判断。

再次,股票的未来走势并不是完全盲目的主观预测,而是投资者或机构依据多方信息和借助各种技术指标分析而得出的预测走势。因此,虽然它具有一定的不确定性,但仍然具有较高的参考价值。在现实生活中也不乏凭借自己超高的分析技巧和信息处理能力在股市中获利的人。

最后,掌握股价涨跌的概率就一定能稳赚不赔吗?答案显然是否定的。影响股价的因素有许多,诸如市场供求关系、整体经济状况、投资者手中的闲置资金数量或有无政府及其他大机构出手干预市场等,这些不确定性因素都会影响股票收益。

综上,材料的结论难以让人信服。

2010年管理类论效（世界是平的）

美国学者弗里德曼的《世界是平的》一书认为，全球化对当代人类社会的思想、经济、政治和文化等领域产生了深刻影响。全球化抹去了各国的疆界，使世界从立体变成了平面，也就是说，世界各国之间的社会发展差距正在日益缩小。

"世界是平的"这一观点，是基于近几十年信息传播技术迅猛发展的状况而提出的。互联网的普及、软件的创新使海量信息迅速扩散到世界各地。由于世界是平的，穷国可以和富国一样在同一平台上接受同样的最新信息。这样就大大促进了穷国的经济发展，从而改善了它们的国际地位。

事实也是如此。所谓"金砖四国"国际声望的上升，无不得益于它们的经济成就，无不得益于互联网技术的发展。特别是中国经济的起飞，中国在世界上的崛起，无疑也依靠了互联网技术的普及，同时也可作为"世界是平的"这一观点的有力佐证。

毋庸置疑，信息传播技术革命还远未结束，互联网技术将会有更大的发展，人类社会将会有更惊人的变化。可以预言，由于信息技术的迅猛发展，世界的经济格局与政治格局将会发生巨大的变化，世界最不发达国家和最发达国家之间再也不会让人有天壤之别的感觉，非洲大陆将会成为另一个北美。同样也可以预言，由于中国的信息技术发展迅猛，中国和世界一样，也会从立体变为平面，中国东西部之间的经济鸿沟将被填平，中国西部的崛起指日可待。

📖 考试大纲官方解析

本题的论证主要存在如下问题：

1. 该论证的出发点是美国学者的观点。美国学者的观点只是一家之言，把它作为论据缺乏充分的有效性。

2. 从"世界是平的"这一观点推论出"穷国可以和富国一样在同一平台上接受同样的最新信息"，缺乏事实依据的支撑。

3. 中国经济的起飞，不能仅仅归因于互联网技术的普及，国家的改革开放政策应该是更重要的原因。同样，世界经济格局与政治格局的变化也不能仅仅归因于信息技术的迅猛发展。

4. 互联网技术将会有更大的发展，这只是预测，要支持这一预测，尚需更充分的论证。

5. 要改变世界上最不发达国家和中国西部的现状，不仅需要现代信息技术，还需要其他条件。

6. 中国的国情和世界其他国家的情况不同，不能进行简单类比。

参考范文

参考范文一

世界真的是平的吗?

材料围绕"世界是平的"这一论点展开论述,其论证过程存在诸多逻辑缺陷,现分析如下。

首先,全球化的推进并不意味着各国发展差距在日益缩小。在全球化的浪潮下,各国应对机遇和挑战的能力不一样,它们的发展水平也有参差。实力薄弱的国家应对全球化所带来的风险的能力更差;而实力雄厚的国家应对全球化所带来的政治、经济、文化等方面的冲击的能力更强,其更能抓住发展机遇。因而各国之间的发展差距不但可能不会缩小,反而可能扩大。

其次,信息能扩散到世界各地并不代表穷国和富国能在同一平台上接受同样的最新信息。某些国家可能由于技术或政治原因存在信息壁垒,对外部信息接收迟缓。况且,穷国和富国接受同样的最新信息也不能说明二者有同等的处理和利用信息的能力。可能穷国的信息加工处理技术不如富国,如果富国利用信息优势打击穷国经济,这又如何能促进穷国的经济发展,进而改善穷国的国际地位呢?

再次,由中国崛起推不出世界其他各国也是相同的发展情况。中国经济的起飞不仅依赖于互联网技术的普及,还依赖于我国先进的社会主义市场经济制度、独有的人口红利等诸多因素。因此,不能由中国的发展情况来类推世界其他各国的发展情况,也不能把中国经济的起飞作为"世界是平的"的佐证。

最后,中国未必会从立体变为平面。因为信息技术发展迅猛并不能改变中国西部地区气候恶劣、深处内陆、交通欠发达等客观事实。由此预言中国东西部之间的经济鸿沟将会被填平,这一说法有些欠妥。

综上所述,材料通过存在诸多逻辑错误论证得出的"世界是平的"这一结论值得商榷。

参考范文二

世界真的是平的吗?

材料通过一系列论证,试图证明"世界是平的"的观点具有合理性,然而其论证看似合理,实则漏洞百出,现分析如下。

首先,全球化并没有抹去各国的疆界。即使在全球化的浪潮下,各国也是独立的主权国家。各国在维护本国利益的基础上互利互惠,以实现共赢,但是国家的疆界没有因此被打破。所以在此基础上推出"世界变平,各国发展差距缩小"的结论也难以成立。

其次,穷国和富国一样在同一平台上接受同样的最新信息,此举真的会促进穷国的经济发展吗?未必如此。穷国与富国的信息处理和运用能力存在很大差别。穷国将信息转化为生产力的能力远不及富国,而富国更可能会借此机会加剧榨取穷国的自然资源和廉价劳动力,从而出现"富国愈富,穷国愈穷"的"马太效应",不利于穷国的经济发展。

再次，将"金砖四国"国际声望的上升归因于经济成就和互联网技术的普及失之偏颇。教育的推广、人才储备的扩充、医疗卫生事业的发展、军事实力和政治外交能力的增强等都可能是"金砖四国"国际声望上升的原因。材料为佐证"世界是平的"这一观点而忽视其他因素，有误导之嫌。

最后，信息技术的迅猛发展并不意味着国家之间的发展差距会缩小。影响国家发展的因素除信息技术之外，还有教育、文化、地理、人口等其他因素。就像中国东西部之间的经济鸿沟一样，非洲和北美的差距也不是一朝一夕形成的，都是多个因素综合作用的结果。仅凭信息技术的发展来弥合差距，未免将问题过于简单化了。

综上所述，材料的论证存在诸多逻辑问题，"世界是平的"这一观点依然有待商榷。

参考范文三

世界是平的吗？

材料通过一系列论证，试图得出"世界是平的"这一结论，然而在其论证过程中存在诸多逻辑漏洞，现分析如下。

首先，全球化的推进并不意味着世界各国的社会发展差距正在缩小。因为很有可能穷国由于资源的缺失和各方面的局限性变得越来越穷，而富国因为其本身基础条件好，再加上全球化的助力，发展得越来越快，从而导致穷国和富国的差距越来越大。

其次，穷国和富国一样接受同样的最新消息就可以促进经济发展了吗？未必。接受消息不代表可以有效运用信息，若仅仅接受消息，但不能好好把握消息所带来的机遇，那么经济也难以发展。另外，国家经济是否能够得到发展还与人口、教育等因素密切相关，若是忽略这些方面的建设，那么国家的经济发展也难以得到保证。

再次，由"信息技术的迅猛发展"得不到"世界的经济格局与政治格局将会发生巨大的改变"这一结论。暂且不谈如今世界的经济与政治格局有多少是因为信息技术的发展而发生改变的，就算信息技术的发展对其产生了很大的影响，也难以由现在的情况预测未来的发展。

最后，中国未必会像世界一样从立体变为平面，中国东西部之间的经济鸿沟也未必会被填平。其一，中国与世界其他各国在人口、教育、文化背景及发展战略等各方面都存在差异，国家之间无法简单类比；其二，中国东西部之间的基础条件不同，仅由信息技术的发展推出中国东西部之间的经济鸿沟会被填平未免有些草率。

综上所述，材料的论证存在诸多逻辑缺陷，其结论难以必然成立。

参考范文四

由"世界是平的"所引发的论证合理吗？

上述材料中，由观点"世界是平的"引发了诸多论证，然而在其论证过程中存在诸多逻辑缺陷，现分析如下。

首先，全球化的推进并不意味着世界各国之间的社会发展差距正在缩小。因为全球化指的是各国间联系不断加强，使得各国间信息交流更为方便，而并非完全的"无疆界"发展。况且在全球化浪潮的影响下，各国应对机遇和挑战的能力各不相同，这也可能加大国与国之间的差距。

其次，穷国和富国接受同样的最新消息就能促进穷国的经济发展吗？其实不然。因为接受最新消息并不代表拥有处理最新消息的能力。穷国可能由于自身技术落后、资源受限，无法将信息的价值发挥到最大。况且国际地位是经济、军事、外交实力等各个方面的综合表现和整体反映，单是促进经济发展并不一定能提高国际地位。

最后，中国信息技术的迅猛发展不代表中国东西部之间的经济鸿沟会被填平。因为信息技术和经济发展不存在必然的因果关系。而且西部经济发展水平在一定程度上受制于地理位置、气候条件等客观因素，即使信息技术迅猛发展，也无法改变自然环境。

综上所述，材料的分析虽然看似有理，但其论证过程中存在诸多逻辑缺陷，因此其结论"世界是平的"也是值得商榷的。

2009年管理类论效（知识就是力量）

分析下面的论证在概念、论证方法、论据及结论等方面的有效性。600字左右。

1 000是100的10倍。但是当分母大到上百亿的时候，作为分子的这两个数的差别就失去了意义。在知识经济时代，任何人所掌握的知识，都只是沧海一粟。这使得在培养与选拔人才时，知识尺度已变得毫无意义。

现代网络技术可以使你在最短的时间内查询到你所需要的任何知识信息，有的大学毕业生因此感叹何必要为学习各种知识数年寒窗。这不无道理。传授知识不应当继续成为教育，特别是高等教育的功能。学习知识需要记忆。记忆能力，是浅层次的大脑功能。人们在思维方面的差异，不在于能记住什么，而在于能提出什么。素质教育的真正目标，是培养批判性思维与创造性思维能力。知识与此种能力之间没有实质性的联系，否则就难以解释，具备与爱因斯坦相同知识背景的人有的是，为什么唯独他发现了相对论。硕士、博士这些知识头衔的实际价值一再受到有识之士的质疑，道理就在这里。

"知识就是力量"这一曾经激励了几代人的口号，正在成为空洞的历史回声，这其实是时代的进步。

📖 参考范文

参考范文一

"知识就是力量"真的成为历史了吗？

材料通过一系列论证试图说明"知识就是力量已成为历史"，但由于其论证过程存在诸多缺陷，其结论难以必然成立，现分析如下。

首先，不能基于人所掌握的知识只是沧海一粟，就得出知识尺度在选拔人才时已毫无意义。对于评判标准，不应只看知识的数量，还应考虑质量。随着社会分工越来越细，对人才的需求也逐渐从综合性人才向专业性人才过渡，将知识作为评判标准能帮助企业选拔出精通某一领域的专业性人才。

其次，就算互联网能帮助人们高效地查询许多信息，也不能由此认为不用学习知识。一方面，互联网提供的信息是杂乱无章的，这需要我们对这些信息进行筛选、甄别，如果没有一定的知识储备，就很容易被其中的一些虚假信息所误导；另一方面，查询信息并不代表能有效利用信息，如果没有知识储备作支撑，即使查询到了信息也很难让其发挥作用。

再次，知识真的和批判性思维与创造性思维没有联系吗？其实不然。批判性思维与创造性思维并不是孤立存在的，而是以一定的知识为基础的。在积累一定量的知识后，我们才能从不同的角度分析问题，迸发新的想法。

最后，硕士、博士这些知识头衔的价值受到质疑并不能说明知识是无用的。因为人们质疑的原因可能是有些人的学术成就和论文质量与其所获得的头衔不匹配，而不是质疑知识本身的价值。

综上，材料的论证存在诸多逻辑缺陷，因此想要得到结论还需要进一步论证。

参考范文二

"知识就是力量"真的过时了吗？

材料通过强调能力的重要性试图否定知识的重要性，然而其整个论证过程中出现诸多逻辑缺陷，难以让人信服，现分析如下。

首先，分数的意义不仅仅在于其数值的大小，也在于其背后传递的数量关系等。当分母大到百亿时，虽然两个数的数值差异可以忽略不计，但依然传递着不同的数量关系，不可简单地认定其差别失去了意义。在此基础上，更无法将数字间的关系简单类比到知识尺度的关系上。

其次，个人所掌握的知识相对于知识总量来说是沧海一粟，不能说明知识尺度是毫无意义的。正所谓"术业有专攻"，每个人在社会中都扮演着不同的角色，各司其职。在这样的背景下，个人的事业发展更依赖于专业领域的知识储备，无须无所不知。可见，选拔人才时，知识尺度依然具有重要意义。

再次，查询知识不等同于掌握知识、运用知识。可以查询到的信息往往都是陈述性知识，然而知识的价值不仅仅在于描述"是什么"或者说明"为什么"，而应该凭借对知识的应用和再创造来解决现实问题，故"传授知识不应当继续成为教育，特别是高等教育的功能"的结论也有待商榷。

最后，"知识"与"批判性思维和创造性思维能力"间并非没有实质关联，批判性思维和创造性思维的发展本身就是基于对知识的理解和运用。知识是培养能力的基础，对知识的理解越深刻，技能越熟练，越有利于能力的发展，故强调培养能力的同时，不应否定知识的重要性。此外，也不能因为唯有爱因斯坦发现了相对论，就说明知识不重要。爱因斯坦成绩的取得恰恰是源于其扎实的基本功与强大的思维能力，若爱因斯坦一味地强调能力，而忽视专业知识的积累，则很难创立相对论。

综上，"知识就是力量"未必会成为空洞的历史回声。

2008年管理类论效（中医科学性）

下面是一段关于中医的辩论。请分析甲、乙双方的辩论在概念、论证方法、论据及结论等方面的有效性。600字左右。

甲：有人以中医不能被西方人普遍接受为理由，否定中医的科学性，我不赞同。西方人不能普遍接受中医是因为他们不理解中国的传统文化。

乙：世界上有不同的文化，但科学标准是相同的。科学研究的对象是普适的自然规律，因此，科学没有国界，科学的发展不受民族或文化因素的影响。将中医的科学地位不为西方科学界认可归咎于西方人不了解中国文化，是荒唐的。

甲："科学无国界"是一个广为流传的谬误。如果科学真的无国界，为什么外国制药公司会诉讼中国企业侵犯其知识产权呢？

乙：从科学角度看，现代医学以生物学为基础，而生物学又建立在物理、化学等学科的基础之上。但中医的发展不以这些学科为基础，因此，它与科学不兼容，这样的东西只能是伪科学。

甲：中医有几千年的历史了，治好了那么多人，怎么可能是伪科学呢？人们为什么崇尚科学？是因为科学对人类有用。既然中医对人类有用，凭什么说它不是科学？西医自然有长于中医的地方，但中医同样有长于西医之处。中医体现了对人体完整系统的把握，强调整体观念、系统思维，这是西医所欠缺的。

乙：我去医院看西医，人家用现代科技手段从头到脚给我检查一遍，怎么能说没有整体观念、系统思维呢？中医在中国居于主导地位的时候，中国人的平均寿命在古代和近代都只有三十岁左右；现代中国人平均寿命提高到七十岁左右，完全拜现代医学之赐。

参考范文

漏洞百出的中医科学性之辩

上述材料中，甲、乙围绕"中医是否具有科学性"的问题进行了一番辩论，然而，由于甲、乙各自的论证过程均存在诸多缺陷，二者各自的结论也都是值得商榷的。

首先，我们来看甲的论证。

一方面，甲混淆了"科学无国界"和"知识产权无国界"的含义。科学是指人类通过对事物的研究得出的普适规律；而知识产权属于商业范畴，受国家法律保护，是企业或个人拥有的无形资产。二者并不等同。

另一方面，甲基于"科学对人类有用""中医对人类有用"这两个前提就认定"中医是科学"，这显然是错误的，错误之处在于将所有对人类有用的东西都当作科学。然而，很多客观存在的事物，如空气、水等，对于我们来说都有着至关重要的作用，但是无所谓科学不科学。所以，甲的观点无法成立。

其次，我们来看乙的论证。

一方面，真如乙所说，西医从头到脚的检查方式就意味着其具有整体观念、系统思维了吗？答案显然是否定的。从头到脚检查一遍是一种行为方式，强调其注重细节、检查全面。而整体观念、系统思维则是一种思维方式，可以帮助人们更好地理解问题的本质、识别潜在的相互关系和影响，并制定综合性的解决方案。它关注的是整体的目标、价值和长远效果，而不仅仅是局部的细节和短期影响。因此，二者并不具有必然联系。

另一方面，现代中国人的平均寿命更长并非完全拜现代医学之赐。自然灾害、生活水平低等都可能导致过去的人平均寿命短。现代人的膳食条件和生活环境得到了极大的改善，人们对健康的重视程度也大幅提升，这些因素都对平均寿命的延长起到了不可忽视的作用。因此，乙的观点无法成立。

综上所述，甲、乙各自论证的结论都是难以让人信服的。

2007年管理类论效（诺贝尔经济学奖）

每年的诺贝尔奖，特别是诺贝尔经济学奖公布后，都会在中国引起很大反响。诺贝尔经济学奖的得主是当之无愧的真正的经济学家。他们的研究成果都经过了实践的检验，为人类社会发展，特别是经济发展做出了杰出的贡献。每当看到诺贝尔经济学奖被西方人包揽，很多国人在羡慕之余，更期盼中国人有朝一日能够得到这一奖项。

然而，我们不得不面对的现状却是，中国的经济学还远远没有走到经济科学的门口，中国真正意义上的经济学家，最多不超过5个。

真正的经济学家需要坚持理性的精神。马克斯·韦伯说：现代化的核心精神就是理性化，没有理性主义就不可能有现代化。中国的经济学要向现代科学方向发展，必须把理性主义作为基本的框架。而中国经济学界太热闹了，什么人都可以说自己是个经济学家，什么问题他们都敢谈。有的经济学家今天评股市，明天讲汇率，争论不休，莫衷一是。有的经济学家热衷于担任一些大型公司的董事，或在电视上频频上镜，怎么可能做严肃的经济学研究？

经济学和物理学、数学一样，所讨论的都是非常专业化的问题。只有远离现实的诱惑，潜心于书斋，认真钻研学问，才可能成为真正意义上的经济学家，中国经济学家离这个境界太远了。在中国的经济学家中，你能找到为不同产业代言的人，西方从事经济学研究最优秀的人不是这样的，这样的人在西方只能受投资银行的雇用，从事产业经济学的研究。一个真正的经济学家，首先要把经济学当作一门科学来对待，必须保证学术研究的独立性和严肃性，必须保持与"官场"和"商场"的距离，否则，不可能在经济学领域做出独立的研究成果。

说"中国真正意义上的经济学家，最多不超过5个"，听起来刻薄，但只要去看一看国际上经济学界那些最重要的学术刊物，有多少文章是来自中国国内的经济学家，就会知道这还是比较客观和宽容的一种评价。

参考范文

中国真正的经济学家不超过五个吗？

上述材料试图通过一系列论证得出"中国真正的经济学家不超过五个"的结论，然而，由于其论证过程存在一些漏洞，其结论的可信度是值得商榷的。

首先，担任大型公司董事或在电视上上镜的经济学家就一定做不好严肃的经济学研究吗？未必。担任大型公司董事可能会使经济学家更好地接触市场信息，更深入地研究市场经济，从而做出更贴合实际的严肃研究。在电视上上镜可能是对其研究内容的分析和推广，让研究成果接受群众的检验，反而能增强研究的严肃性。

其次，"只有远离现实诱惑，才能成为真正意义上的经济学家"的说法太过绝对。经济学的问题虽然专业化，但也与实际联系甚密，而且经济学不仅存在于金融领域，也存在于各个产业中，只潜心书斋或受雇于银行,可能会使经济学家的研究过于理论化,与实际情况不符。

再次,不与"官场"和"商场"保持距离,就不能做出独立的研究成果吗?未必。经济学与市场联系较为紧密,了解好"官场"和"商场",可能会帮助经济学家更好地了解国家经济导向与市场经济状况,经济学家据此进行深入的研究,可以得出更符合市场经济的研究成果。

最后,国内经济学家在国际学术刊物发刊不多,未必能代表中国真正的经济学家少。因为发刊情况只是衡量是否做好研究的标准之一,也可能存在很多人正在认真研究还尚未发表或其研究成果不符合刊物发表标准的情况,但这并不能代表其不是真正的经济学家。

综上所述,材料的论证过程存在一系列问题,因此其结论的可信度存疑。

2006年管理类论效（航空公司订单）

分析下面的论证在概念、论证方法、论据及结论等方面的有效性。600字左右。

在全球9家航空公司的140份订单得到确认以后，世界最大的民用飞机制造商之一——空中客车公司，于2005年10月6日宣布，将在全球正式启动其全新的A350远程客机项目。中国、俄罗斯等国作为合作伙伴，也被邀请参与A350飞机的研发与生产过程，其中，中国将承担A350飞机5%的设计和制造工作。

这意味着未来空中客车公司每销售100架A350飞机，就将有5架由中国制造。这表明中国经过多年艰苦的努力，民用飞机研发与制造能力得到了系统的提升，获得了国际同行的认可；这也标志着中国已经可以在航空器设计与制造领域参与全球竞争，并占有一席之地。由此可以看出，在经济全球化的时代，参与国际合作将带来双赢的结果，这也是提高我国技术水平和产业国际竞争力的必由之路。

参考范文

参考范文一

由A350远程客机项目引发的论证合理吗？

材料通过一系列论证得出"在经济全球化的时代，参与国际合作将带来双赢的结果"的结论，其论证过程看似严谨，实则漏洞百出。

首先，中国承担5%的飞机设计和制造工作并不意味着每销售100架飞机就有5架由中国制造。中国参与的可能不是整架飞机，而是飞机中某一部分的设计、制造，如机翼、座椅等。5%的设计和制造工作究竟是指"整机数量的5%"，还是"飞机零部件的5%"，论证者并没有说清楚，该论据自然也难以支持其结论。

其次，根据中国承担5%的飞机设计和制造工作不一定能够推出中国民用飞机研发与制造能力得到了系统的提升。如果中国只有能力制造飞机的某一零部件，而未拥有如发动机等核心部件的制造技术，那么声称中国的飞机制造技术得到了系统的提升未免过于牵强。

再次，即使每销售的100架飞机中确定有5架是由中国制造的，也难以推出中国的飞机制造能力获得了国际同行的认可。国外航空公司选择让中国参与飞机制造，可能是为了开发中国的民用航空市场，通过让中国参与设计，在中国"刷存在感"，以此拉近与中国乘客的距离，从而提升其在中国的市场份额，而未必是对中国技术层面的认可。

最后，不论参与国际合作是否真的会带来双赢，仅就提升中国技术水平和产业国际竞争力的途径而言，就不只有参与国际合作这一条，通过促进企业产业结构转型与升级、加大对企业技术研发的投入力度等途径也能达到目的。

综上所述，材料的论证存在诸多逻辑漏洞，其得出的结论也有待商榷。

参考范文二

参与国际合作将带来双赢吗？

材料通过一系列推理得出结论：参与国际合作将带来双赢的结果，这也是提高我国技术水平和产业国际竞争力的必由之路。其论证过程看似有理有据，实则漏洞百出，现择其要点分析如下。

首先，5%的飞机设计与制造工作未必就是指飞机数量的5%，很可能这5%的工作只是对飞机上某些零部件的设计与制造，而并非对飞机整体的制造。因此，每销售100架飞机就有5架是由中国制造的结论未必成立。

其次，中国承担5%的飞机设计和制造工作也不一定说明中国飞机的研发与制造能力得到了提升且获得了国际同行的认可。如果中国参与的是技术含量较低的设计与制造工作，那么很难说明中国飞机的研发与制造能力得到了提升。另外，中国的加工成本较低、产品性价比较高，若是因此才得以参加该项目，那么也未必获得了国际同行的认可。

再次，航空器所包含的范围非常广，民用飞机只是其中一种，还包括火箭、航天飞机、军用飞机等。即使中国民用飞机的设计与制造能力真的得到了提升且获得了国际同行的认可，但其在其他航空器的设计与制造方面仍处于起步阶段或是难以与其他国家比肩时期，那么"中国在航空器设计与制造领域占有一席之地"的结论恐怕也难以令人信服。

最后，国际合作与双赢之间没有必然的因果关联。国际合作成功与否取决于诸多复杂因素，不仅涉及经济，也涉及政治，想要取得双赢并非易事。另外，参与国际合作也并非提高中国技术水平和竞争力的必要条件，中国大可以加大资源投入，自主研发创新，如此同样可以提高科技水平。

综上所述，材料的推理过程存在诸多逻辑问题，其结论也是值得商榷的。

2005年管理类论效（MBA教育）

分析下面的论证在概念、论证方法、论据及结论等方面的有效性。600字左右。

没有天生的外科医生，也没有天生的会计师。这都是专业化的工作，需要经过正规的培训，而这种培训最开始是在教室里进行的。当然，学生们必须具备使用手术刀或是操作键盘的能力，但是他们首先得接受专门的教育。领导者则不一样，天生的领导者是存在的。事实上，任何一个社会中的领导者都只能是天生的。领导和管理本身就是生活，而不是某个人能够从教室中学来的技术。教育可以帮助一个具有领导经验和生活经验的人提高到更高的层次，但是，即使一个人具有管理天赋和领导潜质，教育也无法将经验灌入他的头脑。换句话说，试图向某个未曾从事过管理工作的人传授管理学，不啻试图向一个从来没见过其他人类的人传授哲学。组织是一种复杂的有机体，对它们的管理是一种困难的、微妙的工作，需要的是各种各样只有在身临其境时才能得到的体验。总之，MBA教育试图把管理传授给某个毫无实际经验的人不仅仅是浪费时间，更糟糕的是，它是对管理的一种贬低。

参考范文

MBA教育真的那么糟糕吗？

先天潜力与后天实践等的共同作用塑造了无数优秀的领导者，而材料却一味地强调领导者与生俱来的优势，忽视了领导者在后天实践过程中的收获，在此基础上展开了种种有缺陷的论证，得出的结论自然站不住脚。

首先，材料中过于绝对地认为领导者只能是天生的。实际上，领导行为和其他人类实践一样，是先天因素和后天因素的综合。天生的领导潜质的确会增加一个人成为领导者的可能性，但专业知识的储备并不是自然而然、天生就有的，而是需要在后天实践中积累的。如果你问领导者，他们是如何有今天这番成就的？他们可能不会说是生来就有这样独特的天赋，相反，他们会讲述自己努力成为优秀领导者的奋斗历程。同样，天生不具有领导潜质的人通过实践、奋斗、牺牲、努力工作和定期自我评估也可以成长为优秀的领导者。

其次，领导能力未必不可以从教育中获得。领导能力的内涵不仅包括领导者的个人魅力，也包括其所表现出来的管理能力。个人魅力可能很难通过教育获得，但战略布局、沟通协调等管理能力确实可以在受教育的过程中养成。如果不正视这一事实，盲目相信领导能力是由基因决定的，很可能会使人们不愿意主动努力学习，错失成为领导者的机会。

再次，材料中进行了不当比较，作为社会活动的一分子，即便是从未从事过管理工作的人也有过"被管理"的经验，他们在潜移默化中体验和观察着决策、沟通、协调等管理的基本过程。因此，将"向某个未曾从事过管理工作的人传授管理学"与"向一个从来没见过其他人类的人传授哲学"进行类比是不恰当的。

最后，MBA 学员并非毫无管理经验的人。大多数 MBA 学员都有多年的工作经验，甚至是管理经验，在此基础上无法认定 MBA 教育是浪费时间。MBA 教育的宗旨是培养具有管理理念和实际应用能力的学生，而非灌输知识。经验分析、案例分析作为 MBA 课程中的主要教学模式，能让没有任何管理经验的初学者将自己置于案例情境中，在间接经历中高效提升管理能力，所以不能轻率地认为 MBA 教育是对管理的一种贬低。

综上，经过理性的审视后，我们不难发现 MBA 教育也许并没有材料所说的那样糟糕。

2004年管理类论效（公关公司）

分析下面的论证在概念、论证方法、论据及结论等方面的有效性。600字左右。

目前，国内约有一千家专业公关公司。去年，规模最大的十家本土公关公司的年营业收入平均增长30%，而规模最大的十家外资公关公司的年营业收入平均增长15%；本土公关公司的利润率平均为20%，外资公司为15%。十大本土公关公司的平均雇员人数是十大外资公关公司的10%。可见，本土公关公司利润水平高、收益能力强、员工的工作效率高，具有明显的优势。

中国公关协会最近的调查显示，去年，中国公关市场营业额比前年增长25%，达到了25亿元；而日本约为5亿美元，人均公关费用是中国的十多倍。由此推算，在不远的将来，若中国的人均公关费用达到日本的水平，中国公关市场的营业额将从25亿元增长到300亿元，平均每家公关公司就有3 000万元左右的营业收入。这意味着一大批本土公关公司将胜过外资公司，成为世界级的公关公司。

参考范文

参考范文一

本土公关公司会成为世界级的公关公司吗？

材料通过一系列分析，试图得到"本土公关公司会成为世界级的公关公司"的结论。但其论证过程存在诸多漏洞，其结论有待商榷。

首先，规模最大的10家公关公司无法代表所有公关公司的水平。从数量上看，相对于国内的公关公司总量而言，10家公关公司占比不到1%，样本数量太小。此外，如果这10家公关公司做到了对行业的高度垄断，那么它们盈利的增长将会使其他公关公司的盈利下降，因此，这10家公关公司难以代表行业所有公关公司的水平。

其次，本土公关公司的营业收入增长率更高并不能说明它们的收益能力更强。评价收益能力，不仅要看相对数，也要比较绝对值。可能前年本土公关公司的营业收入数额远小于外资公关公司，那么本土公关公司30%的增长额在绝对值上就可能小于外资公关公司，外资公关公司的收益能力仍强于本土公关公司。

再次，中国公关市场和日本公关市场不可类比。中国人和日本人在消费观念上存在差异，中国人对公关产品的需求程度可能达不到日本人对公关产品的需求程度，并且中国人对公关费用的预算可能低于日本，达不到日本的消费水平，因此不应将中国公关市场和日本公关市场同等看待。

最后，中国公关市场的营业额达到300亿元与本土公关公司成为世界级的公关公司不存在必然的关系。中国公关市场中不仅有本土公关公司，还有外资公关公司。如果本土公关公司的服务质量差、价格贵、性价比低，那么消费者很可能更多地选择外资公关公司，使得本土公关公司的市场份额缩小，无法成为世界级的公关公司。

综上，材料的论证过程存在诸多问题，其结论也必然难以成立。

参考范文二

本土公关公司的前景有待考察

材料在论证过程中存在一些逻辑缺陷，得出本土公关公司有良好前景的结论有待商榷。

首先，规模最大的 10 家本土公关公司的运营特点和优势并不能代表整个国内本土公关行业的市场状况。如果行业发展成寡头垄断的形势，资源掌握在少数公关公司的手中，最后形成赢家通吃的局面，那其他本土公关公司又谈何发展优势呢？

其次，衡量本土公关公司是否具有优势并不能只看公司的利润水平、收益能力、员工的运营效率等财务数据和经营数据。公关公司是否具有能够长期良性发展的优势，还需要看其市场开拓度等。如果公关公司的市场开拓不成熟，即便其数据十分完美，公司在发展上也很可能不具有优势。

再次，中国公关市场的发展未必带来本土公关公司的营业额增长。随着人们的公关需求的增加，他们往往会倾向于寻找优质的公关公司。中国本土公关公司本身的发展便稍稍滞后于外资公关公司，其资源整合能力、体系成熟度等方面总体来说也要稍逊一筹。如果外资公关公司看准了中国公关市场，想要抢占中国公关市场份额，则本土公关公司的发展处境会愈加艰难。

最后，平均每家公关公司的营业收入增长 3 000 万元就意味着有一大批本土公关公司可以超越外资公关公司成为世界级的公关公司了吗？恐怕未必。随着市场的发展和成熟，外资公关公司的营业收入自然不会原地踏步，它们很有可能并举中国和海外两个市场，凭借其成熟的发展体系依旧保持公关行业的"领头羊"地位。而本土公关公司虽然收入增长，却可能依旧只是行业中的普通公关公司。

综上所述，材料对本土公关公司前景的预测难以让人信服。

2003年管理类论效（蜜蜂苍蝇实验）

下文摘编于某杂志的一篇文章。分析下面的论证在概念、论证方法、论据及结论等方面的有效性。600字左右。

把几只蜜蜂和苍蝇放进一只平放的玻璃瓶，使瓶底对着光亮处，瓶口对着暗处。结果，有目标地朝着光亮拼命扑腾的蜜蜂最终衰竭而死，而无目的地乱窜的苍蝇竟都溜出细口瓶颈逃生。是什么葬送了蜜蜂？是它对既定方向的执着，是它对趋光习性这一规则的遵循。

当今企业面临的最大挑战是经营环境的模糊性与不确定性。在高科技企业，哪怕只预测几个月后的技术趋势都是件浪费时间的徒劳之举。就像蜜蜂或苍蝇一样，企业经常面临一个像玻璃瓶那样的不可思议的环境。蜜蜂实验告诉我们，在充满不确定性的经营环境中，企业需要的不是朝着既定方向的执着努力，而是在随机试错的过程中寻求生路，不是对规则的遵循，而是对规则的突破。在一个经常变化的世界里，混乱的行动比有序的衰亡好得多。

参考范文

混乱的行动比有序的衰亡好得多吗？

材料通过一系列论证试图说明"混乱的行动比有序的衰亡好得多"，然而由于其在论证过程中存在诸多逻辑错误，其结论的可信度也大打折扣，现分析如下。

首先，蜜蜂实验只是特定环境下的一个生物行为实验，不能简单地将生物行为类推到企业行为。因为生物行为是以生物本身的生理反应为主导的，而企业行为则是汇聚复杂的判断的结果，这种判断是企业管理者在极其复杂的商业环境、社会环境、文化环境等的共同作用下进行的，所以不能用生物实验结果直接指导企业的商业行为。

其次，技术预测具有不确定性不意味着技术趋势不可预测，不能说明进行预测是浪费时间的徒劳之举。实际上，对未来的预测是企业经营决策的重要依据。可预测时间的长短也不能作为否定预测必要性的根据。

再次，论证者过于绝对地认为企业需要的不是朝着既定方向的持续努力，而是在随机试错的过程中寻求生路。然而，经济发展和技术发展总体上是有规律的。在具有模糊性与不确定性的经营环境中，虽然企业用随机试错的方法可能取得成功，但企业理性决策成功的概率要远大于随机试错成功的概率。不能用小概率的随机试错成功的特例否定理性决策。

最后，企业面临的最大挑战是经营的模糊性与不确定性，并不等同于只预测几个月后的技术趋势都是徒劳的。很可能预测能帮助企业规避风险，如在不确定性中避开发展雷区，且经营环境越是模糊很可能越需要预测作导向。因此该论证不必然成立。

综上所述，该论证虽有一定道理，但仍存在不少缺陷，如论据不足、推理过程不严谨等，是一个有待完善的论证。

2002年管理类论效（运动与看电视）

下文摘录于某投资公司的一份商业计划：

"研究显示，一般人随着年龄的增长，用于运动锻炼的时间逐渐减少，而用于看电视的时间逐渐增多。在今后的20年中，城市人口中老年人的比例将有明显的增长。因此，本公司应当及时地售出足量的'达达运动鞋'公司的股份，并增加在'全球电视'公司中的投资。"

对上述论证进行评论。分析上述论证在概念、论证方法、论据及结论等方面的有效性。

参考范文

似是而非的论证

论证者通过一系列论证，得出本公司应当及时地售出足量的运动鞋公司的股份，增加对电视公司的投资的结论，然而，这一论证存在以下几个方面的缺陷。

首先，上述论证存在着这样的前提假设，即运动时间减少会使人对运动鞋的需求量减少，同时看电视的时间变长意味着电视机市场会更加繁荣。显然这样的假设是站不住脚的。一方面，现在运动鞋早已不是专门用于运动的装备，许多人在日常生活中为了追求舒适也会选择穿运动鞋；另一方面，电视机不属于易损耗物品，即使人们看电视的时间增加也不会对电视机的销售起到促进作用。况且，就算人们未来对运动鞋的需求会下降，电视机市场会向好的方向发展，但也只是整体发展趋势，这两家公司的股票走势并不一定与市场发展方向一致，针对二者的投资行动也就未必合理。

其次，城市人口中老年人的比例增加并不代表老年人的总数量增加。如果此时农村地区老年人的比例下降，那么老年人口总数可能维持不变或者下降。更何况，在未来的二十年中，很可能受健康观念、身体状况等因素影响，中老年人选择通过运动来强身健体，青年人选择通过运动来缓解压力，儿童则通过运动来增强体质。由此看来，城市人口中老年人的比例增长与该公司售出足量的运动鞋公司股份并增加对电视公司的投资无必然联系。

最后，今后二十年的行业发展是一个漫长的变化过程，公司无法根据当前的情况做出准确的判断。第一，很可能当前运动鞋市场远好于电视机市场，在今后相当长的一段时间内即使略有下降，也还是会处于优势地位，那么该公司减持运动鞋公司的股份可能会损失很多利益。第二，"达达运动鞋"公司和"全球电视"公司只是行业中的个例，个体的发展趋势不能代表行业的整体走势。

综上所述，论证者的论证过程存在诸多问题，其结论缺乏说服力，不足为信。

MBA（10月）论证有效性分析真题及精选范文

2013年10月论效（勤俭节约）

"勤俭节约"是中国人民的优良传统，也是近百年流传下来的革命传统。在中华人民共和国成立后的建设时期，尤其是20世纪50年代，国家百废待兴，就是靠全国人民发扬勤俭持家、勤俭建国的艰苦奋斗精神，才在一穷二白的基础上打下了工业化的基础。

时代车轮开进了21世纪，中国加入了世贸组织，实现了全面开放。与30年前相比，我们面对的国际形势已经发生了天翻地覆的变化。形势在变，任务在变，人的观念也要适应这种变化，也要与时俱进。比如，"勤俭节约"的观念就到了需要改变的时候了。

我们可以从个人、家庭、国家三个层面对"勤俭节约"的观念进行分析。

先从个人的角度谈起，一个人如果过分强调勤俭节约，就会过度关注"节流"，而不重视"开源"。"开源"就是要动脑筋、花气力，最大限度发挥自己的能力合法赚钱。个人的财富不是省出来的，只靠节省，财富的积累是有限的；靠开源，财富才可能会滚滚而来。试想，比尔·盖茨的财富是靠省出来的吗？

再从家庭的角度分析。一个家庭如果过分强调勤俭节约，也就是秉持"勤俭持家"，对于上了年纪的老人，还是应该的，因为他们已经不能出去挣钱了。但对于尚在工作年龄的人，尤其是青年人，提倡勤俭持家有害无益。为了家庭的长远利益，缺钱的时候还可以去借钱，去抵押贷款。为了勤俭持家，能上的学不上，学费是省了，可孩子的前途就耽误了。即使是学费之外的学习费用，也不能一味节俭。试想，如果郎朗的家长当年不买钢琴，能有现在的国际钢琴大师郎朗吗？

最后从国家的角度审视，提倡"勤俭节约"弊远大于利。2008年以来的金融危机演变为世界性的经济危机，至今还没有完全走出低谷。2008年之前，中国的高速发展主要靠出口与投资拉动。而今，发达国家一个个囊中羞涩，减少进口，甚至还要"再工业化"，把已经转移到发展中国家的企业再招回去，而且时常举起贸易保护主义的大旗，中国经济已经不能靠出口拉动了。怎么办？投资率已经过高了，只能依靠内需。

如何刺激内需呢？如果每个个人、家庭都秉持勤俭节约的古训，内需是绝对刺激不起来的，也就依靠不上了，结果是只能单靠投资拉动，其后果不堪设想。所以，要刺激内需，必须首先揭示"勤俭节约"之弊端，树立"能挣敢花"之观念。

只要在法律的约束之下，提倡"能挣"就是提倡"奋斗"，就会给经济带来活力，就不会产生许多"啃老族"，也不会产生许多依赖救济的人，就会激励人们特别是年轻人的创新精神，国家的经济可以发展，科技也可以上去。提倡"敢花"就是鼓励消费，就能促进货币和物资流通，就不会产生大量的产品积压，从而也能解决许多企业员工的就业问题，使他们得到挣钱的机会，并进一步增加消费。试想，如果大家挣了钱，都不舍得花，会有多少人因此而下岗失业啊？本来以为勤俭节约是一种美德，结果是损害了他人。就在你为提倡节约每1度电而津津乐道的时候，有多少煤矿和电厂的工人因为领不到工资在流泪。

综上所述，"勤俭节约"作为一种传统已经过时了。在经济全球化的时代，如果继续秉持"勤俭节约"的理念，对个人，对家庭，特别是对国家弊大于利，甚至是有害无利。

参考范文

勤俭节约真的过时了吗？

上述材料通过一系列有缺陷的论证，试图得出"勤俭节约已经过时了"的结论，现对其逻辑漏洞进行如下分析。

首先，国际形势的变化并不意味着勤俭节约的观念需要改变。随着时代的变迁，"勤俭节约"这种优良的传统更应该被传承下来，真正需要改变的是腐朽落后的观念。正所谓"取其精华，去其糟粕"。若将"勤俭节约"丢弃，面对当前形势，个人如何累积财富？国家怎能增强实力？

其次，勤俭节约并不是只"节流"而不"开源"。二者相辅相成而非矛盾关系，一个人只有二者兼顾方可成就大业。若听信材料观点，只注重"开源"而忽视"节流"，那么毫无节制地消费势必会造成不必要的浪费，长此以往，取得的财富将消耗殆尽，个人也无法积聚财富。

再次，且不说勤俭节约与挣钱能力是否有必然联系，即便有，勤俭节约也并非要求全面限制开销，只是将不必要的开销省下来，用在需要的地方。比如在孩子的教育方面，父母勤俭节约能更好地积累财富，为支持孩子的发展奠定坚实的物质基础。

最后，勤俭节约也不是完全不花钱，而是不乱花钱。如果政府能够更好地提倡勤俭节约，引导人们将现有的钱花在该花的地方，内需未必不会被带动起来。材料将工人失业的原因归结为节约，未免有些牵强。

综上，材料的论证过程存在诸多逻辑漏洞，由此得出"勤俭节约已经过时了"的结论难以令人信服。

2012年10月论效（四不承诺）

某县县长在任职四年后的述职大会上说："'不偷懒、不贪钱、不贪色、不整人'，今天，可以坦然地说，我兑现了四年前在人大会上的承诺。"接着，他总结了四年工作的主要成绩与存在的问题。报告持续了一个多小时。

几天后，关于"四不"的承诺在网上传开，引起多人热烈讨论，赞赏和质疑的观点互不相让。主要的质疑有以下几种。

质疑之一："不偷懒、不贪钱、不贪色、不整人"是普通公务员都要坚持的职业底线，何以成为官员的公开承诺？如果那样，"不偷、不抢、喝酒不开车、开车不闯红灯"都应该属于承诺之列了。

质疑之二：不管是承诺"四不"还是"八不"，承诺本身就值得怀疑。俗话说"会说的不如会干的""事实胜于雄辩"。有本事就要干出个样子让群众看看，还没有干就先来一番承诺，有作秀之嫌。有许多被揭发的贪官，在任时说的比唱的都好听。

质疑之三：作为一个县长，即使真正做到了"四不"，也不能证明他是一个好干部。衡量县长、县委书记这一级的领导是否称职，主要看他是否能把下面的干部带好。如果只是洁身自好，下面的干部风气不正，老百姓也要遭罪。

质疑之四：县长的总结是抓了芝麻、丢了西瓜。他说的"四不"全是小节，没有高度。一个县的领导应该有大局观、时代感、战略眼光、工作魄力，仅仅做到"四不"是难以担当县长重任的。

📖 参考范文

"四不"承诺真的应该被质疑吗？

材料引用了网友对"四不"承诺的诸多质疑，然而，由于其论证过程存在诸多逻辑缺陷，其结论是难以令人信服的。

首先，质疑之一将"不偷懒、不贪钱、不贪色、不整人"与"不偷、不抢、喝酒不开车、开车不闯红灯"并列，实在不妥。前面的"四不"对领导干部来说更有针对性，因为县长有一定的权力，更加需要拒绝权力给自己带来的便利和诱惑。而"不偷、不抢、喝酒不开车、开车不闯红灯"是每位公民应守的法则。所以，前面的"四不"对领导干部来说更值得承诺。

其次，质疑之二认为"承诺本身就值得怀疑"，其全盘否定了承诺，但理由并不充分。虽然的确存在许多贪官曾经做出过好听的承诺的情况，但这并不能证明所有做出承诺的都是贪官。从积极的意义上讲，公开承诺是表示决心、态度的方式，有助于领导干部形成良好的作风意识，在工作和生活中不断鞭策自己。

再次，质疑之三将县长做到"四不"与带好队伍割裂开来，认为做到"四不"只能说明其自身廉洁。俗话说"上梁不正下梁歪"，"上梁正"是带好队伍的必要条件，虽然不是充分条件，但也不是无关因素。

最后，质疑之四认为"四不"全是小节，没有高度，不应该作为评价一个县长是否称职的重要标准。他所说的"大局观、时代感、战略眼光、工作魄力"主要指的是领导干部的"才能"。"才能"并非不重要，但"四不"所指的"德"更为关键。因为一个有能力但缺"德"的干部带给老百姓的危害可能更大，对党的威信造成的影响更坏。

综上，网友对"四不"承诺的质疑难以让人信服。

2011年10月论效（个人所得税）

我国的个人所得税从1980年开始征收，当时起征点为800元人民币。最近几年起征点为2 000元，个人所得税总额逐年上升，已经超过2 000亿元。随着居民基本生活开支的上涨，国家决定从2011年9月将个税起征点提高到3 500元，顺应了大多数人的意愿。

从个人短期利益上来看，提高起征点确实能减少一部分中低收入者的税收，看似有利于普通老百姓。但是，如果冷静地进行分析，其结果却正好相反。

中国实行税收累进率制度，也就是说工资越高所缴纳的税率也越高。请设想，如果将2 000元的个税起征点提高到10 000元。虽然，极少数月工资超过30 000元的人可能缴更多的税，但是绝大多数人的个税会减少，只是减少的数额不同。原来工资低于2 000元的，1分钱的好处也没有得到；拿2 000元工资的人只是减轻了几十元的税；而拿8 000元工资的人则减轻了几百元的税收。收入越高，减少的越多，贫富差距自然会被进一步拉大了。

同时，由于税收起征点上调，国家收到的税收大幅度减少，政府就更没有能力为中低收入者提供医疗、保险、教育等公共服务，结果还是对穷人不利。

所以说，建议提高个税起征点的人，或者是听到提高起征点就高兴的人，在捅破这层窗户纸以后，他们也不得不承认这一客观真理：提高个税起征点有利于富人，不利于一般老百姓。

如果不局限在经济层面讨论问题，转到从社会与政治角度考虑，问题就更清楚了。原来以2 000元为起征点，有50%以上为非纳税人，如果提高到3 500元，中国的纳税人就只剩下20%了。80%的国民不纳税，必定会引起政治权利的失衡。降低起征点，扩大纳税人的比例，不仅可以缩小贫富差异，还可以培养全民的公民意识。纳税者只有承担了纳税义务，才能享受纳税者的权利。如果没有纳税，人们对国家就会失去主人翁的责任感，就不可能有强烈的公民意识，也就会失去或放弃监督政府部门的权利。所以，为了培养全国民众的公民意识，为了缩小贫富差距，为了建设和谐社会，我们应该适当降低个税起征点。

📖 参考范文

提高个税起征点真的不合理吗？

材料通过一系列论证试图得出"我国不应该提高个税起征点"这一结论。然而，材料在论证过程中犯了一系列逻辑错误，所以其结论是值得商榷的，现分析如下。

首先，提高个税起征点，收入越高，减少的税收越多，贫富差距就会被进一步拉大吗？不一定。虽然个税起征点被提高，中等水平收入者被减免的个税会变多，但是真正的高收入人群可能需要缴纳更多的税。因此，得出的结论难以令人信服。

其次，材料中提到如果个税起征点上调，国家税收会大幅度减少，从而导致政府没有能力保护中低收入者，这个观点是有待商榷的。因为个人所得税只是国家税收中的一小部分，国家税收还包括其他税种，如增值税、关税等。即便最后国家的税收总量真的有所减少，国家也可以通过调整服务对象的财政支出比重来实现对中低收入者的保护。

再次，材料引用了一系列数据来说明如果提高个税起征点，那么将有更多的国民不再纳税，这必定会引起政治权利的失衡，此说法失之偏颇。公民的政治权利是宪法赋予的，而非以是否缴纳个税为标准来衡量。因此，即便国民不缴纳个税，也未必会引起政治权利的失衡。

最后，如果没有纳税，人们对国家就会失去主人翁的责任感吗？很显然不一定。如果只看个人所得税，没有纳税的情况有以下几种：一是按规定应该纳税也有能力纳税却逃税或漏税的人，可以说他们"对国家失去了主人翁的责任感"；二是按规定不需要纳税或没有能力纳税的公民，不能武断地说他们"对国家失去了主人翁的责任感"。

综上所述，材料的结论有待进一步商榷。

2010年10月论效（猴群实验）

科学家在一个孤岛上的猴群中做了一个实验。将一种新口味的糖让猴群中地位最低的猴子品尝，等它认可后再让猴群其他成员品尝；花了20天左右，整个猴群才接受了这种糖。将另一种新口味的糖让猴群中地位最高的猴王品尝，等它认可后再让猴群其他成员品尝。两天之内，整个猴群就都接受了该种糖。看来，猴群中存在着权威，而权威对于新鲜事物的态度直接影响群体接受新鲜事物的进程。

市场营销也是如此，如果希望推动人们接受某种新商品，应当首先影响引领时尚的文体明星。如果位于时尚高端的消费者对于某种新商品不接受，该商品一定会遭遇失败。

这个实验对于企业组织的变革也有指导意义。如果希望变革能够迅速取得成功，应当自上而下展开，这样做遭遇的阻力较小，容易得到组织成员的支持。当然，猴群乐于接受糖这种好吃的东西；如果给猴王品尝苦涩的黄连，即使猴王希望其他猴子接受，猴群也不会干。因此，如果组织变革使某些组织成员吃尽苦头，组织领导者再努力也只能以失败而告终。

参考范文

参考范文一

由猴群实验引发的论证合理吗？

材料通过一系列论证，试图由猴群实验得出市场营销、企业组织变革的规律，其论证存在诸多逻辑谬误，所以其结论是值得商榷的。

首先，由猴群实验的结论并不能推出市场营销和企业组织变革的规律。实验中猴子的行为是出于本能、复制学习的过程，而在市场营销中消费者的行为大多是理性的，是经过认真思考做出的选择。二者有本质的区别，不可简单类比。同理，由此也推不出企业组织变革的规律。

其次，引领时尚的文体明星未必可以推动人们接受新商品。文体明星可能在某些领域的确具有一定的号召力和影响力，但在其他领域，如医药等行业中其未必具有号召力，人们往往更关注商品的疗效。

再次，位于时尚高端的消费者不接受的商品一定会遭遇失败吗？不一定。有些商家为了使其商品能被更多的消费者接受，生产时将商品分为高、中、低三档，可能有些低端商品并不符合时尚高端消费者的需求，不被其接受，但是在中、低端消费者群体中很受欢迎，那么该商品也是成功的。

最后，"如果组织变革使某些组织成员吃尽苦头，组织领导者再努力也只能以失败而告终"的说法是值得商榷的。变革是一个艰难的过程，组织成员吃尽苦头是常有之事。变革过程中的磨炼可能会使得组织成员提升自身能力，组织成员也会对该变革报以支持的态度，那么组织变革很可能是成功的。

综上所述，材料的论证不能成立，若想证明其结论，则需要提供更多更有力的证据。

参考范文二

由猴群实验引发的论证未必合理

材料试图通过猴群实验得出市场营销、企业组织变革规律，其论证看似合理，实则存在如下逻辑漏洞。

首先，猴群实验无法简单类推到人类市场营销活动。猴群对糖的偏爱可能仅仅基于无须思考的本能反应，而人类在进行市场营销活动时则需要时刻关注处于变化中的市场与其复杂的供需关系。

其次，如果位于时尚高端的消费者对某种新商品不接受，该商品就一定会遭遇失败吗？未必。因为新商品的设计与市场定位，很可能针对的是与时尚高端消费者不同层次的消费人群，比如高端时尚的跑车需求者可能无法接受实用型面包车的设计与性能，但面向对装载空间有需求的消费人群，面包车仍然可能拥有广阔的市场。

再次，若希望变革能够迅速取得成功，自上而下展开未必阻力较小，也未必更容易得到组织成员的支持。一方面，一些变革很可能为维护高层的利益而损害基层的利益，此时则得不到基层组织成员的支持；另一方面，自上而下展开的变革很可能易于被高层接受，而对基层来说难以实施，那么，越往下阻力越大。

最后，猴群拒绝接受黄连是基于动物趋利避害的本能，无法类推到人类的组织变革，更何况即便组织变革使某些组织成员吃尽苦头，如果组织领导者身体力行，发挥个人魅力，也有可能变革成功，而非一定以失败告终。

综上所述，材料的论证存在缺陷，其结论值得进一步商榷。

参考范文三

猴群实验未必有效

材料通过科学家对猴群进行的实验来联系市场营销，进而分析企业组织变革，说明权威对新鲜事物的态度直接影响群体接受新鲜事物的进程。然而，其论证过程看似有理，实则漏洞百出，现分析如下。

首先，权威未必对猴群接受新口味的糖有直接影响。猴群接受新口味的糖的时间长短可能受多种因素影响，除了猴子的地位，还可能与糖的口味有关。倘若猴王品尝的糖本身就更符合猴群的口味，这才导致猴群快速接受了这种口味的糖，那么仅仅将其归因于权威的态度失之偏颇。

其次，材料不当地将猴群实验类推到市场营销和企业组织变革。猴子是一种智力远低于人类的动物，其行为缺乏理性，而市场营销和企业组织变革属于人类社会和经济活动的范畴，在社会活动中，人具有思考能力，故不可简单类比。

再次，位于时尚高端的消费者不接受某种商品不代表该商品一定会遭遇失败。不同的商品针对的消费人群不同，如果某种商品的定位为低端消费者产品，那么即便时尚高端的消费者不接受该商品，只要低端消费者热衷于购买该产品，其也不会遭遇失败。

最后，在组织变革过程中，某些组织成员吃尽苦头也不一定会使变革以失败而告终。材料并未提及某些组织成员的具体数量，如果尝到甜头的组织成员的力量大于吃尽苦头的组织成员的力量，那么变革也有可能取得成功。

综上所述，材料的论证存在诸多逻辑错误，因此其结论的可信度被大大削弱，令人怀疑。

2009年10月论效（民主集中制）

民主集中制是一种决策机制。在这种机制中，民主和集中是缺一不可的两个基本点。

民主不外乎就是体现多数人的意志。问题在于什么是集中。对此有两种解读，一种认为"集中"就是集中正确的意见；另一种认为"集中"就是集中多数人的意见。第一种解读看似有理，实际上是一种误读。

大家都知道，五四运动有两面旗帜，一面是科学，另一面是民主。人们也许没有想到，这两面旗帜体现的是两种根本对立的原则。科学强调真理原则，谁对听谁的；民主强调多数原则，谁占多数听谁的。所谓"集中正确的意见"，就是强调真理原则。这样解读"集中"，就会把民主集中制置于自相矛盾的境地。让我们想象一种情景：多数人的意见是错误的，少数人的意见正确。如果将"集中"解读为"集中正确的意见"，则不按多数人的意见办就不"民主"，按多数人的意见办就不"集中"！

毛泽东有一句名言："真理往往掌握在少数人手里。"把"集中"解释为集中正确意见，就为少数人说了算提供了依据。如果这样，民主岂不形同虚设？

什么是正确的，要靠实践检验，而判断一项决策是否正确，只能在决策实施之后的实践中检验，不可能在决策过程中完成。不知道什么是正确的，如何"集中正确意见"来做决策？既然在决策中集中正确的意见是不可能的，民主集中制的"集中"当然就应该是集中多数人的意见。

参考范文

值得商榷的论证

材料试图通过一系列论证得出结论：集中并非集中正确的意见。其论证看似合理，实则存在以下逻辑漏洞。

首先，科学强调真理原则并不意味着谁对听谁的，因为发现真理是一个曲折的探索过程，人们对真理的认识可能是逐渐接近真理的过程，在此过程中，可能没有绝对的对错之分，也就谈不上谁对听谁的了。同理，民主强调多数原则也并不意味着谁占多数听谁的，而是要倾听人民真正的声音，绝非以数量多服人。

其次，在"集中正确的意见"的情况下，不按多数人的意见办未必就不"民主"。"民主"是让人民拥有自主决定的权利，每个人的意见都会被考虑到，而不是只采纳呼声高的意见。如果只采纳呼声高的意见，那么最终的决策很可能被某一势力左右，从而无法体现真正的"民主"。

再次，毛泽东说"真理往往掌握在少数人手里"，这很可能是人们对事物发展初期的认识，而随着实践的检验，真理会被大多数人接受。基于此，集中正确的意见未必能为少数人说了算提供依据。况且，"民主"绝非以数量多服人，因此民主并非形同虚设。

最后,判断决策正确与否能在决策过程中完成。在决策过程中,决策者很可能会根据当前的情况对决策可能产生的影响进行预估,从而判断其决策是否正确。此外,材料太过绝对地认为在决策中集中正确的意见是不可能的,在此基础上所展开的论证是存在缺陷的,无法得到"'集中'当然就应该是集中多数人的意见"的结论。

综上所述,材料的论证存在诸多逻辑漏洞,其结论值得进一步商榷。

2008年10月论效（官员选拔标准）

有人提出，应当把"孝"作为选拔官员的一项标准，理由是，一个没有孝心、连自己父母都不孝顺的人，怎么能忠诚地为国家和社会尽职尽责呢？我不赞同这种观点。现在已经是21世纪了，我们的思想意识怎么能停留在封建时代呢？选拔官员要考查其"德、勤、能、绩"，我赞同应当把"德"作为首要标准。然而，对一个官员来说最重要的是公德而不是私德。"孝"只是一种私德而已。选拔和评价官员，偏重私德而忽视公德，显然是舍本逐末。什么是公德？一言以蔽之，就是忠诚职守，在封建社会是忠于君主，现在则是忠于国家。自古道"忠孝难以两全"。岳飞抗击金兵，常年征战沙场，未能在母亲膝下尽孝，却成了千古传颂的英雄。反观《二十四孝》里的那些孝子，有哪个成就了名垂青史的功业？孔繁森撇下老母，远离家乡，公而忘私，殉职边疆，显然未尽孝道，但你能指责他是个不合格的官员吗？俗话说"人无完人"，如果在选拔官员中拘泥于小节而不注意大局，就会把许多胸怀鸿鹄之志的精英拒之门外，而让那些守望燕雀小巢的庸才占据领导岗位。

参考范文

"孝"不能作为选拔官员的一项标准吗？

材料通过一系列的论证得出了"'孝'不能作为选拔官员的一项标准"这一结论，然而其论证过程存在诸多逻辑漏洞，其结论经不起推敲。

首先，主张"应当把'孝'作为选拔官员的一项标准"并不代表"思想意识停留在封建时代"。因为"孝"不是封建时代独有的行为规范，现代社会仍然在提倡，"孝"和封建思想意识并不等同。此外，主张"应当把'孝'作为选拔官员的一项标准"也不能作为"思想意识停留在封建时代"的有力论据。

其次，"应当把'孝'作为选拔官员的一项标准"并不意味着"偏重私德而忽视公德"。把私德作为选拔官员的一项标准，与把公德作为选拔官员的另外一项更重要的标准并不矛盾。

再次，材料中的"孝"不仅指"孝行"，也指"孝心"。岳飞因征战沙场、孔繁森因工作而远离家乡，都未能在母亲膝下尽孝，但这不等于他们没有"孝心"，也不等于他们"不孝"。而质问"你能指责孔繁森是个不合格的官员吗"，其隐含的前提是认定孔繁森"不孝"，这是不恰当的。

最后，把"孝"作为选拔标准，就会把许多胸怀鸿鹄之志的精英拒之门外，而让那些守望燕雀小巢的庸才占据领导岗位，这一论证背后隐含着一个假设："胸怀鸿鹄之志的精英"往往不孝或者不屑于孝；而"守望燕雀小巢的庸才"都有孝心，会尽孝道。将"孝"与胸怀大志的精英对立，在没有远大抱负的庸才与"孝"之间建立起必然的联系，这是没有根据的。

综上所述，材料忽视了诸多因素与条件，得出"'孝'不能作为选拔官员的一项标准"的结论是有待商榷的。

2007年10月论效（终身制和铁饭碗）

在中国改革开放的字典里，"终身制"和"铁饭碗"作为指称弊端的概念，是贬义词。其实，这里存在误解。

在现代企业理论中有一个"期界问题"（Horizon Problem），是指由于雇佣关系很短而导致职工的种种短视行为，以及此类行为对企业造成的危害。当雇员面对短期的雇佣关系，首先他不会为提高自己的专业技能投资，因为他在甲企业中培育的专业技能对他在乙企业中的发展可能毫无意义；其次，作为一个匆匆过客，他不会关注企业的竞争力，因为这和他的长期收入没有多大关系；最后，只要有机会，他会为了个人短期收入最大化而损害企业利益，例如过度地使用机器设备等。

为了解决"期界问题"，日本和德国的企业对那些专业技能要求很高的岗位上的员工，一般都实行终身雇佣制；而终身雇佣制也为日本和德国企业建立与保持国际竞争力提供了保障。这证明了"终身制"和"铁饭碗"不见得不好，也说明，中国企业的劳动关系应该向着建立长期雇佣关系的方向发展。

在现代社会，企业和劳动者个人都面临着不断变化的市场环境。而变化的环境必然导致机会主义行为。在各行各业，控制机会主义行为的唯一途径，就是在企业内部培养员工对公司的忠诚感。而培养忠诚感，需要建立员工和企业之间的长期雇佣关系，要给员工提供"铁饭碗"，使员工形成长远预期。

因此，在企业管理的字典里，"终身制"和"铁饭碗"应该是褒义词。不少国家包括美国不是有终身教授吗？既然允许有捧着"铁饭碗"的教授，为什么不允许有捧着"铁饭碗"的工人呢？

📖 参考范文

"终身制"和"铁饭碗"是褒义词吗？

上述材料中，论述者通过一系列的论证试图得出"'终身制'和'铁饭碗'应该是褒义词"的结论，然而由于其论证过程存在一系列逻辑错误，其结论是值得商榷的。

首先，雇员在甲企业中培育的专业技能对他在乙企业中的发展可能毫无意义，他就不会为提高自己的专业技能投资了吗？未必。很有可能他在为甲企业工作的短期雇佣关系中，为了获得更高的工资而提高专业技能。比如，雇员是一名销售，为了赚取销售佣金，他可能会提高销售技能。

其次，由日本和德国的企业对那些在专业技能要求很高的岗位上的员工实行终身雇佣制，无法推出其适用于所有国家和岗位。因为不同国家的民族文化、教育、社会发展等方面都不相同。此外，中国的社会制度和日本、德国也不相同。因此，日本、德国的终身雇佣制并不一定适用于中国企业的劳动关系。

再次，建立长期雇佣关系未必可以培养忠诚感。因为忠诚感的形成取决于诸多因素。即便建立了长期雇佣关系，但若工作环境不好、缺乏激励或认可、绩效评估和奖励制度不公平或不透明等，都可能会使员工对公司的忠诚感减弱。

最后,将教授和工人进行简单类比是不恰当的。因为在工作中,教授和工人所能创造的价值、可替代性、培养周期等都具有较大的差异。不同于工人,教授能够创造的劳动价值较高,且可替代性弱、培养周期长,故二者不可草率类比。

综上所述,论述者在论证过程中犯了种种逻辑错误,因此"'终身制'和'铁饭碗'应该是褒义词"的结论也就难以让人信服了。

2006年10月论效（经济与丑闻）

美国是世界上经济最发达的国家，曝光的企业丑闻数量却比发展中国家多得多，这充分说明经济的发展不一定带来道德的进步。企业作为社会财富最重要的创造者之一，也应该为整个社会道德水准的提升做出积极的贡献。如果因为丑闻迭出而导致社会道德风气的败坏，那么我们完全有理由怀疑企业这种组织的存在对于整个社会的意义。当公司的高管们坐着商务飞机在全球遨游时，股东们根本无从知晓管理层是否在滥用自己的权力。媒体上频频出现的企业丑闻也让我们有足够的理由怀疑是否该给大公司高管们支付那么高的报酬。企业高管拿高薪是因为他们的决策对企业的生存与发展至关重要，然而，当公司业绩下滑甚至亏损时，他们却不必支付罚金。正是这种无效的激励机制使得公司高管们朝着错误的方向越滑越远。因此，只有建立有效的激励机制，才能杜绝企业丑闻的发生。

参考范文

激励机制未必能杜绝企业丑闻的发生

材料通过一系列论证试图说明"只有建立有效的激励机制，才能杜绝企业丑闻的发生"。然而，由于其论证过程存在诸多逻辑错误，其结论的可信度大打折扣，现分析如下。

首先，美国比发展中国家曝光的企业丑闻更多，并不必然意味着美国企业丑闻的实际数量比发展中国家多得多，这一结果可能是由媒体曝光度或自由度高造成的，也可能与其文化背景相关。因此，我们也就无法推出"经济的发展并不一定带来道德的进步"这一结论。

其次，丑闻迭出并不必然导致社会道德风气败坏。负面新闻的曝光，可以作为反面教材予以警示。此外，企业组织提供了大量的就业岗位，对国家的社会和经济建设提供了帮助，是所有人有目共睹的，不能因为个别丑闻的存在而否定企业组织对社会的积极作用，毕竟任何组织的存在对于社会的影响都是复杂多元的。

再次，企业高管的错误决策就一定要支付罚金吗？这显然是值得质疑的。企业业绩下滑甚至亏损受多种因素影响，如外部环境的变化、市场竞争的加剧、消费者消费习惯的转变、公司治理结构的问题等。公司高管的决策很可能只是一个导火索。公司高管支付罚金即让其成了企业风险的实际承担者，这就将职业经理人的角色与股东的角色混为一谈了。

最后，建立有效的激励机制并不代表能杜绝企业丑闻的发生，二者之间不存在必然的联系。很可能真实的情况是，在激励机制的实践过程中，再有效的措施恐怕也只能减少企业丑闻的发生，杜绝企业丑闻的发生只是一个美好的愿望。

综上所述，材料在论证过程中犯了种种逻辑错误，其最终结论值得进一步商榷。

2005年10月论效（洋快餐发展）

某管理咨询公司最近公布了一份洋快餐行业发展情况的分析报告，对洋快餐在中国的发展趋势给出了相当乐观的预判。

该报告指出，过去5年中，洋快餐在大城市中的网点数每年以40%的惊人速度增长，而在中国广大的中小城市和乡镇还有广阔的市场成长空间；照此速度发展下去，估计未来10年，洋快餐在中国饮食行业的市场占有率将超过20%，成为中国百姓饮食的重要选择。

饮食行业的某些人士认为，从营养角度看，长期食用洋快餐对人体健康不利，洋快餐的快速增长会因此受到制约。但该报告指出，洋快餐在中国受到广大消费者，特别是少年儿童消费群体的喜爱。显然，那些认为洋快餐不利健康的观点是站不住脚的。该公司去年在100家洋快餐店内进行的大量问卷调查结果显示，超过90%的中国消费者认为食用洋快餐对于个人的营养均衡有所帮助。而已经喜爱上洋快餐的未成年人在未来成为更有消费能力的成年群体之后，洋快餐的市场需求会大幅度跃升。

洋快餐长期稳定的产品组合以及产品和服务的标准化，迎合了消费者希望获得无差异食品和服务的需要，这也是洋快餐快速发展的重要优势。

该报告预测，如果中国式快餐在未来没有较大幅度的发展，洋快餐一定会成为中国饮食行业的霸主。

参考范文

该报告预测真的合理吗？

材料通过某管理咨询公司公布的一份洋快餐行业发展情况的分析报告，预测如果中国式快餐在未来没有较大幅度的发展，洋快餐一定会成为中国饮食行业的霸主。然而，这是经不起严格的逻辑推敲的，存在以下问题。

首先，过去5年中洋快餐在大城市中的网点数的增长速度在未来10年并不一定仍能保持，因为洋快餐市场空间可能已经趋于饱和。此外，不能用洋快餐在大城市中的发展速度推断其在中国广大的中小城市和乡镇的发展速度，因为大城市和小乡镇消费群体的特点不同，不能一概而论。

其次，在洋快餐店内进行的问卷调查结果并不能必然得出中国百姓的饮食营养观念，显然样本选择存在偏差。在快餐店内的消费者大多是认同洋快餐的，而那些从不去或很少进快餐店的人的意见却没能在该样本中体现。

再次，洋快餐不利于健康的观点未必是站不住脚的。洋快餐在中国受到广大消费者，特别是少年儿童消费群体的喜爱，他们缺乏对食物健康与否的辨别能力，大多是因为口感和味道而喜欢高油高糖的洋快餐，很少有人从健康的角度进行考量。因此，洋快餐受到喜爱并不意味着其对健康没有危害。

最后，在未来，已经喜爱上洋快餐的未成年人成为更有消费能力的成年群体之后未必会导致洋快餐的市场需求大幅度跃升。未成年人在成年之后，其饮食、消费习惯可能发生比较大的变化，有可能不再食用洋快餐。

综上所述，材料的论证过程存在诸多问题，其结论缺乏说服力，不足为信。

2004年10月论效（与老虎赛跑）

有两个人在山间打猎，遇到一只凶猛的老虎。其中一个人扔下行囊，撒腿就跑，另一个人朝他喊："跑有什么用，你跑得过老虎吗？"头一个人边跑边说："我不需要跑赢老虎，我只要跑赢你就够了！"

这个故事告诉我们，企业经营首先要考虑的是如何战胜竞争对手，因为顾客不是选择你，就是选择你的竞争者，所以只要在满足顾客需求方面比竞争者快一点，你就能够脱颖而出，战胜对手。想要跑得比老虎快，是企业战略幼稚的表现，追求过高的竞争目标会白白浪费企业的大量资源。

参考范文

企业经营首先要考虑战胜竞争对手吗？

材料通过一系列论证得出结论：企业经营首先要考虑的是如何战胜竞争对手。其论证看似有理，实则难以必然成立。

首先，跑过老虎还是对手的故事与企业经营管理的原则之间并不具有可类比性。故事中两个人的行为都是在生死存亡的紧急关头产生的，而在企业经营的管理过程中，企业与其竞争对手并不绝对存在同样的情况，除去竞争关系，也可能有合作关系。

其次，在企业经营中，顾客不是选择你，就是选择你的竞争对手吗？这显然是值得怀疑的。因为你和你的竞争对手并不是顾客仅有的两种选择，很可能存在这样一种情况，顾客既不选择你也不选择你的竞争对手，而是去寻求其他可替代产品，换言之，你和你的竞争者都无法满足顾客的需求。

再次，即使在满足顾客需求方面比竞争者快一点也并不意味着你就一定能够脱颖而出，战胜竞争对手。一个企业要想战胜竞争对手受诸多因素影响，如技术优势、价格竞争力等。与此同时，要想满足顾客，并不只是要比竞争者快这一点就够了，速度只是顾客所考虑的众多因素中的一种。"多、快、好、省"可能都是顾客在你和你的竞争者之间进行选择时需要比较的因素。

最后，想要跑得比老虎快未必是企业战略幼稚的表现。人和人在竞争，人和老虎同样也在竞争。中国企业如果只是满足于战胜本土竞争对手，那么，即便你是中国企业冠军，也有可能被老虎——国外更强大的企业"吃掉"。

总之，该论证虽有一定道理，但仍存在诸多缺陷，如论据不足、推理过程不严谨等，是一份有待完善的论证。

早年经济类论证有效性分析真题及精选范文

2021年经济类论效（根治诈骗）

人们受骗上当的事时有发生，乃至有人认为如今的骗术太高明而无法根治。其实，如今要根治诈骗并不难。

首先，从道理上讲，正义终将战胜邪恶，这是历史已证明的规律。诈骗是一种邪恶的行为，最终必将被正义的力量彻底消灭。既然如此，诈骗怎么不能根治呢？

其次，很多诈骗犯虽然骗术高明，但都被绳之以法，这说明在法治社会中，诈骗犯根本无处藏身。这样，谁还敢继续行骗呢？没有人敢继续行骗，诈骗不就被根治了吗？

再次，还可以通过全社会的防范来防止诈骗的发生。诈骗的目的，无非是想骗取钱财。凡是要你花钱的事情，你都要慎重考虑。例如，有些投资公司建议你向他们投资，有些机构推荐你参加高收费的培训，有些婚恋对象向你借巨款。诸如此类，其实都不靠谱。所有的人如果都不相信这些话，诈骗就无法得逞。诈骗无法得逞，不就是被根治了吗？如果建立更加有效的防范机制，根治诈骗就更容易了。

总之，无论从道理上讲，还是从行骗者或被骗者的角度来看，如今要根治诈骗根本不是难事。

📖 参考范文

根治诈骗并不难吗？

材料经过诸多论证试图说明"如今要根治诈骗并不难"，然而，由于其论证过程存在诸多缺陷，其结论是难以让人信服的。

首先，诈骗是一种邪恶的行为不代表诈骗最终必将被正义的力量彻底消灭。一方面，很多人在面对利益的诱惑时，即便知道诈骗是一种邪恶的行为，依然会选择铤而走险；另一方面，很多诈骗行为具有一定的隐蔽性，难以被正义的力量发现，故难以被彻底消灭。

其次，很多骗术高明的诈骗犯被绳之以法，无法说明在法治社会中诈骗犯根本无处藏身。不排除很多诈骗犯的确能被绳之以法，但也有一些诈骗犯仍然逍遥法外，继续在隐蔽处行骗。

再次，诈骗的目的只是想骗取钱财吗？其实不然。很多诈骗团伙不仅骗取钱财，而且骗取感情，他们通过虚假的个人信息等获得受害者的信任和好感，从而达到欺骗感情的目的。故不能草率地认定诈骗只是为了骗取钱财。

最后，建立更加有效的防范机制，根治诈骗就会更容易吗？其实不然。根治诈骗不仅需要在诈骗发生前建立更加有效的防范机制，还需要对正在发生的诈骗行为进行威慑。若仅仅是使防范机制更加有效，但没有建立严格的惩治机制，很多诈骗犯会由于犯罪成本低，绞尽脑汁地寻找机制的漏洞并更新行骗的方式，根治诈骗也就无从谈起。

综上所述，材料在论证过程中存在诸多逻辑漏洞，故"如今要根治诈骗并不难"的结论难以让人信服。

2020年经济类论效（金融机构）

在漫长的发展过程中，金融机构和金融功能逐步形成和完善，但相比金融机构的发展演化，金融功能作为核心和基础则表现得更为稳定，主要表现为提供支付、资产转化、风险管理、信息处理和监督借款人等方面。近些年来金融科技发展突飞猛进，金融业产生了革命性的变化。

数百年来金融业有了很大变化，但金融功能比金融机构更具稳定性。在金融需求推动下，如今的金融规模总量更大、结构更复杂。金融科技发展带来的开放、高效、关联、互通，使金融风险更隐蔽、传递更迅速。互联网的普及为场景金融带来了庞大的用户基础，移动支付技术的发展为各式线上、线下金融场景的联动提供了更多的可能；风控技术的进步使得金融安全性得以保障；大数据技术则为整个场景金融生态的良性运转提供着关键性的技术支持。场景金融成为金融功能融合加速器。通过场景平台，金融的四项功能融为一体，或集成于一个手机中。人与商业的关系迈入"场景革命"，供给、需求方便地通过"场景"建立连接，新场景正层出不穷地被定义，新平台不断被新需求创造，新模式不断在升级重塑。

当前金融机构对于金融服务的供给力度仍然不足，特别是长尾客户的金融需求一直以来未被有效满足，巨大的服务真空为金融科技带来机会。金融科技技术的运用，将打破传统的金融界限和竞争格局，创造出新的业务产品、渠道和流程，改变金融服务方式及社会公众的生活方式，解决传统金融的痛点；提高在传统业务模式下容易被忽视的微型企业客户的服务供给，将掀开金融竞争和金融科技发展的新的一幕。这对于发展中小企业业务、消费金融和普惠金融意义重大。所以，金融科技发展与支持实体经济发展必须结合，实现"普"和"惠"的兼顾。

参考范文

关于金融业的论证合理吗？

上述材料围绕着金融业展开了诸多论证，然而由于其论证过程存在诸多缺陷，其结论是难以让人信服的。

首先，论证者基于移动支付技术、风控技术、大数据技术等的情况无法证明金融功能比金融机构更具稳定性。因为金融功能的稳定性是一个相对概念，在不同的历史时期和金融环境下，金融功能也会经历变革和适应。例如，支付方式从传统的现金和支票转变为电子支付和移动支付。

其次，金融科技发展带来开放、高效、关联、互通的特性，未必会使金融风险变得更隐蔽、传递更迅速。因为金融风险的隐蔽性和传递速度不仅受到金融科技发展的影响，还受到监管政策、市场行为和全球金融环境等多方面因素的影响。

再次，传统金融机构未能有效满足长尾客户的需求，不代表金融科技就有服务长尾客户的机会。金融科技像是一个可以到达任何角落的在线商店，理论上它能通过互联网和智能手机应用为这些长尾客户提供更方便、更低成本的服务。但这并不意味着问题就这么简单地解决了，因为这些客户可能不会使用这些新工具，或者他们可能担心自己的信息安全，还有可能这些金融科技服务并没有真正考虑到他们的实际需求。

最后，金融科技技术的运用未必会打破传统的金融界限和竞争格局。一方面，金融科技公司在发展过程中面临着严格的监管环境，这些规定可能限制了它们的快速扩张和市场渗透。另一方面，消费者对传统银行的信任和习惯不易改变，尤其是在涉及重要财务决策时，他们更倾向于选择那些历史悠久、信誉良好的机构。

综上，正是由于其论证过程存在诸多缺陷，其结论难以让人信服。

2019年经济类论效（AlphaGo）

AlphaGo（阿尔法狗）是谷歌旗下的DeepMind公司开发的智能机器人，其主要工作原理是"深度学习"。2016年3月，它和世界围棋冠军职业九段选手李世石进行围棋人机大战，以4:1的总比分获胜。2017年5月，在中国乌镇围棋峰会上，它又与排名世界第一的世界围棋冠军柯洁对战，以3:0的总比分获胜。围棋界公认AlphaGo围棋的棋力已经超过人类排名第一的棋手柯洁，赛后柯洁也坦言："在我看来，它（AlphaGo）就是围棋上帝，能够打败一切……对于AlphaGo的自我进步来讲，人类太多余了。"

的确，在具有强大自我学习能力的AlphaGo面前，人类已黯然失色，显得十分多余。未来机器人将变得越来越聪明。什么是聪明？聪明就是记性比你好，算得比你快，体力比你强。这三样东西，人类没有一样可跟机器人相提并论。因此，毫无疑问，AlphaGo宣告人类一个新时代的到来。现在一些饭店、商店已经有机器人迎宾小姐，上海的一些高档写字楼已经有机器人送餐，日本已经诞生了全自动化的宾馆，由清一色的机器人充当服务生。除了上天入地，机器人还可以干许多人类干不了的活，它们可以进行难度更大、精确度更高的手术，它们还能写书法、绘画、创作诗歌小说等，轻而易举进入这些原本专属于人类的领域。迈入人工智能化时代，不只是快递小哥，连教师、医生甚至艺术家都要被智能机器人取代了！

现在，我们正处在信息成几何级数增长的大数据包围中，个人的知识量如沧海一粟，显得无足轻重。过去重视基础知识的学习，如让小孩学习加减乘除、背诵和默写古诗词等，已经变得毫无意义。你面对的是海量数据，关键不是生产而是使用它们，只要掌握如何搜索就行，网络世界没有你问不到的问题，没有你搜索不到的信息和数据。一只鼠标在手，你就可以畅行天下，尽享天下了。可以说，在这样的时代，人的唯一价值在于创新，所以教育改革的目标在于培养具有独立思考能力，具有批判性思维和创新性思维的人。注重创新、创造、创意，这是人唯一能超越机器人的地方了。

AlphaGo战胜围棋高手，只是掀开冰山一角，可以断言的是，随着人工智能时代的到来，人类即将进入一个由机器人统治的时代，人不如狗，绝非危言耸听，如果我们不愿冒被机器人统治的风险，最好的办法是把已有的人工智能全部毁掉，同时颁布法律明令禁止，就像禁止多利羊的克隆技术应用在人类身上一样。

参考范文

人工智能真的如此可怕吗？

材料由AlphaGo引发了一系列关于人工智能的讨论，并试图得到"人类即将进入一个由机器人统治的时代"的结论。然而由于其在论证过程中存在诸多缺陷，其结论是值得商榷的，现分析如下。

首先，AlphaGo 的围棋棋力已经超过世界排名第一的棋手柯洁，并不意味着对于 AlphaGo 的自我进步来讲，人类很多余。因为 AlphaGo 是人类智慧的结晶，它是按照人类设计的程序和规则进行自我学习的。如果没有人类，又怎么会有 AlphaGo 呢？故不能基于此便判定人类是多余的。

其次，机器人的记性比人类好、算得比人类快、体力比人类强，并不代表 AlphaGo 宣告人类一个新时代的到来。因为机器人能做的都是具有一定的规则和程序的工作，而人类的核心价值不仅仅体现于此。创造力、同理心、思考能力等都是人类的特有属性，是机器人所无法替代的。

再次，一只鼠标在手，就可以畅行天下、尽享天下了吗？其实不然。因为网络中存在着大量虚假信息和无用信息，仅仅掌握搜索技能并不能帮助我们快速判断哪些是有价值的内容，哪些是无价值的内容。对信息的分析、思考、辨别才是更重要的能力。

最后，如果我们不愿冒被机器人统治的风险，最好的办法未必就是把已有的人工智能全部毁掉。面对新生事物所带来的威胁，我们要做的不是直接销毁，而是选择完善其功能，提高自身对机器人的掌控力等。不能因为担心风险就拒绝发展。

综上，正是由于材料的论证存在以上诸多缺陷，其结论难以令人信服。

2018年经济类论效（市场竞争）

市场竞争有利于谁？有些人认为有利于消费者，在市场中不同的商家为了各自的利益相互斗争，从客观上为第三方——消费者带来好处。因为他们在争斗中互相压价，使消费者占得便宜。

非常肯定地说，这种建立在把生产者与消费者相互割裂基础上的观点是极其错误的。消费者是谁？在现代社会，消费者不是什么第三者，他们之所以有消费能力，是因为他们作为公司的员工获得报酬。市场的主导消费者是谁？也是在单位默默工作，以获得收入的劳动雇佣人。消费者即生产者。市场竞争还会与消费者毫无切身利益关系吗？还会是消费者占得便宜吗？

两家电器公司价格大战，我作为IT公司的员工，感到占便宜，因为电器价格下降了，但是对于电器公司呢？价格战使利润率降低，使电器公司的员工丧失了提高工资的可能。利润是公司再投资的来源，也是工资的来源，这损害了相关竞争公司的员工利益。我在为电器公司竞争感到占便宜的同时，IT公司之间也在竞争，我如同那个电器公司的员工一样恨自己的公司因许多竞争对手的存在而无法独占或占领大部分市场。所以谁也没有占便宜，因为市场竞争是普遍的。总的来说，"市场竞争受益者是消费者"是个伪命题。

那么市场竞争真正的受益者是谁？是那些能在市场竞争中取得优势的社会集团。而大部分社会集团是处于劣势的，它们只占有较小的利润份额。那么，它们的员工就要承担竞争不利的威胁——降低薪水。它们的境遇越是恶化，那么它们的员工的购买力就越低。但是，处于竞争劣势中的总是大多数公司的员工，他们是消费者中的主力军。

总之，市场竞争有利于占据竞争优势的行业的员工——当他们作为消费者的时候，购买力会加强；不利于处于竞争劣势中的行业的员工——当他们同样作为消费者的时候，购买力会减弱。市场竞争只是私有制条件下各市场主体利益相互对抗的产物，本身便是内耗，将一种混乱和内耗罩上有利于消费者的光环，根本是靠不住的。

参考范文

参考范文一

市场竞争真的有利于员工吗？

材料通过一系列论证试图得出"市场竞争有利于占据竞争优势的行业的员工"的结论。然而，由于其论证过程存在诸多逻辑漏洞，其结论是值得商榷的。

首先，消费者具有消费能力未必是因为他们作为公司的员工获得了报酬。其消费能力还可能来自父母或他人等的赠予，或是投资回报等，因此难以得到"消费者即生产者"的结论。

其次，价格战未必使利润率降低，如果公司采取合理的经营策略与定价措施，降低成本、提高销售量，则利润率可能维持原有水平甚至升高。更何况，即使利润率降低也未必会使公司的员工丧失提高工资的可能，因为利润率降低未必说明公司未获得利润甚至亏损，如果公司仍可盈利，为了鼓励员工，公司也可能提高工资。

最后，大部分社会集团处于劣势，它们的员工就要承担竞争不利的威胁吗？未必。社会集团的利润份额较小，给股东分配的利润可能会减少，但员工的薪酬是其劳动应得的报酬，未必会受到威胁，由此不能推出"员工购买力降低"的结论。

综上，材料的论证存在诸多逻辑漏洞，难以必然得出"市场竞争有利于占据竞争优势的行业的员工"的结论。

参考范文二

市场竞争不利于消费者吗？

材料通过诸多论证得出了"市场竞争不利于消费者"的结论。然而，由于该论证存在一系列逻辑漏洞，该结论值得商榷。

首先，消费者之所以有消费能力，并不都是来源于他们作为公司员工获得的工资报酬。消费者并不全是在公司工作，有的消费者是个体工商户或自己创业，还有一部分消费者是已经退休的老人或失业人员，他们的消费能力可能来源于国家经济政策，并不是全部来源于工资报酬。

其次，价格战使利润率降低，就会使电器公司的员工丧失提高工资的可能性吗？未必。虽然公司的利润率降低了，但与此同时带给公司的可能是销量的大幅上涨，这并不会影响公司的总体收益，也就不会丧失公司给员工涨工资的可能性。

再次，社会集团境遇越恶化，员工的购买力就越低吗？显然答案是否定的。如果社会集团境遇恶化，员工们可能会为了生存或追求更好的生活品质另谋副业，只要能保证手头资金宽裕，又怎会降低购买力呢？所以这一结论难以必然成立。

最后，市场竞争未必是靠不住的。良性的市场竞争会使一个行业的技术研发水平不断提高，产品不断完善，为消费者提供更多物美价廉的商品。与此同时，消费者对于这种商品市场的信任度和依赖度也会大大增加，进而实现消费者与生产者的互利共赢。

综上所述，由于材料在论证过程中存在以上逻辑缺陷，其结论值得商榷。

2017年经济类论效（市场规模）

我们知道，如果市场规模扩大，最终产品的需求将是巨大的。采用先进技术进行生产的企业，因为产品是高附加值的，所以投资回报率高，工人的工资报酬也高。如果工人得到的工资报酬高，那么所有的工人都会争先恐后地选择在采用先进技术生产的企业工作。这样一来，低技术、低附加值、低工资的劳动密集型企业就会自动淘汰出局了，市场上最终生存下来的都是采用先进技术的高新技术企业。

相反地，如果市场规模狭小，最终产品的需求非常小，而且采用先进技术的成本很高，生产出来的高科技产品根本无人问津，企业无利可图，因此没有一家企业愿意采用先进技术进行生产。这时工人即使拥有高技术，也会发现英雄无用武之地。最终，市场上剩下的都是低技术、低附加值、低工资的劳动密集型企业了。

由此可见，市场规模决定了先进技术的采用与否。没有大的市场规模就别指望能涌现高新的技术企业。中国不仅拥有庞大的国内市场，而且拥有更庞大的国际市场，所以大可不必为中国低技术、低附加值、低工资的劳动密集型企业担心，更不要大动干戈搞什么产业结构升级。政府应该采取"无为而治"的方针，让市场去进行"自然选择"，决定什么样的企业最终存活下来。所以，政府唯一要做的事情就是做大市场，只要把市场做大了，就什么都不用发愁了。

📖 参考范文

政府只做大市场就可以吗？

材料通过一系列论证试图说明"政府唯一要做的事情就是做大市场"，然而由于其论证过程存在诸多缺陷，其结论难以让人信服。

首先，高附加值的产品未必能获得高投资回报率。因为能否获得利润还受生产成本、消费者需求、营销管理等其他因素影响。即使产品有很高的附加值，但如果其成本过高，超出了消费者的购买能力，那么消费者很有可能选择平价的替代产品。一旦失去了广阔的市场，产品也就难以获得高投资回报率。

其次，工人们一定会争先恐后地选择采用先进技术生产的企业工作吗？未必。因为一般情况下采用先进技术生产的企业对工人的学历、技术能力有较高的要求，有些工人未必能满足高技术企业的招聘要求。一部分工人会进入低技术、低附加值、低工资的企业工作，所以劳动密集型企业未必会被淘汰出局。

再次，没有大的市场规模未必就不能涌现高新技术企业。因为市场规模大并不代表市场对高科技产品的需求就大，生活必需品的市场十分庞大，但大多是一些低附加值的产品。而市场规模小，高科技产品也必就无人问津，有可能该国进行了产业结构的优化升级，对高科技产品有很大的需求。

最后，政府不必升级产业结构而应采取"无为而治"的方针是值得商榷的。因为市场是有缺陷的，会出现市场失灵、滞后等现象，从而造成市场秩序混乱，如果政府不加以规范和约束，经济就难以快速增长。况且，产业结构升级有利于促进高科技企业的发展，抢占市场先机，从而提高企业在国际市场上的竞争力。

综上所述，材料的分析看似有理，但由于其论证过程存在诸多逻辑缺陷，"政府唯一要做的事情就是做大市场"这个结论难以必然成立。

2016年经济类论效（结婚证书）

在我们国家，大多数证书都是有有效期的。不要说驾照、营业执照等需要审核的证书了，连身份证也有十年或二十年更换的规定，然而我们的结婚证书，都是不需要年审、不需要换证的。

我认为结婚证书也应有有效期。新领的，有效期七年；到期后，需重新到民政部门办理存续手续，存续十年；十年过后，就不用再办存续手续了。为什么呢？

首先，让男女双方能定期审视自己的婚姻生活。通过办理证书存续手续，男女双方能够有机会好好审视双方结合以来的得与失，从而问一下自己：我还爱他吗？他还爱我吗？自己的婚姻有没有必要再延续呢？通过审视，就能很好地发现自己在上个婚期内有没有亏待过对方，这对今后的婚姻无疑大有益处。

其次，让双方再说一遍"我愿意"，提高夫妻各自的责任感。从热恋的激情甜蜜到婚姻中的熟悉平淡，这似乎是大多数情感的必经过程。然而疲惫的情感却容易使婚姻进入"瓶颈"。经过一段时期的婚期考验后，在办理婚姻二次手续时再向对方说一声"我愿意"，无疑更显真诚、更显实在、更多理性、更能感动对方。即使以前在共同生活中有很多磕磕绊绊，但一句"我愿意"相信可以消除许多误会和猜疑；新婚时说的"我愿意"，有太多的感情冲动，而一段婚姻后再说的"我愿意"，不光更具真情实意，还具有更强的责任感：你不对我负责，我到期就跟你说"再见"。

最后，让一些垂死的婚姻自然死亡，减少许多名存实亡的婚姻的存在，降低离婚成本。现在很多家庭，即使双方已经彻底破裂，却因多种原因而维系着，维系的最主要原因就是不愿去法院打官司。而通过这种婚姻到期存续，就没必要一定要通过办理离婚手续才可离婚，只要有一方说"我不愿意"，就没有婚姻关系了，这样将会使更多对婚姻抱着"好死不如赖活着"想法的人，能够轻松获得解脱。

（选自《发展外语》（第二版），北京语言大学出版社，2011年）

参考范文

参考范文一

结婚证书应该有有效期吗？

材料通过诸多论证试图推出"结婚证书应该有有效期"的结论，然而，由于其论证过程存在诸多缺陷，其结论是值得商榷的。

首先，由驾照、营业执照等证书需要年审推不出结婚证书也需要年审。驾照是一种技术资格证书，年审的目的是检测证书持有者的技术水平是否达到规定标准，而结婚证是一种关系证明，与驾照的技术能力证明不同，二者没有可比性。因此用驾照需要年审来证明结婚证也需要年审，未免有些站不住脚。

其次，即使通过定期审视婚姻生活能发现上个婚期内的不足，也未必能对今后的婚姻大有益处。倘若发现了婚姻中的矛盾，但是双方都不去解决，而是选择敷衍甚至是逃避问题，那么夫妻之间的矛盾非但得不到解决还可能会进一步被激化，又何谈对今后的婚姻生活大有益处呢？毕竟想要解决问题不仅要发现问题，还需要付诸行动。

再次，结婚后再说一句"我愿意"比结婚前更显真诚了吗？未必。很可能夫妻双方因某种特殊原因，例如考虑到孩子的教育、父母的赡养及财产分配等多方面的因素，而选择继续维系婚姻，此时的"我愿意"包含了更多的无可奈何。

最后，维系名存实亡的婚姻的最主要原因不一定是不愿意去法院打官司，还有可能是子女教育及财产分配等问题，因此即使降低了离婚成本，也未必会让这些垂死的婚姻有一个良好的结局。

综上所述，材料的分析看似有理，但由于其论证过程存在诸多逻辑缺陷，其结论值得商榷。

参考范文二

结婚证书真的应该有有效期吗？

材料通过一系列论证得出"结婚证书应该有有效期"的结论，然而由于其论证过程存在诸多逻辑错误，其结论有待商榷。

首先，驾照、营业执照与结婚证书具有本质区别，不可简单类比。驾照的年审是检查驾驶员有无安全驾驶的能力，营业执照的年审则是为了检查企业是否符合营业要求、遵守法规，这些如果没有定期检查将不利于社会和谐发展，而结婚证书没有定期审核并不会对社会运行造成威胁，所以在错误的论证上得到的结论也是有待商榷的。

其次，定期审视婚姻生活对今后的婚姻一定有益吗？其实未必。因为被繁忙的日常生活掩盖的缺点很可能会在审视的过程中暴露，使得男女双方对未来的婚姻生活感到更加迷茫、丧失信心。若是如此，定期审视婚姻生活就未必会对今后的婚姻有益。

再次，办理婚姻二次手续时说的"我愿意"未必会消除许多误会和猜疑。因为很可能真实的情况是积攒多年的误会和猜疑，是由于夫妻双方缺乏沟通或沟通效果差，又或是不能相互理解和信任。若是如此，仅凭一句"我愿意"无法消除他们之间的误会和猜疑。

最后，维系破裂婚姻关系的最主要原因真的是不愿意去法院打官司吗？现实中，更常见的原因是夫妻双方担心离婚会对孩子的身心健康、未来发展等造成不利影响，或是家里长辈和周围好友极力劝说和阻挠，未必就是不愿意打官司。

综上所述，材料的论证过程存在诸多逻辑错误，所以其结论是值得商榷的。

2015年经济类论效（互联网大会）

2014年11月，中国互联网大会，阿里巴巴集团董事局主席马云和京东集团创始人刘强东，围绕网络假货问题各自发表了看法。刘强东已多次指责淘宝"假货"和"逃税"问题，大会开幕前在接受媒体采访时，他直言不讳：中国互联网假货的流行会严重影响消费者的网购信心，这是整个电商行业发展的最大"瓶颈"。刘强东说，目前，网上卖假货、水货的公司都是大型的、有组织化的，动辄几千万、几个亿规模的公司。

阿里巴巴董事长马云高调回击了刘强东："你想想，25块钱就买一块劳力士手表这是不可能的，原因是你自己太贪。"他指出：售假商家最怕去淘宝网上，阿里巴巴很容易就能查出谁在卖。近一两年来整个电商在中国发展迅猛，若靠假货，每天的交易额不可能达到六七十亿元。阿里巴巴每年支出逾1 610万美元用来打击假货。打假行动也获得国际认可，使得美国贸易代表将淘宝从2012年的恶名市场名单中移除。

刘强东指出解决网络假货问题要依靠行业合作、政府监管。他建议，打击售假：一是在电商行业内大力推广电子发票；二是推动卖家进行电子工商注册，政府相关部门联合起来加强跨平台联合监管，共同打击有组织、有规模的售假商家。他建议从电商征税角度这一源头上来解决问题。一方面，将交税的营业额起征点提高到100万元；另一方面，对于百人以上运作的大商户，应注册电子工商执照，使用电子发票。

马云认为，解决网络假货问题要依靠生态系统和大数据。互联网技术能够为知识产权保护和打击制售假冒伪劣商品提供更有利的条件。生态系统建设和大数据技术能够快速找出假货来源，通过信用体系弘扬正能量，从而有效地解决假货问题。马云还补充说，阿里巴巴集团正在建设一个互联网生态系统，该系统对假货的打击和知识产权的保护都很有效。

（改编自《火药味！两个大佬互联网大会上互掐》，《广州日报》，2014年11月21日）

参考范文

两位大佬的论辩合理吗？

材料中刘强东和马云就网络假货问题展开了诸多讨论，然而他们各自的论证存在诸多缺陷，因此他们各自的结论也是难以让人信服的。

我们先来看马云的论证。

第一，阿里巴巴每年支出逾1 610万美元用来打击假货，并不能说明打击假货的行为取得了成效，因为马云并没有说明打击假货一共需要多少钱，以及这1 610万美元是否得到了有效利用，更何况美国贸易代表将淘宝从恶名市场名单中移除并不一定是因为淘宝打击假货的力度大，也可能是出于利益的考量。

第二，生态系统建设和大数据技术能够快速找出假货来源，并不意味着能够有效解决假货问题。因为找出假货来源不等于解决了假货问题。若是发现售卖假货的行为后，没有实施相应的整改及惩罚措施，售卖假货行为很可能会继续泛滥。

我们再来看刘强东的论证。

第一，假货影响消费者的网购信心未必是电子商务行业最大的"瓶颈"，影响电子商务行业发展的因素有很多，如网络用户的数量、基础物流设施的建设、网购售后服务等。

第二，通过推广电子发票等一系列措施来打击假货未必行之有效。假货问题涉及制造、生产、流通、交易等多个环节。电子发票主要应用在交易环节，即使有真实的电子发票，也无法完全排除在制造和流通环节替换或掺杂假货的可能性。

综上，马云和刘强东的发言存在诸多缺陷，如果想要让他们的结论更为可信，则需提供更为有力的论据。

2014年经济类论效（高考改革）

2013年10月，北京市教育委员会公布的《2014—2016年高考高招改革框架方案》（征求意见稿）显示，从2016年起该市高考语文由150分增至180分；数学仍为150分；英语由150分减为100分，其中听力占30分，阅读、写作等占70分。这一举措引发了各方对高考改革的热烈讨论。

支持者的理由如下：第一，语文高出英语分值80分，有助于强化母语教育，因为不少学生对外语所投入的时间、精力和金钱远远超过语文。第二，母语是学习的基础，只有学好母语才能学好包括英语在内的其他科目。第三，很多中国人从幼儿园就开始学习英语，但除了升学、求职、升职经常需要考英语，普通人在工作、生活中很少用到英语。第四，此举可以改变现有的"哑巴式英语"教学的状况，突出英语作为语言的实际应用作用。

反对者的理由如下：第一，没必要那么重视语文，因为我们就生活在汉语环境中，平时说的、看的都是汉语，喊着"救救汉语"的人实在是杞人忧天。第二，普通人学习英语时不可能像学习母语时那样"耳濡目染"，若还要在学校里弱化英语教学，那么英语就更难学好了。第三，中学生学习负担沉重并不全是因为英语，英语改革需要有周密的调研，高考改革也应从全局考虑。第四，这一举措把中小学英语教学负担推给了大学，并没有考虑到学生今后的发展，因为学生读大学时还得参加四六级英语考试，而检验教育成果的一个重要方面就是学生以后的就业情况。

（改编自《北京高考改革方案：降低英语分值 提高语文分值》，人民网，2013年10月28日；《英语特级教师：反对高考英语改革的九点理由》，中国教育在线，2013年10月24日）

参考范文

关于高考改革的论证合理吗？

上述材料中，支持者和反对者围绕高考改革的问题各自展开了诸多论证，然而他们在各自论证的过程中均存在诸多缺陷，所以他们的结论也是难以让人信服的。

我们先来看支持者的论证。

一方面，语文高出英语分值80分未必有助于强化母语教育。语文分值的提高并不意味着学生的母语水平会得到提升，很可能更多的分值只会让学生更加注重对高考语文的备考，而非真正地加强母语教育。

另一方面，将语文分值增加至180分与改变"哑巴式英语"教学状况以及突出英语作为语言的实际应用作用之间没有必然的逻辑关系。因为改革并未体现加强"口语"的教学环节，且改变"哑巴式英语"教学状况需要从教学内容、方法和师资等多个方面入手，仅仅通过增加语文分值并不能直接解决这个问题。

我们再来看反对者的论证。

一方面，学生生活在汉语环境中不代表增加语文分值是不必要的。汉语的日常使用和汉语的学术应用是完全不同的。语文分值的提高可以促进学生对语文的深入学习，包括对古代文化、文学、语言的了解和掌握，这对学生的人文素养和学术能力都是有帮助的。

另一方面，减少英语分值未必会对学生的英语学习产生不利影响。学生可以通过不同的平台来学习英语，比如学校、社交场合、媒体和互联网等。此外，减少英语分值并不意味着弱化英语教学，而是通过调整英语教学的方式，让学生能够更好地掌握英语。

综上，关于高考改革的论证，支持者与反对者各自的结论都是难以让人信服的。

2013年经济类论效（黄金周）

1999年10月开始实行的"黄金周"休假制度，在拉动经济、为国人带来休闲度假新观念的同时，也暴露出很多问题。因此，自2006年起，陆续有人提出取消"黄金周"的建议。2008年，"五一"黄金周取消，代之以清明、端午、中秋等传统节日"小长假"。2012年"国庆黄金周"后，彻底取消"黄金周"的声音再次引起公众的注意。

支持取消者认为：

第一，"黄金周"造成了景区混乱和资源调配不合理，浪费了社会资源，打乱了正常的生活秩序，不利于经济长期可持续发展。

第二，"黄金周"人为地将双休日挪在一起，使大家不得不连续休假七天，同时要连续工作七天，这在很大程度上是一种"被放假"的安排，体现了一种群众运动式的思维，是计划经济的产物，不符合自主消费的原则。

第三，当初实行"黄金周"是一种阶段性的考虑，随着带薪休假制度的落实，应该彻底取消"黄金周"。

反对取消者则认为：

第一，"黄金周"对旅游业的成熟和发展起到了极大的促进作用，对经济的拉动也功不可没。任何事物都有利有弊，不能只看到弊端就彻底取消。

第二，随着消费者出游经验的不断丰富，旅游消费必将更加理性。错峰出游、路线选择避热趋冷等新的消费习惯会使一些现有问题得到解决。

第三，目前我国可享受带薪休假的职工仅有三成，年假制度不能落实，"被放假"毕竟比"被全勤"好，实在的"黄金周"毕竟要比虚无缥缈的带薪休假更加现实。

（改编自《旅游界反对取消十一黄金周　新假期改革效果尚不明确》，《南方日报》，2008年9月9日；《黄金周假期惹争议　最终取消是必然》，凤凰网资讯，2012年10月8日；《彻底取消黄金周高估了带薪休假环境》，东方网，2012年10月5日；等等）

参考范文

关于是否应取消黄金周的论证合理吗？

上述材料中，支持者和反对者围绕是否应该取消黄金周的问题各自发表了诸多见解。然而他们在各自论证的过程中都存在着一定的不合理之处，所以他们各自的论证是难以让人信服的。

我们先来看支持者的论证。

第一，"黄金周"造成了景区混乱和资源调配不合理，浪费了社会资源，打乱了正常的生活秩序，未必就不利于经济长期可持续发展。该观点没有考虑到"黄金周"所带来的经济效益，取消"黄金周"可能会使景区的游客数量骤降，对经济产生负面影响。

第二,"黄金周"是一种"被放假"的安排就意味着应该被取消吗?其实不然,该观点没有给出足够的证据来支持"被放假"这种安排是不利的。实际上,对于很多人来说,能够连续休假七天是一件非常愉悦的事情,他们可以借此机会去旅游、探亲、参加各种活动等,增加生活乐趣,减轻工作压力。

我们再来看反对者的论证。

第一,"黄金周"对旅游业和经济的发展起到了极大的促进作用,不意味着它不能被彻底取消。该论证忽略了一个重要的事实,即"黄金周"实际上只是一个长假安排,而并非旅游业和经济发展的主要推动力。很可能取消"黄金周"后,反而会带动双休日及小长假的旅游经济。

第二,消费者出游经验不断丰富,不意味着旅游消费必将更加理性。一方面,每逢"黄金周",旅游景点人挤人的新闻数不胜数。一年中屈指可数的"黄金周",会更加激发人们在该时间段的旅游欲望,错峰出行几乎无法实现。另一方面,消费者也可能会受到旅游目的地的营销策略等的影响,导致他们偏爱某些旅游产品,而非基于理性做出选择。

综上,正是由于支持者和反对者在各自的论证过程中均存在诸多缺陷,他们各自的结论有待进一步推敲。

2012年经济类论效（迁都）

2010年9月17日，北京发生"惊天大堵"。当日，北京一场细雨，长安街东西双向堵车，继而严重堵车现象蔓延至143条路段，北京市交管局路况实时显示图几乎通盘红色。央视著名主持人白岩松以"令人崩溃""惨不忍睹"的字眼来形容这一"大堵"。全国工商联房地产商会理事陈宝存在接受媒体采访时称，北京"首堵"已成常态，不"迁都"已经很难改变城市的路况。

12月13日，上海学者沈晗耀在接受媒体采访时表示：要解决北京集中爆发的城市病，迁都是最好的选择，并提出未来的新首都应选在湖南岳阳或河南信阳。有人将其表述称为"迁都治堵"。12月15日，沈晗耀告诉《郑州晚报》记者，媒体"曲解"了他迁都的本意，他的设想是在中部与西部、南方和北方连接处的枢纽地区建设"新首都"，培育符合市场经济规律的"政策拉力"，以此根本改变中国生产力分布失衡的状况。治疗北京日益严重的城市病，只是迁都后的一个"副作用"。

沈晗耀说，他所认为的新都选址，不应该是一个已经成型的大中型城市，而是再造一个新城。与大多数建议者一样，沈晗耀将"新都"的选址定在了中原地区或长江流域，较好的两个迁都地址，"一个是湖南岳阳，一个是河南信阳。距离武汉二三百公里的地方都是最佳的选择"。他的理由是，这些地方水资源充沛、交通便利、地势平坦。更重要的理由是，迁都能够带动中西部的发展，有利于经济重心的转移。

其实，1980年就有学者提出将首都迁出北京的问题。1986年，又有学者提出北京面临迁都的威胁，一度引起极大的震动。2006年，凶猛夹袭的沙尘暴将"迁都"的提议推向高潮。当年3月，参加全国人大会议的479名全国人大代表，联名向全国人大常委会提出议案，要求将首都迁出北京。此后，北京理工大学教授胡星斗在网上发出酝酿已久的迁都建议书："中国北方的生态环境已经濒临崩溃。我们呼吁，把政治首都迁出北京，迁到中原或南方。"他还上书中央、全国人大、国务院，建议分都、迁都和修改宪法。2008年，民间学者秦法展和胡星斗合作撰写了长文《中国迁都动议》，提出"一国三都"构想，即选择佳地建立一个全新的国家行政首都，而上海作为国家经济首都，北京则只留文化职能，作为文化科技首都。

网络上，关于迁都引发的争议，依旧在热议，甚至已有"热心人士"开始讨论新首都如何命名。但现实是，每一次环境事件都会引发民间对于迁都的猜想和讨论，不过，也仅仅限于民间。

参考范文

关于迁都的论证合理吗？

上述材料围绕迁都问题展开了诸多论证，然而由于其论证过程存在诸多缺陷，其结论难以让人信服，现分析如下。

首先，要解决北京集中爆发的城市病，迁都是最好的选择吗？一方面，沈晗耀的观点忽略了其他可能的解决方案，如疏解首都的非核心功能、建立首都副中心等；另一方面，迁都并不能保证解决这些问题，可能只是将这些问题迁移到"新首都"。

其次，将新首都选址在水资源充沛、交通便利、地势平坦的中原地区或长江流域，未必有利于经济重心的转移。中原地区和长江流域已经是中国经济较发达的地区，新首都选址在这些地方，未必有利于经济重心的转移，甚至可能加剧中央与地方之间的经济差距。相反，如果新首都选址在一些经济相对落后的地区，可能反而会有利于推动这些地区的经济发展，并有利于实现经济重心的转移。

最后，"一国三都"的构想未必合理。该构想没有考虑到城市的功能和发展是相互联系的，一个城市不可能只发挥单一的功能。如此会导致各个城市的职能分散，相应地需要建设大量的新的机构和设施。这不仅需要巨大的资金和时间投入，而且还可能会导致资源的浪费和效率低下。故"一国三都"的构想有待进一步推敲。

综上，正是由于材料在论证过程中存在诸多缺陷，其结论难以让人信服，迁都问题需要重新考量。

2011年经济类论效（汉语能力测试）

从今年开始，教育部、国家语委将在某些城市试点推出一项针对国人的汉语水平考试——"汉语能力测试（HNC）"。该测试主要考以母语为汉语的人的听、说、读、写四方面的综合能力，并将按照难度分为各个等级，其中最低等级相当于小学四年级水平（扫盲水平），最高等级相当于大学中文专业毕业水平。考生不设职业、学历、年龄限制，可直接报考。公众对于这项新事物，支持和反对的意见都有。

支持者认为，在世界各地掀起学习汉语的热潮的今天，孔子学院遍地开花，俨然一个"全世界都在说中国话"的时代就要来临。但是国人的汉语能力，如提笔忘字、中英文混杂、网络用语不规范等现象普遍存在。目前大家都感到母语水平下降，但是对差到何种程度，差在哪里，怎么入手解决，无人能言。而汉语能力测试有一个科学的评测标准，可以帮助应试者了解其汉语水平在特定人群、地域中的位置。这样的测试一定会唤起大家对母语文化的重视。

以下几种是有代表性的反对观点：

观点一，汉语学习更多的是培养一种读书氛围，养成良好的阅读习惯，不能太功利；汉语要保存，要维系，需要培养的是修养而不是一种应试能力；在当前汉语衰退的环境下，要让汉语重新"热"起来，应从维系汉语文化的长远发展着手，营造一种大众的、自由的、向上的母语学习环境。

观点二，中国的孩子在中国的土地上学习母语有完整的教育体系，在这种情况下，这项测试的诞生不仅是一种浪费，还严重干扰了当前的汉语教学；汉语的综合水平量化，就是使得原来丰富生动的语言扭曲化、简陋化。

观点三，对于把汉语作为母语的中国人来说，汉语会用、会说就可以了，不是人人都要成为作家，汉语类的能力测试更适合外国人来考。

参考范文

由汉语能力测试引发的讨论合理吗？

公众对于汉语能力测试这项新事物，支持和反对的意见都有。然而由于支持者和反对者在论证过程中均存在诸多缺陷，他们各自的结论难以让人信服。

我们先来看支持者的论证。

第一，孔子学院遍地开花，不代表一个"全世界都在说中国话"的时代就要来临。一方面，传授知识不代表掌握知识，孔子学院有传授汉语的能力，但其学生未必可以很好地掌握汉语；另一方面，孔子学院多不代表孔子学院里的学生多，很可能由于孔子学院招生较为严格或者在当地的宣传力度不够等导致汉语没有被有效地普及。

第二，汉语能力测试可以帮助应试者了解其汉语水平在特定人群、地域中的位置，不代表其一定会唤起大家对母语文化的重视。真实的情况可能恰恰相反，很可能由于这类测试使得汉语学习具有较强的功利性，反而使得人们对学习汉语产生抵触情绪。

我们再来看反对者的论证。

第一，中国的孩子在中国的土地上学习母语有完整的教育体系，不代表这项测试的诞生是一种浪费。因为教育体系完整不代表所有中国孩子对于汉语的学习也是系统的，很可能很多学生由于更加注重汉语的日常应用，而忽视了对汉语的系统学习，这项测试的诞生很可能可以督促其系统学习汉语并检验学习成果。

第二，对于把汉语作为母语的中国人来说，汉语会用、会说就可以了吗？其实不然。因为语言不仅仅是日常口头沟通的工具，也是很多正式场合信息传递的载体，即便人们不需要成为作家，也有必要系统地掌握汉语。

综上，由于支持者和反对者在各自的论证过程中均存在诸多缺陷，他们各自的结论难以让人信服。

下 篇

早年论说文真题及精选范文

早年管理类论说文真题及精选范文

2012年管理类论说（十力语要）

中国现代著名哲学家熊十力先生在《十力语要》（卷一）中说："吾国学人，总好追逐风气，一时之所尚，则群起而趋其途，如海上逐臭之夫，莫名所以。曾无一刹那，风气或变，而逐臭者复如故。此等逐臭之习，有两大病。一、各人无牢固与永久不改之业，遇事无从深入，徒养成浮动性。二、大家共趋于世所矜尚之一途，则其余千途万途，一切废弃，无人过问。此二大病，都是中国学人死症。"

📖 审题立意

该年真题为说理类型材料。材料的题干形式：学人的一个行为产生了两个不好的结果。故我们应该避免学人的这个行为。从材料中不难看出，学人的行为是"总好追逐风气"。故可参考的题目：学人应当拒绝追逐风气。

需要注意的是，题干中明确给出了学人这一主体，故不建议转换主体。

📖 参考范文

学人当拒绝跟风

如熊十力先生所言，吾国学人中跟风者屡见不鲜，一旦出现热门话题，便一拥而上，浮躁之风横行。然而，此等逐臭之风气并不可取，学人当拒绝跟风。

首先，夫学术者，天下之公器，学人在社会发展进程中承担着重要的角色。学术作为"天下之公器"的本质，决定了学术的根本宗旨是服务人类社会。学术的主体是学人，这也决定了学人参与学术研究必须有社会责任感。一旦学人都丧失理性和创造力，一味跟风，不但会对其自身造成影响，还会对社会造成不良危害。

其次，保持独立思考、拒绝盲目跟风的学人往往更能在学术上有所造诣、收获真理。与其他行业不同，学术科研不仅要求学人掌握相关领域的知识，更为重要的是要有一颗"沉得住"的心。面对巨大的经济利益诱惑，不少学人随波逐流、盲目跟风，罔顾了追求真理的使命，从而降低了对自身的要求，失去了在专业领域的探索精神，使得自己在错误的道路上越走越远，难以有所建树。

最后，从长远来看，盲目跟风不利于学术界的良性发展。在短期内，盲目跟风的行为固然能满足部分学人的一己私利，但长此以往，势必会造成一个人人都不愿看到的局面：真正有所成就的学人少之又少，大部分学人皆为利益所驱动。这种局面显然不利于科学研究的进展，甚至会阻碍整个行业的发展。当整个学术界处于一片死气沉沉的氛围中时，行业的退化无疑会给身处其中的每一个个体带来不小的冲击,如科研经费被减少、职称头衔被撤回,相信这些是每个学人都不愿看到的景象。

需要指出的是,拒绝盲目跟风并不意味着闭门造车、不听取他人意见,我们要避免的是失去自己的主见,一味地随波逐流。

综上,学人当拒绝跟风。

2011年管理类论说（拔尖冒尖）

众所周知，人才是立国、富国、强国之本。如何使人才尽快地脱颖而出，是一个亟待解决的问题。人才的出现有多种途径，其中有"拔尖"，有"冒尖"。拔尖是指被提拔而成为尖子，冒尖是指通过奋斗、取得成就而得到社会公认。有人认为，我国当今某些领域的管理人才，拔尖的多而冒尖的少。

审题立意

该年真题是择一类型材料，题干中给出了拔尖、冒尖两个选项。从两个词语的解释来看，冒尖更加积极，故题干更倾向于选择冒尖。需要注意的是，本题的主语不是人才，而是人才选拔者。故可参考的题目：我们更要选拔冒尖人才。

参考范文

参考范文一

人才选拔更应冒尖

人才是立国、富国、强国之本。从古时"求贤若渴"到当代一系列的人才培养计划，无不体现了整个社会对人才的重视和期待。人才的出现主要有"拔尖"和"冒尖"两种形式，在人才选拔中，我认为应侧重推行人才冒尖。

"拔尖"是指个体经由上级提拔成为尖子；而"冒尖"是指个体通过自身的努力与奋斗取得成就，获得社会的认可。可见，这两种选拔方式存在本质差异，而冒尖应为更优的选拔途径。

第一，冒尖有助于保障选拔的公平公正。对比拔尖和冒尖的选拔过程不难发现，冒尖强调独立奋斗，而拔尖却隐含"外力相助"之意。实际上，在现实生活中不乏有人借"拔尖"之名，行"开后门"之实，这样的做法严重破坏了人才选拔制度的公平公正，长此以往，必将对人才体系的构成乃至整个社会的发展产生负面影响。换言之，冒尖选拔要求个体凭借自身努力取得成就，杜绝了拔尖选拔制度中"灰色事件"的发生，能够很好地保障人才选拔制度的公平公正。

第二，冒尖有助于推动人才队伍朝着高质量方向发展。一方面，冒尖激励人才不断涌现。冒尖为人才选拔的公平公正提供了保障，让那些遭到拔尖制度限制和打压的人才得到"出头"的机会，激励更多的"寒门"人才涌现。另一方面，冒尖还能对那些借力上位的"人才"产生威慑作用。冒尖通过选拔真才实学的人才发挥鲶鱼效应，给那些"走后门"的沙丁鱼们带来危机感，督促他们通过不断学习和实践去缩小个人能力与岗位要求之间的差距，实现从"人才"到人才的转变。

固然，拔尖选拔更加快速高效，但是高速度并不代表高质量。为了追求"速战速决"而放弃对人才能力的考核，甚至根据自己的喜好和收受的好处来决定人才的任用，这样的选拔毫无意义。相反，冒尖选拔虽然需要一定的时间，但是"慢工出细活"，时间能够检验一个人是否有真才实学，进而筛选出真正胜任岗位之人。

综上所述，人才选拔更应冒尖。

> **参考范文二**

<h2 style="text-align:center">"拔尖"诚可贵，"冒尖"价更高</h2>

在当今科技创新和技术革命高度繁荣的时代，人才是促进社会飞速发展的中坚力量。而如何能快、准、狠地选中人才，是一个急需解决的问题。尽管"拔尖"不失为一种发现人才的好方法，但管理人才更应选用"冒尖"之才。

"拔尖"是指提拔者根据其经验和偏好对人才进行选拔，这个过程不可避免地带有个人主观色彩，难以保证被选中的人才真正具有工作所需的能力。况且，随着人工智能、区块链等数字交叉学科的发展，"伯乐相马"的选拔制度已不再适用，我们需要的不仅是单一领域的专业人才，而且是多维度的学习型人才。仅凭某一个方面突出就判定其为"人才"，未免欠妥。

"冒尖"则是指通过奋斗、取得成就而得到社会的认可，通过这种方式出现的人才在较大程度上符合当今社会的需求。一个人能通过不断努力和自我提升最终出现在大众视野中，其学习能力和自我管理能力往往是比较突出的。这类人，无论你把他放在哪一个位置上，他通常都能够对所处形势进行准确的判断，从而发挥出自己最大的能力，为企业做出最大贡献。

若过多地依赖"拔尖"，人才选拔制度可能会偏离其原来的目的，变得不再公平。因为在"拔尖"的过程中，可能会出现一些"潜规则"现象。一旦这类"暗箱操作"行为成为默认的选拔规则，真正的人才一直得不到重用，就会出现"劣币驱逐良币"的逆向淘汰现象。没有人才，组织的发展必将停滞不前，最终整个社会也将乌烟瘴气。

如果我们能将主要的选拔途径转向"冒尖"，就能促进人们不断提高自我能力、提升自己的内在价值，最终实现人才和社会共同发展的良性循环。而通过"冒尖"选出的人才，尽管选拔过程可能需要花费较多的时间，但其从最大程度上保证了选拔的公平和人才的质量。

综上，我们不能全盘否定"拔尖"的作用，但在人才选拔的过程中，还是要以"冒尖"为主。

> **参考范文三**

<h2 style="text-align:center">要拔尖，更要冒尖</h2>

拔尖和冒尖是人才选拔的两种途径。为了使真正的人才能够脱颖而出，基于长远的眼光来看，人才选拔要拔尖，更要冒尖。

不可否认的是，拔尖的选拔方式确实可以快速选拔人才，有效解决人才急缺的问题。但是，这种方式本身会带来一系列不良的影响。一方面，拔尖给心术不正的员工和领导开了一扇便利之门，不公平的拔尖会使领导班子"近亲繁殖"，使忠诚的员工失去动力；另一方面，拔尖的选拔方式风险较大，拔尖人才能否担起重任还需更多的检验。然而，冒尖的选拔方式却可以有效解决拔尖带来的问题。

  第一，冒尖的选拔方式有利于营造公平的竞争环境。公平的竞争环境可以激发员工的奋斗热情，推动员工个人的成长进程，在一定程度上也可以为组织节约培养人才的成本，有助于公司战略发展目标的实现。而基于合理标准的冒尖选拔人才的政策可以保障组织内部公平竞争的氛围，保障员工和组织双方目标的实现。

  第二，冒尖选拔出的人才更有可能取得出色的成绩。冒尖人才是指那些通过自己的努力奋斗，获得公认的成就而晋升的员工，其工作能力在基层岗位已经得到了充分的体现。另外，由于群众的认可，冒尖人才在工作过程中更容易树立威信，带领下属高效工作，从而完成组织目标。

  值得注意的是，选拔人才时也不能仅用冒尖，杜绝拔尖。人才急缺是我国当今某些领域中亟待解决的问题，冒尖的选拔过程需要通过层层考核，其选拔周期相对较长，可能无法满足对人才的急迫需求。因此，为了平衡人才需求与人才供应之间的矛盾，应该将重心放在如何做好冒尖人才的选拔上，必要时采取拔尖的选拔方式。

  综上，人才选拔要拔尖，更要冒尖。

2010年管理类论说（追求真理）

一个真正的学者，其崇高使命是追求真理。学者个人的名利乃至生命与之相比都微不足道，但因为其献身于真理就会变得无限伟大。一些著名大学的校训中都含有追求真理的内容。然而，近年学术界的一些状况与追求真理这一使命相去甚远，部分学者的功利化倾向越来越严重，抄袭剽窃、学术造假、自我炒作、沽名钓誉等现象时有所闻。

审题立意

该年真题的审题难度不大，行文时很少会出现偏离题意的情况。需要注意的几个细节问题：

（1）材料不应只谈功利化不谈真理，也不能只谈真理不谈功利化，应二者都有所涉及。

（2）材料的主体应是学者，不建议强行关联其他主体；若是实在不会写学者，部分语段可以关联其他主体，但必须要进行合理过渡。

（3）不建议泛化题目。例如，很多同学将追求真理理解为"保持本心"，这种做法不建议。因为题干中已经明确说明本心是追求真理了，不建议再笼统描述。

故可参考的题目：学者当追求真理；追求真理当去功利化；学者当拒绝功利化。

参考范文

参考范文一

追求真理要去功利化

追求真理是学者的崇高使命。然而近年来，部分学者的功利化倾向愈演愈烈，这种现象引发社会思考。于我看来，学者在追求真理的过程中要去功利化。

去功利化，有利于学者术业专攻，有所成就。在当今知识经济迅速发展的时代，掌握某些知识可以快速获取资源和财富。然而，如果学者们都为了追逐财富而舍弃自己擅长的领域，投身于快速获取财富的领域，那么该领域很可能会快速达到饱和而不再衍生财富，并且学者最初专攻的领域也会荒废，得不偿失。因此，学者应该去功利化，专心从事自己所长，这样才更可能获得像袁隆平、屠呦呦那样的成就。

去功利化，有利于学术界井然有序，返璞归真。时下，各行各业都需要条理化的行业规范和稳定的环境，这样才能促进事物稳定发展。同样，学术界是保障社会进步，关联经济、文化、社会等方方面面的体系，因此良好的学术界秩序能够为学者们提供纯粹的求知环境。学者们只有处于这种环境，才能更好地将个人知识转化为探索钻研的武器，勇敢地追求真知。

去功利化，有利于知识与社会紧密相连，共同发展。众所周知，文明社会的发展离不开知识的不断更新。然而功利化的存在会使学者对知识的探索偏离方向，停留在表面。所以，去除功利化可以降低知识探索中偏离轨道的时间成本，使学者不被眼前的诱惑所吸引，潜心钻研知识，获得更高成就。

当学者得知自己的钻研成果会与时代进步接轨时，必然会不断攀登知识高峰。

对利益的追求无可厚非，但是过分地追求功利化的确会阻碍追求真理的步伐。社会需要采取措施来抑制学者对功利化的过分追求，从而达到追求真理的目的。我们要倡导学者去功利化，以推动其术业专攻，勇登高峰。

参考范文二

纯粹化追求真理

当浮躁化成为时代标签时，就连以追求真理为目标的学术研究，也变得不再纯粹化。功利化的追求带来了诸多社会矛盾，加剧了信任危机。因此，纯粹化追求真理尤为重要。

纯粹化追求真理，与数字时代背景更加匹配。互联网技术的发展几乎完全颠覆了传统治学研究的方式和体系，从仅能查阅有限知识的纸质类书籍到简单地在浏览器中输入关键词便能收获一大片相关知识网。这使学术研究的过程变得快捷，研究成果更加科学。然而，这同样为"投机"创造了条件。有些人认为，通过窃取他人学术文章，稍做修改，署上姓名便拥有了属于自己的研究作品。殊不知，互联网在提供这样的机会的同时，对于文章的审核也会更加严格。因为社会公众获取信息的渠道相通，发现偷梁换柱的速度也许快于你浮躁化拼凑信息的速度。如众所周知的翟天临事件，从前程似锦到现在前途惨淡，这便是互联网时代背景下浮躁求学的代价。这样的高风险告诫我们，应当有效利用数字时代为我们创造的条件，选择与之匹配的纯粹化追求真理。

纯粹化追求真理，是提高核心竞争力的捷径。从收集资料到搭建框架，从整合思路到自主创作，看似枯燥乏味的治学过程，正是对自身能力的磨炼，在追求真理的过程中提高了自己的核心竞争力。

我们所追求的纯粹化追求真理，不是与外界失联的闭关研究，而是有条件地选择利用信息。不能照搬他人的研究成果，但不代表不能汲取他人的研究智慧，在潜心钻研的情况下，我们可以利用资源加以辅助。

只有真正做到纯粹化追求真理，才能依托科技提供的便利，提高自身核心竞争力，立足长远发展，从而摘去浮躁化的时代标签。

参考范文三

追求真理要去功利化

追求真理作为学者的崇高使命，广为人们称颂。然而如今部分学者功利化倾向越来越严重，学术造假等行为为人诟病。作为一名学者，应当做到去功利化。

功利心会使学者丢失追求真理的初心。学者的初心往往比较纯粹，他们注重对真理的探索，认为真理的价值高于名利的价值。而功利心会使学者在研究时有更多的顾虑，将研究成功后能得到的头衔等名利考虑进去，这就会使学术研究不再是为了追求真理，而变成了追求名利的一种手段。一旦学者忘记了初心，出现学术造假等行为也就不足为奇了。

此外，功利化会败坏学术风气，严重阻碍学术发展。学术研究的一个特点是，研究时需要倾注大量时间和精力，即使这样也未必会有任何成果。在这种情况下，认真钻研的学者可能没有任何回报，而抄袭剽窃的人却可能名利双收。这样不公平的现象就会导致更多的学者不再专心追求真理，纷纷效仿，偏离了追求真理的使命。这种劣币驱逐良币的行为会严重阻碍学术界的健康发展，造成人心浮躁，学术不端之风盛行。

为了防止这些情况的发生，学者应该摒弃功利化。想要追求真理，就要有良好的学术氛围作为保证，使学者摒弃功利化，就要营造一种积极向上的学术氛围，不得将个人私利凌驾于知识真理之上，不以追求名利为目的进行学术研究，从而让学者以一种理性客观的态度去追求真理。

当然去功利化并非完全脱离对名利的追求，而是要把荣誉等名利作为对自己的研究成果的一种肯定，杜绝用不当行为追求名利。用自己的真实成就得到的名利是应当的，而将名利之心置于求知之心之上，则会本末倒置，为人们所诟病。

因此，作为学者，应保持对真理的热忱，去功利化，不要被名利所蒙蔽。

2009年管理类论说（三鹿奶粉）

以"由三鹿奶粉事件所想到的"为题，写一篇700字左右的论说文。

审题立意

该年真题为命题作文，所以题目非常简单，为：由三鹿奶粉事件所想到的。

但需要注意的是，题目的拟定不等于审题的结束。因为即便题目不需要自拟，也需要在正文中表明观点。可参考的论点：企业当诚信；企业当道德经营；道德是市场经济的基石；诚实守信是企业发展的根本。

参考范文

参考范文一

由三鹿奶粉事件所想到的

由三鹿奶粉事件，我首先想到的是诚信的重量。利润最大化是企业经营的原始追求，诚信是企业必须承担的社会责任。二者共存有时会产生矛盾，但无论如何，诚信经营容不得丝毫疏忽。

三鹿集团的惨淡结局就是企业背弃诚信、欺骗消费者最直接的下场。驰名一时的企业早已被群众视为诚信的代名词，即便说企业破产事小，但是辜负消费者的信任所带来的负面影响仍是不可估量的。公众形象向来正派的企业赫然被爆出经营欺诈，试问消费者还敢随意交付信任给任何人、任何企业吗？诚信的缺失势必会造成市场经济的萎缩和社会发展的退步，而且社会信用和群众信心的重建并不会像将其打破那般容易。

企业明知道这种做法会带来许多不必要的风险，为什么还是甘愿将诚信的招牌作为"赌注"呢？其答案不难得出。首先，从成本收益的角度考虑，企业坚守诚信形象需要付出的成本较高，然而弄虚作假的成本较低。其次，前者并不能在短时间内使企业获得可观利润，甚至很有可能出现即使宣传再多，消费者仍对其无动于衷的结果，企业只能"赔本赚吆喝"；而后者使企业可以从消费者的需求入手，在产品品质上"动手脚、做文章"，使得产品可以在短期内迅速引爆，甚至可以成为企业迅速占领市场、获取可观收入的有效手段。最后，从企业管理权和所有权分离的角度分析，管理层可能迫于债权人对高额资本回报率的压力或者股东对经营业绩的过分追求，甘愿冒险做出损害第三方，即消费者的权益的决策。总之，他们这样做的根本原因就是利欲熏心。

企业需要明白"纸包不住火"的道理。在自媒体时代，舆论监控能使任何社会丑态无所遁形。企业万不可图一时的小利而走上不可挽回的道路，诚信不容丝毫疏忽。

参考范文二

由三鹿奶粉事件所想到的

三鹿奶粉事件对全国奶制品企业产生了极其恶劣的影响，人们对奶制品企业产生了信任危机，不愿消费和食用奶粉、牛奶等产品，三鹿集团也因为这次事件而不复存在。企业的经营缺少诚信，就可能会出现如此次一般的产品质量问题，更可能会给整个行业带来危机。若企业重视诚信问题，将有利于其长远、持续地发展下去。

重视诚信是一个企业对消费者知情权的尊重。如果企业重视诚信，可以取得消费者的信任，使其增大对产品或服务的消费量，有利于企业的持续经营。诚信的企业会如实地告知消费者其产品或服务的内容、功能、用途等，而不是夸大其词或隐瞒缺陷。消费者在诚信的企业消费时，可以明确了解产品或服务的信息，并依照这些已知的信息进行消费。顾客购买到与自己认知相符的产品或服务，很可能会产生"下次再来""推荐给其他人"等良好的情绪，对产品、服务或企业进行良好的评价，企业也会因为这种持续性增长的客源而获利、成长。

重视诚信是一个企业对违背法律行为坚决抵制的态度。诚信的企业不会做违反法律规定的事情。对于在产品或服务中严禁出现的成分，诚信的企业不会让其出现；对于自身行业的标准，诚信的企业也会严格遵守，尽量避免出现不合格产品流入市场的现象。因此，执法人员对这样的企业进行质检或突击检查时，很少会发现严重的问题。同时，企业的法律风险也在一定程度上有所降低，更有利于企业稳定地经营下去。

不重视诚信的企业很可能会做出美化产品、隐瞒缺陷、虚假宣传等行为。如果企业不重视诚信，消费者很难获取与真实产品一致的信息。这种行为不仅需要消费者花费更多的精力去辨别产品，更可能会使消费者在消费后产生心理落差，一部分人可能会因此不愿再次消费，甚至使他人也不愿对此产品进行消费，对企业的经营可能产生较大的影响。

综上所述，企业的诚信，有利于其更好、更长远地发展。

2008年管理类论说（原则与原则上）

"原则"就是规矩，就是准绳。而在日常生活和工作中，常见的表达方式是："原则上……，但是……"。请以"原则"与"原则上"为议题写一篇论说文，题目自拟，700字左右。

审题立意

该年真题的话题难度不大，但容易找错审题方向。本题的题干要求是"以'原则'与'原则上'为议题写一篇论说文"，但"原则"与"原则上"是矛盾的、不可共存的，故本题不是写二者的共存关系，而是要在二者中"择一"。

需要注意的是，"原则上"并不等同于"变通"，"变通"未必打破原则，但"原则上"一定打破了原则。当原则有不合理之处的时候，我们要做的应该是完善原则，而非直接打破原则。故本题不能选择"原则上"这一方向，而应该选择"原则"这一方向。

参考范文

遵守原则，拒绝"原则上"

"原则"和"原则上"仅仅一字之差，二者内涵却相差甚远。"原则"是规矩，"原则上"却恰恰相反，口口声声讲"原则上"的人显然不会遵守原则。要遵守原则，就要拒绝"原则上"。

不以规矩，无以成方圆。我们生活在一个由各种"原则"建立起来的社会，而这些"原则"就是规矩、准绳。大大小小的"原则"覆盖了社会生活的方方面面。国家出台法律，调整人们的社会行为，对危害社会和他人正当利益的行为做出处罚；企业制定各项管理规则，让管理更加高效，以维持企业的正常经营运转；学校制定校规校纪，为学生的学习创造良好环境，引导学生健康成长。这些"原则"虽然约束着人们的行为，但也正是得益于这些"原则"，我们的生活更加和谐有序。

原则建立之后就要遵守，否则原则就会成为一纸空文，毫无效力可言。然而在现实生活中，由"原则"建立起的秩序，却总被一些人的"原则上"打破。"原则上"的问题在于，找个"熟人"，编个"借口"，给个"面子"，"通融"一下，就会获得超越"原则"的诸多"方便"。"原则"在这些人面前不值一提，只是他们获取便利的幌子。口口声声说要"遵守原则"，却削尖了脑袋"钻空子"。"原则上"虽然只比"原则"多出一个"上"字，但多出的却是对原则的漠视和不愿遵守的心态。

这种现象的形成是因为原则的执行不力和人们普遍的"原则意识"淡薄。原则制定之后缺少"令行禁止"的魄力，使热衷"原则上"的人有了可乘之机，进而更加淡化了"原则意识"。

由此可见，面对"原则上"的行为，既要克制自己违背原则的想法，也要加大对原则的执行力度。文无法则文亡，国无法则国乱。所以，请遵守原则，拒绝"原则上"。

2007年管理类论说（南极司各脱）

电影《南极的司各脱》描写英国探险家司各脱上校到南极探险的故事。司各脱历尽艰辛，终于到达南极，却在归途中不幸冻死了。在影片的开头，有人问司各脱："你为什么不能放弃探险的生涯？"他回答："留下第一个脚印的魅力。"司各脱为留下第一个脚印付出了生命的代价。

📖 审题立意

该年真题是故事类型材料。题干中有一个主语——探险家，发生了一件事——探险，取得了一好一坏两个结果——坏结果是不幸被冻死，好结果是留下了第一个脚印。我们在审题的时候需要对探险家的行为表达态度，从题干中"不幸""魅力"等词能看出来材料对于探险家持支持态度，故审题的方向应该是支持探险家的行为。但需要注意的是，行文中不要对探险的风险避而不谈，应指出牺牲是偶发的风险，否则说服力度会减弱。

故可参考的题目：敢为天下先；勇于探索，实现梦想。其他题目只要合理亦可。

📖 参考范文

参考范文一

成功需要冒险精神

司各脱为在南极留下第一个脚印而付出了生命，但他不惧困难、勇于冒险的精神也激励了无数人。的确，广阔的疆土总是由敢于冒险和探索的人开拓的，生而为人应有此种精神，对于企业来说亦是如此，成功需要冒险精神。

冒险精神是企业生命力的源泉。有很多人害怕冒险，担心风险过大而选择逃避，然而，即使不去冒险，风险就可以避免吗？想必在产业转型升级中销声匿迹的雅虎和柯达已经为那些故步自封、畏首畏尾的企业敲响了警钟。缺少冒险精神的企业，已经在无形之中给自己铐上了一把枷锁。无论是在开拓市场、研发产品、涉猎新领域时，还是在研究新技术的过程中，各企业无时无刻不面临着来自宏观经济和竞争对手的巨大风险。风险永恒存在且避无可避，既然如此，企业就必须具备冒险精神，敢于直面这些风险，主动着手解决风险所带来的种种阻碍，唯有如此，才可为自身提供更多的机会与选择，灵活面对形势变化，为企业创造鲜活的生命力。

冒险精神促使企业发现新的"蓝海"，及早抢占市场先机。众所周知，高收益必然伴随着高风险，企业若想有所成就，冒险精神必不可少。现如今产品差异化是企业竞争力的核心因素。面对消费者极具多样化与时效性的需求，企业如果继续因循守旧，必定会被市场淘汰，而那些秉持冒险精神锐意进取，依靠研发创新赢得市场的企业方能在市场竞争中脱颖而出。冒险精神要求企业在激烈的竞争中不断探索新的发展方向，发现新的机遇，从而确立自身优势所在，与对手拉开差距。无论是"寒门贵子"刘强东，还是曾陷入价格苦战的盛景网联，无一不是在不断的冒险与探索中取得成功，这些便是最好的佐证。

诚然，具有冒险精神并不等于冒进。"险"是否值得"冒"还需要企业管理者进行客观的衡量与理性的判断，在合理分析可行性后再采取行动才是良策。如果只是不假思索地冒进，不仅难以抓住机遇，还很有可能在与对手的竞争中被"杀"得片甲不留。

综上所述，成功需要冒险精神。

参考范文二

勇于探索，实现梦想

司各脱深知南极探险的过程必然会伴随着风险，但他依然勇敢地选择直面风险，勇于探索，最终在南极留下了第一个脚印，实现了梦想。追梦途中固然伴随风险，但梦想不是唾手可得的，不勇于探索，怎能实现梦想？

探索中发现真知，探索中发现奥秘，人类在一次又一次的探索中离梦想越来越近。没有探索精神，居里夫人不会发现镭元素，科学的进步可能还要推迟很久；没有探索精神，爱迪生发明不了灯泡，我们的世界可能还是一片黑暗；没有探索精神，袁隆平培育不出超级杂交水稻，中国可能还处于饥荒的水深火热之中……人类每一次令人惊喜的进步都离不开这些科学家的探索，失败的风险阻挡不了他们探索的脚步。我们不一定会像他们一样成功，但是我们人生中每个阶段的进步都离不开探索，并在探索中不断提高自己，不断接近自己的梦想。

反之，停止探索的脚步就会离梦想越来越远。"力学之父"牛顿早年通过不断探索，在物理学上获得了辉煌的成就，但其晚年却因迷信神学、炼金术而碌碌无为。追逐梦想的过程是不断探索的过程，探索的脚步一旦停止，梦想就很难实现。

有人会说，探索付出的代价太大了，因为承受不了风险，所以不敢冒险；也有人说，不探索，走前人的路，参照别人的成功经验，也能实现梦想。勇于探索确实不能不计风险，但是风险是可控的，我们只要合理估计并加以控制，便能大大减少风险所带来的负面影响。另外，因循守旧不能实现发展，更不能实现梦想。我们每个人都是不同的个体，每个人成功的途径也大不相同，仅仅照搬别人的做法不仅实现不了梦想，还可能得不偿失，离梦想越来越远，因此还需根据个人实际情况探索属于自己的方法。

不仅个人梦想的实现离不开探索，企业、国家的发展更离不开探索。只有敢于探索，企业才能在日新月异、竞争激烈的市场上寻求到合适的发展道路；只有勇于探索，国家才能实现人民幸福感、综合国力的提升。

因此，我们不应因风险而停止探索，实现梦想的机会只留给那些不畏风险、勇于探索的人！

2006年管理类论说（和尚挑水）

根据以下材料，围绕企业管理写一篇论说文，题目自拟，700字左右。

两个和尚分别住在东、西两座相邻的山上的寺庙里。两山之间有一条清澈的小溪。这两个和尚每天都在同一时间下山去溪边挑够一天用的水。久而久之，他们就成为好朋友了。光阴如梭，日复一日，不知不觉已经过了三年。有一天，东山的和尚没有下山挑水，西山的和尚没有在意："他大概睡过头了。"哪知第二天，东山的和尚还是没有下山挑水；第三天、第四天也是如此；过了十天，东山的和尚还是没有下山挑水。西山的和尚担心起来："我的朋友一定是生病了，我应该去拜访他，看是否有什么事情能够帮上忙。"于是他爬上了东山，去探望他的老朋友。

到达东山的寺庙，西山和尚看到他的老友正在庙前打拳，一点也不像十天没喝水的样子。他好奇地问："你已经十天都没有下山挑水了，难道你已经修炼到可以不用喝水就能生存的境界了吗？"东山和尚笑笑，带着他走到寺庙后院，指着一口井说："这三年来，我每天做完功课后，都会抽空挖这口井。如今终于挖出水来了，我就不必再下山挑水啦。"西山和尚不以为然："挖井花费的力气远远甚于挑水，你又何必多此一举呢？"

📖 审题立意

该年真题是故事类型材料。题干中两个和尚做出了不同的选择，得到了不同的结果。西山和尚需要继续日复一日地挑水，东山和尚则不需要继续挑水。故我们应该支持东山和尚，找到东山和尚和西山和尚的差异性。二者最大的差异就是一个图眼前轻松，另一个图未来轻松。故本题的中心方向为"长远"。需要注意的是，虽然故事本身与企业无关，但是题干要求中明确提出了需要围绕企业管理展开。故题目及行文中还要体现出企业。

故可参考的题目：企业当立足长远；无远虑，必有近忧。其他题目只要合理亦可。

📖 参考范文

企业成功需要目光长远

不同于西山和尚每天只知道下山去溪边挑够一天用的水，东山和尚每天做完功课，都会抽空挖井，这也使其最后不必再下山挑水，就可以每天都有水喝。两个和尚的行为给了我们启发：我们要懂得把目光放长远。依我之言，企业亦是如此。

企业目光长远，指的是管理者以长远的目光看待企业发展的问题，意味着不局限于事物的表面现象，而是深入挖掘企业运营过程中的方方面面，并结合行业竞争的总体态势，防范可能遇到的风险，规划企业前进的方向。

一方面，目光长远有利于企业更好地抓住机遇、迎接挑战。面对越来越激烈的市场竞争，只有目光长远才可能不断地超越原来的发展水平，为企业创造更多的生存和发展机会。在企业经营过程中，可能会受到经济政策、市场需求、科学技术以及企业自身局限等不同因素的影响，提早进行规划并实施适当的举措将帮助企业科学合理地判断目前所处的方位，把握优势，看到不足，在一定程度上避免其在发展过程中出现错误和失误，从而切实增强自身实力，积极迎接风险和挑战。

另一方面，目光长远有利于企业切实防范风险。在经济发展迅猛、社会环境不断改善、科技水平不断提高的今天，企业往往会过度沉浸于当前的平稳运行之中，从而忽视了在未来发展道路上可能会面临的困境。其实任何一个企业，即使是在发展的鼎盛时期，也可能会有阻碍其前进的因素存在。正如尼康不得已退出中国并不是被同行打败，而是被具有强大摄像功能的智能手机取代。这启发我们，企业需要目光长远，去预测可能到来的风险。

当然，有的人可能会说，眼前的事情都还没有处理好就迫不及待地开拓未来，是一种盲目的前进。但我们所说的目光长远其实是在着眼于现实事物的发展状况，以及理性、客观的分析基础之上实施的举动。

综上，企业目光长远，铺就的成功之路才会足够辉煌。

2005年管理类论说（丘吉尔的决策）

根据下述内容，自拟题目写一篇短文，评价丘吉尔的决策，说明如果你是决策者，在当时的情况下你会做出何种选择，并解释决策依据。700字左右。

第二次世界大战期间，英国首相丘吉尔曾做出一个令他五脏俱焚的决定。当时，盟军已经破译了德军的绝密通信密码，并由此得知德军下一个空袭目标是英国的一个城市考文垂。但是，一旦通知这个城市做出任何非正常的疏散和防备，都将引起德军的警觉，使破译密码之事暴露，从而丧失进一步了解德军重大秘密的机会。所以，丘吉尔反复权衡，最终下令，不对这个城市做任何非正常的提醒。结果，考文垂在这次空袭中一半被焚毁，上千人丧生。然而，通过这个密码，盟军了解到德军在几次重大战役中的兵力部署情况，制定了正确的应对策略，取得了重大的军事胜利。

审题立意

【乃心老师小贴士】 该年真题考查的并非论说文，而是案例分析试题，与近年考试方向不一致，故不做详细的审题分析。若是将题干材料当作论说文进行审题，可参考题目为：领导者要顾全大局。

参考范文

丘吉尔的决策：正确还是错误？

英国首相丘吉尔的决策在历史上一直备受争议。其中之一就是在第二次世界大战期间，他为了保守盟军破译德军通信密码的机密，决定不提醒英国的考文垂其为德军的下一个轰炸目标。结果该城市受到重创，上千人死亡。虽然后来盟军通过这个密码取得了重大的军事胜利，但是这个决策还是让人们一直在思考：丘吉尔的决策是正确的还是错误的？

从当时的情况来看，丘吉尔的决策是正确的。当时的英国正处于危急关头，德国空军不断轰炸英国各地，英国需要尽可能了解德军的情况，制定正确的战略。破译德军的通信密码对于盟军来说是一次重大突破，如果失去这个机会，将会对后续战争产生不可预估的影响。而且，如果英国政府对考文垂发出疏散警告，德军很有可能会意识到他们的通信密码已经被破解，从而改变他们的通信方式，这将使盟军失去进一步了解德军情报的机会。因此，为了对重要情报保密，丘吉尔的决策是正确的。

尽管从道德和人性的角度看，丘吉尔的决定很难被接受——数千人的生命被置于危险之中。然而，这不完全是一次糟糕的决策，而是一种不可避免的牺牲。在第二次世界大战期间，情报信息的重要性不言而喻。此外，当时德军的秘密通信加密水平极高，破解这一加密系统是非常困难的。因此，获得德军的信息至关重要，而这个决定的结果最终证明了其价值。

如果我是当时的决策者，我也会做出像丘吉尔一样的决定。作为一名决策者，我必须优先考虑国家的利益，这是我的职责和使命所在。我会依照当时的情况，评估这个决定是否会影响其他关键性的情报信息，以及是否可以使用其他方法来保护该城市的民众。如果没有更好的方法，我也会像丘吉尔一样权衡利弊，并从国家利益出发，做出最好的选择。

总的来说，丘吉尔的决策是正确的，作为决策者，必须考虑国家的长远利益。

2004年管理类论说（旅行者和三个人）

根据以下材料，自拟题目撰写一篇600字左右的论说文。

一位旅行者在途中看到一群人在干活，他问其中一位在做什么，这个人不高兴地回答："你没有看到我在敲打石头吗？若不是为了养家糊口，我才不会在这里做这些无聊的事。"旅行者又问另外一位，他严肃地回答："我正在做工头分配给我的工作，在今天收工前我可以砌完这面墙。"旅行者问第三位，他喜悦地回答："我正在盖一座大厦。"他为旅行者描绘大厦的形状、位置和结构，最后说："再过不久，这里就会出现一座宏伟的大厦，我们这个城市的居民就可以在这里聚会、购物和娱乐了。"

审题立意

该年真题是故事类型材料。题干中三个人虽然做着同样的工作，但是在面对旅行者的提问时，他们的回答却完全不同。故本题的审题方向是要寻找三个人的本质差异。

显然本题中更应该支持的是第三个人。第三个人呈现出来的特点就是态度更积极、更乐观。故可参考的题目：要有积极的态度；好的心态拥抱幸福人生。

参考范文

积极态度的重要性

三个人做着相同的工作，却拥有不同的工作态度，这也使其各自拥有了不同的人生幸福感。从他们的身上也让我们看到了积极态度的重要性。

积极的工作态度可以让人更有责任心，责任心决定着一个人发展的宽度。积极的工作态度是一丝不苟的，尤其在工作中，有责任心的人才会被予以重任，因此就会有脱颖而出的机会。而消极怠工、草草了事的人往往会陷入一种消极的氛围，不被上司看重，拘泥于枯燥的工作，看不到自己的上升空间，人生目标变得狭隘，成了那个只能看到"石头"却看不到"大厦"的工人。

积极的人生态度可以使人勇于直面困难，直面困难的勇气决定着一个人发展的长度。"自信人生二百年，会当水击三千里"，如果面对困难没有自信和坦然的态度，毛泽东怎能写出如此豪迈雄浑的诗篇？直面困难可以让我们在挫折中积累生活经验，可以让企业在一次次碰壁中成长。无论是个人还是企业，如果在面对困难时抱着消极避世的态度，那么你的潜能可能会被埋没，人生价值或企业目标也就很难实现，沦为那个只能看到"墙"却看不到"大厦"的工人。

积极的处世态度可以让人磨炼秉性，提高素养，优秀的行为素养决定着一个人发展的高度。沉静笃实者，势必会选择韬光养晦，以丰富自己的学识和内涵，建立正确的人生观和价值观，树立远大的人生目标，并为之不懈奋斗；而浮躁者，对任何事物都是浅尝辄止，缺少了深入的思考，也就不会在任何方面有建树,"假大空"势必会让人与理想渐行渐远。

由此可见,积极的态度可以衍生众多有利于成功的优秀品质,而这些品质对一个人的发展起到了潜移默化的决定性作用。因此,只有拥有积极的态度,我们才能让理想照进现实,建成人生的"摩天大楼"。

2003 年管理类论说（未考）

提示：该年只考了一篇评论性写作（即现行的论证有效性分析）和一篇文章缩写，未考论说文。

2002年管理类论说（压力）

阅读下面一段材料，按要求作文。

在这次激烈的招聘考试中，有些志在必得的应聘者未能通过，有些未抱希望的应聘者却取得了好成绩。前者说，压力太大，影响了发挥；后者说，没有压力，发挥了高水平。看来，压力确实会破坏人的情绪。但是，人们又常说，没有压力就没有动力，这说明压力又不可缺少。究竟应当如何认识和对待压力呢？

请以"压力"为话题，写一篇文章。题目自拟，不少于700字。

审题立意

在早年的考试中，考试大纲并未规定考试文体为论说文，该年真题就不算严格意义上的论说文，而是话题作文，可以围绕话题展开讨论。

所以在审题的时候，大家可以当作论说文来审，给出明确观点，如压力就是动力。也可以当作话题作文来审，围绕话题展开讨论，如正确认识和对待压力。

参考范文

正确认识和对待压力

压力是人类生活中不可避免的一部分，既可以是推动我们前进的动力，也可以是困扰我们的心魔。在工作、学习、生活等方面，人们都面临着不同程度的压力。如何认识和对待压力，将影响我们的心理健康和生活质量。

首先，要正确认识压力。压力不是一种消极的情绪，而是一种积极的动力。它可以激发我们的内在潜能，推动我们不断进步。当我们在工作中面对具有挑战性的任务时，适度的紧迫感会使我们的工作效率和创造力得到提高，我们也会更加珍惜时间和机会。因此，适度的压力是必要的，它可以促进我们的成长和发展。

其次，要避免过度的压力。当我们的压力超过自身的承受范围时，它会成为一种负担，阻碍我们的发展。过度的压力会导致我们的心理失衡，产生焦虑、紧张等不良情绪。因此，我们需要在工作、学习和生活中保持一定的心理平衡，避免过度压力的产生。在面对压力时，我们可以尝试放松身心，进行一些有益的休闲活动，如运动、阅读等，以缓解压力和恢复能量。

最后，要善于应对压力。面对压力时，我们要学会用正确的方式应对。第一，要保持良好的心态和信心，相信自己的能力和价值。第二，要制订合理的计划和目标，分步骤逐步完成任务。第三，要加强沟通和合作，积极寻求帮助和支持。第四，要及时调整心态、目标和计划，适时调整自己的状态和方向。

综上所述，正确认识和对待压力，是人们保持心理健康和生活质量的重要方面。压力是推动我们前进的动力，但也需要我们避免过度的压力并善于应对压力。只有正确认识和应对压力，我们才能在生活和工作中不断进步，实现自己的人生价值。

2001年管理类论说（成功女神）

根据所给的材料，写一篇600字左右的议论文，题目自拟。

1831年，瑞典化学家萨弗斯特朗发现了钒元素。对这一重大发现，后来他在给他朋友化学家维勒的信中这样写道："在宇宙的极光角，住着一位漂亮可爱的女神。一天，有人敲响了她的门。女神懒得动，在等第二次敲门。谁知这位来宾敲过后就走了。她急忙起身打开窗户张望：'是哪个冒失鬼？啊，一定是维勒！'如果维勒再敲一下，不是会见到女神了吗？过了几天又有人来敲门，一次敲不开，继续敲。女神开了门，是萨弗斯特朗。他们相晤了，钒便应运而生！"

📖 审题立意

该年真题为故事类型材料，题干给出了两个人的行为并进行对比，我们需要找到两个人所发生事件的区别：维勒没有坚持，而萨弗斯特朗坚持敲门。其本质区别是：是否坚持、锲而不舍。大家应基于这一方向进行审题立意。如：锲而不舍有利于成功。

📖 参考范文

锲而不舍，促成功

萨弗斯特朗一次又一次地敲响女神之门，最终发现了钒元素，让人们对元素有了更深入的认识。他的成功也反映了一个品质，那就是"锲而不舍"，同时也告诉了我们锲而不舍的重要性。

首先，锲而不舍是成功的必要条件之一。成功往往需要长时间的积累和不断的尝试，锲而不舍能够帮助我们坚定信念，不放弃自己的目标。只有持之以恒地付出努力，才有可能在一次次的尝试中获得经验和技能，达到自己的目标。

其次，锲而不舍可以培养自己的毅力和耐力。成功的道路往往充满了挑战和困难，而不屈不挠的毅力和坚韧不拔的耐力是克服困难的重要武器。在困境中，坚守信念和意志，坚强地前行，不轻易放弃，是获得成功的重要条件。

此外，锲而不舍还能让我们更好地适应变化和调整策略。成功往往需要我们适应环境和情况的变化，及时调整策略。但是，调整并不等于放弃，相反，我们应该坚持不懈地追求目标，不断地尝试新的方案和方法，直到找到适合自己的方式。

最后，锲而不舍可以让我们更加深刻地理解自己和生命的意义。在艰苦的努力和追求中，我们会不断地挑战自己的极限和认知，逐渐领悟到自己真正想要的是什么，进而看清自己的内心，寻找到生命的意义。

综上所述，锲而不舍是成功的必要条件之一，具有帮助我们培养毅力和耐力、适应变化和调整策略、深刻理解自己和生命意义等多方面的作用。只有在坚定信念、持之以恒地追求自己的目标的同时，不断地积累经验和技能，才能最终取得成功。

2000 年管理类论说（毛泽东周谷城）

根据所给材料写一篇500字左右的议论文，题目自拟。

解放初期，有一次毛泽东和周谷城谈话。毛泽东说："失败是成功之母。"周谷城回答说："成功也是失败之母。"毛泽东思索了一下，说："你讲得好。"

📖 审题立意

该年真题的题干形式为：

人物一：A。

人物二：B。

人物一：你对。

通过形式不难看出，两个人对于B达成了共识，故该题的审题方向不应是全部信息的堆叠，而应重点关注B。

将B代入，关注的核心内容应该为周谷城所说的话，即"成功是失败之母"。

本题直接用材料中的观点作为立意即可，也可进行变形，使中心更为明确。

故可参考的题目：成功是失败之母；生于忧患，死于安乐。

📖 参考范文

莫使"成"中生"败"

"失败乃成功之母"称得上是名言中的名言，意为失败者只要从失败中吸取教训，奋力而为，成功将继之于后。多少年来，它给失败者和身处逆境者以信心和力量，成为他们的座右铭。然而细细想来，"成功"之中又何尝不是常有"失败"的阴影潜伏？

一些人通过自己的努力，在事业上取得了很大成就，积累了巨大的财富，甚至登上了高位，赢得了各种殊荣，可谓"成功"。但成功之后，有些"成功者"不思进取，甚至忘乎所以，或躺在功劳簿上睡大觉，或居功自傲，视法律和道德为儿戏，终沦为失败者甚至阶下囚，先成后败、因成而败。

卧薪尝胆，逆境求胜，是人性中固有的奋进一面，古今中外不乏这样的例证；胜而怠，赢而骄，成而懈，则是人类心理的劣性，这样的例子古今中外也比比皆是。失败往往成为一种力量和强心剂，成功有时则是包袱和麻醉剂。失败者不吸取教训而加倍努力肯定无法转败为胜，成功者不警觉清醒而再上新台阶必然转胜为败。败中取胜不易，成功之后立于不败之地更难。成功者得意扬扬、忘乎所以的嘴脸，有时比失败者的垂头丧气还要不堪。

古语云："学如逆水行舟，不进则退。""学"如此，人生的其他方面也是如此。朱熹也说，"凡人不进便退也""无中立不进退之理"。在信息社会的今天，知识也在以惊人的速度"折旧"，只有不断地更新知识才能紧跟时代的步伐，否则时代会把我们抛得越来越远。当今社会竞争异常激烈，只有具备坚忍不拔的毅力和精进不休的品格，才能不断前进，在学业和事业上立于不败之地；只有胜而不怠、赢而不骄、成而不懈，不断开拓进取，才能走进知识、事业、人格的新境界。

可见，若说"成功乃失败之母"，虽有些文字游戏的味道，却也不失为一句警策之语。

（改编自《人民日报》，2015 年 07 月 06 日 24 版）

1999年管理类论说（画一天卖一年）

根据所给材料写一篇500字左右的议论文，题目自拟。

一位画家在拜访德国著名画家门采尔时诉苦说："为什么我画一张画只要一天的时间，而卖掉它却要等上整整一年？"门采尔严肃认真地对他说："倒过来试试吧，如果你用一年的时间去画它，那么只需一天就能够把它卖掉。"

审题立意

该年真题是故事类型材料，两组故事情节的结果截然相反，审题过程中我们需要找到是什么样的过程差异导致了结果差异。

过程差异是，一张画，一个人画了一年，另一个人画了一天，这背后体现的就是前者在积累、韬光养晦、注重质量，而后者则急于求成。

结果差异是，前者的画卖得快，后者的画卖得慢，这其实体现的就是成功的快慢。

故可参考的题目：韬光养晦才能有所作为；厚积以待薄发时；要效率，更要质量。

参考范文

要效率，更要质量

画家的"一日之作"不被市场所喜爱，门采尔给出了问题产生的原因，其言外之意是想告诉画家，重效率的同时要兼顾作品质量。这告诉我们：企业在高速发展时，不能顾此失彼，要保证质量。

很多企业为了追求高速发展，往往会以产品质量的下降作为代价。归其原因无非是企业急于求成，然而效果却很可能适得其反。企业如果缺少扎实的经济基础和经验基础，还处于发展中便好高骛远，试图一步登天，即试图迅速在竞争市场中站稳脚跟并与业内龙头对峙。这势必要消耗大量的人力、物力，会给企业带来不必要的经济压力，同时还可能会紧缩企业的资金流通量，导致生产投入等各方面资金缩水，从而影响产品质量。

过于讲究效率而导致产品质量的下降，会带来一系列恶果。其一，业内龙头企业凭借自身的经济优势，势必会与其他企业在竞争市场中产生贸易摩擦，比如价格战，如此对企业的发展是极其不利的，甚至企业自身的发展会被强势企业拖垮；其二，自身产品质量的下降将导致消费者的认可度和消费黏性的下降，进而导致客户群体的流失，如此便会延长企业的现金回收期，导致资金周转进一步受阻，陷入恶性循环。

健康稳健的企业发展是边际效益递增的——企业在发展前期虽然效率较低并且进步较慢，但是只要保证了产品质量，步步为营，企业未来的发展必将获得质的飞跃。

由此可见，与其"三步并作两步走"，不如坚守质量关，这样"画"才能脱销。

1998 年管理类论说（儿童高消费）

根据所给材料，写一篇 500 字左右的议论文，题目自拟。

当前，儿童高消费已经越来越严重，许多家长甚至让孩子吃名牌、穿名牌、用名牌、玩名牌，而自己却心甘情愿地过着节俭的日子。

审题立意

该年真题对于儿童高消费的行为持批判态度，故题目应体现出对儿童高消费的否定态度。

故可参考的题目：儿童高消费不可取；物质不应过度。其他题目只要合理亦可。

参考范文

参考范文一

物质供给需适度

现如今越来越多的家长对子女生活上的供给逐渐从吃得饱演变为吃得好，从穿要得体转变为穿要"贵气"。无论是出于家长的宠爱还是物质的富足，家长的这种行为无可厚非，但是我认为，物质供给需适度，精神培养不可无。

家长过分提高子女的消费标准，容易造成对其精神品质培养的缺位。家长皆抱着望子成龙的期许，盲目地将培养重心放在子女的生活水平上，希望其能有一个适合成长发展的更为优越的外部条件，但这往往会忽视对其精神品质的培养。而对未成年人的未来发展有着深远影响的恰恰是品质的塑造，物质条件的影响微乎其微。

过度的物质供给，会影响到未成年人积极价值观和健康人生观的形成。物质的富足会造成互相攀比，这种违背社会主义核心价值观的行为不利于未成年人的身心健康。此外，过分强调吃穿会使其忽略对知识技能的学习，好逸恶劳、缺乏真才实学，只注重形式主义者无法在社会中立足。另外，家长无度地宠溺子女还会给家庭增加不必要的经济压力，百害而无一利。

反之，节俭有助于让未成年人体会到物力维艰的真正含义，使其明白努力奋斗的必要性和重要性，有助于其树立正确的价值观导向。同时，节约意识有助于其培养积极上进的求学心态，建立健全人格，使其未来得以在社会上立足和发展。

家长可以转变培养重点，将钱花在培养孩子品性的"刀刃上"，让未成年人提早明白"踏实做人、认真做事"的道理。所以，物质丰富只是人才形成的充分条件，精神培养才是人才培养不可或缺的必要条件。

参考范文二

儿童高消费：浮华背后的危害

近年来，儿童高消费现象越来越严重，许多家长纷纷给孩子提供名牌服饰、电子设备等高档物品，这样的消费模式给孩子带来了浮华和虚荣，其背后隐藏着种种危害。儿童高消费不仅没有带来实际的利益，反而会对孩子的身心健康造成不良影响。

首先，儿童高消费会导致孩子的消费观和人生观扭曲。在家长的引导下，孩子们很容易以物质为中心，忽视学习和成长的重要性。他们会过分地在意名牌，认为只有拥有更多的高档物品才能得到别人的认可和赞赏。这种消费观念一旦形成，很有可能会对他们的未来产生深远的影响。

其次，儿童高消费会破坏经济平衡与家庭和谐。许多家庭因为孩子的高消费而负债累累，家庭支出失控，造成了极大的经济压力。家长为了满足孩子的需求，常常加班赚钱或者降低生活质量，给自己和孩子带来了极大的心理压力。同时，家长为了让孩子过上好的生活而疏忽了陪伴和关心，这也会对家庭关系造成负面影响。

最后，儿童高消费会对孩子的身心健康造成损害。过度的物质享受会让孩子变得浮躁和功利，追求外在的物质享受，而忽视内在的精神需求。儿童时期是孩子身体和心理发育的关键时期，过度的消费和浮华的生活方式会影响孩子的身体和心理健康，导致孩子出现各种健康问题。

综上所述，儿童高消费现象的背后隐藏着巨大的危害，我们不能只看到眼前的物质享受，而忽视了其长远的影响。

1997年管理类论说（洋招牌）

根据所给材料，写一篇500字左右的议论文。题目自拟。

时下，商店、企业取洋名似乎成了一种时尚，许多店铺、厂家竞相挂起了洋招牌，什么爱格尔、欧兰特、哈勃尔、爱丽芬、奥兰多等触目皆是。翻开新编印的黄页电话号码簿，各种冠了洋名的企业也明显增多。甚至国货产品广告，也以取洋名为荣。

审题立意

该年真题主要讨论的是"取洋名"的问题，从题干中"甚至"等表达能感受到材料对于"取洋名"的态度是拒绝的。故可参考的题目：莫要以取洋名为荣。

参考范文

莫要以取洋名为荣

近年来，商家取洋名已经成为一种时尚，不仅仅是为了追求新颖和时尚，更多的是为了提升品牌形象和产品的市场竞争力。然而，我们不能仅仅因为这种行为在当前社会风靡而盲目跟风。我们需要认真思考，商家取洋名的行为对于我们的文化和经济发展是否有好处，以及这种行为会给我们带来什么样的风险和挑战。

首先，商家取洋名可能会对我们的文化产生负面影响。在我们的传统文化中，我们有着独特的语言和文化符号，这些符号和语言是我们文化的重要组成部分。然而，商家取洋名的行为却会逐渐地淡化我们自己的文化符号，导致我们的文化日益缺乏独特性和创造力。这将使我们在国际文化交流中处于弱势地位，难以与其他国家的文化竞争。

其次，商家取洋名并不一定能够为企业带来真正的利益。在市场竞争激烈的当今社会，企业需要更多地关注产品的质量和服务水平，而不是依靠取洋名来提升品牌形象。商家取洋名的行为只是一个表象而已，并不能证明产品质量好、服务水平高。如果企业不能提供优质的产品和服务，仅妄想依靠取洋名来吸引顾客，最终只会导致企业的失败和倒闭。

拒绝商家取洋名看起来可能有些小题大做，但实际上这是为了更好地尊重文化多样性和建立文化自信心。通过使用本土的语言和文化来给品牌命名，商家可以更好地表现自己的特色和文化底蕴，更好地与当地消费者建立联系；同时，也能够避免涉及其他国家或民族的文化和历史，从而减少文化冲突的可能性；更重要的是，对自身语言和文化的倡导，会不断地加强我们的文化自信心。

因此，我们应该摒弃以取洋名为荣的心态，倡导和支持本土品牌和文化符号的发展和壮大。

MBA（10月）论说文真题及精选范文

2013年10月论说（实现中国梦）

阅读以下资料，给全国的企业经理写一封公开信，并在信前添加合适的标题文字，700字左右。

改革开放以来，中国经济发展的速度举世瞩目。按国际货币基金组织的统计，在188个国家与地区中，1980年，我国按美元计算的GDP位列第11位，只是美国的7.26%，日本的18.63%，从2010年起位列世界第2位，成为世界第二大经济体。到2012年，我国的GDP是美国的52.45%，日本的137.95%，与30年前不可同日而语。然而，从能源消耗看，形势非常严峻。1980年，我国能源消耗总量为6.03亿吨标准煤，到2012年增加到36.20亿吨，为1980年的6倍。按石油进口量排名，1982年我国在世界排名中位列第43位，从2009年起上升到第2位，而且面临继续上升的困境。与能源消耗相关的污染问题也频频现于报端，引起全国民众和政府的极大关注。能源消耗和污染问题已经成为阻碍我们实现"中国梦"的两个难关，对此，我们要群策群力，攻坚克难。

审题立意

该年真题的题干中明确要求给全国的企业经理写一封信，所以大家在行文的时候需要体现出书信的风格，并且论证对象是企业。本题的参考题目：节能减排，走可持续发展之路；既要金山银山，也要绿水青山。

参考范文

参考范文一

节能减排，推动企业可持续发展

尊敬的企业经理们：

中国经济发展的速度举世瞩目，但同时也面临着严峻的能源消耗和污染问题。这不仅对企业的发展构成挑战，也给我们实现"中国梦"带来了阻碍。因此，我们需要共同应对这个问题，共同节能减排，推动企业可持续发展。

首先，共同应对能源消耗和污染问题是企业的社会责任。企业是社会的一部分，应该承担起维护社会环境的责任。如果企业只顾自身利益而忽略环境污染和能源消耗的问题，不仅会损害社会公共利益，也会影响到企业的形象和声誉，从长远来看对企业发展不利。

其次，共同应对能源消耗和污染问题是企业可持续发展的必要条件。随着全球气候变化越来越显著，自然灾害、水资源紧缺、食品供应不足等问题难以避免，这些问题将对企业的供应链和业务运营产生影响，企业不得不采取措施适应这种变化。如果企业忽略环境保护，长期以来只顾眼前利益，必然会自食其果，遭受经济、社会和环境三方面的损失。而只有积极应对环境问题，才能够为企业带来更好的商业机会和可持续发展的未来。

最后，共同应对能源消耗和污染问题是企业发展的竞争优势。在当前全球范围内，环保经济、清洁能源、低碳产业已经成为经济发展的新趋势，而企业的环保意识和能源管理水平将成为衡量企业竞争力的重要指标。有数据显示，企业积极采取环保措施，不仅可以提高资源利用率，降低成本，还可以提高企业品牌形象和企业信誉，吸引更多消费者和投资者。

因此，我们应该共同应对能源消耗和污染问题，采取可持续的措施，建立绿色经济、低碳经济，为企业的可持续发展和社会的可持续发展做出积极贡献，为实现"中国梦"尽一份力。

×××

××年××月××日

参考范文二

既要金山银山，也要绿水青山

尊敬的企业经理们：

你们好！

改革开放以来，我们国家的发展取得了令世人瞩目的成果。现在的我们已不是20世纪那个经济落后国家，作为世界第二大经济体的我们已经实现了国家整体实力的飞跃，并向着实现"中国梦"的伟大目标继续努力前进着。但是在这个成绩的背后，能源消耗和环境污染问题也越发严重，急需治理。

改革开放初期，为了提高国家的工业水平，煤炭、石油等能源作为工业生产的必需品被大量使用。虽然工业发展取得了长足进步，但是能源使用中所产生的废气、废料被随意排放。尽管当年的时代背景特殊，但现在的中国早已不是当年百废待兴的落后国家，我们不仅要继续发展，还要保护好我们自己的家园。因为这不仅是给后人留下的最宝贵的财产，也是实现"中国梦"的必经之路。

在保护、治理环境的同时，用发展新能源来代替原始能源也是有效的手段。原始能源作为不可再生能源，终有一天会被开采殆尽。我国作为能源消耗和进口大国，一旦能源短缺，我们的经济和民生都会受到沉重打击。发展新能源不仅可以发展新产业，促进传统行业转型升级，也可以确保我们在其他国家限制能源进口通道的时候不受制于人。

尽管减少能源消耗和治理环境污染都需要投入大量的人力、物力去整治、开发新能源和新技术，但是，各位可曾想过，一旦环境污染到了无法弥补的时候，我们再进行治理所要花费的人力、物力会更多，当环境污染已经危及我们的生活时，当我们连自身的健康都无法保证时，我们还怎样发展企业呢？

就像习近平总书记总结的那样，当年的我们，为了金山银山，不要绿水青山；现在的我们，既要金山银山，也要绿水青山。"中国梦"不是一个人的梦，"中国梦"也不是一两个人就能实现的，而是需要全社会共同努力才能实现的，作为奋斗在第一线的企业的中坚力量，你们更是能在这其中大有作为的部分。让我们一同为实现"中国梦"而努力奋斗!

×××
××年××月××日

参考范文三

节能降耗,共建美丽中国

尊敬的各位企业经理:

  你们好!

  改革开放以来,我国经济建设取得了举世瞩目的成就,已跃升为全球第二大经济体。与此同时,我国能源消耗形势严峻,污染问题频现报端。为此,我向各位企业经理发出倡议:节能降耗,从现在做起,维护生态环境,共建美丽中国。

  长期以来,企业的粗放式发展给我国的生态环境造成了极其恶劣的影响。企业普遍存在缺乏能源使用规划的情况,能源利用的低效率致使污染严重,影响了人们的健康生活。而治理污染不仅需要投入大笔资金,还收效甚微,形成了"先污染,后治理"的恶性循环。以上种种无不是由于企业利益至上、贪婪无度的心态在作祟。

  企业以盈利为目的无可非议,但企业在追求自身利益的同时,不应忘记承担社会责任。身为企业经理,也不能只顾眼前的"金山银山",更要为子孙后代留下"绿水青山"。企业要将眼光放得长远,注重生态保护,选择既能够保护环境,也能让企业长期经营的可持续发展方式。只顾眼前利益、竭泽而渔者,不但会破坏环境,而且会让企业陷入"明年无鱼"的困境,反而害了自己。

  现如今,我国已进入经济发展新阶段,新的社会发展状况对企业发展也提出了新要求。实现节能降耗,需要企业主动转型,由粗放向集约过渡,促进产业升级,从源头上控制污染的过度排放。同时,要建立节能降耗的规章制度,控制各生产环节的能耗。作为企业经理,还要注重发挥创新精神,集思广益,鼓励提高能源利用效率,高效利用清洁型能源。还应当加强对员工节能降耗意识的宣传和培训,提倡绿色环保行为,将环保意识融入企业文化。

  环境与我们每个人都息息相关,保护环境也需要我们每个人身体力行。让我们共同努力,节能降耗,共建美丽中国。

×××
××年××月××日

参考范文四

厉行节能减排,走可持续发展之路

尊敬的企业经理人:

  你好!

  自改革开放以来,我国经济迅猛发展,目前已经成为全球排名第二的经济体。但是随之而来的是严峻的能源消耗问题以及亟待解决的环境污染问题,它们甚至已经成为实现"中国梦"的阻碍。因此,如何高效地解决这些问题已成为当务之急。

毋庸置疑,国家会大力支持经济的发展升级。但是,面对环境问题,我们也要做出应有的改变。

技术的迅速发展、科研人才的涌现、强有力的资金支持,为我国发展绿色经济提供了充足的条件。我们从大自然索取能源,也要保护大自然,如此人类才能和自然和谐相处。

能源消耗和环境污染问题也会影响到企业的发展升级。随着能源需求的增加,除采购成本增加之外,处理废气、废水的后续成本亦随之攀升。但考虑到虎视眈眈的竞争对手、消费者的消费水平等因素,产品涨价并不是最优的解决方案,大部分企业只能压缩利润。长此以往,企业的资金很可能无法支持扩大再生产和研发新产品。如此,企业也会陷入困境。

但是,节能减排发展绿色经济为我们指引了新的方向。近年来国家一直在支持绿色能源的研发,企业要想打破能源消耗的困境,就应该大力采用绿色能源,它们既可以提供充足的能量,又只产生极少的污染物,有助于企业降低生产成本。无论是对企业,还是对环境、对人民,这都是更好的选择。走可持续发展之路,才是长久发展之计。

我们可以回看西方工业国家的经济发展史,它们大都经历了"发展—污染—治理—再污染"的痛苦过程,前车之鉴,后事之师。我们应以此为戒,做到发展经济的同时保护好环境。我们既要金山银山,也要绿水青山。身在当代,心为千秋,子孙后代的发展也要以环境为基础,因此我们的责任更加重大。

让我们一起贡献自己的力量,将节能减排落实到行动中,走可持续发展之路!

×××

××年××月××日

2012年10月论说（3G和4G时代）

2012年7月6日《科技日报》报道：

我国主导的TD-LTE移动通信技术已于2010年10月被国际电信联盟确立为国际4G标准。TD-LTE是我国自主创新的第三代移动通信技术TD-SCDMA的演进技术。TD-SCDMA的成功规模商用为TD-LTE的快速发展奠定了坚实的基础。目前，TD-LTE已形成由中国主导、全球广泛参与的产业链，全球几乎所有通信系统和芯片制造商都已支持该技术。

在移动通信技术的1G和2G时代，我们只能使用美国和欧洲的标准。通过艰难的技术创新，到3G和4G时代中国自己的通信标准已经成为世界三大国际标准之一。

审题立意

该年真题在审题和行文的时候需要注意以下两点：第一，创新≠技术创新。本题讨论的是技术创新，不应扩大到创新的层面。第二，本题干以国家为主体，故不应强行关联到企业。本题的参考题目：技术创新是强国之本。

参考范文

参考范文一

科技创新有利于提高国际竞争力

科技创新是现代社会中不可或缺的一部分，它不仅可以促进社会的发展，还可以提高国家的竞争力。在当今日益激烈的国际市场竞争中，具备强大的科技创新能力已经成为一个国家强大的必要条件。而我国主导的TD-LTE移动通信技术的成功，充分证明科技创新对于一国国际竞争力的提高具有重要意义。

首先，科技创新可以提高产品和服务的效率和质量。随着科技的进步，生产技术和生产工具得到了很大的改进，这使得生产过程更加高效和精确。例如，制造业中的自动化生产线和数字化设计软件可以大大提高生产效率和产品质量。这使得产品可以更好地满足市场需求，产品竞争力随之提高，公司的销售额和利润也稳步增长。

其次，科技创新可以促进新的产业发展。通过科技创新，新的产业，如人工智能、物联网、生物科技等得以诞生。这些新兴产业具有巨大的潜力，可以为国家带来新的经济增长点。此外，这些产业的诞生和发展还能带来就业机会，提高人们的生活水平。

再次，科技创新可以提高一个国家在国际舞台上的竞争力。随着全球化进程的加速，国际竞争变得越来越激烈。只有通过科技创新，一个国家才能在国际舞台上获得更强的竞争力。例如，中国自主创新的TD-LTE移动通信技术，已经成为全球广泛采用的通信标准之一。这促进了中国通信产业的快速发展，同时也使得中国在国际通信市场上拥有了更大的话语权和市场份额。

最后，科技创新还可以提高一个国家的国防实力。现代战争已经演变为科技和信息战争，只有拥有先进的科技，一个国家才能在国防领域具备更强的实力。例如，美国之所以能够成为全球军事强国之一，就是因为其在科技创新上投入了巨大的资源和精力，推动了许多先进军事技术的发展。

综上所述，科技创新对于一个国家的发展和竞争力至关重要。只有加大对科技创新的投入和支持，才能使得国家在全球化的竞争中站稳脚跟，获得更持续的发展。

参考范文二

技术创新是强国之本

中兴事件让国人感受到切肤之痛，"落后就要挨打"的道理依然没有过时。中兴事件已然落幕，但是对核心技术的掌握与开发的重要性需要得到各行各业的重视，因为技术创新是强国之本。

技术创新可以使企业摆脱依赖，加快发展的步伐。美国的芯片技术就是中兴发展的拐杖，借力前进虽然可以节省发展初期的各种成本，但并非长久之道。企业渐渐摆脱外力辅助的过程就是自我鞭策进步的过程。此外，"天下没有免费的午餐"，企业尽早地研发出自己的核心技术，可以获得主动性和竞争力，有效降低上游企业垂直吞并和战略性兼并的可能性，使企业可以将切身利益掌握在自己手中，不用看"他人脸色"行事，使自身的经营行为更为独立自主。

技术创新可以节约大量成本，提高经营利润。掌握核心技术可以使企业减少不必要的开支，从而减少核心技术成本在产品总成本中所占的比例，进一步提升企业产品的性价比，由此扩大销售渠道，吸引更多的消费者和技术需求商，多方位地开展业务，提高企业的盈利能力。

反之，一旦核心技术受制于人，轻者使企业分崩离析，重者会影响到本国经济的发展。企业被扼住咽喉，就如同受人摆布的木偶，授人以柄，发展就会受到阻碍。此外，企业的存亡还牵涉到国民生计的问题。企业发展受阻，免不了面临裁员和经营收缩，容易增加社会就业压力，不利于社会的稳定和经济的稳健发展。

诚然，有人会说"背靠大树好乘凉""研发核心技术费时费力"。但是从长远发展来看，这些说法都不是振兴国力的最优解。核心技术所带来的预期收益远远超过其研发成本，此举并非得不偿失。

由此可见，亦步亦趋是自取灭亡，技术创新才是强国之本。

2011年10月论说（地委书记种树）

2010年春天，已持续半年的干旱让云南很多地方群众的饮水变得异常困难，施甸县大亮山附近群众家里的水管却依然有清甜的泉水流出，他们的水源地正是大亮山林场。乡亲们深情地说："多亏了老书记啊，要不是他，不知道现在会是什么样子。"

1988年3月，61岁的杨善洲从保山地委书记的岗位上退休，婉拒了省委书记劝其搬至昆明安度晚年的邀请，执意选择回到家乡施甸县种树。20多年过去了，曾经山秃水枯的大亮山完全变了模样：森林郁郁葱葱，溪流四季不断；林下山珍遍地，枝头莺鸣燕歌……

一位地委书记，为何退休后选择到异常艰苦的地方去种树？

"在党政机关工作多年，因工作关系没有时间去照顾家乡父老，他们找过多次我也没给他们办一件事。但我答应退休后帮乡亲们办一两件有益的事，许下的承诺就要兑现。至于具体做什么，考察来考察去，还是为后代绿化荒山比较现实。"关于种树，年逾八旬的杨善洲这样解释。

审题立意

该年真题为故事类型材料，虽然故事没有结果，但从故事情节的描写中不难看出对杨善洲的态度是肯定的，故本题的审题方向为肯定杨善洲的行为，可参考立意有：许下的承诺要兑现；我们要信守承诺。

参考范文

参考范文一

一诺值千金

古人云：君子一言，驷马难追。无论是古代曾子杀猪的故事，还是如今杨善洲因信守承诺而放弃颐养天年，最终造福了大亮山百姓而被人称赞的故事，都启示着我们：要做一个一诺值千金的人。

遵守诺言是人类共同的美德，遵守诺言就是讲信用，做到言必信，行必果。试想，倘若当今社会无人信守承诺，我们的社会将会多么冰冷无序。一个遵守承诺的人能给大家带来更多的正能量与安全感，其实不仅人如此，企业亦如此。

一诺值千金能使企业形象深入人心，促进企业最大化地占有市场。企业遵守承诺，意味着愿意为产品的使用效果、使用时长等负责，意味着企业对自身有要求、对产品有信心，且遇到问题敢于承担，更愿意把顾客当作上帝。这样的企业当然更容易走进千家万户，成为消费者的首选。当海尔大厦在纽约矗立之时，无数国人为此自豪，"真诚，相伴永远"的广告语就是海尔对消费者的承诺，并且其积极履行承诺，这为其取得巨大成功埋下了伏笔。

一诺值千金能使企业更好地肩负起社会责任与使命，从而研发出更多性价比高的优质产品。一个信守承诺的企业是不能缺少社会公德心的，从选材、加工、销售到售后，每个环节企业都应有其承诺。这样的企业不愿意掺假、造假，更加注重品质，更倾向于研发出真正造福社会的产品。震惊世人的三鹿集团造假事件让这个家喻户晓的品牌成为人民的伤痛，触目惊心的大头娃娃背后就是三鹿集团不遵守对消费者的承诺而导致的道德缺失。可见，不信守承诺的企业难以取得长远的成功。

在众人害怕地沟油、添加剂的时代，一诺值千金如同夏日微风滋润人心，如同冬日炭火温暖人心，其也是企业长盛不衰的法宝。倘若每个企业都注重承诺、看重质量、重视信用，那就能加快实现"中国梦"这一伟大历史进程的步伐。

企业要想到达成功的彼岸，就要永远紧握一诺值千金这支船桨。

参考范文二

做人要信守承诺

从山秃水枯到水清林深，杨善洲兑现其"退休后帮乡亲们办一两件有益的事"的承诺，用实际行动为乡亲们实现了绿水青山梦。他的故事给我们以启迪：做人要信守承诺。

为什么要信守承诺？一方面，信守承诺可以建立起良好的个人信誉。信守承诺是一个人的立身之本，正所谓"人而无信，不知其可也"，朋友之间交往，如果许下"风雨无阻"的承诺，就不要再把"风雨"当作失信的借口，这样才能构筑起朋友之间的信任桥梁，才可能做到难时有人相助，困时有人相依。另一方面，信守承诺可以提高合作效率。合作就是一个相互信守承诺的过程，若是合作双方不能做到信守承诺，而是反复违约，则合作难以推进，效率也大打折扣。

背离承诺可能使人失去他人信任，沦为被戏谑的"小丑"，也会使其对自己失望。生活中，有着太多随意许诺，却从不兑现的人。这种人看似比一诺千金的人活得轻松自在，但这种假象不会持久，一个人失信多了，他的诺言也就被当成戏言，可信度大打折扣。不仅身边的人看轻他，他自己也会在品尝失信之"苦果"后，被懊悔侵袭而萎靡。人一旦沾上这种潦倒的气味，就会对自己感到失望而陷入自我怀疑，整个人黯然失色。

然而，有人却认为信守承诺的"成本"远高于背离承诺。比如，约定交付的产品要用高级材料，商人因较低等级的材料可能在外观上与其并无差别而选择该材料以蒙混过关，收获不当利益。实际上，这种降低承诺"成本"的伎俩，在日后很容易被人识破，一旦假象被撕碎，失信于人的本质被揭穿，这种商人将损失重要客户，失去市场份额，不但原本的利益无法实现，其事业更会坍塌在"失信"的标签下。

故做人要信守承诺，一诺值千金。

2010年10月论说（荣钢集团捐款）

唐山地震孤儿捐款支援汶川灾区

2008年5月18日，在中宣部等共同发起的《爱的奉献》抗震救灾大型募捐活动中，天津民营企业荣程联合钢铁集团有限公司董事长张祥青代表公司再向四川灾区捐款7 000万元，帮助灾区人民重建"震不垮的学校"。至此，荣程联合钢铁集团公司在支援四川灾区抗震救灾中累计捐款1亿元。

"我们对灾区人民非常牵挂，荣钢集团人大多来自唐山，亲历过32年前的唐山大地震，接受过全国人民对唐山灾区的无私援助，32年后为四川地震灾区捐款，回馈社会，是应尽的义务，我们必须做！"张祥青说。

张祥青在1976年唐山大地震时失去父母，年仅8岁的他不幸成为孤儿，他深深感受到来自全国四面八方的涓涓爱心。1989年，张祥青与妻子张荣华开始了艰苦的创业历程，从卖早点、做豆腐开始，最后组建了荣钢集团。企业发展了，荣钢集团人不忘回报社会，支援汶川地震灾区是其中一例。

审题立意

该年真为故事类型材料，虽然没有结果，但从故事情节的描写中不难看出对张祥青的态度是肯定的，故本题的审题方向为肯定张祥青的行为。本题的参考题目：心系感恩。

参考范文

心系感恩

上述材料中，天津民营企业董事长张祥青小时候经历过唐山大地震，失去父母成了孤儿，但他得到了很多帮助，也正因为此，在汶川地震时，他多次捐款回馈社会，心系感恩地去帮助更多人。张祥青之事告诉我们，要懂得感恩，将受恩于人的事铭记于心中。

常言道，滴水之恩当涌泉相报，心系感恩是人生中自我修养的重要一课。我们从象牙塔步入社会后，真正的人生之旅便开启了，在这趟旅程中，我们可能会经历数不胜数的失败与挫折，施惠者的一句鼓励、一个肯定的眼神或者一个实际的支持行动都会对我们产生或大或小的影响。而向施惠者感恩，是因为我们懂得，正是在危难之中他人给予了我们帮助，才支撑我们坚强地面对人生中的艰难险阻。心系感恩，感恩他人的帮助，这不仅能体现一个人的价值观，更能体现一个人的道德修养。

心系感恩是一种生活态度，是一个人幸福与否的指标之一。一个懂得感恩的人，内心是充盈的，而充盈的内心则为我们面对生活中的一切提供了源源不断的能量，使得我们更加乐观地面对生活并获得幸福。相反的，一个不懂感恩的人，即便得到了他人的帮助，也会觉得理所应当，埋怨身边的一切,这样的生活态度不仅会让人变得自怨自艾,甚至会让人陷入自毁的境地。这样一来,又有何幸福可言呢?

有人说,心系感恩放在现如今这个快速发展的物质时代已经不适用了,太多的人心系感恩最终反被他人利用,管好自己才是正道。其实,我们所说的"心系感恩"并非盲目的、漫无目的的感恩,而是建立在理性分析基础之上的感恩。生活中难免会有被他人利用的时候,但这种情况仅是生活中的小概率事件,在绝大多数时候,心系感恩不仅可以让他人感受到温暖,也是自我实现的表现。

让我们学会感恩,心系感恩吧。

2009年10月论说（牦牛群）

根据以下材料，结合企业管理写一篇700字左右的论说文，题目自拟。

《动物世界》里的镜头：一群体型庞大的牦牛正在草原上吃草。突然，不远处来了几只觅食的狼。牦牛群奔跑起来，狼群急追……终于，有一头体弱的牦牛掉队，寡不敌众，被狼分食了。

《动物趣闻》里的镜头：一群牦牛正在草原上吃草。突然，来了几只觅食的狼。一头牦牛发现了狼，它的叫声提醒了同伴。领头的牦牛站定与狼对视，其余的牦牛也围在一起，站立原地。狼在不远处虎视眈眈地转悠了好一阵，见没有进攻的机会，就没趣地走开了。

审题立意

该年真题为故事类型材料。材料中出现了两组主语、发生了两件事、得到了两个结果，故审题过程中要寻找两个事件的差异。显然，前一组牦牛各自为战，而后一组牦牛更加团结，故审题方向为团结协作的重要性。

参考范文

危难时刻更需要团结协作

面对觅食的狼群，一边是牦牛群分散逃生，然而终有体弱的牦牛掉队被吃掉；另一边则是牦牛群坚定地站立在原地不动，团结一致对抗狼群，结果狼见状走开。这两个截然不同的结局启发着我们：面对危难时刻，团结协作更易战胜困难。

团结协作并不是没有效率的单一个体相加，它意味着团队中的个体为了集体利益，整合资源、协作分工、优势互补地完成团队目标。

我们为什么要强调团队内部的团结协作，而非个人的拼搏奋斗呢？

一方面，团结协作有利于我们应对外部挑战。危难时刻，只有团结协作、一致对外才能保证整体的完整。今天是这头体弱的牦牛被吃掉，明天也许就是另一头，后天呢？牦牛群还会存在吗？不可否认，一人走，可以走得很快，然而想要走得长远，则需要团队成员一起走。"覆巢之下安有完卵"，只有克服外部环境的不确定性，为团队发展创造稳定良好的环境，才可能保障个体成员更好地发展。

另一方面，团结协作有利于提高效率、节约资源，更好地完成目标。从企业层面看，面对强大的市场竞争对手时，企业通过各部门的团结协作，整合优势资源，剔除落后因素，能更有效率地完成产品升级、服务优化，从而降低竞争对手的威胁程度；从国家层面看，面对民族复兴路上的困难时，通过各族人民的团结协作、共同努力，国家能加快生产力效益转化，促进科技创新力提升，带动产业升级，也有利于传统文化价值的挖掘，促成文化认同，从而早日实现"中国梦"。

值得注意的是，我们强调团结协作但并未否认个人主观能动性的发挥和个人才华的施展，毕竟是个人组成了团体，只有个体作用得到发挥，才能促进团体进一步发展。不过，个体在发挥其才华与能力时应将团体的利益放在首位，只有这样才能最大限度地推动团体的发展。

综上，我认为，面对危难，我们更应团结协作以战胜困难。

2008年10月论说（卷柏）

南美洲有一种奇特的植物——卷柏。说它奇特，是因为它会走。卷柏生存需要充足的水分，当水分不充足时，它就会把根从土壤里拔出来，整个身躯卷成一个圆球状。由于体轻，只要稍有一点风，它就会随风在地面滚动。一旦滚到水分充足的地方，圆球就会迅速打开，根重新钻到土壤里，暂时安居。当水分又不充足，住得不称心如意时，它就会继续游走，以寻求更好的生存环境。

难道卷柏不走就不能生存了吗？一位植物学家做了一个实验：用挡板圈出一块空地，把一株卷柏放到空地中水分最充足的地方，不久卷柏便扎根生存下来。几天后，当这里水分减少时，卷柏便拔出根须，准备漂移。但实验者用挡板对其进行严格控制，限制了它游走的可能。结果实验者发现，卷柏又回到那里重新扎根生存；而且在几次将根拔出又不能移动以后，便再也不动了；而且，卷柏此时的根已经深深扎入泥土，长势比任何时期都好，也许它发现，根扎得越深，水分越充分……

📖 审题立意

该年真题为故事类型材料。题干中，面对水分不充足，卷柏的差异是：四处游走和专注扎根，结果后者的长势更好。本题的参考题目：专注成就未来；我们要专注。

📖 参考范文

专注成就未来

当水分不充足或"住"得不称心如意时，卷柏会游走以寻求更好的生存环境，但实验者用挡板对其进行严格控制后发现，卷柏开始将根深深地扎入泥土，长势比任何时期都好。不难推断，卷柏之所以能够获得比任何时期都要好的长势，关键在于它的专注。其实，卷柏如此，人亦如此。

在我们的工作生活中，不乏这样一些人，他们能够始终坚定的追求一个目标，并为此不懈努力，日复一日，年复一年，将原本简单的事做到极致。事实上，往往是这些专注并脚踏实地的人，更能收获成功。被誉为"日本天妇罗之神"的早乙女哲哉，将炸天妇罗作为其一生专注的事业，如今已经成了天妇罗界无人能与之相提并论的料理达人；著名俄文翻译家草婴，一生都在追求像原著一样的艺术标准，以一人之力完成了《托尔斯泰小说全集》的翻译壮举，正是因为一辈子只专注做翻译这一件事，才使其在翻译界备受尊崇。实际上，无论是"日本天妇罗之神"早乙女哲哉还是俄文翻译家草婴，他们的专注无疑为其最终的成功打下了坚实的基础。

相反，若是我们做任何事都只有三分钟热度，坐这山望那山，那么最终只会一事无成。古往今来，因为专注而成功的人数不胜数，同样，因为不专注而影响大局，最终失败的人也不计其数。试想，倘若我们对待任何事情，在短暂的热情过后便再也提不起兴致，又怎能期望在自己所从事的领域中充分发挥特长，成为该领域中的佼佼者呢？

值得注意的是，我们所说的专注并不是一味投入，不顾全大局，而是迎合时代潮流，朝着正确的方向、使用正确的方法去专注、去努力。如果逆势而为，或者朝着错误的方向投入而不肯变通，那么最终将难以得到令人满意的结果。

综上所述，我们应专注，专注成就未来。

2007 年 10 月论说（眼高手低）

著名作家曹禺先生说过这样一段话：我看，应该给"眼高手低"正名。它是褒义词，而不是贬义词。我们认真想一想，一个人做事眼高手低是正常的，只有眼高起来，手才能跟着高起来。一个人不应该怕眼高手低，怕的倒是眼也低手也低。我们经常是眼不高，手才低的。

📖 审题立意

这道真题并不难，但是真正能够准确审题的同学并不多。

这道题的中心词是"眼高"，根据字面意思，结合上下文进行分析，很容易将其翻译为"目标高远"。很多同学的审题到此就结束了，却忽视了题干中的另外一个关键信息，即"手"，根据字面意思，结合上下文进行分析，可将其翻译为"行动"。

可见，这篇材料想探讨的不仅仅是"眼"的问题，而是"眼"和"手"的关系问题。题目和行文中最好将"手"予以体现。本题的参考题目：为"眼高手低"正名；"眼高"才能"手高"。

📖 参考范文

参考范文一

眼高手低应得到提倡

许多人认为，眼高手低是没有准确自我认知者的一种自负的表现，然而这种观点是十分片面的。

首先，"眼高"是为了防止"手低"。"眼高"是指拥有高的预期、高的目标，"手低"是指自己当前的能力还不及自己的期望值。"眼高手低"有错吗？如果一个人对自己的要求刚好是自己力所能及的，甚至不需要发挥实力，那么这个人还有前进的动力，还有努力的方向吗？一个初创企业即便在现阶段不为大众所知，但仍应有抢占市场份额的野心、做大做强的拼劲，以防在行动上畏首畏尾，最终错失良机而被淘汰。一个成熟的企业需要"眼高"而给自己提出更高的要求，而非沉沦于已有的成就，企业应永远保持空杯心态，以未达到的目标激励自己前行，这样才能稳固当前的竞争优势。

其次，"眼高手低"只是暂时的"手低"。滴滴公司就是一个很好的例子。初创时的滴滴，竞争对手无数，对于一个新兴产业来说，只有在市场份额位居第一时才有可能得到更长远的发展。因此，与其他企业不同，滴滴不满足于自己已有的市场份额与收入，不惜牺牲当前的利润，以换取更多的市场份额。如果当时的滴滴同其他企业一样，满足于已有的收入，没有"眼高"的目标，那么现在同样会遭到淘汰。

最后，"眼低"会让自己的实力越来越差。我们制订在自己实力之上的目标无疑是希望有一天可以成为自己想要的样子，这并不是自己的认知偏差，而是不满足现状的态度。如果一个人只是做自己力所能及的，那么他何来奋斗的动力，只会重复自己的行为而永远得不到提升，最终也只会在竞争中被淘汰。

综上，眼高手低不是痴人说梦，而是不畏将来的决心和对自己的严格要求。因此，眼高手低值得被我们提倡和实践。

参考范文二

眼高，方能行远

"眼高手低"形容人目标设得过高而力所不能及。但眼高手低并非坏事，志存高远，一时的能力不足尚有来日，若是眼低了，哪怕能力再强也难有大的突破。

眼高，意味着把眼界放开，目标设高。不管是个人还是企业，只有有了宏观的规划，才能在之后的扩张中有不断革新技术的动力，才能步步为营。不论是阿里巴巴要建立最大的B2B平台，还是京东决定部署全国物流网络，一个企业变革性的决定往往都曾被嘲笑过"眼高手低"，这或者是既得利益者对于入场者的阻拦，或者是"眼低群众"对于改变本身的偏见，但这都不足以证明"眼高"是一件坏事。

手低，是眼高状态下最坏的情况，却是眼低状态下的常态。如果目标本身就不高，那么哪怕再努力，所能实现的最好也不过是"低"结果。为何寒门难出贵子？更多的时候并不是寒门学子努力不够，而是周围的环境导致其不知"天外有天"，眼界一旦被局限，手伸得再高也不过是重演伤仲永的故事。

然而，很多人对眼高存在着一定的误解，认为眼高就是好高骛远、不切实际。实际上，眼高并不意味着做白日梦，只想着一步登天、一蹴而就，而是要在定下目标的同时找准努力的方向，稳扎稳打。乐视生态因其多领域同时盲目扩张而导致的陨落就为我们敲响了警钟。同样，一时的能力欠缺不足以说明高目标就是错的，不能因为一次的失败便否定眼高的作用，而是要从中反思，积蓄力量，再次出发。

"眼"是格局，"手"是行动，只有把格局打开，"取法其上"，努力所能达到的上限才高，哪怕最后只得其中，也都远胜于取法其下而得其下。

2006 年 10 月论说（可口可乐）

根据以下材料，围绕企业管理写一篇论说文，题目自拟，700 字左右。

20 世纪 80 年代，可口可乐公司因为缺少发展空间而笼罩在悲观情绪之中：它以 35% 的市场份额控制着软饮料市场，这个市场份额几乎是在反垄断政策下企业能达到的最高点；另一方面，面对更年轻、更充满活力的百事可乐的积极进攻，可口可乐似乎只能采取防守的策略，为一两个百分点的市场份额展开惨烈的竞争。尽管可口可乐的主管很有才干，员工工作努力，但是他们内心其实很悲观，看不到如何摆脱这种宿命：在顶峰上唯一可能的路径就是向下。

郭思达（Roberto Goizueta）在接任可口可乐的 CEO 后，在高层主管会议上提出这样一些问题："世界上 44 亿人口每人每天消费的液体饮料平均是多少？"

答案是："64 盎司。"（1 盎司约为 28 克）

"那么，每人每天消费的可口可乐又是多少呢？"

"不足 2 盎司。"

"那么，在人们的肚子里，我们的市场份额是多少？"郭思达最后问。

通过这些问题，高管和员工们关注的核心问题不再是可口可乐在美国可乐市场中的占有率，也不再是在全球软饮料市场中的占有率，而变成了在世界上每个人要消费的液体饮料市场中的占有率。而这个问题的答案是：可口可乐在世界液体饮料市场中的份额微乎其微，少到可以忽略不计。高层主管们终于意识到，可口可乐不应该只盯着百事可乐，还有咖啡、牛奶、茶甚至水，而这一市场的巨大空间远远超出人们的想象。

📖 审题立意

该年真题很多同学立意为转换视角，这个立意方向是对的，但是不够精准，因为没说清楚应如何转变；还有同学立意为创新，这个立意就不太切题了，因为题干侧重的不是创新，而是如何从当前的小圈子跳到更大的圈子中。本题的参考题目：眼界决定高度。

📖 参考范文

放眼全局收获更多

人们常说，有高峰就有低谷，有时不仅有低谷，还有身后紧紧追赶的竞争者；高峰的风景虽美，但是下坡的困境也让人悲观不已，即便是可口可乐公司这样的行业巨头也是如此。但是如果跳出可乐行业，着眼于整个饮料市场，未尝不能走出困境，收获更多。

当企业放眼全局，不再只专注于眼前，不仅可以寻找更多的机遇，还能缓解自身压力。与其耗费大量资金、人力去在已接近峰值的空间里钻牛角尖，不如在其他行业里寻找突破口，利用已有的企业资源，在其他行业里未必不能大展拳脚。现在的强企多数都是跨行业经营，拥有多个业务，其中不乏将相关业务发展为主营业务的案例。例如，华为依托通信行业发展手机市场，万达背靠地产行业投资电影文化产业，这都是放眼全局，多领域发展的典范。

同时，放眼全局不仅可以增加企业文化底蕴，也有助于培养基层员工的大局意识。一家企业，基层员工不仅是企业创利的一线人员，也是企业政策的最终执行者。拥有全局意识更有助于员工对工作的把握与实施，更好地执行企业的管理，也有助于减少员工的悲观思想，进一步提升企业的效益与竞争力。

然而，如果可口可乐公司依然较真于百事可乐的那百分之一二的市场份额，那么势必要投入大量的资金用于可乐的营销。这样不仅可能在与百事可乐公司的竞争中造成两败俱伤的局面，而且一旦自身所占市场份额超过反垄断政策的标准，还可能承担相应的法律责任。所以，当可口可乐公司跳出与百事可乐公司之间的斗争，着眼于咖啡、牛奶等市场时，将收获更多。

当你登上一座山峰后，既有高处的风景，也有下山的陡峭。与其担心下山，不如抬头关注另一座山峰。当将另一座山峰作为下一个目标时，下山的路不仅变成了攀登另一座高峰的上坡路，也将是收获下一个成就的起点。

2005年10月论说（一首小诗）

根据下面这首诗，写一篇700字左右的论说文，题目自拟。

如果你不能成为挺立山顶的苍松，

那就做山谷一棵小树陪伴溪水淙淙；

如果你不能成为一棵大树，

那就化作一丛茂密的灌木；

如果你不能成为一只香獐，

那就化作一尾最活跃的小鲈鱼，享受那美妙的湖光；

如果你不能成为大道宽敞，

那就铺成一条小路目送夕阳；

如果你不能成为太阳，

那就变成一颗星星在夜空闪亮。

不可能都当领航的船长，

还要靠水手奋力划桨；

世上有大事、小事需要去做，

最重要的事在我们身旁。

审题立意

该年真题的材料为一首小诗，看似内容很多，但实际上最后一句话是总结句，直接点明了观点，即最重要的事在我们身旁。本题的参考题目：做好身边力所能及的事；最重要的事在我们身边。

参考范文

做好身边力所能及的事

正如这首小诗中所说："世上有大事、小事需要去做，最重要的事在我们身旁。"我们应做好身边力所能及的事。

所谓做好身边力所能及的事，就是在自己的力量限度内做好身边所能做到的事，切不可盲目行事。

从当下成长来看，做好身边力所能及的事有利于我们精益求精地打好基础。即便是看上去极其渺小的一些事情，只要你肯花费精力将其逐一做好，那也是一种伟大的行为，这也会在悄无声息之中提高你实现更大目标的可能。正如"股神"巴菲特，人们往往看到的只是他的辉煌成绩和数不清的资产，其实他在每一次选股时都认真思考、仔细分析，并且做了最好和最坏的打算。他只做身边力所能及的事，不断夯实前进的基础。这在一定程度上给予了我们启发，做好身边力所能及的事，既能够保证自己的正常节奏不会错乱，也能确保精益求精。

从未来发展来看，做好身边力所能及的事有利于我们抓住机遇，实现质变。在信息时代背景之下，人才竞争日趋激烈，想要取得自己在学业或事业上的突破性进步似乎变得不再简单，但成功也并非遥不可及。人生就像是一盒巧克力，你永远不知道下一块是什么味道。若是你肯脚踏实地地做，尽自己能力去做好身边每一件力所能及的事，或许等到机遇降临的时候，破茧成蝶的欣喜会让你觉得之前的一切都是值得的。也正是因为之前所有的努力与坚持，才会让期待已久的成功到来。

然而，需要注意的是，我们所说的要做好身边力所能及的事，并不是目光短浅，没有志向，而恰恰是因为我们有想要实现的目标，所以我们才要做好眼下的每一件事，为目标打好基础，这样目标被实现的可能性才能大一些。

综上所述，做好身边力所能及的事，便会越来越接近成功。

2004年10月论说（滑铁卢战役）

在滑铁卢战役的第一阶段，拿破仑的部队兵分两路。右翼由拿破仑亲自率领，在利尼迎战布鲁查尔；左翼由奈伊将军率领，在卡特勒布拉斯迎战威灵顿。拿破仑和奈伊都打算进攻，而且，两个人都精心制订了对各自战事而言均为相当优秀的作战计划。但不幸的是，这两个计划均打算用格鲁希指挥的后备部队，从侧翼给敌人以致命一击，但他们事前并没有就各自的计划交换意见。当天的战斗中，拿破仑和奈伊所发布的命令又含糊不清，致使格鲁希的部队要么踌躇不前，要么在两个战场之间疲于奔命，一天之中没有投入任何一方的作战行动，最终导致拿破仑惨败。

审题立意

该年真题为故事类型材料。题干中故事的结果为惨败，故审题方向是寻找导致惨败的原因。题干中有两个情节导致惨败，一是"他们事前并没有就各自的计划交换意见"，二是"拿破仑和奈伊所发布的命令又含糊不清"。这两个情节的共性就是：缺乏有效沟通。本题的参考题目：成功需要有效沟通。

参考范文

有效沟通助力发展

在滑铁卢战役中，拿破仑和奈伊事前缺乏有效沟通，并没有就各自的计划交换意见。并且，在当天的战斗中，拿破仑和奈伊所发布的命令又是含糊不清的，最终导致拿破仑惨败。于我看来，有效沟通助力发展。

管理中的有效沟通，就是可理解的信息、思想和情感，在两个或是两个以上主体间的传递交换，发挥应有的人员激励和协调功能，促使各方在工作上达成共识。

有效沟通有利于提高工作效率，化解管理矛盾。随着时代的发展，社会的专业分工越来越精细，组织内部为了实现共同的目标，无不需要充分沟通、互相理解。同时，为了使决策更贴近市场变化，组织内部的信息交流也要清晰化，使组织内部的通信有效传递，向下可到最低责任层，向上可到高级管理层，并横向流通于各个群体之间。在信息的流动过程中必然会产生各种矛盾和阻碍因素，在部门之间、职员之间进行有效的沟通才能化解这些矛盾，促使工作顺利进行。

有效沟通有利于激励成员，形成健康、积极的组织文化。在实际的工作和生活中，每个人都有得到他人尊重、理解和实现自我价值的需要。对于组织成员来说，他们能否高效地工作，能否对企业萌生出归属感、忠诚心及责任感，以及能否从自己的日常工作中得到满足，很大程度上取决于"有效沟通"的实现程度。管理者应重视、尊重员工，发挥他们的经验优势，与他们经常接触，相互交流，给予适当的培训，以调动其工作积极性。

值得注意的是，我们所说的有效沟通，并不是脱离实际经营情况进行的盲目沟通，而是管理者站在企业战略发展全局的层面上进行的全面交流，是与时代发展趋势相吻合的有效沟通。

综上所述，有效沟通助力发展。

2003年10月论说（读经读史）

"读经不如读史。"

对上述观点进行分析，论述你同意或不同意这一观点的理由，可根据经验、观察或者阅读，用具体理由或实例佐证自己的观点。题目自拟，全文500字左右。

📖 审题立意

很多同学反映该年真题审题难度较大。其实这道题的出题形式很简单，为择一类型，应该对"读经不如读史"这一观点选择同意或者反对。

如果同意：读经不如读史。

如果反对：读史不如读经、读经读史同样重要。

本题审到这层即可作为正确方向。如果想更具体些，可以解读为理论与实践的关系。

但需要注意的是，读经和读史都需要提及，不能只谈其中一个。

📖 参考范文

读经不如读史

从古至今，有人执着于经，有人坚守着史，经史孰轻孰重之争似乎从未停止。于我而言，相较于读经，读史更具有现实意义。

诚然，四书五经作为中华传统文化的基石，蕴涵着许多优秀的具有普世意义的思想资源，对于治疗当今信息时代的许多社会疾患有着不可或缺的借鉴意义。但非常遗憾的是，读经固有诸多好处，有一个问题终无法回避，即我们从经书中汲取精华的同时，也在被动地接受别人的思想，无论这一思想是否有历史局限性，是否片面。

史书则不然。培根说的"读史使人明智"一点也不假。历史过程不是单纯的事件过程，而是行动的过程，有其思想内涵，读史所要求索的正是这个内在的思想和逻辑。如果说读经可以培养出文人，那么读史造就的则是智者。读史大可以看到历史形势变化，小可以看到个人成长足迹。读史可以使我们思考在特定环境下历史人物为何做出那样的判断，思考历史为什么会如此发展，可以让我们从中领略古人的智慧，体会历史的规律。

不仅如此，读史的过程能够帮助我们梳理思路，产生新的思想，"以史为镜，可以知兴替"说的就是这个道理。如同学习数学，知道概念和定理固然重要，但是更重要的是懂得如何推理、如何解题，获得利用数学的方式进行逻辑思考、解答问题的能力，仅知道概念定理毫无用处。

经让人明白道理，史让人知道过程、促进思考，而授之以鱼不如授之以渔。无论是读经还是读史，都能给我们带来思考和启发，但我们应该有所侧重。读经虽然会使我们明白道理，但也容易让我们在头脑中形成条条框框，限制自己的思维，故步自封。读史则可以让人明白历史发展的过程，能让人以发展的眼光看问题，促进创新。

故一言以蔽之，读经不如读史。

【乃心老师小贴士】该年考试的字数要求为 500 字左右，但为了提高该年真题的参考价值，该范文是按照 700 字左右的字数要求展开的。

2002年10月论说（易经）

阅读下面的材料，根据要求作文。

中国古代的《易经》中说："穷则变，变则通。"这就是说，当我们要解决一个问题而遇到困难无路可走时，就应变换一下方式方法，这样往往可以提出连自己也感到意外的解决办法，从而收到显著的效果。

请以"穷则变，变则通"为话题写一篇作文，可以写你自己的经历、体验或看法，也可以联系生活实际展开议论。文体自选，题目自拟，不少于700字。

审题立意

该年真题为话题类型材料，直接围绕"穷则变，变则通"这一话题展开即可，文章的题目可以与该话题保持一致，也可以不一致。

参考范文

变革的力量

"穷则变，变则通"，这是中国古代的《易经》中的一句名言，告诉我们在面对问题时，应该尝试用新的思路、新的方法去解决问题，从而达到突破困境的目的。这句话对于我来说，不仅仅是一句充满古代智慧的名言，更是我的人生座右铭。

就个人经历而言，我曾经遇到过许多难以解决的问题，但是我总能通过改变方法来解决问题。比如，我曾经在学习过程中遇到一道特别难的数学题，思考了很长时间也没有头绪。于是，我改变了思考方式，尝试了不同的计算方法，最终解决了这道题目，也得到了老师的赞扬。在这件事情中，我深刻地体会到了"穷则变，变则通"这句话的含义。

在职场中，我也见证了这句话的力量。改变思考方式不仅可以解决个人问题，还可以对公司发展起到重要作用。公司需要时刻关注市场变化和客户需求，及时调整业务方向和产品战略，以满足不断变化的市场需求。只有持续不断地改变思考方式，才能在激烈的市场竞争中立于不败之地。

然而，"穷则变，变则通"不仅仅适用于个人经历和职场环境，更适用于各个领域。

作为一名学生，我常常听到老师说"教育需要改革"。这句话的背后正是"穷则变，变则通"的思想。面对日新月异的社会和教育需求，教育领域需要不断地改革和变革，以适应社会的需要。

同样，在工业和商业领域，也需要不断的改革和变革。例如，在汽车工业中，新能源汽车的兴起推动汽车工业进行结构性改革；在商业领域中，电商的兴起促使传统零售商转型升级，以适应新的市场需求。

总之，"穷则变，变则通"这句话在不同领域都有着广泛的适用性。我们也应该看到变革的力量，在变化中寻找机会。

2001年10月论说（相马赛马）

近些年来，新闻媒体经常报道公开招考公务员，乃至招考厅局级领导干部的消息，这同我国传统习惯中的"伯乐相马"似乎有了不同。

请以"相马""赛马"为话题，写一篇600字左右的议论文，题目自拟。

审题立意

该年真题为择一类型材料，需要在"相马"和"赛马"之间进行选择。题干中已经明确告诉我们"赛马"是当前招考公务员所采纳的方式，故我们应更加倾向"赛马"。本题的参考题目：我们更要"赛马"。

参考范文

"赛马"优于"相马"

随着社会的进步和教育制度的改革，我国不仅人才辈出、累结硕果，而且人才逐渐朝着多方面、多维度发展。人才的选拔主要有两种方式："相马"和"赛马"。"相马"指的是提拔人才，"赛马"指的是人才通过竞技脱颖而出。我认为现如今应该通过"赛马"的方式进行人才选拔。

相比于"相马"，"赛马"的方式保证了社会公平。前者选拔人才的方式很容易造成腐败现象的发生。首先，裙带关系、走后门现象会让拥有真才实学的人怀才不遇，同时"关系户"可能会降低政府部门的工作效率，使政府失去公信力，导致政府下发的政策、法规难以落实。其次，"相马"无法客观、准确地检验出人才的含金量，如果没有一个可衡量工作能力的参考系，就很有可能让虚有其表、华而不实的"伪人才"上位，造成社会资源的浪费。再者，"知识改变命运"是当今社会的主流价值观，以"相马"的方式选拔人才与此冲突，会造成"学得好不如关系硬""寒门难出贵子"等大众意识形态的出现，如此不良的社会风气势必会影响学生对学习的认知，使我国教育事业的发展受到阻碍。

相比之下，以竞技的方式选拔人才更能选拔有真才实学的人。这种方式极大地激励了学生的求学热情，公平的竞争也可以使综合素质最高的人脱颖而出，从而实现人尽其才。此外，通过竞技，可以根据岗位所需，定向地进行人才筛选，尽快使企业或者政府部门获得对口人才，从而节省考察时间和社会资源。

虽然"伯乐相马"的典故也说明了"相马"存在的优势，但是在科技高度发达、专业精细划分的现代社会，选拔人才的方式显然不可同日而语。

由此可见，对人才的选拔不仅要慧眼识珠，更要通过专业技能的较量，有效地进行人才选拔，让"真人才"脱颖而出。

2000 年 10 月论说（幼儿园）

根据下面一则材料，写一篇不少于 500 字的议论文，题目自拟。

有人问一位诺贝尔奖奖金获得者："您在哪所大学学到了您认为是最主要的一些东西？"出人意料，这位学者回答说是在幼儿园，他说："把自己的东西分一半给小伙伴们，不是自己的东西不要拿，东西要放整齐，做错事要表示歉意，要仔细观察大自然。从根本上说，我学到的全部东西就是这些。"

审题立意

该年真题为故事类型材料，题干中故事的结果是好的，故审题方向是应该向该学者学习。题干中学者提到了多个方面，我们应寻找这些方面的共性。小事、分享、细节等作为关键词都不够全面，因为无法涵盖"仔细观察大自然"这一行为。最理想的中心词是：习惯。大家可以基于这一中心拟定题目。

参考范文

习惯影响人生

"把自己的东西分一半给小伙伴们，不是自己的东西不要拿，东西要放整齐，做错事要表示歉意，要仔细观察大自然。从根本上说，我学到的全部东西就是这些。"这位诺贝尔奖奖金获得者的话引发了人们对好习惯的思考。习惯是一种长期形成的行为方式，对人的一生有着至关重要的影响。好的习惯可以塑造人的品格，帮助人实现自我价值，而坏的习惯则会阻碍人的成长和发展。

首先，好的习惯可以帮助人塑造良好的品格。品格是指一个人的性格、行为和思想等方面的总和，它代表着一个人的品质和道德水平。好习惯能够使人形成正义、勇敢、诚实、宽容等美德，而这些美德构成了一个人的品格。例如，习惯于尊重他人的观点和意见可以使人成为一个懂得包容和尊重他人的人；习惯于勤劳和努力可以使人成为一个不断追求进步的人。因此，养成好的习惯对于塑造一个人的品格具有重要意义。

其次，好的习惯能够帮助人实现自我价值。自我价值通过个体自身能力、贡献得以体现。好的习惯可以帮助人充分发挥自己的能力，提升自身的价值。例如，习惯于思考问题和积极学习可以使人具有更加丰富的知识储备和更好的思维能力；习惯于与他人交流和合作可以使人具有更好的沟通和协作能力。这些能力的提升将促进个体的发展和进步，帮助人更好地实现自我价值。

最后，坏的习惯将会阻碍人的成长和发展。坏习惯的形成通常是由于人们在生活中的不良行为方式和思维。不良习惯，如贪图享受、懒惰、自私等可能会导致个体的能力下降，自我价值丧失，甚至会对人的身心健康造成不良影响。

综上所述，习惯影响人生，我们应注重好习惯的培养。

【乃心老师小贴士】该年考试的字数要求为 500 字左右，但为了提高该年真题的参考价值，该范文是按照 700 字左右的字数要求展开的。

1999年10月论说(领导者素质)

以"小议企业领导者的素质"为题,写一篇500字左右的议论文。

审题立意

本题为命题作文,故题目就是"小议企业领导者的素质"。尽管不需要拟定题目,但还是不能省略审题的过程,因为需要在行文中表达出自己的观点。该年真题可以从两个角度展开。第一个角度是论证某一种领导者素质的重要性,另一个角度是论证领导者素质这一整体的重要性,也就是论证高素质领导者的重要性。更建议大家从第二个角度分析。

参考范文

小议企业领导者的素质

作为现代社会中各种组织的核心,领导者的素质对于组织的成功和发展具有重要影响。高素质的领导者不仅具有强大的影响力,而且能够在团队内部建立良好的沟通、协作和信任关系,从而提高团队的凝聚力和协作效率,达成共同的目标。

首先,高素质的领导者能够更好地激发团队成员的工作热情。他们能够以身作则,树立良好的榜样,让团队成员更加信任和尊重他们。同时,高素质的领导者能够准确地判断团队成员的能力和潜力,因此可以更好地激励他们发挥个人优势,实现个人和团队的共同发展。

其次,高素质的领导者能够更好地理解和倾听团队成员的意见和建议。他们能够主动与团队成员沟通,了解他们的需求和想法,并根据实际情况灵活地调整团队策略和决策。这种有效的沟通和倾听机制可以增强团队的凝聚力和成员间的信任度,从而提高团队的工作效率,取得良好的工作成果。

最后,高素质的领导者能够更好地适应复杂的工作环境和应对各种挑战。他们具有极强的决策能力和分析能力,能够全面地考虑各种因素,并做出明智的决策。他们还能够灵活地应对各种意外事件和突发情况,及时调整和优化团队工作计划,确保团队能够有效地应对各种工作挑战和变化。

综上所述,高素质的领导者对于组织的成功和发展具有重要影响。因此,我们应该重视领导者的素质培养,提高领导者的素质水平,助力组织更好地实现自身的发展目标。

1998年10月论说（下棋）

用下面的一段话作为一篇议论文的开头，接下去写完一篇立论与它观点一致的议论文。字数要求500字左右。题目自拟。

投下一着好棋，有时可以取得全盘的主动。但是，光凭一着好棋，并不能说有把握最后胜利，还必须看以后的每着棋下得好不好。

审题立意

该年真题的审题方向较简单，即要下好每步棋。需要注意的是，材料在讨论棋的问题，但我们在行文中不要一直讨论棋，而是要合理引申到更有价值的主体上。同时还需要注意，该年真题明确要求要把题干作为开头，故行文过程中不需要重新拟定开头。

参考范文

下好每一着棋

在围棋比赛中，每一着棋都至关重要。一个小小的失误可能会导致全盘崩盘，一着精妙的好棋则可以扭转败局。投下一着好棋，有时可以取得全盘的主动。但是，光凭一着好棋，并不能说有把握最后胜利，还必须看以后的每着棋下得好不好。同样，在人生道路上，每一步的选择和决策都至关重要。每一步都可能是人生道路中的关键转折点，决定着未来的方向和归宿。

生活中的每一个选择都可以看作一着棋。无论是选择职业、朋友还是投资，都需要谨慎考虑，以免犯下错误。一次糟糕的选择可能导致一系列不好的后果，甚至改变整个人生轨迹。而一次明智的选择则可以为未来奠定基础，推动人生向更好的方向发展。

当我们面对重要的决策时，需要思考每一步的长远影响，仔细权衡利弊。我们不能只关注眼前的利益，而忽视后续可能的风险和损失。同时，我们也不能过于谨慎而犹豫不决，错失机会。我们需要把握好度，找到平衡点，决策时既要有冒险精神，又要有风险控制的意识。

与围棋比赛类似，人生道路也充满了未知和变数。有时我们可能会遭遇不可预测的挑战和困难，这时我们需要及时调整策略，寻找突破口。有时我们可能会遇到机会和挑战并存的时刻，需要我们灵活应对，勇于拥抱变化。只有不断思考、不断尝试，才能在人生的道路上走得更远。

综上所述，每一着棋都需要我们集中注意力、认真思考，每一个选择和决策也都需要我们认真对待和深思熟虑。只有下好每一着棋，做出明智的选择和决策，才能在人生的道路上走得更远、更稳健。

1997年10月论说（格言）

以你最喜欢的一句格言，写一篇500字左右的议论文。

📖 审题立意

该年真题的审题方向极为灵活，大家可以任选一句与自己擅长的话题相关的格言展开论证。

📖 参考范文

行动胜于言辞

"行动胜于言辞"是一句被广泛引用的格言，它告诉我们，实际行动比口头承诺更有价值。在当今这个讲究效率、竞争激烈的社会里，这句话更是被人们所推崇和实践。

首先，我们可以从"行动胜于言辞"的实际意义来解释这句格言的内涵。言辞可以是虚假的或者没有行动力的，而行动才能真正改变事物和实现目标。假如我们只是口头承诺，却不付诸实际行动，那么我们所说的话语就是空洞的，没有任何实际意义。而只有通过实际行动，我们才能够真正地实现自己的目标和愿望，也让别人看到我们的才华和价值。

其次，行动是建立信任的关键。在人际关系中，实际行动能让我们更好地赢得别人的信任和尊重。如果我们只是口头承诺，却不付诸行动，那么我们的诚信度就会被人质疑。相反，只有通过实际行动，我们才能够让别人看到我们的能力和诚信，从而建立起良好的声誉和稳固的人际关系。

最后，这句格言还告诉我们，成功需要不断地付出努力和坚持。"光说不练假把式"，话说得再好听不付诸行动也没有意义。只有通过实际行动，不断探索和尝试，我们才能不断提高自己的能力和实现更高的目标。

总之，"行动胜于言辞"这句格言具有很深刻的内涵和实践价值，我们应该注重实际行动，不断探索和尝试，以达到自我价值和梦想的实现。

早年经济类论说文真题及精选范文

2021年经济类论说（食蚁兽）

巴西热带雨林中的食蚁兽在捕食时，使用带黏液的长舌伸进蚁穴捕获白蚁，但不管捕获多少，每次捕食都不超过3分钟，然后去寻找下一个目标，从来不摧毁整个蚁穴。而那些没有被食蚁兽捕获的工蚁就会马上修复蚁穴，蚁后也会开始新一轮繁殖，很快产下更多的幼蚁，从而使蚁群继续生存下去。

审题立意

该年真题为寓言故事类型材料。写作不应仅讨论寓言故事本身，而应引申到合理的话题范围。

题干故事中，食蚁兽并没有摧毁整个蚁穴，而是只取走了它所需的食物。这样，剩余的白蚁得以继续生存和繁殖，为下一轮的食物供应做好准备。同时，工蚁也修复了受损的蚁穴，保障了整个蚁群的生存环境。它们都没有只顾眼前的利弊，而是立足长远。故本题的审题方向为：立足长远有利于可持续发展。大家可以在此方向上拟定题目。

参考范文

立足长远以实现可持续发展

在巴西热带雨林中，食蚁兽的捕食行为给我们一个重要的启示，那就是立足长远是可持续发展的关键。在食蚁兽捕食过程中，它不会摧毁整个蚁穴，只是捕获白蚁，并且每次捕食的时间也不会超过3分钟。这种行为既保证了蚁群的生存，也保证了食蚁兽有足够的食物，从而维持着整个生态系统的平衡，实现了可持续发展。类比到人类社会，我们也需要像食蚁兽一样立足长远，注重可持续发展。

首先，立足长远可以帮助我们更好地规划和管理资源。如果我们只考虑眼前利益，盲目开采和滥用资源，那么很可能会造成严重的后果，短期内的经济利益可能会带来长期的环境问题和经济损失。相反，如果我们从长远考虑，就可以更好地规划和管理资源，避免浪费和滥用，从而实现可持续发展。

其次，立足长远有利于维护自身形象。如果人们只追求短期利益，更可能会采用不道德和不合法的手段获取利益，这样会损害自身的形象和声誉，从而影响其长远发展。以企业为例，追求长远发展的企业往往遵守法律法规、积极履行社会责任、重视建立良好的社会关系等，而这可以提升企业声誉，树立良好的企业形象。

最后，立足长远可以推动社会的进步和发展。如果我们只关注眼前的利益，往往会忽视更重要的、需要长期关注的社会问题，如教育、医疗、公平和正义等。相反，如果我们从长远考虑，就会更加重视社会问题，推动社会的进步和发展，从而实现可持续发展。

环境会影响后代的生存和发展。因此，立足长远，注重可持续发展，也是我们应尽的责任和使命。总之，我们应立足长远，以实现可持续发展。

2020年经济类论说（退休老人马旭）

阅读下面的文字，根据要求作文。请结合实际写一篇600字左右的论说文。

2018年，武汉一名退休老人向家乡木兰县教育局捐赠1 000万元，引起了广泛的关注。这笔巨款是马旭与丈夫一分一毫几十年积攒下来的，他们至今生活简朴，住在一个不起眼的小院里，家里没有一件像样的家具。

马旭于1932年出生于黑龙江省木兰县，1947年参军入伍，在东北军政大学学习半年后，成为解放军第四野战军的一名卫生员，先后参加过解放战争、抗美援朝战争，其间多次立功受奖。20世纪60年代，她被调入空降兵部队，成为一名军医，后来主动要求学习跳伞，成为中华人民共和国第一代女空降兵。此后20多年里，马旭跳伞多达140多次，创下空降女兵跳伞次数最多和年龄最大两项纪录。

如今，马旭的事迹家喻户晓，许多地方邀请她参加各类活动，她大多婉拒。她说："我的一生都是党和部队给的，我只是做了我力所能及的事。只要活着，我们还会继续攒钱捐款，把自己的一切献给党和国家。"

审题立意

该年真题为故事类型材料。虽然故事的最后没有交代结果，但其明显对于马旭的事迹持肯定的态度。所以我们的审题方向就是在题干中寻找马旭值得称赞的地方，即无私奉献。

参考范文

我们应践行奉献精神

马旭是一位退休老人，她与丈夫把一分一毫几十年积攒下来的巨款捐赠给了家乡的教育局。这件事情引起了广泛的关注，马旭的事迹也被人们所传颂。她是一个奉献者的典范，她的精神值得我们学习和践行。

奉献精神是一种对社会无私贡献和服务的精神，是一种为了集体和社会利益而放弃个人利益的精神。它是中华民族的传统美德，具有非常重要的历史价值和现实意义。

首先，奉献精神是实现个人价值的必要条件。奉献并不是放弃自己的一切，而是通过将自己的精力、知识、财富和时间投入为社会做贡献的事业中，实现自己的价值。只有在实现社会价值的过程中，个人才能获得更高的自我价值感和满足感，从而拥有更加充实和有意义的人生。

其次，奉献精神是社会进步的必要条件。一个社会的进步不仅取决于科技进步和经济发展，更取决于人们对社会责任的承担和对公共利益的认识。只有人们愿意为社会公共利益做出奉献，才能形成良好的社会氛围，推动社会不断向前发展。

最后，奉献精神是国家繁荣的重要条件。强大的国家需要大量的人民为之奉献，只有当一代代具有奉献精神的人民将国家和民族利益放在首要位置，并做出不懈的努力时，才能实现国家的发展和繁荣。

总之，奉献精神是一个国家和社会的重要价值观念，它不仅有助于个人实现自我价值和拥有充实的人生，也有助于社会进步和国家繁荣。我们应该践行奉献精神，从个人做起，积极投身到为人民、为社会、为国家做贡献的事业中去，为创造更加美好的未来而努力。

2019年经济类论说（毛毛虫实验）

阅读下面的材料，并据此写一篇不少于600字的论说文，题目自拟。

法国科学家约翰·法伯曾做过一个著名的"毛毛虫实验"。这种毛毛虫有一种"跟随者"的习性，总是盲目地跟着前面的毛毛虫走。法伯把若干个毛毛虫放在一只花盆的边缘上，首尾相接，围成一圈。他在花盆周围不远的地方，撒了一些毛毛虫喜欢吃的松叶。毛毛虫开始一个跟一个，绕着花盆，一圈又一圈地走。一个小时过去了，一天过去了，毛毛虫们还在不停地、固执地团团转。一连走了七天七夜，终因饥饿和筋疲力尽而死去。这其中，只要有任何一只毛毛虫稍稍与众不同，便立刻会吃到食物，改变命运。

审题立意

材料中毛毛虫的结局是因饥饿和筋疲力尽而死去，显然我们的审题方向是应该避免毛毛虫的行为。究其根本，是盲目跟随导致毛毛虫最终衰竭而死，所以我们的审题方向可进一步确定为避免盲目跟随。大家应基于这个方向进行拟题。

参考范文

参考范文一

我们应拒绝盲从

法国科学家约翰·法伯的"毛毛虫实验"向我们展示了一个让人惋惜的场景：一群毛毛虫在花盆周围不停地转圈，直到因饥饿和筋疲力尽而死亡。而这只因它们不愿意摆脱自己的惯性思维。这个实验不仅让我们认识到毛毛虫的"跟随者"习性，也提醒我们应拒绝盲从，秉持独立思考的精神，以更加理性和客观的态度来看待事物。

首先，盲从可能导致我们思想缺乏特性。当我们总是盲从他人的意见和观点时，我们可能会失去思考能力和自身独特的个性特点。此外，盲从也容易让我们成为他人的傀儡，失去自己的判断力。因此，我们应该保持一定的独立思考能力，对他人的观点进行理性评估，然后自主地做出决策。

其次，盲从也可能限制我们的创新能力。创新需要我们拥有独立思考的能力，在一个高度竞争的社会中，创新能力是非常重要的，而盲从会使我们的思想变得僵化，使我们失去独立思考的能力，阻碍我们创新能力的发展。如果我们一味跟从他人的思路，那么我们就会失去探索未知领域的机会，无法在新领域中进行尝试和实践，并发掘新的想法。

最后，盲从还可能让我们失去自由。如果我们一味跟从他人的脚步，我们的思想和行为将不再是自由的，而是被他人控制的。我们的选择将受到限制，我们的自由将受到剥夺。因此，我们应该学会独立思考，掌握自己的命运，做出自己的决策并对自己的决策负责。

总之，我们应该拒绝盲从，保持独立思考的精神。在信息和思想的冲击中，我们应该保持开放、包容的心态，但也应该在思考和判断的过程中保持清醒和理智。只有这样，我们才能拥有真正的自由。

参考范文二

拒绝盲从

毛毛虫"跟随者"的特性使得其无法跳出他人的轨迹，只能一味顺着既定路线转圈，最终导致了悲剧的发生。这启示我们应该拒绝盲从，学会聆听自己内心的声音。

一味盲从，不利于我们培养独立思考的能力。在微博、贴吧等社交平台上，每天都会出现各种热点事件，事件下方不乏各种意见不一的评论。粉丝众多的"流量大V"所留的评论往往会收获大量的点赞与支持，从而在一定程度上引领舆论的导向，导致许多人并未充分了解实际情况便已经旗帜鲜明地"站好了队"。但事件的真实情况往往出人意料，随之而来的是"道歉"以及"微博大V"们的形象崩塌。因此，如果未经过思考便盲目采纳他人的意见，久而久之，会使我们如牵线木偶一样，容易受到他人意见的左右，做出非理智的决策，最终失去独立思考的能力。

一味盲从，不利于我们取得收益的最大化。在股票投资领域，存在"羊群效应"，这是指投资者没有一套自己的投资策略，只会跟随他人的投资来操作，在各种策略中摇摆不定。股票市场讲究的是策略以及博弈，具有"羊群效应"特征的投资者，因为盲从他人而无法利用他人的失误采取逆向投资的策略，往往只能获得市场平均水平的收益，甚至有可能在他人判断失误时一并遭受损失，最终无法获得最大化的收益。

拒绝盲从，有利于激发潜力、提升创新能力。华为在众多手机公司采用国外先进操作系统与软件生态的时候没有选择盲从，而是潜心研发属于自己的一套生态体系，最终成为世界顶尖的创新科技公司。遇事不盲从，优先独立地思考出解决方案，能够更好地发挥我们的主观能动性，开拓思维，极大程度地提升创新能力。

需要注意的是，拒绝盲从并不代表凡事都特立独行，与他人格格不入，也不意味着不接受他人的建议。拒绝盲从指的是一种遇事先独立思考的习惯，在充分了解事态全貌的基础上，可以有选择地听取他人的良言益语，最终做出正确的决策。

拒绝盲从，学会独立思考，未来的天空一定会更加开阔。

参考范文三

我们应拒绝盲从

在法国科学家的实验中，盲目跟随前面的毛毛虫而在花盆边缘绕着圈走的毛毛虫最终无一逃过因饥饿和筋疲力尽而死去的命运，尽管在花盆不远处就放着食物。这个实验让我们看到了拒绝盲从的重要性。

什么是拒绝盲从呢？拒绝盲从不是与他人对立，而是持开放的态度听取不同意见，并在此基础上做出自己的判断；拒绝盲从也不是对现有规则的无端反叛，而是为了更好地改进和创新。通过拒绝盲从，我们不仅能保持独立思考，还能推动社会的进步。

盲从代表的是一种盲目跟随他人，缺乏独立思考、判断的行为和选择。生活中，许多人会基于怕冒风险、怕担责任、不想自己思考等原因而选择盲目跟随他人，以此来获得某种程度上的安全感。但随着经济社会的不断发展以及对人个性化思维、批判性思考能力的不断重视，习惯于盲从的人不得不面对机会缺失、竞争力降低、个人能力得不到锻炼等问题。

盲目跟随他人就默认把选择的权利交予了他人。人们做出任何行为的动机在很大程度上都会存在一定差异。"甲之蜜糖，乙之砒霜。"一个人做出的选择并不等于所有人的最优解，如果选择正确，那么盲从者从中获益的多少有待考量；一旦选择失误，盲从者付出的代价却未必居于人后。无论面对哪种结果，盲从者都可能心怀愤懑却无可奈何。

而当我们拒绝盲从，能够基于自身实际情况，具体问题具体分析时，无疑就掌握了做出选择的主动权。一方面，求新求变有时候可能会有意外的收获，尤其是在面对僵局、死局等困难的情况下，行动往往比坐以待毙要拥有更多机会；另一方面，即使方法不奏效或失败了，也能让决策者获得宝贵的经验，为下一次的尝试增加成功的可能性。

基于以上考量，我们应拒绝盲从。

2018年经济类论说（教授穿金戴银）

阅读下面的材料，并据此写一篇不少于600字的论说文，题目自拟。

近期有报道称，某教授颇喜穿金戴银，全身上下都是世界名牌，一块手表价值几十万，所有的衣服和鞋子都是专门定制的，价格不菲。他认为对"好东西"的喜爱没啥好掩饰的。"以前很多大学教授都很邋遢，有些人甚至几个月都不洗澡，现在时代变了，大学教授应多注意个人形象，不能太邋遢了。"

审题立意

本题主要是对教授的行为和观点发表看法。材料中教授并没有违反规则，也没有对他人或社会造成不良影响。故我们可以不倡导这样的行为，但是也不应批判。建议审题方向是包容教授的选择。

参考范文

参考范文一

穿金戴银又何妨

最近，有报道称某教授穿着名牌，戴着金银首饰，甚至其手表的价值都能高达几十万。这一消息引起了不少人的批评，认为教授应该保持低调，不应该过于张扬自己的财富和地位。然而，我们应该重新审视这个问题，不要把对名牌和金银首饰的追求视为一件可耻的事情，而应该理性看待这种现象。

首先，一个人喜欢穿金戴银并不一定代表其为虚荣的人。对美好事物的追求是人之常情，欣赏高质量、高品质的东西并不能被定义为虚荣。购置舒适的住房、享用美味的食物、获取优质的教育资源和医疗服务等，这些都是对生活品质的追求，与穿戴名牌并无二致。就像欣赏艺术品和购买高档家电一样，人们也可以欣赏和购买高品质的服装和珠宝饰品。

其次，一个人喜欢穿戴名牌并不一定代表其为浪费金钱的人。在现代社会，名牌产品的价格确实很高，但是大部分人对于这些品牌的价格也有着一定的误解。不同的品牌针对不同的市场和消费人群，有着不同的价格定位是无可非议的，而且产品的价格也取决于其内在价值和品质，因此不能简单地将购买价格高昂的名牌产品归结为"浪费金钱"。此外，很多人在购买名牌时也有自己的节约方法，如选择二手商品、使用优惠券、在打折季购买等，这也是一种节约金钱的方式。

最后，一个人穿戴什么样的服装和首饰并不应该成为其是否适合从事某一职业的评价标准。事实上，人们对于个人形象的认可已经不再局限于传统的"端庄稳重"的标准，越来越多的人开始注重个性化和时尚化的穿着。对于大学教授来说，他们的职业要求并不在于他们是否穿着名牌，而在于他们的学识和教学能力。因此，教授是否穿着名牌和他们的学术能力并无关系。

综上，穿金戴银并不是什么大问题。虽然一些人认为这种行为有些浮华，甚至是道德上的问题，但我认为这只是一种个人选择。每个人都有权决定自己的消费方式，只要不触犯道德底线，其选择就应该得到尊重。

参考范文二

穿金戴银无须过分苛责

近期，教授穿金戴银的报道引发公众热议。但是，只要是通过合理、合法的手段获得的好东西，不必加以掩饰，我们也无须对此戴着有色眼镜看待和过分苛责。

教授穿金戴银引发热议，究其根源，不过是人们自古以来对于"书生"有着清苦贫寒的刻板印象。中华人民共和国成立后，条件虽然艰苦，却培养了一批又一批的人才。提起读书人、学者，在人们脑海中浮现的都是潜心钻研、安贫乐道的形象。此外，出于"勤俭节约是中华民族传统美德"的道德约束，穿戴奢华自然不符合人们对教授的印象。

教授穿金戴银的现象缘何产生？教授有经济能力穿金戴银，恰恰反映了不仅其基本的生理需求得到了满足，还有能力追求更高层次的需求。近些年，国家越来越重视教育，百年大计，教育为本，教授的待遇也相应地得到提升。而教授穿金戴银从某方面来讲，恰恰是学术界良性发展的反映，是社会愈发重视学术的体现。

部分教授穿金戴银的现象对于个人和整个学术界都有积极的作用。从个人角度来讲，穿金戴银是教授个人努力的成果，可以激励其他人更加努力地进行学术研究，以提升自身的物质生活水平。从社会层面上讲，如果整个学术界都可以得到正向反馈，则有利于营造良好的学术氛围。

然而，部分人仍担心穿金戴银会助长奢靡之风，不利于教授树立良好的形象。这种看法是片面的。一方面，这些收入如果都是教授通过自身努力合法取得的，那么其可以自由支配，社会公众无须过多苛责；另一方面，之所以会有人质疑这种现象，是因为教授的收入不透明化，造成了社会公众的信息不对称。因此，我们应当将教授的薪酬机制细节化、公开化。这在加强社会对教授这一群体薪酬体系监督的同时，也有助于解除大众对教授收入的质疑。

综上，教授穿金戴银本不是一件错事，更无须过分苛责。社会应秉持包容之心并完善相关的机制，从而使教授这一群体可以更自由地追求高品质生活。

2017年经济类论说（穷人福利）

阅读下面的材料，以"是否应该对穷人提供福利？"为题，写一篇不少于600字的论说文。

国家是否应该对穷人提供福利存在较大的争论。反对者认为：贪婪、自私、懒惰是人的本性。如果有福利，人人都想获取。贫穷在大多数情况下是懒惰造成的。为穷人提供福利相当于把努力工作的人的财富转移给了懒惰的人。因此，穷人不应该享受福利。

支持者则认为：如果没有社会福利，则穷人没有收入，就会造成社会动荡，社会犯罪率会上升，相关的合理支出也会增多，其造成的危害可能大于提供社会福利的成本，最终也会影响努力工作的人的利益。因此，为穷人提供社会福利能够稳定社会秩序，应该为穷人提供福利。

📖 审题立意

该年真题为命题作文，故题目不可以自拟。但需要注意的是，尽管题目不需要重新拟定，但还是要审题，在行文中交代明确的观点。本题很明显是一道择一类试题，由于当前社会主流的做法是为穷人提供福利，故更建议大家选择的审题方向为要为穷人提供福利。

📖 参考范文

参考范文一

是否应该为穷人提供福利？

国家是否应该为穷人提供福利是一个备受争议的话题。有些人认为，为穷人提供福利将助长懒惰和贪婪的风气；而有些人则认为，福利对于穷人是必需品，因为他们没有足够的收入来维持自己的生活，且通过向穷人提供福利还可以稳定社会秩序。在我看来，国家应该为穷人提供福利。

首先，由于各种原因，穷人通常没有足够的收入来支持自己的医疗费用、住房费用，甚至是饮食费用。在这种情况下，福利对于穷人来说是必要的，因为他们需要这些资源来维持基本生存，摆脱饥饿和疾病，从而更容易融入社会。此外，福利可以包括提供培训和教育，以帮助穷人提高技能和知识水平，从而让其有更好的就业机会。

其次，为穷人提供福利可以起到稳定社会秩序的作用。如果没有福利，穷人将很难维持生计，从而可能会使社会陷入动荡的境地。这不仅会对穷人自己造成伤害，还会对整个社会造成危害。因此，提供福利可以减少犯罪率，增加社会稳定性，这对整个社会来说是有益的。

再次，为穷人提供福利可以促进社会经济增长。穷人通常很难获得良好的教育和工作机会，这会使得他们难以发挥潜在的才能为社会做出贡献。然而，通过提供的福利，他们可以获得必要的支持，以此提高他们的受教育水平，帮助他们获得更多就业机会，从而增加他们的收入，激发社会的经济活力，促进社会的经济增长。

最后，反对者认为提供福利会助长懒惰和贪婪的风气，这是不正确的。事实上，大多数穷人都想通过自己的努力改善自己的生活状况，他们只是没有机会或资源来实现这一目标。提供福利并不会让穷人变得懒惰或贪婪，而是为他们提供了一个更好的起点，使他们能够以更好的状态来面对生活。

综上所述，国家应该为穷人提供福利。

参考范文二

是否应该为穷人提供福利？

我国经济崛起的同时，不断扩大的贫富差距问题逐渐受到人们关注，而是否应该为穷人提供福利更是颇受争议。我认为，国家应当为穷人提供福利。

"授人以鱼，不如授人以渔"，考虑到人性的懒惰、贪婪，简单的现金补助无法从根本上解决问题。这里所说的"福利"不仅仅是简单的现金补助，更是一揽子综合福利计划，如职业培训、定向就业政策、思想引导等。

首先，为穷人提供福利有利于稳定社会秩序，促进社会和谐。马太效应表明了这样一种社会现象：凡是有的，还要给他，使他富足；但凡没有的，连他所有的，也要夺去。这使得贫者越贫，富者越富。如果能通过社会再分配为穷人提供福利，那么将有利于缓解这一困境，稳定社会秩序，促进社会和谐。

其次，为穷人提供福利能够提升他们工作的积极性，有利于其从根本上摆脱贫困，从而缩小贫富差距。"仓廪实而知礼节，衣食足而知荣辱"，接受福利后，穷人的基本生存需求得到满足，努力工作以提高生活品质也就成了他们的下一步目标。同时提供的职业培训福利也能不断提高他们的就业能力，增加其就业成功的可能，使其拥有稳定的收入，让他们彻底摆脱贫困，从而不断缩小贫富差距，更有利于我国社会公平的实现。

最后，倘若不为穷人提供福利，很有可能会造成社会动荡。如果穷人没有收入，为了维持生计，有些人会选择偷盗、抢劫等违法犯罪行为，社会犯罪率会大大提高，其造成的危害可能大于提供社会福利的成本。此外，如果没有正确的思想引导，穷人们很容易产生"仇富"的情绪，从而使社会价值观产生扭曲，动摇社会秩序的稳定。

综上所述，为了促进社会稳定和可持续发展，国家应当为穷人提供福利。

参考范文三

是否应该为穷人提供福利？

随着经济水平的不断提高，我国的贫富差距不断扩大。针对国家是否应该为穷人提供福利这一问题，引起了较大的争议。在我看来，国家应该为穷人提供福利。国家提供的福利，并不完全是经济上的支持。"授人以鱼，不如授人以渔"，在引导穷人脱贫的过程中，除了要给予一定的经济支持，更重要的是要推动贫困地区的产业发展，为穷人提供相关的就业保障政策。这种制度上的福利往往比经济上的福利更重要，它可以真正地让穷人摆脱"穷"的现状。

　　国家为穷人提供福利，源于稳定社会秩序的需要。如果不能满足穷人生活的基本保障，不能让他们吃饱、穿暖，势必引起社会矛盾的激化。穷人为了让自己生活下去，就可能违法犯罪，威胁努力工作的人的生命财产安全，引起社会的动荡。政府为了减少违法犯罪、缓解社会动荡和稳定社会秩序，就要付出更多的人力、物力成本。因此，为稳定社会秩序，国家应该为穷人提供福利。

　　有人认为，国家为穷人提供福利，就是把努力工作的人的财富转移给懒惰的人，这种观点是片面的。有很大一部分人的贫穷并不是懒惰导致的，探讨贫穷的原因时除了考量其主观上是否努力，还需要考虑很多的其他因素。如一个人受教育程度低，不具有劳动能力，甚至其所在地的经济发展程度差等，都可能导致一个人处于贫穷状态。对于这些不是由懒惰导致贫穷的人，我们应该给他们提供福利，促进他们自身的发展。

　　综上所述，国家应该为穷人提供福利。只有为穷人提供福利，才能更好地实现社会的均衡进步与全面发展。

2016年经济类论说（延迟退休）

阅读下面的材料，以"延长退休年龄之我见"为题，写一篇不少于600字的论说文。

自从国家拟推出延迟退休政策以来，就受到了社会各界的广泛关注，同时也引起激烈的争论。为什么要延长退休年龄？

赞成者说，如果不延长退休年龄，养老金就会出现巨大缺口；另外，中国已经步入老年社会，如果不延长退休年龄，就会出现劳动力紧缺的现象。

反对者说，延长退休年龄就是剥夺劳动者应该享受的退休福利，退休年龄的延长意味着领取养老金时间的缩短；另外，退休年龄的延长也会给年轻人就业造成巨大压力。

审题立意

该年真题为命题作文，故题目不可以自拟。但需要注意的是，尽管题目不需要重新拟定，但还是要审题，在行文中交代明确的观点。本题很明显是一道择一类试题，由于当前社会主流的做法是支持延迟退休，故更建议大家选择的审题方向为支持延迟退休。

参考范文

参考范文一

延长退休年龄之我见

近年来，关于延长退休年龄的争议不断，无论是赞成还是反对，都有其道理。我认为，延长退休年龄不仅有利于个人，也有利于国家和社会的长远发展。

首先，延长退休年龄可以让老年人继续为社会做贡献。随着医学技术的进步和生活水平的提高，现代人的健康状况和寿命都得到了大幅提升。这意味着，人们可以更长时间地保持工作能力，而要求老年人一到目前规定的年龄就立刻退出劳动力市场，显然有些跟不上时代的发展。对于个人来说，继续工作可以增加收入，丰富人生经验，维持社交关系，让晚年生活更加有意义。对于国家和社会来说，延长退休年龄可以充分利用老年人的经验和知识，提高生产效率，减轻财政压力，推动社会进步。

其次，延长退休年龄不一定意味着退休福利的减少。政府可以通过多种方式来保障老年人的福利权益，如提高养老金发放比例、加强社会保障、完善医疗保障制度等。同时，延长退休年龄也不是一蹴而就的过程，可以逐步推进，给个人和社会充分的适应时间。

当然，对于延长退休年龄，反对者的担忧也是可以理解的。他们认为，延长退休年龄会给年轻人就业造成巨大压力，而且也不能保证老年人在工作中能够保持高效率和积极性。但是，如果我们把就业群体看作一个整体，那么我们就可以找到更好的解决方案。比如，政府可以推出一系列鼓励就业的政策，如减税降费、扶持中小微企业、加强技能培训等，来促进年轻人就业；同时，通过加强对老年人的培训，针对其特征，进行合理的职责分工，使他们能更好地适应工作需求，保持工作积极性。

总之，延长退休年龄虽然存在一些问题和困难，但是如果我们以积极的态度去面对和解决这些问题，就可以推动个人、社会和国家的长远发展。

参考范文二

延长退休年龄之我见

在经济下行与人口老龄化的双重压力下，国家拟推出延迟退休政策，这引起了社会的广泛关注。赞成者认为，延长退休年龄是解决上述问题的有效方式；反对者则认为，这不仅损害了本应退休人群的利益，而且增加了年轻人的就业负担。在我看来，延长退休年龄是一种良性措施，主要理由如下：

第一，延长退休年龄有利于缓解养老金缺口问题。在人口老龄化的背景下，养老金缺口主要是指养老金基金收不抵支的状况。从收支平衡角度来看，通过延长退休年龄既有利于减少养老金的支出，又增加了养老金的收入。因此，延长退休年龄是解决"缺口"的有效途径。

第二，延长退休年龄有利于激发知识型员工的潜能，实现人力资源的充分利用。现行法定退休年龄较小会造成一个问题，即知识型员工的就业年限使他们的职业生涯周期和人力资本的投入与产出不相匹配，导致人力资源及人力资本被闲置和浪费。通过延长退休年龄这一举措，在一定程度上能使员工的知识能力与职业能力高度匹配，从而最大限度地提高经济效益。

第三，延长退休年龄并不意味着给青年劳动力造成压力，这反而会成为一种动力，激励年轻人更加踏实地学习，掌握专业技能，不断提高自身素质，成为更具创造力和竞争力的人才。此外，延长退休年龄留下的熟练劳动者能使资源更快地得到有效利用，在增加国民产出的同时为年轻人创造新的就业机会。

最后，延长退休年龄并不是剥夺劳动者的退休福利。一方面，国家对于延长时限往往是设置在合理范围内的，保证劳动者享受到应有的退休福利。另一方面，国家将养老金减少的支出用于经济社会、医疗改革等方面，以便提高人民退休后的幸福指数。

总之，延长退休年龄符合我国经济、财政、人口等各方面的现实状况，更有利于国家发展和人民幸福，因而应延长法定退休年龄。

参考范文三

延长退休年龄之我见

我国经济已由高速增长阶段转向高质量发展阶段，经济结构进入转型期，人口出现负增长，劳动市场对劳动力需求旺盛。同时社会保障制度亟待完善，尤其是养老金方面。对此，延长退休年龄为社会提供了一个有效的解决方案。

延长退休年龄能够适应我国经济的转型升级，能为社会提供更多劳动力，有效缓解劳动力紧缺的现象，从而支撑经济平稳过渡。同时，由于退休的延迟，部分传统岗位的供应量减少，这能够激励刚步入职场的年轻人自主创业，尝试新兴职业，这恰恰适应了当下社会变革与转型的新趋势。

延长退休年龄能够推动社会保障制度的完善。延长退休年龄能够减轻我国养老金发放的压力，由于原先本应领取养老金的人继续参与工作，在减少领取养老金人数的同时，能继续为养老金提供资金来源，为完善社会保障制度提供了更宽裕的时间。

当然，有人肯定会对此提出异议。很多人会认为延长退休年龄是剥夺了劳动者的福利，然而退休年龄的延长虽然看上去使得领取养老金的时间缩短了，但是，相较之前，延迟退休人员可多获得几年工资，有些人未必不愿意这样做。此外，退休年龄的延长也未必会给年轻人造成巨大压力。首先，社会在转型，将会创造出更多新型工作，提供更多的就业岗位。其次，政策的推行将会让年轻人更有职场竞争意识，使他们更主动地适应社会，提高个人技能，谋求新发展。

综上所述，延长退休年龄是适应社会发展的大势所趋，对于此项政策的推行，总体前景是乐观的，只要在政策的具体推行中，注重个人的具体需求，拒绝"一刀切"地延长退休年龄，延迟退休将促进经济的转型，推动制度的完善，激励个人的发展。

参考范文四

延长退休年龄之我见

自国家拟推出延迟退休政策以来，讨论和争议一直层出不穷。而我认为，延长退休年龄无论是在社会保障构建，还是在契合社会发展背景等诸多方面，都具有实施的必要性和可行性，综合利弊考虑，值得推行。

延迟退休助力完善社会保障。当前我国已经步入老龄化社会，代际之间人口数量和比例明显不平衡，这使得未来社会保障的资金收入分配存在较大的压力。作为覆盖全国、惠及万家的基本政策，延迟退休是保障未来养老金发放以及社保缴纳费用平稳发展的关键一环。延迟退休能够有效地调整劳动人口和退休人口比例。养老金的充裕，将有力地保障那些已经达到退休年龄的养老公民"老有所依"，也能够使仍在劳动工作的公民"老有所盼"。

延迟退休符合当前的社会发展和分工背景。在我国公民平均寿命延长，医疗体系日渐完善，社会分工逐渐精细化、智能化的背景下，延迟退休既是发展背景所驱，也是提高人才利用效率的有效措施。现代人的生活质量、工作方式和环境已经发生较大改变，在人工智能等技术的辅助下，很多工作不再依赖体力，而是需要根据工作经验、行业理解等进行深入思考，这使得即便面临退休，很大一部分人的身体素质和工作能力仍然能够继续工作。延长退休年龄使这部分劳动人群有机会继续在岗位上完成自我价值的"二次发热"，同时也调动了各种积极因素，整合社会人力资源，使社会分工更有效、更完善。

诚然，延长退休年龄背后的担忧和反思不无道理。年轻人就业压力、养老年限减短的确都是政策实施后短时间内可能凸显的问题。但国家后续政策的丰富和完善将逐步对新政策落地后可能出现的负面影响有较好的应对和修正。权衡利弊，延长退休年龄政策的优势显而易见，不能因为其可能存在的负面影响就因噎废食，拒绝改革，而应逐渐完善，渐进推行。

基于此，延长退休年龄政策值得推行。

2015 年经济类论说（取乎其上）

根据下述材料，写一篇 600 字左右的论说文，题目自拟。

《论语》云："取乎其上，得乎其中；取乎其中，得乎其下；取乎其下，则无所得矣。"《孙子兵法》云："求其上，得其中；求其中，得其下；求其下，必败。"

审题立意

该年真题为说理类型材料，两段材料都在鼓励我们要"求其上"。故我们的题目也应该基于此拟定。

参考范文

目标高远，做"求其上者"

无论是《论语》还是《孙子兵法》，都在劝告我们应"取乎其上"，做"求其上者"，即我们应目标高远。

首先，做目标高远的人可以获得更多的成就感和满足感。当一个人有远大的抱负，追求更高、更宏伟的目标，就会不断地成长和进步，不断地突破自己，面对挫折时不轻言放弃。当具有这种信念并为目标不懈努力时，我们就会有更多的机会获得成功和成就，也会有更多的满足感和幸福感。

其次，做目标高远的人可以拥有更幸福的人生。一个人如果只制定能轻易实现的目标，就很容易对现状产生满足感，导致自己停滞不前，缺乏进取心。只有制定高目标，不断挑战自己的极限，才能激发个人的内在动力。当个人实现了自己的高目标时，会有一种无以言表的成就感和满足感，这种成就感和满足感不仅可以推动个人不断追求更高的目标，还可以增强个人的自信心和自尊心，从而拥有更加稳定和幸福的人生。

再次，做目标高远的人可以得到更多的机会和发展。只有拥有更高的目标和更深的追求，我们才能创造接触新的领域和人才的机会，发现新的机会和发展方向。这些机会和发展不仅可以带来更多的成就感和满足感，也可以让我们不断地拓宽视野、提升能力，为未来的发展打下更坚实的基础。

最后，做目标高远的人可以影响和启发他人。当我们追求更高的目标时，我们的成就可以让我们成为他人的榜样，激励更多的人加入追求高远目标的行列中。

综上所述，我们应目标高远，做"求其上者"。

2014 年经济类论说（勇气）

根据下述材料，写一篇 600 字左右的论说文，题目自拟。

我懂得了，勇气不是没有恐惧，而是战胜恐惧。勇者不是感觉不到害怕的人，而是克服自身恐惧的人。

——南非前总统纳尔逊·曼德拉

📖 审题立意

该年真题为说理类型材料，解释了什么是真正的勇气，审题方向较为清晰，可参考题目为：要勇于克服自身恐惧。

📖 参考范文

要勇于克服自身恐惧

勇气是一个人基本的品质之一，它是实现自我价值和追求幸福的必要条件。在生活和工作中，我们经常会遇到各种各样的困难和挑战，而要战胜这些困难和挑战，需要勇气。然而，很多人误解了勇气的含义，认为勇气就是没有恐惧，这是错误的。勇气不是没有恐惧，而是能克服自身恐惧。

为什么要勇于克服自身恐惧呢？

第一，克服恐惧可以让我们更好地成长。恐惧是一种本能反应，它让我们在面对危险时保持警觉。然而，当恐惧变得过度时，就会阻碍我们的成长和发展。当我们逃避应对挑战时，我们便失去了学习新技能和提高能力的机会。面对日新月异的世界，停留在狭小的舒适区，会使得我们感到越来越不自在。而克服恐惧，会让我们敢于直面困难，走出舒适区，更好地成长。

第二，克服恐惧可以让我们变得更加自信。恐惧和缺乏自信心是密不可分的，因为恐惧会让我们失去自信心，而缺乏自信心又会导致我们更加害怕面对恐惧。勇于克服自身恐惧可以帮助我们建立起自信心。当意识到自己有能力面对困难和挑战，这种自信会让我们更有动力去追求自己的目标，并且更加坚定地踏上通往成功的道路。

第三，克服恐惧可以让我们获得更多的机会。克服恐惧时，我们会变得更加敢于尝试新的事物，不再害怕风险或失败，这样就有更多的机会接触到新的事物、结交新的朋友。不仅如此，克服恐惧还会让我们变得更加开放包容，变得更有魅力和魄力，从而促进我们发现新的机会，并以更积极的态度去面对新鲜的事物。

综上，我们应勇于克服自身的恐惧，收获真正的勇气。

2013 年经济类论说（尚拙）

根据下述材料，写一篇 600 字左右的论说文，题目自拟。

被誉为清代中兴名臣的曾国藩，其人生哲学很独特，就是"尚拙"，他曾说"天下之至拙，能胜任天下之至巧，拙者自知不如他人，自便会更虚心"。

审题立意

该年真题为说理类型材料，审题方向较为明显，可参考立意为：做人当"尚拙"。

参考范文

做人当"尚拙"

正如曾国藩所说："天下之至拙，能胜任天下之至巧，拙者自知不如他人，自便会更虚心。"这一人生哲学对我们如今依然有启发意义，提醒我们，做人当"尚拙"。

尚拙，是不断反思自己的缺点，将"笨"变为一种优势，持以天下之至拙能胜任天下之至巧的处世智慧。有时候聪明是捷径，看上去占尽先机，但其实危机重重；笨拙也许显得迟钝，但如果坚韧不拔，将会无比锋利。"笨"人如果具备了死磕到底的精神，反而比聪明人更容易成功。为什么这么说呢？

首先，"尚拙"的人更虚心、更肯付出、更懂坚持。如果一个人总是表现得过于聪明和自信，那么很容易让人觉得其傲慢自大，从而产生负面影响。然而，"尚拙"提醒我们要知道自己的能力是有限的，不可能完全掌握所有的事情。只有承认自己的不足，才能够更虚心地接受别人的意见和建议，不断进步。当我们拥有谦虚之心时，将更容易与人为善，避免因傲慢而带来的负面影响。

其次，"尚拙"的人逆商较高，抗打击能力更强。在实践中，我们难免会犯错，这是一个人不断成长的过程。如果我们只注重成功，而不愿意面对失败，那么我们可能会错失很多机会。但是如果我们"尚拙"，接受自己的错误，不被挫折所击倒，从中学习并不断完善自己，那么我们就能够更好地成长和发展。

最后，"尚拙"的人做事更扎实。"尚拙"的人不懂取巧、不走捷径，遇到问题只知道硬钻过去，所以做事不留死角，基础打得好。相反，那些有小聪明的人不愿意下"笨"功夫，遇到困难绕着走，基础打得松松垮垮，往往走不远。所以，"尚拙"的人看起来行动缓慢，其实越往后就走得越快。就像盖房子，地基打得牢，房子就盖得高。

综上，做人当"尚拙"。

2012年经济类论说（抢购茅台）

中国大陆500毫升茅台价格升至1 200元，纽约华人聚居区法拉盛，1 000毫升装的同度数茅台价格为220至230美元，500毫升约合670元人民币。因海外茅台价格便宜，质量有保证，华人竞相购买，回国送人。

这些年，中国游客在海外抢购"MADE IN CHINA"商品的消息早已不是什么新鲜事了。服装、百货、日用品，中国造的东西，去了美国反而更便宜。有媒体报道Levi's 505牛仔裤，广东东莞生产，在中国商场的价格是899元人民币，在美国的亚马逊网站的价格是24.42美元，合人民币166元，价格相差5.4倍。

（摘自《茅台酒为何在美国更便宜？》，《新京报》，2011年1月7日）

审题立意

该年真题的材料是一个社会热点，审题过程中我们可以基于这一热点表达自己的态度。建议的审题方向是：理性分析这一现象；抨击这一现象。

参考范文

茅台酒为何在美国更便宜？

近年来，"MADE IN CHINA"的商品在国外的价格比国内便宜的现象备受瞩目，让不少国人对国内商品的价格感到不满，认为这样的做法是"见人下菜碟"。为何茅台酒在国外反而更便宜？这是由多种因素共同导致的。

第一，税负不同。我国鼓励白酒出口，白酒出口退税率大致在15%左右，因此茅台酒出口时会有15%的退税机制。但是国内为了限制烟、酒等不利于国民健康的消费品的流通，采取了高额的税收加以控制。这会对产品的定价造成一定的影响。

第二，市场定位及供求不同。在国内，茅台酒一直都定位为高端品牌，带有社交属性。除此之外，升值空间大也为茅台酒带来巨大的收藏价值，因此价格也就水涨船高。而在国外，并没有那么多延伸价值，因此价格也就没有上升空间。

第三，消费习惯不一样。国外的消费人群更习惯喝红酒和啤酒，对于白酒的接受度不够。在海外市场，茅台几乎都是华人购买的，因为消费人群少，所以国外市场定价也便宜，如果其需求和国内一样，那么茅台价格将只增不减。

第四，经销商过多。茅台酒之所以贵，其经销模式也是重要原因。茅台酒厂只负责生产酿酒，不负责销售环节，而是把这一环节交给了经销商，在一层又一层的经销商操作下，茅台价格越来越高。茅台在国外没有这么多经销商，价格自然相对较低。

当然，尽管存在以上客观因素，但也不能成为茅台等产品价格"外低内高"的托词，也无法排除其"见人下菜碟"的嫌疑。为解决这一矛盾，各方应该通力合作，完善税收制度、经销模式，找准品牌定位及受众群体等，将出口的茅台酒价格调整到和国内一致的水平，这样不但可以有效遏制"回流"，还可以彰显茅台强大的品牌自信力。

综上，我们应理性看待茅台价格"外低内高"的现象，基于问题的根源有针对性地解决问题，不要一味抨击，也不应坐以待毙。

（改编自《出口茅台酒出厂价上涨，与国内一致》，雪球网，2022年1月7日）

2011年经济类论说（蚁族）

自 2007 年以来，青年学者廉思组织的课题组对蚁族进行了持续跟踪调查。廉思和他的团队撰写的有关蚁族问题的报告多次得到中央领导的批示和高度重视。在 2008 年、2009 年对北京蚁族进行调查的基础上，课题组今年在蚁族数量较多的北京、上海、广州、武汉、西安、重庆、南京等大城市同时展开调查，历时半年有余，发放问卷 5 000 余份，回收有效问卷 4 807 份，形成了第一份全国范围的蚁族生存报告。此次调查有一些新发现，主要有：随着高校毕业生就业形势的日趋严峻，蚁族的学历层次上升；蚁族向上流动困难，"三十而离"；五成蚁族否认自己属于弱势群体；等等。

（摘自《调查显示：蚁族学历层次上升，五成人否认自己弱势》，《中国青年报》，2010 年 12 月 10 日）

审题立意

该年真题的材料是一个社会热点，主要阐述了蚁族这一群体的困境。故审题方向可以为对这一群体予以关注，题目也可基于这一方向拟定。

参考范文

蚁族的问题需要全社会的共同关注和解决

随着高校毕业生就业形势的日趋严峻，越来越多的年轻人加入蚁族的行列。蚁族的出现反映了社会的某些问题，需要全社会的共同关注和解决。

首先，蚁族的学历层次上升反映了目前的就业形势严峻。由于就业市场上的竞争日益激烈，年轻人为了能够在就业市场中获得一席之地，不得不通过取得更高的学历来增强自身的竞争力。但是，这也给年轻人带来了沉重的经济负担。他们不仅需要支付高昂的学费，还要忍受长时间的学习压力。在这个过程中，一些年轻人被迫成为蚁族，为了能够维持基本的生活开支而在城市里过着拮据的生活。

其次，蚁族向上流动困难也是需要重视的问题。根据调查结果显示，许多蚁族面临晋升困难的问题，甚至有不少人因此选择"三十而离"，放弃原单位的工作，另谋高就。这些现象的背后，往往是由于蚁族在职场上的人际关系和职业发展机会受到限制。相比于一些背景较为显赫的人，蚁族的成长轨迹和经验都显得不那么亮眼，难以引起公司高层的重视和赏识。此外，蚁族由于年龄和家庭压力等原因，难以承担起接受职业培训和学习进修的压力，这也给他们的职业发展带来了更大的阻力。

最后，是关于蚁族是否属于弱势群体的问题。尽管廉思等人的调查显示，有五成蚁族否认自己属于弱势群体，但在我看来，这种观点并不完全正确。从整体上来看，蚁族在经济和社会地位上都处于相对弱势的地位,而且面临的就业、住房、婚姻等问题都比其他群体更为严峻。此外,蚁族也是青年群体中的一部分,与其他青年相比,他们在教育、文化、人际关系等方面面临着很多特殊问题。因此,将蚁族看作弱势群体,从而为他们争取更多的福利和权益,是非常必要的。

综上所述,蚁族问题是当前社会中非常严重的一个问题,需要引起广泛的关注和重视。

附 录

论说文真题分类

说明

1. 附录中涉及的真题范围：1997—2012 年、2014—2024 年管理类综合能力考试真题，1998—2013 年 MBA 综合能力考试（10 月）真题，以及 2011—2024 年经济类综合能力考试真题。该部分将所有的真题从五个不同的维度进行了分类总结。

2. 建议大家在完成大部分论说文真题的审题和行文练习后，再使用本附录总结规律、提高效率。

3. 每道真题可以根据多个维度进行分类。例如，同一道真题，在审题过程中，基于材料类型可分类为故事类型，基于价值取向可分类为价值取向单一类型；在行文过程中，基于主体可分类为有特定主体类型，基于结构可分类为 A 好 /A 不好类型，基于理由可分类为努力更大更强类型等。

4. 同一道真题，在同一分类维度内，解读方式不同，也可能同时归属于同一分类维度下的不同类型。例如，某真题的题目为"重视他人意见"，在理由这一分类维度下，既可以将其理解为努力更大更强类型，也可以理解为借助外力规避风险类型。

5. 对真题进行分类是为了更好地发现和总结规律，提高审题和行文的效率及准确度。鉴于主观题具有一定的灵活性，当发现某些真题难以归类，或者大家的理解角度有所不同时，也不必强求达到统一，而是要以真题为大。

6. 在未特殊说明的情况下，题干要求均为："根据下述材料，写一篇 700 字左右的论说文，题目自拟。"

专题一　按照材料类型分类

在审题过程中，我们通常需要先判断题干材料的类型。不同类型的材料在审题方向和审题思路方面都存在着较大的差异。

通过确定材料类型，我们能够更加高效地从宏观上确定审题方向。

如果题干是故事类型，我们则需要重点关注主语、发生事件、结果等要素。

如果题干是说理类型，我们则需要重点关注关键词的个数及它们之间的关系。

从题干的材料类型出发，大致可以分为如下两类。

类型一：故事类型

情况一：1主语1事件1结果。

情况二：N主语N事件1结果。

情况三：N主语N事件2结果。

情况四：1主语1事件2结果。

情况五：N主语N事件无结果。

类型二：说理类型

情况一：单一类型。

情况二：择一类型。

情况三：关系类型。

再次强调，论说文的审题具有一定的主观性。从不同的角度去理解，每道题可能会有不同的分类结果。所以大家的分类不必与本书中的分类完全一致，只要契合真题即可。

类型一　故事类型

故事类型的材料，需要重点关注题干中的主语、事件和结果。根据这三个要素可以确定审题方向。故事类型审题方向的判断如下表：

主语数量	事件数量	结果数量	审题方向
1	1	1	做 / 不做该事件
N ($N>1$)	N ($N>1$)	1	求N个事件的共性
N ($N>1$)	N ($N>1$)	2	求N个事件的差异
1	1	2	在做与不做中择一
N ($N\geq1$)	N ($N\geq1$)	无	根据题干信息决定

> 情况一：一个主语，发生一个事件，取得一个结果，审题方向为"做／不做该事件"。

2022 年管理类（鸟类会飞）

鸟类会飞是因为它们在进化过程中不断优化了其身体结构。飞行是一项较特殊的运动，鸟类的躯干进化成了适合飞行的流线型。飞行也是一项需要付出高能量代价的运动，鸟类增强了翅膀、胸肌部位的功能，又改进了呼吸系统，以便给肌肉提供氧气。同时，鸟类在进化过程中舍弃了那些沉重的、效率低的身体部件。

2009 年管理类（三鹿奶粉）

以"由三鹿奶粉事件所想到的"为题，写一篇 700 字左右的论说文。

2012 年 10 月 MBA（3G 和 4G 时代）

2012 年 7 月 6 日《科技日报》报道：

我国主导的 TD-LTE 移动通信技术已于 2010 年 10 月被国际电信联盟确立为国际 4G 标准。TD-LTE 是我国自主创新的第三代移动通信技术 TD-SCDMA 的演进技术。TD-SCDMA 的成功规模商用为 TD-LTE 的快速发展奠定了坚实的基础。目前，TD-LTE 已形成由中国主导、全球广泛参与的产业链，全球几乎所有通信系统和芯片制造商都已支持该技术。

在移动通信技术的 1G 和 2G 时代，我们只能使用美国和欧洲的标准。通过艰难的技术创新，到 3G 和 4G 时代中国自己的通信标准已经成为世界三大国际标准之一。

2024 年经济类（袁隆平）

在人的一生中，有些人只做一件事。如袁隆平院士一生致力于杂交水稻研究，创建了超级杂交稻技术体系，使我国杂交水稻研究始终居于世界领先水平。

2021 年经济类（食蚁兽）

巴西热带雨林中的食蚁兽在捕食时，使用带黏液的长舌伸进蚁穴捕获白蚁，但不管捕获多少，每次捕食都不超过 3 分钟，然后去寻找下一个目标，从来不摧毁整个蚁穴。而那些没有被食蚁兽捕获的工蚁就会马上修复蚁穴，蚁后也会开始新一轮繁殖，很快产下更多的幼蚁，从而使蚁群继续生存下去。

2019 年经济类（毛毛虫实验）

阅读下面的材料，并据此写一篇不少于 600 字的论说文，题目自拟。

法国科学家约翰·法伯曾做过一个著名的"毛毛虫实验"。这种毛毛虫有一种"跟随者"的习性，总是盲目地跟着前面的毛毛虫走。法伯把若干个毛毛虫放在一只花盆的边缘上，首尾相接，围成一圈。他在花盆周围不远的地方，撒了一些毛毛虫喜欢吃的松叶。毛毛虫开始一个跟一个，绕着花盆，一圈又一圈地走。一个小时过去了，一天过去了，毛毛虫们还在不停地、固执地团团转。一连走了七天七夜，终因饥饿和筋疲力尽而死去。这其中，只要有任何一只毛毛虫稍稍与众不同，便立刻会吃到食物，改变命运。

> 情况二：N 个主语，发生 N 个事件，取得一个结果，审题方向为"求 N 个事件的共性"。

2020 年管理类（挑战者号）

据报道，美国航天飞机"挑战者号"采用了斯沃克公司的零配件。该公司的密封圈技术专家博易斯乔利多次向公司高层提醒：低温会导致橡胶密封圈脆裂而引发重大事故。但是，这一意见一直没有受到重视。1986 年 1 月 27 日，佛罗里达州卡纳维拉尔角发射场的气温降到零摄氏度以下，美国宇航局再次打电话给斯沃克公司，询问其对航天飞机的发射还有没有疑虑之处。为此，斯沃克公司召开会议，博易斯乔利坚持认为不能发射，但公司高层认为他所持理由还不够充分，于是同意宇航局发射。1 月 28 日上午，航天飞机离开发射平台，仅过了 73 秒，悲剧就发生了。

2013 年管理类（波音麦道）

20 世纪中叶，美国的波音和麦道两家公司几乎垄断了世界民用飞机的市场，欧洲的飞机制造商深感忧虑。虽然欧洲各国之间的竞争也相当激烈，但还是采取了合作的途径，法国、德国、英国和西班牙等决定共同研制大型宽体飞机，于是"空中客车"便应运而生。面对新的市场竞争态势，波音公司和麦道公司于 1997 年一致决定组成新的波音公司，以抗衡来自欧洲的挑战。

2005 年 10 月 MBA（一首小诗）

根据下面这首诗，写一篇 700 字左右的论说文，题目自拟。

如果你不能成为挺立山顶的苍松，

那就做山谷一棵小树陪伴溪水淙淙；

如果你不能成为一棵大树，

那就化作一丛茂密的灌木；

如果你不能成为一只香獐，

那就化作一尾最活跃的小鲈鱼，享受那美妙的湖光；

如果你不能成为大道宽敞，

那就铺成一条小路目送夕阳；

如果你不能成为太阳，
那就变成一颗星星在夜空闪亮。
不可能都当领航的船长，
还要靠水手奋力划桨；
世上有大事、小事需要去做，
最重要的事在我们身旁。

2004 年 10 月 MBA（滑铁卢战役）

在滑铁卢战役的第一阶段，拿破仑的部队兵分两路。右翼由拿破仑亲自率领，在利尼迎战布鲁查尔；左翼由奈伊将军率领，在卡特勒布拉斯迎战威灵顿。拿破仑和奈伊都打算进攻，而且，两个人都精心制定了对各自战事而言均为相当优秀的作战计划。但不幸的是，这两个计划均打算用格鲁希指挥的后备部队，从侧翼给敌人以致命一击，但他们事前并没有就各自的计划交换意见。当天的战斗中，拿破仑和奈伊所发布的命令又含糊不清，致使格鲁希的部队要么踌躇不前，要么在两个战场之间疲于奔命，一天之中没有投入任何一方的作战行动，最终导致拿破仑惨败。

2000 年 10 月 MBA（幼儿园）

根据下面一则材料，写一篇不少于 500 字的议论文，题目自拟。

有人问一位诺贝尔奖奖金获得者："您在哪所大学学到了您认为是最主要的一些东西？"出人意料，这位学者回答说是在幼儿园，他说："把自己的东西分一半给小伙伴们，不是自己的东西不要拿，东西要放整齐，做错事要表示歉意，要仔细观察大自然。从根本上说，我学到的全部东西就是这些。"

> 情况三：N 个主语，发生 N 个事件，取得两个结果（结果有好有坏），审题方向为"求 N 个事件的差异"。

2006 年管理类（和尚挑水）

根据以下材料，围绕企业管理写一篇论说文，题目自拟，700 字左右。

两个和尚分别住在东、西两座相邻的山上的寺庙里。两山之间有一条清澈的小溪。这两个和尚每天都在同一时间下山去溪边挑够一天用的水。久而久之，他们就成为好朋友了。光阴如梭，日复一日，不知不觉已经过了三年。有一天，东山的和尚没有下山挑水，西山的和尚没有在意："他大概睡过头了。"哪知第二天，东山的和尚还是没有下山挑水；第三天、第四天也是如此；过了十天，东山的和尚还是没有下山挑水。西山的和尚担心起来："我的朋友一定是生病了，我应该去拜访他，看是否有什么事情能够帮上忙。"于是他爬上了东山，去探望他的老朋友。

到达东山的寺庙，西山和尚看到他的老友正在庙前打拳，一点也不像十天没喝水的样子。他好奇地问："你已经十天都没有下山挑水了，难道你已经修炼到可以不用喝水就能生存的境界了吗？"东山和尚笑笑，带着他走到寺庙后院，指着一口井说："这三年来，我每天做完功课后，都会抽空挖这口井。如今终于挖出水来了，我就不必再下山挑水啦。"西山和尚不以为然："挖井花费的力气远远甚于挑水，你又何必多此一举呢？"

2001 年管理类（成功女神）

根据所给的材料，写一篇 600 字左右的议论文，题目自拟。

1831 年，瑞典化学家萨弗斯特朗发现了钒元素。对这一重大发现，后来他在给他朋友化学家维勒的信中这样写道："在宇宙的极光角，住着一位漂亮可爱的女神。一天，有人敲响了她的门。女神懒得动，在等第二次敲门。谁知这位来宾敲过后就走了。她急忙起身打开窗户张望：'是哪个冒失鬼？啊，一定是维勒！'如果维勒再敲一下，不是会见到女神了吗？过了几天又有人来敲门，一次敲不开，继续敲。女神开了门，是萨弗斯特朗。他们相晤了，钒便应运而生！"

1999 年管理类（画一天卖一年）

根据所给材料，写一篇 500 字左右的议论文，题目自拟。

一位画家在拜访德国著名画家门采尔时诉苦说："为什么我画一张画只要一天的时间，而卖掉它却要等上整整一年？"门采尔严肃认真地对他说："倒过来试试吧，如果你用一年的时间去画它，那么只需一天就能够把它卖掉。"

2009 年 10 月 MBA（牦牛群）

根据以下材料，结合企业管理写一篇 700 字左右的论说文，题目自拟。

《动物世界》里的镜头：一群体型庞大的牦牛正在草原上吃草。突然，不远处来了几只觅食的狼。牦牛群奔跑起来，狼群急追……终于，有一头体弱的牦牛掉队，寡不敌众，被狼分食了。

《动物趣闻》里的镜头：一群牦牛正在草原上吃草。突然，来了几只觅食的狼。一头牦牛发现了狼，它的叫声提醒了同伴。领头的牦牛站定与狼对视，其余的牦牛也围在一起，站立原地。狼在不远处虎视眈眈地转悠了好一阵，见没有进攻的机会，就没趣地走开了。

2008 年 10 月 MBA（卷柏）

南美洲有一种奇特的植物——卷柏。说它奇特，是因为它会走。卷柏生存需要充足的水分，当水分不充足时，它就会把根从土壤里拔出来，整个身躯卷成一个圆球状。由于体轻，只要稍有一点风，它就会随风在地面滚动。一旦滚到水分充足的地方，圆球就会迅速打开，根重新钻到土壤里，暂时安居。当水分又不充足，住得不称心如意时，它就会继续游走，以寻求更好的生存环境。

难道卷柏不走就不能生存了吗？一位植物学家做了一个实验：用挡板圈出一块空地，把一株卷柏放到空地中水分最充足的地方，不久卷柏便扎根生存下来。几天后，当这里水分减少时，卷柏便拔出根须，准备漂移。但实验者用挡板对其进行严格控制，限制了它游走的可能。结果实验者发现，卷柏又回到那里重新扎根生存；而且在几次将根拔出又不能移动以后，便再也不动了；而且，卷柏此时的根已经深深扎入泥土，长势比任何时期都好，也许它发现，根扎得越深，水分越充分……

2006 年 10 月 MBA（可口可乐）

根据以下材料，围绕企业管理写一篇论说文，题目自拟，700 字左右。

20 世纪 80 年代，可口可乐公司因为缺少发展空间而笼罩在悲观情绪之中：一方面，它以 35% 的市场份额控制着软饮料市场，这个市场份额几乎是在反垄断政策下企业能达到的最高点；另一方面，面对更年轻、更充满活力的百事可乐的积极进攻，可口可乐似乎只能采取防守的策略，为一两个百分点的市场份额展开惨烈的竞争。尽管可口可乐的主管很有才干，员工工作努力，但是他们内心其实很悲观，看不到如何摆脱这种宿命：在顶峰上唯一可能的路径就是向下。

郭思达（Roberto Goizueta）在接任可口可乐的 CEO 后，在高层主管会议上提出这样一些问题："世界上 44 亿人口每人每天消费的液体饮料平均是多少？"

答案是："64 盎司。"（1 盎司约为 28 克）

"那么，每人每天消费的可口可乐又是多少呢？"

"不足 2 盎司。"

"那么，在人们的肚子里，我们市场份额是多少？"郭思达最后问。

通过这些问题，高管和员工们关注的核心问题不再是可口可乐在美国可乐市场中的占有率，也不再是在全球软饮料市场中的占有率，而变成了在世界上每个人要消费的液体饮料市场中的占有率。而这个问题的答案是：可口可乐在世界液体饮料市场中的份额微乎其微，少到可以忽略不计。高层主管们终于意识到，可口可乐不应该只盯着百事可乐，还有咖啡、牛奶、茶甚至水，而这一市场的巨大空间远远超出人们的想象。

> **情况四：一个主语，发生一个事件，取得两个结果（结果有好有坏），审题方向为"在做与不做中择一"。**

2014 年管理类（孔雀的选择）

生物学家发现，雌孔雀往往选择尾巴大而艳丽的雄孔雀作为配偶，因为雄孔雀尾巴越大越艳丽，表明它越有生命活力，其后代的健康越能得到保证。但是，这种选择也产生了问题：孔雀尾巴越大越艳丽，就越容易被天敌发现和猎获，其生存反而会受到威胁。

2007 年管理类（南极司各脱）

电影《南极的司各脱》描写英国探险家司各脱上校到南极探险的故事。司各脱历尽艰辛，终于到达南极，却在归途中不幸冻死了。在影片的开头，有人问司各脱："你为什么不能放弃探险的生涯?"他回答:"留下第一个脚印的魅力。"司各脱为留下第一个脚印付出了生命的代价。

2005 年管理类（丘吉尔的决策）

根据下述内容，自拟题目写一篇短文，评价丘吉尔的决策，说明如果你是决策者，在当时的情况下你会做出何种选择，并解释决策依据。700 字左右。

第二次世界大战期间，英国首相丘吉尔曾做出一个令他五脏俱焚的决定。当时，盟军已经破译了德军的绝密通信密码，并由此得知德军下一个空袭目标是英国的一个城市考文垂。但是，一旦通知这个城市做出任何非正常的疏散和防备，都将引起德军的警觉，使破译密码之事暴露，从而丧失进一步了解德军重大秘密的机会。所以，丘吉尔反复权衡，最终下令，不对这个城市做任何非正常的提醒。结果，考文垂在这次空袭中一半被焚毁，上千人丧生。然而，通过这个密码，盟军了解到德军在几次重大战役中的兵力部署情况，制定了正确的应对策略，取得了重大的军事胜利。

> 情况五：N 个主语，发生 N 个事件，无结果，审题方向根据题干信息而定。

2004 年管理类（旅行者和三个人）

根据以下材料，自拟题目撰写一篇 600 字左右的论说文。

一位旅行者在途中看到一群人在干活，他问其中一位在做什么，这个人不高兴地回答:"你没有看到我在敲打石头吗？若不是为了养家糊口，我才不会在这里做这些无聊的事。"旅行者又问另外一位，他严肃地回答:"我正在做工头分配给我的工作，在今天收工前我可以砌完这面墙。"旅行者问第三位，他喜悦地回答:"我正在盖一座大厦。"他为旅行者描绘大厦的形状、位置和结构，最后说:"再过不久，这里就会出现一座宏伟的大厦，我们这个城市的居民就可以在这里聚会、购物和娱乐了。"

2011 年 10 月 MBA（地委书记种树）

2010 年春天，已持续半年的干旱让云南很多地方群众的饮水变得异常困难，施甸县大亮山附近群众家里的水管却依然有清甜的泉水流出，他们的水源地正是大亮山林场。乡亲们深情地说:"多亏了老书记啊，要不是他，不知道现在会是什么样子。"

1988 年 3 月，61 岁的杨善洲从保山地委书记的岗位上退休，婉拒了省委书记劝其搬至昆明安度晚年的邀请，执意选择回到家乡施甸县种树。20 多年过去了，曾经山秃水枯的大亮山完全变了模样：森林郁郁葱葱，溪流四季不断；林下山珍遍地，枝头莺鸣燕歌……

一位地委书记，为何退休后选择到异常艰苦的地方去种树？

"在党政机关工作多年，因工作关系没有时间去照顾家乡父老，他们找过多次我也没给他们办一件事。但我答应退休后帮乡亲们办一两件有益的事，许下的承诺就要兑现。至于具体做什么，考察来考察去，还是为后代绿化荒山比较现实。"关于种树，年逾八旬的杨善洲这样解释。

2010 年 10 月 MBA（荣钢集团捐款）

唐山地震孤儿捐款支援汶川灾区

2008 年 5 月 18 日，在中宣部等共同发起的《爱的奉献》抗震救灾大型募捐活动中，天津民营企业荣程联合钢铁集团有限公司董事长张祥青代表公司再向四川灾区捐款 7 000 万元，帮助灾区人民重建"震不垮的学校"。至此，荣程联合钢铁集团公司在支援四川灾区抗震救灾中累计捐款 1 亿元。

"我们对灾区人民非常牵挂，荣钢集团人大多来自唐山，亲历过 32 年前的唐山大地震，接受过全国人民对唐山灾区的无私援助，32 年后为四川地震灾区捐款，回馈社会，是应尽的义务，我们必须做！"张祥青说。

张祥青在 1976 年唐山大地震时失去父母，年仅 8 岁的他不幸成为孤儿，他深深感受到来自全国四面八方的涓涓爱心。1989 年，张祥青与妻子张荣华开始了艰苦的创业历程，从卖早点、做豆腐开始，最后组建了荣钢集团。企业发展了，荣钢集团人不忘回报社会，支援汶川地震灾区是其中一例。

2020 年经济类（退休老人马旭）

阅读下面的文字，根据要求作文。请结合实际写一篇 600 字左右的论说文。

2018 年，武汉一名退休老人向家乡木兰县教育局捐赠 1 000 万元，引起了广泛的关注。这笔巨款是马旭与丈夫一分一毫几十年积攒下来的，他们至今生活简朴，住在一个不起眼的小院里，家里没有一件像样的家具。

马旭于 1932 年出生于黑龙江省木兰县，1947 年参军入伍，在东北军政大学学习半年后，成为解放军第四野战军的一名卫生员，先后参加过解放战争、抗美援朝战争，其间多次立功受奖。20 世纪 60 年代，她被调入空降兵部队，成为一名军医，后来主动要求学习跳伞，成为中华人民共和国第一代女空降兵。此后 20 多年里，马旭跳伞多达 140 多次，创下空降女兵跳伞次数最多和年龄最大两项纪录。

如今，马旭的事迹家喻户晓，许多地方邀请她参加各类活动，她大多婉拒。她说："我的一生都是党和部队给的，我只是做了我力所能及的事。只要活着，我们还会继续攒钱捐款，把自己的一切献给党和国家。"

类型二　说理类型

情况一：单一类型。

单一类型是最简单的说理类型材料。通常题干中只有一个关键词，找到这一关键词，根据题干中的价值取向，表达支持或反对即可。

2024 年管理类（发散性思维）

发散性思维是指不依常规、寻求变异和多种答案的思维形式。具有这种思维形式的人，其言行往往会与众不同。

2018 年管理类（人工智能）

有人说，机器人的使命，应该是帮助人类做那些人类做不了的事，而不是替代人类。技术变革会夺取一些人低端烦琐的工作岗位，最终也会创造更高端更人性化的就业机会。例如，历史上铁路的出现抢去了很多挑夫的工作，但又增加了千百万的铁路工人。人工智能也是一种技术变革，人工智能也将促进未来人类社会的发展。有人则不以为然。

2012 年管理类（十力语要）

中国现代著名哲学家熊十力先生在《十力语要》（卷一）中说："吾国学人，总好追逐风气，一时之所尚，则群起而趋其途，如海上逐臭之夫，莫名所以。曾无一刹那，风气或变，而逐臭者复如故。此等逐臭之习，有两大病。一、各人无牢固与永久不改之业，遇事无从深入，徒养成浮动性。二、大家共趋于世所矜尚之一途，则其余千途万途，一切废弃，无人过问。此二大病，都是中国学人死症。"

2010 年管理类（追求真理）

一个真正的学者，其崇高使命是追求真理。学者个人的名利乃至生命与之相比都微不足道，但因为其献身于真理就会变得无限伟大。一些著名大学的校训中都含有追求真理的内容。然而，近年学术界的一些状况与追求真理这一使命相去甚远，部分学者的功利化倾向越来越严重，抄袭剽窃、学术造假、自我炒作、沽名钓誉等现象时有所闻。

2002 年管理类（压力）

阅读下面一段材料，按要求作文。

在这次激烈的招聘考试中，有些志在必得的应聘者未能通过，有些未抱希望的应聘者却取得了好成绩。前者说，压力太大，影响了发挥；后者说，没有压力，发挥了高水平。看来，压力确实会破坏人的情绪。但是，人们又常说，没有压力就没有动力，这说明压力又不可缺少。究竟应当如何认识和对待压力呢？

请以"压力"为话题，写一篇文章。题目自拟，不少于 700 字。

1998 年管理类（儿童高消费）

根据所给材料，写一篇 500 字左右的议论文，题目自拟。

当前，儿童高消费已经越来越严重，许多家长甚至让孩子吃名牌、穿名牌、用名牌、玩名牌，而自己却心甘情愿地过着节俭的日子。

1997 年管理类（洋招牌）

根据所给材料，写一篇 500 字左右的议论文。题目自拟。

时下，商店、企业取洋名似乎成了一种时尚，许多店铺、厂家竞相挂起了洋招牌，什么爱格尔、欧兰特、哈勃尔、爱丽芬、奥兰多等触目皆是。翻开新编印的黄页电话号码簿，各种冠了洋名的企业也明显增多。甚至国货产品广告，也以取洋名为荣。

2013 年 10 月 MBA（实现中国梦）

阅读以下资料，给全国的企业经理写一封公开信，并在信前添加合适的标题文字，700 字左右。

改革开放以来，中国经济发展的速度举世瞩目。按国际货币基金组织的统计，在 188 个国家与地区中，1980 年，我国按美元计算的 GDP 位列第 11 位，只是美国的 7.26%，日本的 18.63%，从 2010 年起位列世界第 2 位，成为世界第二大经济体。到 2012 年，我国的 GDP 是美国的 52.45%，日本的 137.95%，与 30 年前不可同日而语。然而，从能源消耗看，形势非常严峻。1980 年，我国能源消耗总量为 6.03 亿吨标准煤，到 2012 年增加到 36.20 亿吨，为 1980 年的 6 倍。按石油进口量排名，1982 年我国在世界排名中位列第 43 位，从 2009 年起上升到第 2 位，而且面临继续上升的困境。与能源消耗相关的污染问题也频频现于报端，引起全国民众和政府的极大关注。能源消耗和污染问题已经成为阻碍我们实现"中国梦"的两个难关，对此，我们要群策群力，攻坚克难。

2002 年 10 月 MBA（易经）

阅读下面的材料，根据要求作文。

中国古代的《易经》中说："穷则变，变则通。"这就是说，当我们要解决一个问题而遇到困难无路可走时，就应变换一下方式方法，这样往往可以提出连自己也感到意外的解决办法，从而收到显著的效果。

请以"穷则变，变则通"为话题写一篇作文，可以写你自己的经历、体验或看法，也可以联系生活实际展开议论。文体自选，题目自拟，不少于 700 字。

1999 年 10 月 MBA（领导者素质）

以"小议企业领导者的素质"为题，写一篇 500 字左右的议论文。

1998 年 10 月 MBA（下棋）

用下面的一段话作为一篇议论文的开头，接下去写完一篇立论与它观点一致的议论文。字数要求 500 字左右，题目自拟。

投下一着好棋，有时可以取得全盘的主动。但是，光凭一着好棋，并不能说有把握最后胜利，还必须看以后的每着棋下得好不好。

2023 年经济类（社会事务的处理）

一种社会事务，往往涉及诸多因素（如春运涉及交通设施、气候条件、民俗文化、经济环境、科学技术等），所以要依赖诸多部门的通力合作才能处理好。

2018 年经济类（教授穿金戴银）

阅读下面的材料，并据此写一篇不少于 600 字的论说文，题目自拟。

近期有报道称，某教授颇喜穿金戴银，全身上下都是世界名牌，一块手表价值几十万，所有的衣服和鞋子都是专门定制的，价格不菲。他认为对"好东西"的喜爱没啥好掩饰的。"以前很多大学教授都很邋遢，有些人甚至几个月都不洗澡，现在时代变了，大学教授应多注意个人形象，不能太邋遢了。"

2013 年经济类（尚拙）

根据下述材料，写一篇 600 字左右的论说文，题目自拟。

被誉为清代中兴名臣的曾国藩，其人生哲学很独特，就是"尚拙"，他曾说"天下之至拙，能胜任天下之至巧，拙者自知不如他人，自便会更虚心"。

2012 年经济类（抢购茅台）

中国大陆 500 毫升茅台价格升至 1 200 元，纽约华人聚居区法拉盛，1 000 毫升装的同度数茅台价格为 220 至 230 美元，500 毫升约合 670 元人民币。因海外茅台价格便宜，质量有保证，华人竞相购买，回国送人。

这些年，中国游客在海外抢购"MADE IN CHINA"商品的消息已不是什么新鲜事了。服装、百货、日用品，中国造的东西，去了美国反而更便宜。有媒体报道 Levi's 505 牛仔裤，广东东莞生产，在中国商场的价格是 899 元人民币，在美国的亚马逊网站的价格是 24.42 美元，合人民币 166 元，价格相差 5.4 倍。

（摘自《茅台酒为何在美国更便宜？》，《新京报》，2011 年 1 月 7 日）

2011 年经济类（蚁族）

自 2007 年以来，青年学者廉思组织的课题组对蚁族进行了持续跟踪调查。廉思和他的团队撰写的有关蚁族问题的报告多次得到中央领导的批示和高度重视。在 2008 年、2009 年对北京蚁族进行调查的基础上，课题组今年在蚁族数量较多的北京、上海、广州、武汉、西安、重庆、南京等大城市同时展开调查，历时半年有余，发放问卷 5 000 余份，回收有效问卷 4 807 份，形成了第一份全国范围的蚁族生存报告。此次调查有一些新发现，主要有：随着高校毕业生就业形势的日趋严峻，蚁族的学历层次上升；蚁族向上流动困难，"三十而离"；五成蚁族否认自己属于弱势群体；等等。

（摘自《调查显示：蚁族学历层次上升，五成人否认自己弱势》，《中国青年报》，2010年12月10日）

情况二：择一类型。

当题干中出现两个或者两个以上的关键词，且材料对其进行比较或者选择时，往往就是择一类型。择一类型的审题方向为择一，即从多个关键词中选择一个。如何确定选择哪一个呢？

首先，看题干本身是否有倾向；其次，看社会主流价值观是否有倾向。如果以上方向都没有倾向，就选择自己擅长的方向展开论证。

2017年管理类（扩大生产与研发）

一家企业遇到了这样一个问题：究竟是把有限的资金用于扩大生产呢，还是用于研发新产品？有人主张投资扩大生产，因为根据市场调查，原产品还可以畅销三到五年，由此可以获得可靠而丰厚的利润。有人主张投资研发新产品，因为这样做虽然有很大的风险，但风险背后可能有数倍于甚至数十倍于前者的利润。

2011年管理类（拔尖冒尖）

众所周知，人才是立国、富国、强国之本。如何使人才尽快地脱颖而出，是一个亟待解决的问题。人才的出现有多种途径，其中有"拔尖"，有"冒尖"。拔尖是指被提拔而成为尖子，冒尖是指通过奋斗、取得成就而得到社会公认。有人认为，我国当今某些领域的管理人才，拔尖的多而冒尖的少。

2008年管理类（原则与原则上）

"原则"就是规矩，就是准绳。而在日常生活和工作中，常见的表达方式是："原则上……，但是……"。请以"原则"与"原则上"为议题写一篇论说文，题目自拟，700字左右。

2000年管理类（毛泽东周谷城）

根据所给材料写一篇500字左右的议论文，题目自拟。

解放初期，有一次毛泽东和周谷城谈话。毛泽东说："失败是成功之母。"周谷城回答说："成功也是失败之母。"毛泽东思索了一下，说："你讲得好。"

2003年10月MBA（读经读史）

"读经不如读史。"

对上述观点进行分析，论述你同意或不同意这一观点的理由，可根据经验、观察或者阅读，用具体理由或实例佐证自己的观点。题目自拟，全文500字左右。

2001 年 10 月 MBA（相马赛马）

近些年来，新闻媒体经常报道公开招考公务员，乃至招考厅局级领导干部的消息，这同我国传统习惯中的"伯乐相马"似乎有了不同。

请以"相马""赛马"为话题，写一篇 600 字左右的议论文，题目自拟。

2022 年经济类（免费乘坐交通工具）

我国不少地方规定老年人可以免费乘坐公共交通工具，这一规定体现了对老年人的关怀。但是在具体实施过程中出现了一些问题。如在早晚高峰时，老年人免费乘车在一定程度上影响了上班族的通勤；还有，有些老年人也由于各种原因无法享受这一福利。因此，有的地方把老年人免费乘车的福利改为发放津贴。

2017 年经济类（穷人福利）

阅读下面的材料，以"是否应该对穷人提供福利？"为题，写一篇不少于 600 字的论说文。

国家是否应该对穷人提供福利存在较大的争论。反对者认为：贪婪、自私、懒惰是人的本性。如果有福利，人人都想获取。贫穷在大多数情况下是懒惰造成的。为穷人提供福利相当于把努力工作的人的财富转移给了懒惰的人。因此，穷人不应该享受福利。

支持者则认为：如果没有社会福利，则穷人没有收入，就会造成社会动荡，社会犯罪率会上升，相关的合理支出也会增多，其造成的危害可能大于提供社会福利的成本，最终也会影响努力工作的人的利益。因此，为穷人提供社会福利能够稳定社会秩序，应该为穷人提供福利。

2016 年经济类（延迟退休）

阅读下面的材料，以"延长退休年龄之我见"为题，写一篇不少于 600 字的论说文。

自从国家拟推出延迟退休政策以来，就受到了社会各界的广泛关注，同时也引起激烈的争论。为什么要延长退休年龄？

赞成者说，如果不延长退休年龄，养老金就会出现巨大缺口；另外，中国已经步入老年社会，如果不延长退休年龄，就会出现劳动力紧缺的现象。

反对者说，延长退休年龄就是剥夺劳动者应该享受的退休福利，退休年龄的延长意味着领取养老金时间的缩短；另外，退休年龄的延长也会给年轻人就业造成巨大压力。

2015 年经济类（取乎其上）

根据下述材料，写一篇 600 字左右的论说文，题目自拟。

《论语》云："取乎其上，得乎其中；取乎其中，得乎其下；取乎其下，则无所得矣。"

《孙子兵法》云："求其上，得其中；求其中，得其下；求其下，必败。"

2014 年经济类（勇气）

根据下述材料，写一篇 600 字左右的论说文，题目自拟。

我懂得了，勇气不是没有恐惧，而是战胜恐惧。勇者不是感觉不到害怕的人，而是克服自身恐惧的人。

——南非前总统纳尔逊·曼德拉

情况三：关系类型。

如果材料中有多个关键词，且题干在讨论关键词之间的关系，往往就是关系类型。关系类型材料的审题方向为支持或反对材料中的关系。

2023 年管理类（领导艺术）

人们常说"领导艺术"，可见领导与艺术之间存在着某种相似点，如领导一个团队完成某项任务就和指挥一个乐队演奏某首乐曲一样。

2021 年管理类（实业与教育）

我国著名实业家穆藕初在《实业与教育之关系》中指出，教育最重要之点在道德教育（如责任心和公共心之养成，机械心之拔除）和科学教育（如观察力、推论力、判断力之养成）。完全受此两种教育，实业界中坚人物遂由此产生。

2019 年管理类（知识的真理性）

知识的真理性只有经过检验才能得到证明。论辩是纠正错误的重要途径之一，不同观点的冲突会暴露错误而发现真理。

2016 年管理类（多样一致）

亚里士多德说："城邦的本质在于多样性，而不在于一致性。……无论是家庭还是城邦，它们的内部都有着一定的一致性。不然的话，它们是不可能组建起来的。但这种一致性是有一定限度的。……同一种声音无法实现和谐，同一个音阶也无法组成旋律。城邦也是如此，它是一个多面体。人们只能通过教育使存在着各种差异的公民统一起来组成一个共同体。"

2015 年管理类（仁与富）

孟子曾引用阳虎的话："为富，不仁矣；为仁，不富矣。"（《孟子·滕文公上》）这段话表明了古人对当时社会上为富为仁现象的一种态度，以及对两者之间关系的一种思考。

2007 年 10 月 MBA（眼高手低）

　　著名作家曹禺先生说过这样一段话：我看，应该给"眼高手低"正名。它是褒义词，而不是贬义词。我们认真想一想，一个人做事眼高手低是正常的，只有眼高起来，手才能跟着高起来。一个人不应该怕眼高手低，怕的倒是眼也低手也低。我们经常是眼不高，手才低的。

专题总结

材料类型		适用真题		
		管理类综合能力	MBA 综合能力（10 月）	经济类综合能力
故事类型	1 主语 1 事件 1 结果	2022 年（鸟类会飞） 2009 年（三鹿奶粉）	2012 年（3G 和 4G 时代）	2024 年（袁隆平） 2021 年（食蚁兽） 2019 年（毛毛虫实验）
	N 主语 N 事件 1 结果	2020 年（挑战者号） 2013 年（波音麦道）	2005 年（一首小诗） 2004 年（滑铁卢战役） 2000 年（幼儿园）	—
	N 主语 N 事件 2 结果	2006 年（和尚挑水） 2001 年（成功女神） 1999 年（画一天卖一年）	2009 年（牦牛群） 2008 年（卷柏） 2006 年（可口可乐）	—
	1 主语 1 事件 2 结果	2014 年（孔雀的选择） 2007 年（南极司各脱） 2005 年（丘吉尔的决策）	—	—
	N 主语 N 事件 无结果	2004 年（旅行者和三个人）	2011 年（地委书记种树） 2010 年（荣钢集团捐款）	2020 年（退休老人马旭）
说理类型	单一 类型	2024 年（发散性思维） 2018 年（人工智能） 2012 年（十力语要） 2010 年（追求真理） 2002 年（压力） 1998 年（儿童高消费） 1997 年（洋招牌）	2013 年（实现中国梦） 2002 年（易经） 1999 年（领导者素质） 1998 年（下棋）	2023 年（社会事务的处理） 2018 年（教授穿金戴银） 2013 年（尚拙） 2012 年（抢购茅台） 2011 年（蚁族）
	择一 类型	2017 年（扩大生产与研发） 2011 年（拔尖冒尖） 2008 年（原则与原则上） 2000 年（毛泽东周谷城）	2003 年（读经读史） 2001 年（相马赛马）	2022 年（免费乘坐交通工具） 2017 年（穷人福利） 2016 年（延迟退休） 2015 年（取乎其上） 2014 年（勇气）
	关系 类型	2023 年（领导艺术） 2021 年（实业与教育） 2019 年（知识的真理性） 2016 年（多样一致） 2015 年（仁与富）	2007 年（眼高手低）	—

专题二　　按照价值取向分类

按照考试大纲的要求，在论说文的审题过程中，需要"对命题或材料所给观点进行分析，表达自己的观点并加以论证"。也就是说，论说文的观点应该是基于材料的观点所得出的。

但论说文的命题方式较为灵活。有些材料直接论证某种观点/行为的好或坏，需要我们表示支持或反对；有些材料中抛出了多个观点，需要我们给出态度。

通过对材料价值取向进行分类梳理，有利于大家更好地把握审题方向。

基于材料的价值取向，主要分为如下两类。

类型一：题干价值取向单一

情况一：支持题干的观点/行为。

情况二：反对题干的观点/行为。

类型二：题干价值取向不单一

情况一：题干有选择倾向。

情况二：题干没有选择倾向。

类型一　　题干价值取向单一

情况一：支持题干的观点/行为。

如果题干中的观点/行为的结果是好的，我们应该表示支持，需要重点寻找导致好结果的情节。

2024 年管理类（发散性思维）

发散性思维是指不依常规、寻求变异和多种答案的思维形式。具有这种思维形式的人，其言行往往会与众不同。

2023 年管理类（领导艺术）

人们常说"领导艺术"，可见领导与艺术之间存在着某种相似点，如领导一个团队完成某项任务就和指挥一个乐队演奏某首乐曲一样。

2022 年管理类（鸟类会飞）

鸟类会飞是因为它们在进化过程中不断优化了其身体结构。飞行是一项较特殊的运动，鸟类的躯干进化成了适合飞行的流线型。飞行也是一项需要付出高能量代价的运动，鸟类增强了翅膀、胸肌部位的功能，又改进了呼吸系统，以便给肌肉提供氧气。同时，鸟类在进化过程中舍弃了那些沉重的、效率低的身体部件。

2021 年管理类（实业与教育）

我国著名实业家穆藕初在《实业与教育之关系》中指出，教育最重要之点在道德教育（如责任心和公共心之养成，机械心之拔除）和科学教育（如观察力、推论力、判断力之养成）。完全受此两种教育，实业界中坚人物遂由此产生。

2019 年管理类（知识的真理性）

知识的真理性只有经过检验才能得到证明。论辩是纠正错误的重要途径之一，不同观点的冲突会暴露错误而发现真理。

2016 年管理类（多样一致）

亚里士多德说："城邦的本质在于多样性，而不在于一致性。……无论是家庭还是城邦，它们的内部都有着一定的一致性。不然的话，它们是不可能组建起来的。但这种一致性是有一定限度的。……同一种声音无法实现和谐，同一个音阶也无法组成旋律。城邦也是如此，它是一个多面体。人们只能通过教育使存在着各种差异的公民统一起来组成一个共同体。"

2013 年管理类（波音麦道）

20 世纪中叶，美国的波音和麦道两家公司几乎垄断了世界民用飞机的市场，欧洲的飞机制造商深感忧虑。虽然欧洲各国之间的竞争也相当激烈，但还是采取了合作的途径，法国、德国、英国和西班牙等决定共同研制大型宽体飞机，于是"空中客车"便应运而生。面对新的市场竞争态势，波音公司和麦道公司于 1997 年一致决定组成新的波音公司，以抗衡来自欧洲的挑战。

2012 年 10 月 MBA（3G 和 4G 时代）

2012 年 7 月 6 日《科技日报》报道：

我国主导的 TD-LTE 移动通信技术已于 2010 年 10 月被国际电信联盟确立为国际 4G 标准。TD-LTE 是我国自主创新的第三代移动通信技术 TD-SCDMA 的演进技术。TD-SCDMA 的成功规模商用为 TD-LTE 的快速发展奠定了坚实的基础。目前，TD-LTE 已形成由中国主导、全球广泛参与的产业链，全球几乎所有通信系统和芯片制造商都已支持该技术。

在移动通信技术的 1G 和 2G 时代，我们只能使用美国和欧洲的标准。通过艰难的技术创新，到 3G 和 4G 时代中国自己的通信标准已经成为世界三大国际标准之一。

2011 年 10 月 MBA（地委书记种树）

2010 年春天，已持续半年的干旱让云南很多地方群众的饮水变得异常困难，施甸县大亮山附近群众家里的水管却依然有清甜的泉水流出，他们的水源地正是大亮山林场。乡亲们深情地说："多亏了老书记啊，要不是他，不知道现在会是什么样子。"

1988年3月，61岁的杨善洲从保山地委书记的岗位上退休，婉拒了省委书记劝其搬至昆明安度晚年的邀请，执意选择回到家乡施甸县种树。20多年过去了，曾经山秃水枯的大亮山完全变了模样：森林郁郁葱葱，溪流四季不断；林下山珍遍地，枝头莺鸣燕歌……

一位地委书记，为何退休后选择到异常艰苦的地方去种树？

"在党政机关工作多年，因工作关系没有时间去照顾家乡父老，他们找过多次我也没给他们办一件事。但我答应退休后帮乡亲们办一两件有益的事，许下的承诺就要兑现。至于具体做什么，考察来考察去，还是为后代绿化荒山比较现实。"关于种树，年逾八旬的杨善洲这样解释。

2010年10月 MBA（荣钢集团捐款）

唐山地震孤儿捐款支援汶川灾区

2008年5月18日，在中宣部等共同发起的《爱的奉献》抗震救灾大型募捐活动中，天津民营企业荣程联合钢铁集团有限公司董事长张祥青代表公司再向四川灾区捐款7 000万元，帮助灾区人民重建"震不垮的学校"。至此，荣程联合钢铁集团公司在支援四川灾区抗震救灾中累计捐款1亿元。

"我们对灾区人民非常牵挂，荣钢集团人大多来自唐山，亲历过32年前的唐山大地震，接受过全国人民对唐山灾区的无私援助，32年后为四川地震灾区捐款，回馈社会，是应尽的义务，我们必须做！"张祥青说。

张祥青在1976年唐山大地震时失去父母，年仅8岁的他不幸成为孤儿，他深深感受到来自全国四面八方的涓涓爱心。1989年，张祥青与妻子张荣华开始了艰苦的创业历程，从卖早点、做豆腐开始，最后组建了荣钢集团。企业发展了，荣钢集团人不忘回报社会，支援汶川地震灾区是其中一例。

2005年10月 MBA（一首小诗）

根据下面这首诗，写一篇700字左右的论说文，题目自拟。

如果你不能成为挺立山顶的苍松，

那就做山谷一棵小树陪伴溪水淙淙；

如果你不能成为一棵大树，

那就化作一丛茂密的灌木；

如果你不能成为一只香獐，

那就化作一尾最活跃的小鲈鱼，享受那美妙的湖光；

如果你不能成为大道宽敞，

那就铺成一条小路目送夕阳；

如果你不能成为太阳，

那就变成一颗星星在夜空闪亮。

不可能都当领航的船长，

还要靠水手奋力划桨；

世上有大事、小事需要去做，

最重要的事在我们身旁。

2002 年 10 月 MBA（易经）

阅读下面的材料，根据要求作文。

中国古代的《易经》中说："穷则变，变则通。"这就是说，当我们要解决一个问题而遇到困难无路可走时，就应变换一下方式方法，这样往往可以提出连自己也感到意外的解决办法，从而收到显著的效果。

请以"穷则变，变则通"为话题写一篇作文，可以写你自己的经历、体验或看法，也可以联系生活实际展开议论。文体自选，题目自拟，不少于 700 字。

2000 年 10 月 MBA（幼儿园）

根据下面一则材料，写一篇不少于 500 字的议论文，题目自拟。

有人问一位诺贝尔奖奖金获得者："您在哪所大学学到了您认为是最主要的一些东西？"出人意料，这位学者回答说是在幼儿园，他说："把自己的东西分一半给小伙伴们，不是自己的东西不要拿，东西要放整齐，做错事要表示歉意，要仔细观察大自然。从根本上说，我学到的全部东西就是这些。"

1999 年 10 月 MBA（领导者素质）

以"小议企业领导者的素质"为题，写一篇 500 字左右的议论文。

1998 年 10 月 MBA（下棋）

用下面的一段话作为一篇议论文的开头，接下去写完一篇立论与它观点一致的议论文。字数要求 500 字左右，题目自拟。

投下一着好棋，有时可以取得全盘的主动。但是，光凭一着好棋，并不能说有把握最后胜利，还必须看以后的每着棋下得好不好。

2024 年经济类（袁隆平）

在人的一生中，有些人只做一件事。如袁隆平院士一生致力于杂交水稻研究，创建了超级杂交稻技术体系，使我国杂交水稻研究始终居于世界领先水平。

2023 年经济类（社会事务的处理）

一种社会事务，往往涉及诸多因素（如春运涉及交通设施、气候条件、民俗文化、经济环境、科学技术等），所以要依赖诸多部门的通力合作才能处理好。

2021 年经济类（食蚁兽）

巴西热带雨林中的食蚁兽在捕食时，使用带黏液的长舌伸进蚁穴捕获白蚁，但不管捕获多少，每次捕食都不超过 3 分钟，然后去寻找下一个目标，从来不摧毁整个蚁穴。而那些没有被食蚁兽捕获的工蚁就会马上修复蚁穴，蚁后也会开始新一轮繁殖，很快产下更多的幼蚁，从而使蚁群继续生存下去。

2015 年经济类（取乎其上）

根据下述材料，写一篇 600 字左右的论说文，题目自拟。
《论语》云："取乎其上，得乎其中；取乎其中，得乎其下；取乎其下，则无所得矣。"
《孙子兵法》云："求其上，得其中；求其中，得其下；求其下，必败。"

2013 年经济类（尚拙）

根据下述材料，写一篇 600 字左右的论说文，题目自拟。
被誉为清代中兴名臣的曾国藩，其人生哲学很独特，就是"尚拙"，他曾说"天下之至拙，能胜任天下之至巧，拙者自知不如他人，自便会更虚心"。

> 情况二：反对题干的观点 / 行为。

如果题干中的观点 / 行为的结果是坏的，我们应该表示反对，需要重点寻找导致坏结果的情节。

2020 年管理类（挑战者号）

据报道，美国航天飞机"挑战者号"采用了斯沃克公司的零配件。该公司的密封圈技术专家博易斯乔利多次向公司高层提醒：低温会导致橡胶密封圈脆裂而引发重大事故。但是，这一意见一直没有受到重视。1986 年 1 月 27 日，佛罗里达州卡纳维拉尔角发射场的气温降到零摄氏度以下，美国宇航局再次打电话给斯沃克公司，询问其对航天飞机的发射还有没有疑虑之处。为此，斯沃克公司召开会议，博易斯乔利坚持认为不能发射，但公司高层认为他所持理由还不够充分，于是同意宇航局发射。1 月 28 日上午，航天飞机离开发射平台，仅过了 73 秒，悲剧就发生了。

2012 年管理类（十力语要）

中国现代著名哲学家熊十力先生在《十力语要》（卷一）中说："吾国学人，总好追逐风气，一时之所尚，则群起而趋其途，如海上逐臭之夫，莫名所以。曾无一刹那，风气或变，而逐臭者复如故。此等逐臭之习，有两大病。一、各人无牢固与永久不改之业，遇事无从深入，徒养成浮动性。二、大家共趋于世所矜尚之一途，则其余千途万途，一切废弃，无人过问。此二大病，都是中国学人死症。"

2009 年管理类（三鹿奶粉）

以"由三鹿奶粉事件所想到的"为题，写一篇 700 字左右的论说文。

1998 年管理类（儿童高消费）

根据所给材料，写一篇 500 字左右的议论文，题目自拟。

当前，儿童高消费已经越来越严重，许多家长甚至让孩子吃名牌、穿名牌、用名牌、玩名牌，而自己却心甘情愿地过着节俭的日子。

1997 年管理类（洋招牌）

根据所给材料，写一篇 500 字左右的议论文。题目自拟。

时下，商店、企业取洋名似乎成了一种时尚，许多店铺、厂家竞相挂起了洋招牌，什么爱格尔、欧兰特、哈勃尔、爱丽芬、奥兰多等触目皆是。翻开新编印的黄页电话号码簿，各种冠了洋名的企业也明显增多。甚至国货产品广告，也以取洋名为荣。

2013 年 10 月 MBA（实现中国梦）

阅读以下资料，给全国的企业经理写一封公开信，并在信前添加合适的标题文字，700 字左右。

改革开放以来，中国经济发展的速度举世瞩目。按国际货币基金组织的统计，在 188 个国家与地区中，1980 年，我国按美元计算的 GDP 位列第 11 位，只是美国的 7.26%，日本的 18.63%，从 2010 年起位列世界第 2 位，成为世界第二大经济体。到 2012 年，我国的 GDP 是美国的 52.45%，日本的 137.95%，与 30 年前不可同日而语。然而，从能源消耗看，形势非常严峻。1980 年，我国能源消耗总量为 6.03 亿吨标准煤，到 2012 年增加到 36.20 亿吨，为 1980 年的 6 倍。按石油进口量排名，1982 年我国在世界排名中位列第 43 位，从 2009 年起上升到第 2 位，而且面临继续上升的困境。与能源消耗相关的污染问题也频频现于报端，引起全国民众和政府的极大关注。能源消耗和污染问题已经成为阻碍我们实现"中国梦"的两个难关，对此，我们要群策群力，攻坚克难。

2004 年 10 月 MBA（滑铁卢战役）

在滑铁卢战役的第一阶段，拿破仑的部队兵分两路。右翼由拿破仑亲自率领，在利尼迎战布鲁查尔；左翼由奈伊将军率领，在卡特勒布拉斯迎战威灵顿。拿破仑和奈伊都打算进攻，而且，两个人都精心制定了对各自战事而言均为相当优秀的作战计划。但不幸的是，这两个计划均打算用格鲁希指挥的后备部队，从侧翼给敌人以致命一击，但他们事前并没有就各自的计划交换意见。当天的战斗中，拿破仑和奈伊所发布的命令又含糊不清，致使格鲁希的部队要么踌躇不前，要么在两个战场之间疲于奔命，一天之中没有投入任何一方的作战行动，最终导致拿破仑惨败。

2019 年经济类（毛毛虫实验）

阅读下面的材料，并据此写一篇不少于 600 字的论说文，题目自拟。

法国科学家约翰·法伯曾做过一个著名的"毛毛虫实验"。这种毛毛虫有一种"跟随者"的习性，总是盲目地跟着前面的毛毛虫走。法伯把若干个毛毛虫放在一只花盆的边缘上，首尾相接，围成一圈。他在花盆周围不远的地方，撒了一些毛毛虫喜欢吃的松叶。毛毛虫开始一个跟一个，绕着花盆，一圈又一圈地走。一个小时过去了，一天过去了，毛毛虫们还在不停地、固执地团团转。一连走了七天七夜，终因饥饿和筋疲力尽而死去。这其中，只要有任何一只毛毛虫稍稍与众不同，便立刻会吃到食物，改变命运。

类型二　题干价值取向不单一

如果题干中的故事/理论的结果是未知的，或者是在做选择，又或者是在讨论，我们需要根据题干的引导选择审题方向。

> 情况一：题干有选择倾向。

2018 年管理类（人工智能）

有人说，机器人的使命，应该是帮助人类做那些人类做不了的事，而不是替代人类。技术变革会夺取一些人低端烦琐的工作岗位，最终也会创造更高端更人性化的就业机会。例如，历史上铁路的出现抢去了很多挑夫的工作，但又增加了千百万的铁路工人。人工智能也是一种技术变革，人工智能也将促进未来人类社会的发展。有人则不以为然。

2015 年管理类（仁与富）

孟子曾引用阳虎的话："为富，不仁矣；为仁，不富矣。"（《孟子·滕文公上》）这段话表明了古人对当时社会上为富为仁现象的一种态度，以及对两者之间关系的一种思考。

2011 年管理类（拔尖冒尖）

众所周知，人才是立国、富国、强国之本。如何使人才尽快地脱颖而出，是一个亟待解决的问题。人才的出现有多种途径，其中有"拔尖"，有"冒尖"。拔尖是指被提拔而成为尖子，冒尖是指通过奋斗、取得成就而得到社会公认。有人认为，我国当今某些领域的管理人才，拔尖的多而冒尖的少。

2010 年管理类（追求真理）

一个真正的学者，其崇高使命是追求真理。学者个人的名利乃至生命与之相比都微不足道，但因为其献身于真理就会变得无限伟大。一些著名大学的校训中都含有追求真理的内容。然而，近年学术界的一些状况与追求真理这一使命相去甚远，部分学者的功利化倾向越来越严重，抄袭剽窃、学术造假、自我炒作、沽名钓誉等现象时有所闻。

2008 年管理类（原则与原则上）

"原则"就是规矩，就是准绳。而在日常生活和工作中，常见的表达方式是："原则上……，但是……"。请以"原则"与"原则上"为议题写一篇论说文，题目自拟，700字左右。

2007 年管理类（南极司各脱）

电影《南极的司各脱》描写英国探险家司各脱上校到南极探险的故事。司各脱历尽艰辛，终于到达南极，却在归途中不幸冻死了。在影片的开头，有人问司各脱："你为什么不能放弃探险的生涯？"他回答："留下第一个脚印的魅力。"司各脱为留下第一个脚印付出了生命的代价。

2006 年管理类（和尚挑水）

根据以下材料，围绕企业管理写一篇论说文，题目自拟，700字左右。

两个和尚分别住在东、西两座相邻的山上的寺庙里。两山之间有一条清澈的小溪。这两个和尚每天都在同一时间下山去溪边挑够一天用的水。久而久之，他们就成为好朋友了。光阴如梭，日复一日，不知不觉已经过了三年。有一天，东山的和尚没有下山挑水，西山的和尚没有在意："他大概睡过头了。"哪知第二天，东山的和尚还是没有下山挑水；第三天、第四天也是如此；过了十天，东山的和尚还是没有下山挑水。西山的和尚担心起来："我的朋友一定是生病了，我应该去拜访他，看是否有什么事情能够帮上忙。"于是他爬上了东山，去探望他的老朋友。

到达东山的寺庙，西山和尚看到他的老友正在庙前打拳，一点也不像十天没喝水的样子。他好奇地问："你已经十天都没有下山挑水了，难道你已经修炼到可以不用喝水就能生存的境界了吗？"东山和尚笑笑，带着他走到寺庙后院，指着一口井说："这三年来，我每天做完功课后，都会抽空挖这口井。如今终于挖出水来了，我就不必再下山挑水啦。"西山和尚不以为然："挖井花费的力气远远甚于挑水，你又何必多此一举呢？"

2005 年管理类（丘吉尔的决策）

根据下述内容，自拟题目写一篇短文，评价丘吉尔的决策，说明如果你是决策者，在当时的情况下你会做出何种选择，并解释决策依据。700字左右。

第二次世界大战期间，英国首相丘吉尔曾做出一个令他五脏俱焚的决定。当时，盟军已经破译了德军的绝密通信密码，并由此得知德军下一个空袭目标是英国的一个城市考文垂。但是，一旦通知这个城市做出任何非正常的疏散和防备，都将引起德军的警觉，使破译密码之事暴露，从而丧失进一步了解德军重大秘密的机会。所以，丘吉尔反复权衡，最终下令，不对这个城市做任何非正常的提醒。结果，考文垂在这次空袭中一半被焚毁，上千人丧生。然而，通过这个密码，盟军了解到德军在几次重大战役中的兵力部署情况，制定了正确的应对策略，取得了重大的军事胜利。

2004 年管理类（旅行者和三个人）

根据以下材料，自拟题目撰写一篇 600 字左右的论说文。

一位旅行者在途中看到一群人在干活，他问其中一位在做什么，这个人不高兴地回答："你没有看到我在敲打石头吗？若不是为了养家糊口，我才不会在这里做这些无聊的事。"旅行者又问另外一位，他严肃地回答："我正在做工头分配给我的工作，在今天收工前我可以砌完这面墙。"旅行者问第三位，他喜悦地回答："我正在盖一座大厦。"他为旅行者描绘大厦的形状、位置和结构，最后说："再过不久，这里就会出现一座宏伟的大厦，我们这个城市的居民就可以在这里聚会、购物和娱乐了。"

2001 年管理类（成功女神）

根据所给的材料，写一篇 600 字左右的议论文，题目自拟。

1831 年，瑞典化学家萨弗斯特朗发现了钒元素。对这一重大发现，后来他在给他朋友化学家维勒的信中这样写道："在宇宙的极光角，住着一位漂亮可爱的女神。一天，有人敲响了她的门。女神懒得动，在等第二次敲门。谁知这位来宾敲过后就走了。她急忙起身打开窗户张望：'是哪个冒失鬼？啊，一定是维勒！'如果维勒再敲一下，不是会见到女神了吗？过了几天又有人来敲门，一次敲不开，继续敲。女神开了门，是萨弗斯特朗。他们相晤了，钒便应运而生！"

2000 年管理类（毛泽东周谷城）

根据所给材料写一篇 500 字左右的议论文，题目自拟。

解放初期，有一次毛泽东和周谷城谈话。毛泽东说："失败是成功之母。"周谷城回答说："成功也是失败之母。"毛泽东思索了一下，说："你讲得好。"

1999 年管理类（画一天卖一年）

根据所给材料，写一篇 500 字左右的议论文，题目自拟。

一位画家在拜访德国著名画家门采尔时诉苦说："为什么我画一张画只要一天的时间，而卖掉它却要等上整整一年？"门采尔严肃认真地对他说："倒过来试试吧，如果你用一年的时间去画它，那么只需一天就能够把它卖掉。"

2009 年 10 月 MBA（牦牛群）

根据以下材料，结合企业管理写一篇 700 字左右的论说文，题目自拟。

《动物世界》里的镜头：一群体型庞大的牦牛正在草原上吃草。突然，不远处来了几只觅食的狼。牦牛群奔跑起来，狼群急追……终于，有一头体弱的牦牛掉队，寡不敌众，被狼分食了。

《动物趣闻》里的镜头：一群牦牛正在草原上吃草。突然，来了几只觅食的狼。一头牦牛发现了狼，它的叫声提醒了同伴。领头的牦牛站定与狼对视，其余的牦牛也围在一起，站立原地。狼在不远处虎视眈眈地转悠了好一阵，见没有进攻的机会，就没趣地走开了。

2008 年 10 月 MBA（卷柏）

南美洲有一种奇特的植物——卷柏。说它奇特，是因为它会走。卷柏生存需要充足的水分，当水分不充足时，它就会把根从土壤里拔出来，整个身躯卷成一个圆球状。由于体轻，只要稍有一点风，它就会随风在地面滚动。一旦滚到水分充足的地方，圆球就会迅速打开，根重新钻到土壤里，暂时安居。当水分又不充足，住得不称心如意时，它就会继续游走，以寻求更好的生存环境。

难道卷柏不走就不能生存了吗？一位植物学家做了一个实验：用挡板圈出一块空地，把一株卷柏放到空地中水分最充足的地方，不久卷柏便扎根生存下来。几天后，当这里水分减少时，卷柏便拔出根须，准备漂移。但实验者用挡板对其进行严格控制，限制了它游走的可能。结果实验者发现，卷柏又回到那里重新扎根生存；而且在几次将根拔出又不能移动以后，便再也不动了；而且，卷柏此时的根已经深深扎入泥土，长势比任何时期都好，也许它发现，根扎得越深，水分越充分……

2007 年 10 月 MBA（眼高手低）

著名作家曹禺先生说过这样一段话：我看，应该给"眼高手低"正名。它是褒义词，而不是贬义词。我们认真想一想，一个人做事眼高手低是正常的，只有眼高起来，手才能跟着高起来。一个人不应该怕眼高手低，怕的倒是眼也低手也低。我们经常是眼不高，手才低的。

2006 年 10 月 MBA（可口可乐）

根据以下材料，围绕企业管理写一篇论说文，题目自拟，700 字左右。

20 世纪 80 年代，可口可乐公司因为缺少发展空间而笼罩在悲观情绪之中：一方面，它以 35% 的市场份额控制着软饮料市场，这个市场份额几乎是在反垄断政策下企业能达到的最高点；另一方面，面对更年轻、更充满活力的百事可乐的积极进攻，可口可乐似乎只能采取防守的策略，为一两个百分点的市场份额展开惨烈的竞争。尽管可口可乐的主管很有才干，员工工作努力，但是他们内心其实很悲观，看不到如何摆脱这种宿命：在顶峰上唯一可能的路径就是向下。

郭思达（Roberto Goizueta）在接任可口可乐的 CEO 后，在高层主管会议上提出这样一些问题："世界上 44 亿人口每人每天消费的液体饮料平均是多少？"

答案是："64 盎司。"（1 盎司约为 28 克）

"那么，每人每天消费的可口可乐又是多少呢？"

"不足 2 盎司。"

"那么，在人们的肚子里，我们市场份额是多少？"郭思达最后问。

通过这些问题，高管和员工们关注的核心问题不再是可口可乐在美国可乐市场中的占有率，也不再是在全球软饮料市场中的占有率，而变成了在世界上每个人要消费的液体饮料市场中的占有率。而这个问题的答案是：可口可乐在世界液体饮料市场中的份额微乎其微，少到可以忽略不计。高层主管们终于意识到，可口可乐不应该只盯着百事可乐，还有咖啡、牛奶、茶甚至水，而这一市场的巨大空间远远超出人们的想象。

2001 年 10 月 MBA（相马赛马）

近些年来，新闻媒体经常报道公开招考公务员，乃至招考厅局级领导干部的消息，这同我国传统习惯中的"伯乐相马"似乎有了不同。

请以"相马""赛马"为话题，写一篇 600 字左右的议论文，题目自拟。

2020 年经济类（退休老人马旭）

阅读下面的文字，根据要求作文。请结合实际写一篇 600 字左右的论说文。

2018 年，武汉一名退休老人向家乡木兰县教育局捐赠 1 000 万元，引起了广泛的关注。这笔巨款是马旭与丈夫一分一毫几十年积攒下来的，他们至今生活简朴，住在一个不起眼的小院里，家里没有一件像样的家具。

马旭于 1932 年出生于黑龙江省木兰县，1947 年参军入伍，在东北军政大学学习半年后，成为解放军第四野战军的一名卫生员，先后参加过解放战争、抗美援朝战争，其间多次立功受奖。20 世纪 60 年代，她被调入空降兵部队，成为一名军医，后来主动要求学习跳伞，成为中华人民共和国第一代女空降兵。此后 20 多年里，马旭跳伞多达 140 多次，创下空降女兵跳伞次数最多和年龄最大两项纪录。

如今，马旭的事迹家喻户晓，许多地方邀请她参加各类活动，她大多婉拒。她说："我的一生都是党和部队给的，我只是做了我力所能及的事。只要活着，我们还会继续攒钱捐款，把自己的一切献给党和国家。"

2018 年经济类（教授穿金戴银）

阅读下面的材料，并据此写一篇不少于 600 字的论说文，题目自拟。

近期有报道称，某教授颇喜穿金戴银，全身上下都是世界名牌，一块手表价值几十万，所有的衣服和鞋子都是专门定制的，价格不菲。他认为对"好东西"的喜爱没啥好掩饰的。"以前很多大学教授都很邋遢，有些人甚至几个月都不洗澡，现在时代变了，大学教授应多注意个人形象，不能太邋遢了。"

2017 年经济类（穷人福利）

阅读下面的材料，以"是否应该对穷人提供福利？"为题，写一篇不少于 600 字的论说文。

国家是否应该对穷人提供福利存在较大的争论。反对者认为：贪婪、自私、懒惰是人的本性。如果有福利，人人都想获取。贫穷在大多数情况下是懒惰造成的。为穷人提供福利相当于把努力工作的人的财富转移给了懒惰的人。因此，穷人不应该享受福利。

支持者则认为：如果没有社会福利，则穷人没有收入，就会造成社会动荡，社会犯罪率会上升，相关的合理支出也会增多，其造成的危害可能大于提供社会福利的成本，最终也会影响努力工作的人的利益。因此，为穷人提供社会福利能够稳定社会秩序，应该为穷人提供福利。

2016 年经济类（延迟退休）

阅读下面的材料，以"延长退休年龄之我见"为题，写一篇不少于 600 字的论说文。

自从国家拟推出延迟退休政策以来，就受到了社会各界的广泛关注，同时也引起激烈的争论。为什么要延长退休年龄？

赞成者说，如果不延长退休年龄，养老金就会出现巨大缺口；另外，中国已经步入老年社会，如果不延长退休年龄，就会出现劳动力紧缺的现象。

反对者说，延长退休年龄就是剥夺劳动者应该享受的退休福利，退休年龄的延长意味着领取养老金时间的缩短；另外，退休年龄的延长也会给年轻人就业造成巨大压力。

2014 年经济类（勇气）

根据下述材料，写一篇 600 字左右的论说文，题目自拟。

我懂得了，勇气不是没有恐惧，而是战胜恐惧。勇者不是感觉不到害怕的人，而是克服自身恐惧的人。

——南非前总统纳尔逊·曼德拉

2012 年经济类（抢购茅台）

中国大陆 500 毫升茅台价格升至 1 200 元，纽约华人聚居区法拉盛，1 000 毫升装的同度数茅台价格为 220 至 230 美元，500 毫升约合 670 元人民币。因海外茅台价格便宜，质量有保证，华人竞相购买，回国送人。

这些年，中国游客在海外抢购"MADE IN CHINA"商品的消息已不是什么新鲜事了。服装、百货、日用品，中国造的东西，去了美国反而更便宜。有媒体报道 Levi's 505 牛仔裤，广东东莞生产，在中国商场的价格是 899 元人民币，在美国的亚马逊网站的价格是 24.42 美元，合人民币 166 元，价格相差 5.4 倍。

（摘自《茅台酒为何在美国更便宜？》，《新京报》，2011 年 1 月 7 日）

情况二：题干没有选择倾向。

2017 年管理类（扩大生产与研发）

一家企业遇到了这样一个问题：究竟是把有限的资金用于扩大生产呢，还是用于研发新产品？有人主张投资扩大生产，因为根据市场调查，原产品还可以畅销三到五年，由此可以获得可靠而丰厚的利润。有人主张投资研发新产品，因为这样做虽然有很大的风险，但风险背后可能有数倍于甚至数十倍于前者的利润。

2014 年管理类（孔雀的选择）

生物学家发现，雌孔雀往往选择尾巴大而艳丽的雄孔雀作为配偶，因为雄孔雀尾巴越大越艳丽，表明它越有生命活力，其后代的健康越能得到保证。但是，这种选择也产生了问题：孔雀尾巴越大越艳丽，就越容易被天敌发现和猎获，其生存反而会受到威胁。

2002 年管理类（压力）

阅读下面一段材料，按要求作文。

在这次激烈的招聘考试中，有些志在必得的应聘者未能通过，有些未抱希望的应聘者却取得了好成绩。前者说，压力太大，影响了发挥；后者说，没有压力，发挥了高水平。看来，压力确实会破坏人的情绪。但是，人们又常说，没有压力就没有动力，这说明压力又不可缺少。究竟应当如何认识和对待压力呢？

请以"压力"为话题，写一篇文章。题目自拟，不少于 700 字。

2003 年 10 月 MBA（读经读史）

"读经不如读史。"

对上述观点进行分析，论述你同意或不同意这一观点的理由，可根据经验、观察或者阅读，用具体理由或实例佐证自己的观点。题目自拟，全文 500 字左右。

2022 年经济类（免费乘坐交通工具）

我国不少地方规定老年人可以免费乘坐公共交通工具，这一规定体现了对老年人的关怀。但是在具体实施过程中出现了一些问题。如在早晚高峰时，老年人免费乘车在一定程度上影响了上班族的通勤；还有，有些老年人也由于各种原因无法享受这一福利。因此，有的地方把老年人免费乘车的福利改为发放津贴。

2011 年经济类（蚁族）

自 2007 年以来，青年学者廉思组织的课题组对蚁族进行了持续跟踪调查。廉思和他的团队撰写的有关蚁族问题的报告多次得到中央领导的批示和高度重视。在2008年、2009年对北京蚁族进行调查的基础上，课题组今年在蚁族数量较多的北京、上海、广州、武汉、西安、重庆、南京等大城市同时展开调查，历时半年有余，发放问卷5 000余份，回收有效问卷4 807份，形成了第一份全国范围的蚁族生存报告。此次调查有一些新发现，主要有：随着高校毕业生就业形势的日趋严峻，蚁族的学历层次上升；蚁族向上流动困难，"三十而离"；五成蚁族否认自己属于弱势群体；等等。

（摘自《调查显示：蚁族学历层次上升，五成人否认自己弱势》，《中国青年报》，2010年12月10日）

专题总结

价值取向		适用真题		
		管理类综合能力	MBA 综合能力（10 月）	经济类综合能力
题干价值取向单一	支持	2024 年（发散性思维） 2023 年（领导艺术） 2022 年（鸟类会飞） 2021 年（实业与教育） 2019 年（知识的真理性） 2016 年（多样一致） 2013 年（波音麦道）	2012 年（3G 和 4G 时代） 2011 年（地委书记种树） 2010 年（荣钢集团捐款） 2005 年（一首小诗） 2002 年（易经） 2000 年（幼儿园） 1999 年（领导者素质） 1998 年（下棋）	2024 年（袁隆平） 2023 年（社会事务的处理） 2021 年（食蚁兽） 2015 年（取乎其上） 2013 年（尚拙）
	反对	2020 年（挑战者号） 2012 年（十力语要） 2009 年（三鹿奶粉） 1998 年（儿童高消费） 1997 年（洋招牌）	2013 年（实现中国梦） 2004 年（滑铁卢战役）	2019 年（毛毛虫实验）
题干价值取向不单一	题干有倾向	2018 年（人工智能） 2015 年（仁与富） 2011 年（拔尖冒尖） 2010 年（追求真理） 2008 年（原则与原则上） 2007 年（南极司各脱） 2006 年（和尚挑水） 2005 年（丘吉尔的决策） 2004 年（旅行者和三个人） 2001 年（成功女神） 2000 年（毛泽东周谷城） 1999 年（画一天卖一年）	2009 年（牦牛群） 2008 年（卷柏） 2007 年（眼高手低） 2006 年（可口可乐） 2001 年（相马赛马）	2020 年（退休老人马旭） 2018 年（教授穿金戴银） 2017 年（穷人福利） 2016 年（延迟退休） 2014 年（勇气） 2012 年（抢购茅台）
	题干无倾向	2017 年（扩大生产与研发） 2014 年（孔雀的选择） 2002 年（压力）	2003 年（读经读史）	2022 年（免费乘坐交通工具） 2011 年（蚁族）

专题三　按照行文主体分类

出现以下几种情况时，行文应围绕特定主体展开。

1. 题干中明确要求写某一主体。
2. 题干是围绕某一主体展开的。
3. 题干描述的是某一主体的行为。如"学术创新"描述的是学者这一主体的行为。
4. 题干中所描述的行为只适用于某一类主体。如"心态"只适用于人这一主体。

当主体无法直接作为论说文的主体展开论证，大家可将主体引申到人、组织等，或者在行文中不专门强调某一主体。

故基于材料的行文主体，主要分为如下两类。

类型一：题干中有特定主体

情况一：企业、管理者（政府管理者除外）。

情况二：国家、政府管理者。

情况三：个人。

情况四：其他。

类型二：题干中无特定主体

类型一　题干中有特定主体

情况一：企业、管理者（政府管理者除外）。

2023 年管理类（领导艺术）

人们常说"领导艺术"，可见领导与艺术之间存在着某种相似点，如领导一个团队完成某项任务就和指挥一个乐队演奏某首乐曲一样。

2020 年管理类（挑战者号）

据报道，美国航天飞机"挑战者号"采用了斯沃克公司的零配件。该公司的密封圈技术专家博易斯乔利多次向公司高层提醒：低温会导致橡胶密封圈脆裂而引发重大事故。但是，这一意见一直没有受到重视。1986 年 1 月 27 日，佛罗里达州卡纳维拉尔角发射场的气温降到零摄氏度以下，美国宇航局再次打电话给斯沃克公司，询问其对航天飞机的发射还有没有疑虑之处。为此，斯沃克公司召开会议，博易斯乔利坚持认为不能发射，但公司高层认为他所持理由还不够充分，于是同意宇航局发射。1 月 28 日上午，航天飞机离开发射平台，仅过了 73 秒，悲剧就发生了。

2017 年管理类（扩大生产与研发）

一家企业遇到了这样一个问题：究竟是把有限的资金用于扩大生产呢，还是用于研发新产品？有人主张投资扩大生产，因为根据市场调查，原产品还可以畅销三到五年，由此可以获得可靠而丰厚的利润。有人主张投资研发新产品，因为这样做虽然有很大的风险，但风险背后可能有数倍于甚至数十倍于前者的利润。

2013 年管理类（波音麦道）

20 世纪中叶，美国的波音和麦道两家公司几乎垄断了世界民用飞机的市场，欧洲的飞机制造商深感忧虑。虽然欧洲各国之间的竞争也相当激烈，但还是采取了合作的途径，法国、德国、英国和西班牙等决定共同研制大型宽体飞机，于是"空中客车"便应运而生。面对新的市场竞争态势，波音公司和麦道公司于 1997 年一致决定组成新的波音公司，以抗衡来自欧洲的挑战。

2009 年管理类（三鹿奶粉）

以"由三鹿奶粉事件所想到的"为题，写一篇 700 字左右的论说文。

2006 年管理类（和尚挑水）

根据以下材料，围绕企业管理写一篇论说文，题目自拟，700 字左右。

两个和尚分别住在东、西两座相邻的山上的寺庙里。两山之间有一条清澈的小溪。这两个和尚每天都在同一时间下山去溪边挑够一天用的水。久而久之，他们就成为好朋友了。光阴如梭，日复一日，不知不觉已经过了三年。有一天，东山的和尚没有下山挑水，西山的和尚没有在意："他大概睡过头了。"哪知第二天，东山的和尚还是没有下山挑水；第三天、第四天也是如此；过了十天，东山的和尚还是没有下山挑水。西山的和尚担心起来："我的朋友一定是生病了，我应该去拜访他，看是否有什么事情能够帮上忙。"于是他爬上了东山，去探望他的老朋友。

到达东山的寺庙，西山和尚看到他的老友正在庙前打拳，一点也不像十天没喝水的样子。他好奇地问："你已经十天都没有下山挑水了，难道你已经修炼到可以不用喝水就能生存的境界了吗？"东山和尚笑笑，带着他走到寺庙后院，指着一口井说："这三年来，我每天做完功课后，都会抽空挖这口井。如今终于挖出水来了，我就不必再下山挑水啦。"西山和尚不以为然："挖井花费的力气远远甚于挑水，你又何必多此一举呢？"

2010 年 10 月 MBA（荣钢集团捐款）

唐山地震孤儿捐款支援汶川灾区

2008 年 5 月 18 日，在中宣部等共同发起的《爱的奉献》抗震救灾大型募捐活动中，天津民营企业荣程联合钢铁集团有限公司董事长张祥青代表公司再向四川灾区捐款 7 000 万元，帮助灾区人民重建"震不垮的学校"。至此，荣程联合钢铁集团公司在支援四川灾区抗震救灾中累计捐款 1 亿元。

"我们对灾区人民非常牵挂，荣钢集团人大多来自唐山，亲历过 32 年前的唐山大地震，接受过全国人民对唐山灾区的无私援助，32 年后为四川地震灾区捐款，回馈社会，是应尽的义务，我们必须做！"张祥青说。

张祥青在 1976 年唐山大地震时失去父母，年仅 8 岁的他不幸成为孤儿，他深深感受到来自全国四面八方的涓涓爱心。1989 年，张祥青与妻子张荣华开始了艰苦的创业历程，从卖早点、做豆腐开始，最后组建了荣钢集团。企业发展了，荣钢集团人不忘回报社会，支援汶川地震灾区是其中一例。

2009 年 10 月 MBA（牦牛群）

根据以下材料，结合企业管理写一篇 700 字左右的论说文，题目自拟。

《动物世界》里的镜头：一群体型庞大的牦牛正在草原上吃草。突然，不远处来了几只觅食的狼。牦牛群奔跑起来，狼群急追……终于，有一头体弱的牦牛掉队，寡不敌众，被狼分食了。

《动物趣闻》里的镜头：一群牦牛正在草原上吃草。突然，来了几只觅食的狼。一头牦牛发现了狼，它的叫声提醒了同伴。领头的牦牛站定与狼对视，其余的牦牛也围在一起，站立原地。狼在不远处虎视眈眈地转悠了好一阵，见没有进攻的机会，就没趣地走开了。

2006 年 10 月 MBA（可口可乐）

根据以下材料，围绕企业管理写一篇论说文，题目自拟，700 字左右。

20 世纪 80 年代，可口可乐公司因为缺少发展空间而笼罩在悲观情绪之中：一方面，它以 35% 的市场份额控制着软饮料市场，这个市场份额几乎是在反垄断政策下企业能达到的最高点；另一方面，面对更年轻、更充满活力的百事可乐的积极进攻，可口可乐似乎只能采取防守的策略，为一两个百分点的市场份额展开惨烈的竞争。尽管可口可乐的主管很有才干，员工工作努力，但是他们内心其实很悲观，看不到如何摆脱这种宿命：在顶峰上唯一可能的路径就是向下。

郭思达（Roberto Goizueta）在接任可口可乐的 CEO 后，在高层主管会议上提出这样一些问题：

"世界上 44 亿人口每人每天消费的液体饮料平均是多少？"

答案是："64 盎司。"（1 盎司约为 28 克）

"那么，每人每天消费的可口可乐又是多少呢？"

"不足 2 盎司。"

"那么，在人们的肚子里，我们市场份额是多少？"郭思达最后问。

通过这些问题，高管和员工们关注的核心问题不再是可口可乐在美国可乐市场中的占有率，也不再是在全球软饮料市场中的占有率，而变成了在世界上每个人要消费的液体饮料市场中的占有率。而这个问题的答案是：可口可乐在世界液体饮料市场中的份额微乎其微，少到可以忽略不计。高层主管们终于意识到，可口可乐不应该只盯着百事可乐，还有咖啡、牛奶、茶甚至水，而这一市场的巨大空间远远超出人们的想象。

1999 年 10 月 MBA（领导者素质）

以"小议企业领导者的素质"为题，写一篇 500 字左右的议论文。

情况二：国家、政府管理者。

2016 年管理类（多样一致）

亚里士多德说："城邦的本质在于多样性，而不在于一致性。……无论是家庭还是城邦，它们的内部都有着一定的一致性。不然的话，它们是不可能组建起来的。但这种一致性是有一定限度的。……同一种声音无法实现和谐，同一个音阶也无法组成旋律。城邦也是如此，它是一个多面体。人们只能通过教育使存在着各种差异的公民统一起来组成一个共同体。"

2011 年管理类（拔尖冒尖）

众所周知，人才是立国、富国、强国之本。如何使人才尽快地脱颖而出，是一个亟待解决的问题。人才的出现有多种途径，其中有"拔尖"，有"冒尖"。拔尖是指被提拔而成为尖子，冒尖是指通过奋斗、取得成就而得到社会公认。有人认为，我国当今某些领域的管理人才，拔尖的多而冒尖的少。

2005 年管理类（丘吉尔的决策）

根据下述内容，自拟题目写一篇短文，评价丘吉尔的决策，说明如果你是决策者，在当时的情况下你会做出何种选择，并解释决策依据。700 字左右。

第二次世界大战期间，英国首相丘吉尔曾做出一个令他五脏俱焚的决定。当时，盟军已经破译了德军的绝密通信密码，并由此得知德军下一个空袭目标是英国的一个城市考文垂。但是，一旦通知这个城市做出任何非正常的疏散和防备，都将引起德军的警觉，使破译密码之事暴露，从而丧失进一步了解德军重大秘密的机会。所以，丘吉尔反复权衡，最终下令，不对这个城市做任何非正常的提醒。结果，考文垂在这次空袭中一半被焚毁，上千人丧生。然而，通过这个密码，盟军了解到德军在几次重大战役中的兵力部署情况，制定了正确的应对策略，取得了重大的军事胜利。

2013 年 10 月 MBA（实现中国梦）

阅读以下资料，给全国的企业经理写一封公开信，并在信前添加合适的标题文字，700 字左右。

改革开放以来，中国经济发展的速度举世瞩目。按国际货币基金组织的统计，在 188 个国家与地区中，1980 年，我国按美元计算的 GDP 位列第 11 位，只是美国的 7.26%，日本的 18.63%，从 2010 年起位列世界第 2 位，成为世界第二大经济体。到 2012 年，我国的 GDP 是美国的 52.45%，日本的137.95%，与30年前不可同日而语。然而，从能源消耗看，形势非常严峻。1980年，我国能源消耗总量为6.03亿吨标准煤，到2012年增加到36.20亿吨，为1980年的6倍。按石油进口量排名，1982年我国在世界排名中位列第43位，从2009年起上升到第2位，而且面临继续上升的困境。与能源消耗相关的污染问题也频频现于报端，引起全国民众和政府的极大关注。能源消耗和污染问题已经成为阻碍我们实现"中国梦"的两个难关，对此，我们要群策群力，攻坚克难。

2012年10月MBA（3G和4G时代）

2012年7月6日《科技日报》报道：

我国主导的TD-LTE移动通信技术已于2010年10月被国际电信联盟确立为国际4G标准。TD-LTE是我国自主创新的第三代移动通信技术TD-SCDMA的演进技术。TD-SCDMA的成功规模商用为TD-LTE的快速发展奠定了坚实的基础。目前，TD-LTE已形成由中国主导、全球广泛参与的产业链，全球几乎所有通信系统和芯片制造商都已支持该技术。

在移动通信技术的1G和2G时代，我们只能使用美国和欧洲的标准。通过艰难的技术创新，到3G和4G时代中国自己的通信标准已经成为世界三大国际标准之一。

2011年10月MBA（地委书记种树）

2010年春天，已持续半年的干旱让云南很多地方群众的饮水变得异常困难，施甸县大亮山附近群众家里的水管却依然有清甜的泉水流出，他们的水源地正是大亮山林场。乡亲们深情地说："多亏了老书记啊，要不是他，不知道现在会是什么样子。"

1988年3月，61岁的杨善洲从保山地委书记的岗位上退休，婉拒了省委书记劝其搬至昆明安度晚年的邀请，执意选择回到家乡施甸县种树。20多年过去了，曾经山秃水枯的大亮山完全变了模样：森林郁郁葱葱，溪流四季不断；林下山珍遍地，枝头莺鸣燕歌……

一位地委书记，为何退休后选择到异常艰苦的地方去种树？

"在党政机关工作多年，因工作关系没有时间去照顾家乡父老，他们找过多次我也没给他们办一件事。但我答应退休后帮乡亲们办一两件有益的事，许下的承诺就要兑现。至于具体做什么，考察来考察去，还是为后代绿化荒山比较现实。"关于种树，年逾八旬的杨善洲这样解释。

2004年10月MBA（滑铁卢战役）

在滑铁卢战役的第一阶段，拿破仑的部队兵分两路。右翼由拿破仑亲自率领，在利尼迎战布鲁查尔；左翼由奈伊将军率领，在卡特勒布拉斯迎战威灵顿。拿破仑和奈伊都打算进攻，而且，两个人都精心制定了对各自战事而言均为相当优秀的作战计划。但不幸的是，这两个计划均打算用格鲁希指挥的后备部队，从侧翼给敌人以致命一击，但他们事前并没有就各自的计划交换意见。当天的战斗中，拿破仑和奈伊所发布的命令又含糊不清，致使格鲁希的部队要么踌躇不前，要么在两个战场之间疲于奔命，一天之中没有投入任何一方的作战行动，最终导致拿破仑惨败。

2001 年 10 月 MBA（相马赛马）

近些年来，新闻媒体经常报道公开招考公务员，乃至招考厅局级领导干部的消息，这同我国传统习惯中的"伯乐相马"似乎有了不同。

请以"相马""赛马"为话题，写一篇 600 字左右的议论文，题目自拟。

2023 年经济类（社会事务的处理）

一种社会事务，往往涉及诸多因素（如春运涉及交通设施、气候条件、民俗文化、经济环境、科学技术等），所以要依赖诸多部门的通力合作才能处理好。

2022 年经济类（免费乘坐交通工具）

我国不少地方规定老年人可以免费乘坐公共交通工具，这一规定体现了对老年人的关怀。但是在具体实施过程中出现了一些问题。如在早晚高峰时，老年人免费乘车在一定程度上影响了上班族的通勤；还有，有些老年人也由于各种原因无法享受这一福利。因此，有的地方把老年人免费乘车的福利改为发放津贴。

2017 年经济类（穷人福利）

阅读下面的材料，以"是否应该对穷人提供福利？"为题，写一篇不少于 600 字的论说文。

国家是否应该对穷人提供福利存在较大的争论。反对者认为：贪婪、自私、懒惰是人的本性。如果有福利，人人都想获取。贫穷在大多数情况下是懒惰造成的。为穷人提供福利相当于把努力工作的人的财富转移给了懒惰的人。因此，穷人不应该享受福利。

支持者则认为：如果没有社会福利，则穷人没有收入，就会造成社会动荡，社会犯罪率会上升，相关的合理支出也会增多，其造成的危害可能大于提供社会福利的成本，最终也会影响努力工作的人的利益。因此，为穷人提供社会福利能够稳定社会秩序，应该为穷人提供福利。

2016 年经济类（延迟退休）

阅读下面的材料，以"延长退休年龄之我见"为题，写一篇不少于 600 字的论说文。

自从国家拟推出延迟退休政策以来，就受到了社会各界的广泛关注，同时也引起激烈的争论。为什么要延长退休年龄？

赞成者说，如果不延长退休年龄，养老金就会出现巨大缺口；另外，中国已经步入老年社会，如果不延长退休年龄，就会出现劳动力紧缺的现象。

反对者说，延长退休年龄就是剥夺劳动者应该享受的退休福利，退休年龄的延长意味着领取养老金时间的缩短；另外，退休年龄的延长也会给年轻人就业造成巨大压力。

情况三：个人。

2024 年管理类（发散性思维）

发散性思维是指不依常规、寻求变异和多种答案的思维形式。具有这种思维形式的人，其言行往往会与众不同。

2007 年管理类（南极司各脱）

电影《南极的司各脱》描写英国探险家司各脱上校到南极探险的故事。司各脱历尽艰辛，终于到达南极，却在归途中不幸冻死了。在影片的开头，有人问司各脱："你为什么不能放弃探险的生涯？"他回答："留下第一个脚印的魅力。"司各脱为留下第一个脚印付出了生命的代价。

2004 年管理类（旅行者和三个人）

根据以下材料，自拟题目撰写一篇 600 字左右的论说文。

一位旅行者在途中看到一群人在干活，他问其中一位在做什么，这个人不高兴地回答："你没有看到我在敲打石头吗？若不是为了养家糊口，我才不会在这里做这些无聊的事。"旅行者又问另外一位，他严肃地回答："我正在做工头分配给我的工作，在今天收工前我可以砌完这面墙。"旅行者问第三位，他喜悦地回答："我正在盖一座大厦。"他为旅行者描绘大厦的形状、位置和结构，最后说："再过不久，这里就会出现一座宏伟的大厦，我们这个城市的居民就可以在这里聚会、购物和娱乐了。"

2002 年管理类（压力）

阅读下面一段材料，按要求作文。

在这次激烈的招聘考试中，有些志在必得的应聘者未能通过，有些未抱希望的应聘者却取得了好成绩。前者说，压力太大，影响了发挥；后者说，没有压力，发挥了高水平。看来，压力确实会破坏人的情绪。但是，人们又常说，没有压力就没有动力，这说明压力又不可缺少。究竟应当如何认识和对待压力呢？

请以"压力"为话题，写一篇文章。题目自拟，不少于 700 字。

2001 年管理类（成功女神）

根据所给的材料，写一篇 600 字左右的议论文，题目自拟。

1831 年，瑞典化学家萨弗斯特朗发现了钒元素。对这一重大发现，后来他在给他朋友化学家维勒的信中这样写道："在宇宙的极光角，住着一位漂亮可爱的女神。一天，有人敲响了她的门。女神懒得动，在等第二次敲门。谁知这位来宾敲过后就走了。她急忙起身打开窗户张望：'是哪个冒失鬼？啊，一定是维勒！'如果维勒再敲一下，不是会见到女神了吗？过了几天又有人来敲门，一次敲不开，继续敲。女神开了门，是萨弗斯特朗。他们相晤了，钒便应运而生！"

2007 年 10 月 MBA（眼高手低）

著名作家曹禺先生说过这样一段话：我看，应该给"眼高手低"正名。它是褒义词，而不是贬义词。我们认真想一想，一个人做事眼高手低是正常的，只有眼高起来，手才能跟着高起来。一个人不应该怕眼高手低，怕的倒是眼也低手也低。我们经常是眼不高，手才低的。

2005 年 10 月 MBA（一首小诗）

根据下面这首诗，写一篇 700 字左右的论说文，题目自拟。
如果你不能成为挺立山顶的苍松，
那就做山谷一棵小树陪伴溪水淙淙；
如果你不能成为一棵大树，
那就化作一丛茂密的灌木；
如果你不能成为一只香獐，
那就化作一尾最活跃的小鲈鱼，享受那美妙的湖光；
如果你不能成为大道宽敞，
那就铺成一条小路目送夕阳；
如果你不能成为太阳，
那就变成一颗星星在夜空闪亮。
不可能都当领航的船长，
还要靠水手奋力划桨；
世上有大事、小事需要去做，
最重要的事在我们身旁。

2000 年 10 月 MBA（幼儿园）

根据下面一则材料，写一篇不少于 500 字的议论文，题目自拟。
有人问一位诺贝尔奖奖金获得者："您在哪所大学学到了您认为是最主要的一些东西？"出人意料，这位学者回答说是在幼儿园，他说："把自己的东西分一半给小伙伴们，不是自己的东西不要拿，东西要放整齐，做错事要表示歉意，要仔细观察大自然。从根本上说，我学到的全部东西就是这些。"

2024 年经济类（袁隆平）

在人的一生中，有些人只做一件事。如袁隆平院士一生致力于杂交水稻研究，创建了超级杂交稻技术体系，使我国杂交水稻研究始终居于世界领先水平。

2020年经济类（退休老人马旭）

阅读下面的文字，根据要求作文。请结合实际写一篇600字左右的论说文。

2018年，武汉一名退休老人向家乡木兰县教育局捐赠1 000万元，引起了广泛的关注。这笔巨款是马旭与丈夫一分一毫几十年积攒下来的，他们至今生活简朴，住在一个不起眼的小院里，家里没有一件像样的家具。

马旭于1932年出生于黑龙江省木兰县，1947年参军入伍，在东北军政大学学习半年后，成为解放军第四野战军的一名卫生员，先后参加过解放战争、抗美援朝战争，其间多次立功受奖。20世纪60年代，她被调入空降兵部队，成为一名军医，后来主动要求学习跳伞，成为中华人民共和国第一代女空降兵。此后20多年里，马旭跳伞多达140多次，创下空降女兵跳伞次数最多和年龄最大两项纪录。

如今，马旭的事迹家喻户晓，许多地方邀请她参加各类活动，她大多婉拒。她说："我的一生都是党和部队给的，我只是做了我力所能及的事。只要活着，我们还会继续攒钱捐款，把自己的一切献给党和国家。"

2014年经济类（勇气）

根据下述材料，写一篇600字左右的论说文，题目自拟。

我懂得了，勇气不是没有恐惧，而是战胜恐惧。勇者不是感觉不到害怕的人，而是克服自身恐惧的人。

——南非前总统纳尔逊·曼德拉

2013年经济类（尚拙）

根据下述材料，写一篇600字左右的论说文，题目自拟。

被誉为清代中兴名臣的曾国藩，其人生哲学很独特，就是"尚拙"，他曾说"天下之至拙，能胜任天下之至巧，拙者自知不如他人，自便会更虚心"。

情况四：其他。

2021年管理类（实业与教育）

我国著名实业家穆藕初在《实业与教育之关系》中指出，教育最重要之点在道德教育（如责任心和公共心之养成，机械心之拔除）和科学教育（如观察力、推论力、判断力之养成）。完全受此两种教育，实业界中坚人物遂由此产生。

2018 年管理类（人工智能）

有人说，机器人的使命，应该是帮助人类做那些人类做不了的事，而不是替代人类。技术变革会夺取一些人低端烦琐的工作岗位，最终也会创造更高端更人性化的就业机会。例如，历史上铁路的出现抢去了很多挑夫的工作，但又增加了千百万的铁路工人。人工智能也是一种技术变革，人工智能也将促进未来人类社会的发展。有人则不以为然。

2012 年管理类（十力语要）

中国现代著名哲学家熊十力先生在《十力语要》（卷一）中说："吾国学人，总好追逐风气，一时之所尚，则群起而趋其途，如海上逐臭之夫，莫名所以。曾无一刹那，风气或变，而逐臭者复如故。此等逐臭之习，有两大病。一、各人无牢固与永久不改之业，遇事无从深入，徒养成浮动性。二、大家共趋于世所矜尚之一途，则其余千途万途，一切废弃，无人过问。此二大病，都是中国学人死症。"

2010 年管理类（追求真理）

一个真正的学者，其崇高使命是追求真理。学者个人的名利乃至生命与之相比都微不足道，但因为其献身于真理就会变得无限伟大。一些著名大学的校训中都含有追求真理的内容。然而，近年学术界的一些状况与追求真理这一使命相去甚远，部分学者的功利化倾向越来越严重，抄袭剽窃、学术造假、自我炒作、沽名钓誉等现象时有所闻。

1998 年管理类（儿童高消费）

根据所给材料，写一篇 500 字左右的议论文，题目自拟。

当前，儿童高消费已经越来越严重，许多家长甚至让孩子吃名牌、穿名牌、用名牌、玩名牌，而自己却心甘情愿地过着节俭的日子。

1997 年管理类（洋招牌）

根据所给材料，写一篇 500 字左右的议论文。题目自拟。

时下，商店、企业取洋名似乎成了一种时尚，许多店铺、厂家竞相挂起了洋招牌，什么爱格尔、欧兰特、哈勃尔、爱丽芬、奥兰多等触目皆是。翻开新编印的黄页电话号码簿，各种冠了洋名的企业也明显增多。甚至国货产品广告，也以取洋名为荣。

2018 年经济类（教授穿金戴银）

阅读下面的材料，并据此写一篇不少于 600 字的论说文，题目自拟。

近期有报道称，某教授颇喜穿金戴银，全身上下都是世界名牌，一块手表价值几十万，所有的衣服和鞋子都是专门定制的，价格不菲。他认为对"好东西"的喜爱没啥好掩饰的。"以前很多大学教授都很邋遢，有些人甚至几个月都不洗澡，现在时代变了，大学教授应多注意个人形象，不能太邋遢了。"

2012 年经济类（抢购茅台）

中国大陆 500 毫升茅台价格升至 1 200 元，纽约华人聚居区法拉盛，1 000 毫升装的同度数茅台价格为 220 至 230 美元，500 毫升约合 670 元人民币。因海外茅台价格便宜，质量有保证，华人竞相购买，回国送人。

这些年，中国游客在海外抢购"MADE IN CHINA"商品的消息已不是什么新鲜事了。服装、百货、日用品，中国造的东西，去了美国反而更便宜。有媒体报道 Levi's 505 牛仔裤，广东东莞生产，在中国商场的价格是 899 元人民币，在美国的亚马逊网站的价格是 24.42 美元，合人民币 166 元，价格相差 5.4 倍。

（摘自《茅台酒为何在美国更便宜？》，《新京报》，2011 年 1 月 7 日）

2011 年经济类（蚁族）

自 2007 年以来，青年学者廉思组织的课题组对蚁族进行了持续跟踪调查。廉思和他的团队撰写的有关蚁族问题的报告多次得到中央领导的批示和高度重视。在 2008 年、2009 年对北京蚁族进行调查的基础上，课题组今年在蚁族数量较多的北京、上海、广州、武汉、西安、重庆、南京等大城市同时展开调查，历时半年有余，发放问卷 5 000 余份，回收有效问卷 4 807 份，形成了第一份全国范围的蚁族生存报告。此次调查有一些新发现，主要有：随着高校毕业生就业形势的日趋严峻，蚁族的学历层次上升；蚁族向上流动困难，"三十而离"；五成蚁族否认自己属于弱势群体；等等。

（摘自《调查显示：蚁族学历层次上升，五成人否认自己弱势》，《中国青年报》，2010 年 12 月 10 日）

类型二　题干中无特定主体

很多真题材料是寓言故事，题干中所讨论的是虚拟人物、自然现象、生物行为等，这类主体无法直接作为论说文的主体展开论证，此时需要大家将这些不可用的主体引申到人、组织等，或者在行文中不专门强调某一主体。例如：

当材料的故事为"乐观的小狗更容易获得机会"。本题中的主体为小狗，无法直接作为论说文的主体展开论证。可将本题的主体引申为人，因为乐观这一中心词适用于人。

当材料的故事为"团结协作的狼群更容易应对危机"。本题中的主体为狼群，无法直接作为论说文的主体展开论证。可将本题的主体引申为企业或组织等，因为团结协作这一中心适用于组织。

当材料的故事为"乌鸦创新更容易喝到水"。本题中的主体为乌鸦，无法直接作为论说文的主体展开论证。将本题的主体引申为人、企业、组织、国家等均可，因为创新这一中心可适用于各种各样的主体。在这种情况下，也可以不单独引申到某一主体范围内，而是概括性地讨论创新本身的重要性。

如上所述，并不是所有的真题都要依赖于主体才能展开论证。很多真题题干没有特定的主体，我们不需要将真题引申到某一特定主体上，可以直接概括性地讨论观点本身的合理性。

例如，题目是"为仁有利于得富"。

借助主体的论证段落如下：企业为仁有利于获得更好的口碑，从而提高用户的黏性，获得更多的利润和财富。

不借助主体的论证段落如下：为仁的过程中有利于获得更多的认可，从而提高自身的可信度，获得更多的机会和发展。

2022 年管理类（鸟类会飞）

鸟类会飞是因为它们在进化过程中不断优化了其身体结构。飞行是一项特殊的运动，鸟类的躯干进化成了适合飞行的流线型。飞行也是一项需要付出高能量代价的运动，鸟类增强了翅膀、胸肌部位的功能，又改进了呼吸系统，以便给肌肉提供氧气。同时，鸟类在进化过程中舍弃了那些沉重的、效率低的身体部件。

2019 年管理类（知识的真理性）

知识的真理性只有经过检验才能得到证明。论辩是纠正错误的重要途径之一，不同观点的冲突会暴露错误而发现真理。

2015 年管理类（仁与富）

孟子曾引用阳虎的话："为富，不仁矣；为仁，不富矣。"（《孟子·滕文公上》）这段话表明了古人对当时社会上为富为仁现象的一种态度，以及对两者之间关系的一种思考。

2014 年管理类（孔雀的选择）

生物学家发现，雌孔雀往往选择尾巴大而艳丽的雄孔雀作为配偶，因为雄孔雀尾巴越大越艳丽，表明它越有生命活力，其后代的健康越能得到保证。但是，这种选择也产生了问题：孔雀尾巴越大越艳丽，就越容易被天敌发现和猎获，其生存反而会受到威胁。

2008 年管理类（原则与原则上）

"原则"就是规矩，就是准绳。而在日常生活和工作中，常见的表达方式是："原则上……，但是……"。请以"原则"与"原则上"为议题写一篇论说文，题目自拟，700 字左右。

2000 年管理类（毛泽东周谷城）

根据所给材料写一篇 500 字左右的议论文，题目自拟。

解放初期，有一次毛泽东和周谷城谈话。毛泽东说："失败是成功之母。"周谷城回答说："成功也是失败之母。"毛泽东思索了一下，说："你讲得好。"

1999 年管理类（画一天卖一年）

根据所给材料，写一篇 500 字左右的议论文，题目自拟。

一位画家在拜访德国著名画家门采尔时诉苦说："为什么我画一张画只要一天的时间，而卖掉它却要等上整整一年？"门采尔严肃认真地对他说："倒过来试试吧，如果你用一年的时间去画它，那么只需一天就能够把它卖掉。"

2008 年 10 月 MBA（卷柏）

南美洲有一种奇特的植物——卷柏。说它奇特，是因为它会走。卷柏生存需要充足的水分，当水分不充足时，它就会把根从土壤里拔出来，整个身躯卷成一个圆球状。由于体轻，只要稍有一点风，它就会随风在地面滚动。一旦滚到水分充足的地方，圆球就会迅速打开，根重新钻到土壤里，暂时安居。当水分又不充足，住得不称心如意时，它就会继续游走，以寻求更好的生存环境。

难道卷柏不走就不能生存了吗？一位植物学家做了一个实验：用挡板圈出一块空地，把一株卷柏放到空地中水分最充足的地方，不久卷柏便扎根生存下来。几天后，当这里水分减少时，卷柏便拔出根须，准备漂移。但实验者用挡板对其进行严格控制，限制了它游走的可能。结果实验者发现，卷柏又回到那里重新扎根生存；而且在几次将根拔出又不能移动以后，便再也不动了；而且，卷柏此时的根已经深深扎入泥土，长势比任何时期都好，也许它发现，根扎得越深，水分越充分……

2003 年 10 月 MBA（读经读史）

"读经不如读史。"

对上述观点进行分析，论述你同意或不同意这一观点的理由，可根据经验、观察或者阅读，用具体理由或实例佐证自己的观点。题目自拟，全文 500 字左右。

2002 年 10 月 MBA（易经）

阅读下面的材料，根据要求作文。

中国古代的《易经》中说："穷则变，变则通。"这就是说，当我们要解决一个问题而遇到困难无路可走时，就应变换一下方式方法，这样往往可以提出连自己也感到意外的解决办法，从而收到显著的效果。

请以"穷则变，变则通"为话题写一篇作文，可以写你自己的经历、体验或看法，也可以联系生活实际展开议论。文体自选，题目自拟，不少于 700 字。

1998 年 10 月 MBA（下棋）

用下面的一段话作为一篇议论文的开头，接下去写完一篇立论与它观点一致的议论文。字数要求 500 字左右，题目自拟。

投下一着好棋，有时可以取得全盘的主动。但是，光凭一着好棋，并不能说有把握最后胜利，还必须看以后的每着棋下得好不好。

2021 年经济类（食蚁兽）

巴西热带雨林中的食蚁兽在捕食时，使用带黏液的长舌伸进蚁穴捕获白蚁，但不管捕获多少，每次捕食都不超过 3 分钟，然后去寻找下一个目标，从来不摧毁整个蚁穴。而那些没有被食蚁兽捕获的工蚁就会马上修复蚁穴，蚁后也会开始新一轮繁殖，很快产下更多的幼蚁，从而使蚁群继续生存下去。

2019 年经济类（毛毛虫实验）

阅读下面的材料，并据此写一篇不少于 600 字的论说文，题目自拟。

法国科学家约翰·法伯曾做过一个著名的"毛毛虫实验"。这种毛毛虫有一种"跟随者"的习性，总是盲目地跟着前面的毛毛虫走。法伯把若干个毛毛虫放在一只花盆的边缘上，首尾相接，围成一圈。他在花盆周围不远的地方，撒了一些毛毛虫喜欢吃的松叶。毛毛虫开始一个跟一个，绕着花盆，一圈又一圈地走。一个小时过去了，一天过去了，毛毛虫们还在不停地、固执地团团转。一连走了七天七夜，终因饥饿和筋疲力尽而死去。这其中，只要有任何一只毛毛虫稍稍与众不同，便立刻会吃到食物，改变命运。

2015 年经济类（取乎其上）

根据下述材料，写一篇 600 字左右的论说文，题目自拟。

《论语》云："取乎其上，得乎其中；取乎其中，得乎其下；取乎其下，则无所得矣。"

《孙子兵法》云："求其上，得其中；求其中，得其下；求其下，必败。"

专题总结

行文主体		适用真题		
		管理类综合能力	MBA 综合能力（10 月）	经济类综合能力
题干中有特定主体	企业、管理者（政府管理者除外）	2023 年（领导艺术） 2020 年（挑战者号） 2017 年（扩大生产与研发） 2013 年（波音麦道） 2009 年（三鹿奶粉） 2006 年（和尚挑水）	2010 年（荣钢集团捐款） 2009 年（牦牛群） 2006 年（可口可乐） 1999 年（领导者素质）	—
	国家、政府管理者	2016 年（多样一致） 2011 年（拔尖冒尖） 2005 年（丘吉尔的决策）	2013 年（实现中国梦） 2012 年（3G 和 4G 时代） 2011 年（地委书记种树） 2004 年（滑铁卢战役） 2001 年（相马赛马）	2023 年（社会事务的处理） 2022 年（免费乘坐交通工具） 2017 年（穷人福利） 2016 年（延迟退休）
	个人	2024 年（发散性思维） 2007 年（南极司各脱） 2004 年（旅行者和三个人） 2002 年（压力） 2001 年（成功女神）	2007 年（眼高手低） 2005 年（一首小诗） 2000 年（幼儿园）	2024 年（袁隆平） 2020 年（退休老人马旭） 2014 年（勇气） 2013 年（尚拙）
	其他	2021 年（实业与教育） 2018 年（人工智能） 2012 年（十力语要） 2010 年（追求真理） 1998 年（儿童高消费） 1997 年（洋招牌）	—	2018 年（教授穿金戴银） 2012 年（抢购茅台） 2011 年（蚁族）
题干中无特定主体		2022 年（鸟类会飞） 2019 年（知识的真理性） 2015 年（仁与富） 2014 年（孔雀的选择） 2008 年（原则与原则上） 2000 年（毛泽东周谷城） 1999 年（画一天卖一年）	2008 年（卷柏） 2003 年（读经读史） 2002 年（易经） 1998 年（下棋）	2021 年（食蚁兽） 2019 年（毛毛虫实验） 2015 年（取乎其上）

专题四　按照行文结构分类

针对不同类型的题目，论说文的行文方式往往具有较大的差异，从而导致其结构也具有一定的差异。

类型相似的真题可以采用相似的结构展开。现分类如下。

类型一：A 好 /A 不好

类型二：A 促 B

类型三：A 更好

类型四：A、B 可共存 /A、B 相辅相成

类型五：A 和 B 好 /A、B 缺一不可

需要提醒大家的是，论说文的结构可以千变万化，此处仅列举了部分结构做示范，大家不必拘泥于此，结构只要逻辑清晰、能合理论证观点即可。

类型一　A 好 /A 不好

适用于真题材料中只有单一关键词，需要论证单一关键词好或坏的情况。例如，题目为"企业应当重视创新"，只需要论证"创新好"。

2024 年管理类（发散性思维）

发散性思维是指不依常规、寻求变异和多种答案的思维形式。具有这种思维形式的人，其言行往往会与众不同。

2023 年管理类（领导艺术）

人们常说"领导艺术"，可见领导与艺术之间存在着某种相似点，如领导一个团队完成某项任务就和指挥一个乐队演奏某首乐曲一样。

2022 年管理类（鸟类会飞）

鸟类会飞是因为它们在进化过程中不断优化了其身体结构。飞行是一项较特殊的运动，鸟类的躯干进化成了适合飞行的流线型。飞行也是一项需要付出高能量代价的运动，鸟类增强了翅膀、胸肌部位的功能，又改进了呼吸系统，以便给肌肉提供氧气。同时，鸟类在进化过程中舍弃了那些沉重的、效率低的身体部件。

2020 年管理类（挑战者号）

据报道，美国航天飞机"挑战者号"采用了斯沃克公司的零配件。该公司的密封圈技术专家博易斯乔利多次向公司高层提醒：低温会导致橡胶密封圈脆裂而引发重大事故。但是，这一意见一直没有受到重视。1986 年 1 月 27 日，佛罗里达州卡纳维拉尔角发射场的气温降到零摄氏度以下，美国宇航局再次打电话给斯沃克公司，询问其对航天飞机的发射还有没有疑虑之处。为此，斯沃克公司召开会议，博易斯乔利坚持认为不能发射，但公司高层认为他所持理由还不够充分，于是同意宇航局发射。1 月 28 日上午，航天飞机离开发射平台，仅过了 73 秒，悲剧就发生了。

2013 年管理类（波音麦道）

20 世纪中叶，美国的波音和麦道两家公司几乎垄断了世界民用飞机的市场，欧洲的飞机制造商深感忧虑。虽然欧洲各国之间的竞争也相当激烈，但还是采取了合作的途径，法国、德国、英国和西班牙等决定共同研制大型宽体飞机，于是"空中客车"便应运而生。面对新的市场竞争态势，波音公司和麦道公司于 1997 年一致决定组成新的波音公司，以抗衡来自欧洲的挑战。

2012 年管理类（十力语要）

中国现代著名哲学家熊十力先生在《十力语要》（卷一）中说："吾国学人，总好追逐风气，一时之所尚，则群起而趋其途，如海上逐臭之夫，莫名所以。曾无一刹那，风气或变，而逐臭者复如故。此等逐臭之习，有两大病。一、各人无牢固与永久不改之业，遇事无从深入，徒养成浮动性。二、大家共趋于世所矜尚之一途，则其余千途万途，一切废弃，无人过问。此二大病，都是中国学人死症。"

2010 年管理类（追求真理）

一个真正的学者，其崇高使命是追求真理。学者个人的名利乃至生命与之相比都微不足道，但因为其献身于真理就会变得无限伟大。一些著名大学的校训中都含有追求真理的内容。然而，近年学术界的一些状况与追求真理这一使命相去甚远，部分学者的功利化倾向越来越严重，抄袭剽窃、学术造假、自我炒作、沽名钓誉等现象时有所闻。

2009 年管理类（三鹿奶粉）

以"由三鹿奶粉事件所想到的"为题，写一篇 700 字左右的论说文。

2006 年管理类（和尚挑水）

根据以下材料，围绕企业管理写一篇论说文，题目自拟，700 字左右。

两个和尚分别住在东、西两座相邻的山上的寺庙里。两山之间有一条清澈的小溪。这两个和尚每天都在同一时间下山去溪边挑够一天用的水。久而久之，他们就成为好朋友了。光阴如梭，日复一日，不知不觉已经过了三年。有一天，东山的和尚没有下山挑水，西山的和尚没有在意："他大概睡过头了。"哪知第二天，东山的和尚还是没有下山挑水；第三天、第四天也是如此；过了十天，东山的和尚还是没有下山挑水。西山的和尚担心起来："我的朋友一定是生病了，我应该去拜访他，看是否有什么事情能够帮上忙。"于是他爬上了东山，去探望他的老朋友。

到达东山的寺庙，西山和尚看到他的老友正在庙前打拳，一点也不像十天没喝水的样子。他好奇地问："你已经十天都没有下山挑水了，难道你已经修炼到可以不用喝水就能生存的境界了吗？"东山和尚笑笑，带着他走到寺庙后院，指着一口井说："这三年来，我每天做完功课后，都会抽空挖这口井。如今终于挖出水来了，我就不必再下山挑水啦。"西山和尚不以为然："挖井花费的力气远远甚于挑水，你又何必多此一举呢？"

2004 年管理类（旅行者和三个人）

根据以下材料，自拟题目撰写一篇600字左右的论说文。

一位旅行者在途中看到一群人在干活，他问其中一位在做什么，这个人不高兴地回答："你没有看到我在敲打石头吗？若不是为了养家糊口，我才不会在这里做这些无聊的事。"旅行者又问另外一位，他严肃地回答："我正在做工头分配给我的工作，在今天收工前我可以砌完这面墙。"旅行者问第三位，他喜悦地回答："我正在盖一座大厦。"他为旅行者描绘大厦的形状、位置和结构，最后说："再过不久，这里就会出现一座宏伟的大厦，我们这个城市的居民就可以在这里聚会、购物和娱乐了。"

2002 年管理类（压力）

阅读下面一段材料，按要求作文。

在这次激烈的招聘考试中，有些志在必得的应聘者未能通过，有些未抱希望的应聘者却取得了好成绩。前者说，压力太大，影响了发挥；后者说，没有压力，发挥了高水平。看来，压力确实会破坏人的情绪。但是，人们又常说，没有压力就没有动力，这说明压力又不可缺少。究竟应当如何认识和对待压力呢？

请以"压力"为话题，写一篇文章。题目自拟，不少于700字。

2001 年管理类（成功女神）

根据所给的材料，写一篇600字左右的议论文，题目自拟。

1831年，瑞典化学家萨弗斯特朗发现了钒元素。对这一重大发现，后来他在给他朋友化学家维勒的信中这样写道："在宇宙的极光角，住着一位漂亮可爱的女神。一天，有人敲响了她的门。女神懒得动，在等第二次敲门。谁知这位来宾敲过后就走了。她急忙起身打开窗户张望：'是哪个冒失鬼？啊，一定是维勒！'如果维勒再敲一下，不是会见到女神了吗？过了几天又有人来敲门，一次敲不开，继续敲。女神开了门，是萨弗斯特朗。他们相晤了，钒便应运而生！"

2000 年管理类（毛泽东周谷城）

根据所给材料写一篇 500 字左右的议论文，题目自拟。

解放初期，有一次毛泽东和周谷城谈话。毛泽东说："失败是成功之母。"周谷城回答说："成功也是失败之母。"毛泽东思索了一下，说："你讲得好。"

1998 年管理类（儿童高消费）

根据所给材料，写一篇 500 字左右的议论文，题目自拟。

当前，儿童高消费已经越来越严重，许多家长甚至让孩子吃名牌、穿名牌、用名牌、玩名牌，而自己却心甘情愿地过着节俭的日子。

1997 年管理类（洋招牌）

根据所给材料，写一篇 500 字左右的议论文。题目自拟。

时下，商店、企业取洋名似乎成了一种时尚，许多店铺、厂家竞相挂起了洋招牌，什么爱格尔、欧兰特、哈勃尔、爱丽芬、奥兰多等触目皆是。翻开新编印的黄页电话号码簿，各种冠了洋名的企业也明显增多。甚至国货产品广告，也以取洋名为荣。

2012 年 10 月 MBA（3G 和 4G 时代）

2012 年 7 月 6 日《科技日报》报道：

我国主导的 TD-LTE 移动通信技术已于 2010 年 10 月被国际电信联盟确立为国际 4G 标准。TD-LTE 是我国自主创新的第三代移动通信技术 TD-SCDMA 的演进技术。TD-SCDMA 的成功规模商用为 TD-LTE 的快速发展奠定了坚实的基础。目前，TD-LTE 已形成由中国主导、全球广泛参与的产业链，全球几乎所有通信系统和芯片制造商都已支持该技术。

在移动通信技术的 1G 和 2G 时代，我们只能使用美国和欧洲的标准。通过艰难的技术创新，到 3G 和 4G 时代中国自己的通信标准已经成为世界三大国际标准之一。

2011 年 10 月 MBA（地委书记种树）

2010 年春天，已持续半年的干旱让云南很多地方群众的饮水变得异常困难，施甸县大亮山附近群众家里的水管却依然有清甜的泉水流出，他们的水源地正是大亮山林场。乡亲们深情地说："多亏了老书记啊，要不是他，不知道现在会是什么样子。"

1988 年 3 月，61 岁的杨善洲从保山地委书记的岗位上退休，婉拒了省委书记劝其搬至昆明安度晚年的邀请，执意选择回到家乡施甸县种树。20 多年过去了，曾经山秃水枯的大亮山完全变了模样：森林郁郁葱葱，溪流四季不断；林下山珍遍地，枝头莺鸣燕歌……

一位地委书记，为何退休后选择到异常艰苦的地方去种树？

"在党政机关工作多年，因工作关系没有时间去照顾家乡父老，他们找过多次我也没给他们办一件事。但我答应退休后帮乡亲们办一两件有益的事，许下的承诺就要兑现。至于具体做什么，考察来考察去，还是为后代绿化荒山比较现实。"关于种树，年逾八旬的杨善洲这样解释。

2010年10月MBA（荣钢集团捐款）

唐山地震孤儿捐款支援汶川灾区

2008年5月18日，在中宣部等共同发起的《爱的奉献》抗震救灾大型募捐活动中，天津民营企业荣程联合钢铁集团有限公司董事长张祥青代表公司再向四川灾区捐款7 000万元，帮助灾区人民重建"震不垮的学校"。至此，荣程联合钢铁集团公司在支援四川灾区抗震救灾中累计捐款1亿元。

"我们对灾区人民非常牵挂，荣钢集团人大多来自唐山，亲历过32年前的唐山大地震，接受过全国人民对唐山灾区的无私援助，32年后为四川地震灾区捐款，回馈社会，是应尽的义务，我们必须做！"张祥青说。

张祥青在1976年唐山大地震时失去父母，年仅8岁的他不幸成为孤儿，他深深感受到来自全国四面八方的涓涓爱心。1989年，张祥青与妻子张荣华开始了艰苦的创业历程，从卖早点、做豆腐开始，最后组建了荣钢集团。企业发展了，荣钢集团人不忘回报社会，支援汶川地震灾区是其中一例。

2009年10月MBA（牦牛群）

根据以下材料，结合企业管理写一篇700字左右的论说文，题目自拟。

《动物世界》里的镜头：一群体型庞大的牦牛正在草原上吃草。突然，不远处来了几只觅食的狼。牦牛群奔跑起来，狼群急追……终于，有一头体弱的牦牛掉队，寡不敌众，被狼分食了。

《动物趣闻》里的镜头：一群牦牛正在草原上吃草。突然，来了几只觅食的狼。一头牦牛发现了狼，它的叫声提醒了同伴。领头的牦牛站定与狼对视，其余的牦牛也围在一起，站立原地。狼在不远处虎视眈眈地转悠了好一阵，见没有进攻的机会，就没趣地走开了。

2008年10月MBA（卷柏）

南美洲有一种奇特的植物——卷柏。说它奇特，是因为它会走。卷柏生存需要充足的水分，当水分不充足时，它就会把根从土壤里拔出来，整个身躯卷成一个圆球状。由于体轻，只要稍有一点风，它就会随风在地面滚动。一旦滚到水分充足的地方，圆球就会迅速打开，根重新钻到土壤里，暂时安居。当水分又不充足，住得不称心如意时，它就会继续游走，以寻求更好的生存环境。

难道卷柏不走就不能生存了吗？一位植物学家做了一个实验：用挡板圈出一块空地，把一株卷柏放到空地中水分最充足的地方，不久卷柏便扎根生存下来。几天后，当这里水分减少时，卷柏便拔出根须，准备漂移。但实验者用挡板对其进行严格控制，限制了它游走的可能。结果实验者发现，卷柏又回到那里重新扎根生存；而且在几次将根拔出又不能移动以后，便再也不动了；而且，卷柏此时的根已经深深扎入泥土，长势比任何时期都好，也许它发现，根扎得越深，水分越充分……

2006 年 10 月 MBA（可口可乐）

根据以下材料，围绕企业管理写一篇论说文，题目自拟，700 字左右。

20 世纪 80 年代，可口可乐公司因为缺少发展空间而笼罩在悲观情绪之中：一方面，它以 35% 的市场份额控制着软饮料市场，这个市场份额几乎是在反垄断政策下企业能达到的最高点；另一方面，面对更年轻、更充满活力的百事可乐的积极进攻，可口可乐似乎只能采取防守的策略，为一两个百分点的市场份额展开惨烈的竞争。尽管可口可乐的主管很有才干，员工工作努力，但是他们内心其实很悲观，看不到如何摆脱这种宿命：在顶峰上唯一可能的路径就是向下。

郭思达（Roberto Goizueta）在接任可口可乐的 CEO 后，在高层主管会议上提出这样一些问题：

"世界上 44 亿人口每人每天消费的液体饮料平均是多少？"

答案是："64 盎司。"（1 盎司约为 28 克）

"那么，每人每天消费的可口可乐又是多少呢？"

"不足 2 盎司。"

"那么，在人们的肚子里，我们市场份额是多少？"郭思达最后问。

通过这些问题，高管和员工们关注的核心问题不再是可口可乐在美国可乐市场中的占有率，也不再是在全球软饮料市场中的占有率，而变成了在世界上每个人要消费的液体饮料市场中的占有率。而这个问题的答案是：可口可乐在世界液体饮料市场中的份额微乎其微，少到可以忽略不计。高层主管们终于意识到，可口可乐不应该只盯着百事可乐，还有咖啡、牛奶、茶甚至水，而这一市场的巨大空间远远超出人们的想象。

2005 年 10 月 MBA（一首小诗）

根据下面这首诗，写一篇 700 字左右的论说文，题目自拟。

如果你不能成为挺立山顶的苍松，

那就做山谷一棵小树陪伴溪水淙淙；

如果你不能成为一棵大树，

那就化作一丛茂密的灌木；

如果你不能成为一只香獐，

那就化作一尾最活跃的小鲈鱼，享受那美妙的湖光；

如果你不能成为大道宽敞，

那就铺成一条小路目送夕阳；

如果你不能成为太阳，

那就变成一颗星星在夜空闪亮。

不可能都当领航的船长，

还要靠水手奋力划桨；

世上有大事、小事需要去做，
最重要的事在我们身旁。

2004 年 10 月 MBA（滑铁卢战役）

在滑铁卢战役的第一阶段，拿破仑的部队兵分两路。右翼由拿破仑亲自率领，在利尼迎战布鲁查尔；左翼由奈伊将军率领，在卡特勒布拉斯迎战威灵顿。拿破仑和奈伊都打算进攻，而且，两个人都精心制定了对各自战事而言均为相当优秀的作战计划。但不幸的是，这两个计划均打算用格鲁希指挥的后备部队，从侧翼给敌人以致命一击，但他们事前并没有就各自的计划交换意见。当天的战斗中，拿破仑和奈伊所发布的命令又含糊不清，致使格鲁希的部队要么踌躇不前，要么在两个战场之间疲于奔命，一天之中没有投入任何一方的作战行动，最终导致拿破仑惨败。

2002 年 10 月 MBA（易经）

阅读下面的材料，根据要求作文。

中国古代的《易经》中说："穷则变，变则通。"这就是说，当我们要解决一个问题而遇到困难无路可走时，就应变换一下方式方法，这样往往可以提出连自己也感到意外的解决办法，从而收到显著的效果。

请以"穷则变，变则通"为话题写一篇作文，可以写你自己的经历、体验或看法，也可以联系生活实际展开议论。文体自选，题目自拟，不少于700字。

2000 年 10 月 MBA（幼儿园）

根据下面一则材料，写一篇不少于500字的议论文，题目自拟。

有人问一位诺贝尔奖奖金获得者："您在哪所大学学到了您认为是最主要的一些东西？"出人意料，这位学者回答说是在幼儿园，他说："把自己的东西分一半给小伙伴们，不是自己的东西不要拿，东西要放整齐，做错事要表示歉意，要仔细观察大自然。从根本上说，我学到的全部东西就是这些。"

1999 年 10 月 MBA（领导者素质）

以"小议企业领导者的素质"为题，写一篇500字左右的议论文。

1998 年 10 月 MBA（下棋）

用下面的一段话作为一篇议论文的开头，接下去写完一篇立论与它观点一致的议论文。字数要求500字左右，题目自拟。

投下一着好棋，有时可以取得全盘的主动。但是，光凭一着好棋，并不能说有把握最后胜利，还必须看以后的每着棋下得好不好。

2024 年经济类（袁隆平）

在人的一生中，有些人只做一件事。如袁隆平院士一生致力于杂交水稻研究，创建了超级杂交稻技术体系，使我国杂交水稻研究始终居于世界领先水平。

2023 年经济类（社会事务的处理）

一种社会事务，往往涉及诸多因素（如春运涉及交通设施、气候条件、民俗文化、经济环境、科学技术等），所以要依赖诸多部门的通力合作才能处理好。

2021 年经济类（食蚁兽）

巴西热带雨林中的食蚁兽在捕食时，使用带黏液的长舌伸进蚁穴捕获白蚁，但不管捕获多少，每次捕食都不超过 3 分钟，然后去寻找下一个目标，从来不摧毁整个蚁穴。而那些没有被食蚁兽捕获的工蚁就会马上修复蚁穴，蚁后也会开始新一轮繁殖，很快产下更多的幼蚁，从而使蚁群继续生存下去。

2020 年经济类（退休老人马旭）

阅读下面的文字，根据要求作文。请结合实际写一篇 600 字左右的论说文。

2018 年，武汉一名退休老人向家乡木兰县教育局捐赠 1 000 万元，引起了广泛的关注。这笔巨款是马旭与丈夫一分一毫几十年积攒下来的，他们至今生活简朴，住在一个不起眼的小院里，家里没有一件像样的家具。

马旭于 1932 年出生于黑龙江省木兰县，1947 年参军入伍，在东北军政大学学习半年后，成为解放军第四野战军的一名卫生员，先后参加过解放战争、抗美援朝战争，其间多次立功受奖。20 世纪 60 年代，她被调入空降兵部队，成为一名军医，后来主动要求学习跳伞，成为中华人民共和国第一代女空降兵。此后 20 多年里，马旭跳伞多达 140 多次，创下空降女兵跳伞次数最多和年龄最大两项纪录。

如今，马旭的事迹家喻户晓，许多地方邀请她参加各类活动，她大多婉拒。她说："我的一生都是党和部队给的，我只是做了我力所能及的事。只要活着，我们还会继续攒钱捐款，把自己的一切献给党和国家。"

2019 年经济类（毛毛虫实验）

阅读下面的材料，并据此写一篇不少于 600 字的论说文，题目自拟。

法国科学家约翰·法伯曾做过一个著名的"毛毛虫实验"。这种毛毛虫有一种"跟随者"的习性，总是盲目地跟着前面的毛毛虫走。法伯把若干个毛毛虫放在一只花盆的边缘上，首尾相接，围成一圈。他在花盆周围不远的地方，撒了一些毛毛虫喜欢吃的松叶。毛毛虫开始一个跟一个，绕着花盆，一圈又一圈地走。一个小时过去了，一天过去了，毛毛虫们还在不停地、固执地团团转。一连走了七天七夜，终因饥饿和筋疲力尽而死去。这其中，只要有任何一只毛毛虫稍稍与众不同，便立刻会吃到食物，改变命运。

2018 年经济类（教授穿金戴银）

阅读下面的材料，并据此写一篇不少于 600 字的论说文，题目自拟。

近期有报道称，某教授颇喜穿金戴银，全身上下都是世界名牌，一块手表价值几十万，所有的衣服和鞋子都是专门定制的，价格不菲。他认为对"好东西"的喜爱没啥好掩饰的。"以前很多大学教授都很邋遢，有些人甚至几个月都不洗澡，现在时代变了，大学教授应多注意个人形象，不能太邋遢了。"

2015 年经济类（取乎其上）

根据下述材料，写一篇 600 字左右的论说文，题目自拟。

《论语》云："取乎其上，得乎其中；取乎其中，得乎其下；取乎其下，则无所得矣。"
《孙子兵法》云："求其上，得其中；求其中，得其下；求其下，必败。"

2014 年经济类（勇气）

根据下述材料，写一篇 600 字左右的论说文，题目自拟。

我懂得了，勇气不是没有恐惧，而是战胜恐惧。勇者不是感觉不到害怕的人，而是克服自身恐惧的人。

——南非前总统纳尔逊·曼德拉

2013 年经济类（尚拙）

根据下述材料，写一篇 600 字左右的论说文，题目自拟。

被誉为清代中兴名臣的曾国藩，其人生哲学很独特，就是"尚拙"，他曾说"天下之至拙，能胜任天下之至巧，拙者自知不如他人，自便会更虚心"。

2012 年经济类（抢购茅台）

中国大陆 500 毫升茅台价格升至 1 200 元，纽约华人聚居区法拉盛，1 000 毫升装的同度数茅台价格为 220 至 230 美元，500 毫升约合 670 元人民币。因海外茅台价格便宜，质量有保证，华人竞相购买，回国送人。

这些年，中国游客在海外抢购"MADE IN CHINA"商品的消息已不是什么新鲜事了。服装、百货、日用品，中国造的东西，去了美国反而更便宜。有媒体报道 Levi's 505 牛仔裤，广东东莞生产，在中国商场的价格是 899 元人民币，在美国的亚马逊网站的价格是 24.42 美元，合人民币 166 元，价格相差 5.4 倍。

（摘自《茅台酒为何在美国更便宜？》，《新京报》，2011 年 1 月 7 日）

2011 年经济类（蚁族）

自 2007 年以来，青年学者廉思组织的课题组对蚁族进行了持续跟踪调查。廉思和他的团队撰写的有关蚁族问题的报告多次得到中央领导的批示和高度重视。在 2008 年、2009 年对北京蚁族进行调查的基础上，课题组今年在蚁族数量较多的北京、上海、广州、武汉、西安、重庆、南京等大城市同时展开调查，历时半年有余，发放问卷 5 000 余份，回收有效问卷 4 807 份，形成了第一份全国范围的蚁族生存报告。此次调查有一些新发现，主要有：随着高校毕业生就业形势的日趋严峻，蚁族的学历层次上升；蚁族向上流动困难，"三十而离"；五成蚁族否认自己属于弱势群体；等等。

（摘自《调查显示：蚁族学历层次上升，五成人否认自己弱势》，《中国青年报》，2010 年 12 月 10 日）

类型二　A 促 B

"A 促 B"结构与"A 好"结构相似度很高，若真题中没有给出特定的结果，通常拟为 A 好，例如：创新有利于发展。若真题中给出了特定的结果，通常拟为 A 促 B，例如：创新有利于提高员工积极性。

2019 年管理类（知识的真理性）

知识的真理性只有经过检验才能得到证明。论辩是纠正错误的重要途径之一，不同观点的冲突会暴露错误而发现真理。

2018 年管理类（人工智能）

有人说，机器人的使命，应该是帮助人类做那些人类做不了的事，而不是替代人类。技术变革会夺取一些人低端烦琐的工作岗位，最终也会创造更高端更人性化的就业机会。例如，历史上铁路的出现抢去了很多挑夫的工作，但又增加了千百万的铁路工人。人工智能也是一种技术变革，人工智能也将促进未来人类社会的发展。有人则不以为然。

2016 年管理类（多样一致）

亚里士多德说："城邦的本质在于多样性，而不在于一致性。……无论是家庭还是城邦，它们的内部都有着一定的一致性。不然的话，它们是不可能组建起来的。但这种一致性是有一定限度的。……同一种声音无法实现和谐，同一个音阶也无法组成旋律。城邦也是如此，它是一个多面体。人们只能通过教育使存在着各种差异的公民统一起来组成一个共同体。"

1999 年管理类（画一天卖一年）

根据所给材料，写一篇 500 字左右的议论文，题目自拟。

一位画家在拜访德国著名画家门采尔时诉苦说："为什么我画一张画只要一天的时间，而卖掉它却要等上整整一年？"门采尔严肃认真地对他说："倒过来试试吧，如果你用一年的时间去画它，那么只需一天就能够把它卖掉。"

2013 年 10 月 MBA（实现中国梦）

阅读以下资料，给全国的企业经理写一封公开信，并在信前添加合适的标题文字，700 字左右。

改革开放以来，中国经济发展的速度举世瞩目。按国际货币基金组织的统计，在 188 个国家与地区中，1980 年，我国按美元计算的 GDP 位列第 11 位，只是美国的 7.26%，日本的 18.63%，从 2010 年起位列世界第 2 位，成为世界第二大经济体。到 2012 年，我国的 GDP 是美国的 52.45%，日本的 137.95%，与 30 年前不可同日而语。然而，从能源消耗看，形势非常严峻。1980 年，我国能源消耗总量为 6.03 亿吨标准煤，到 2012 年增加到 36.20 亿吨，为 1980 年的 6 倍。按石油进口量排名，1982 年我国在世界排名中位列第 43 位，从 2009 年起上升到第 2 位，而且面临继续上升的困境。与能源消耗相关的污染问题也频频现于报端，引起全国民众和政府的极大关注。能源消耗和污染问题已经成为阻碍我们实现"中国梦"的两个难关，对此，我们要群策群力，攻坚克难。

2007 年 10 月 MBA（眼高手低）

著名作家曹禺先生说过这样一段话：我看，应该给"眼高手低"正名。它是褒义词，而不是贬义词。我们认真想一想，一个人做事眼高手低是正常的，只有眼高起来，手才能跟着高起来。一个人不应该怕眼高手低，怕的倒是眼也低手也低。我们经常是眼不高，手才低的。

类型三　A 更好

真题材料在多个关键词/观点之间进行比较、选择、权衡的时候，通常在行文中也需要体现出比较。

2017 年管理类（扩大生产与研发）

一家企业遇到了这样一个问题：究竟是把有限的资金用于扩大生产呢，还是用于研发新产品？有人主张投资扩大生产，因为根据市场调查，原产品还可以畅销三到五年，由此可以获得可靠而丰厚的利润。有人主张投资研发新产品，因为这样做虽然有很大的风险，但风险背后可能有数倍于甚至数十倍于前者的利润。

2014 年管理类（孔雀的选择）

生物学家发现，雌孔雀往往选择尾巴大而艳丽的雄孔雀作为配偶，因为雄孔雀尾巴越大越艳丽，表明它越有生命活力，其后代的健康越能得到保证。但是，这种选择也产生了问题：孔雀尾巴越大越艳丽，就越容易被天敌发现和猎获，其生存反而会受到威胁。

2011 年管理类（拔尖冒尖）

众所周知，人才是立国、富国、强国之本。如何使人才尽快地脱颖而出，是一个亟待解决的问题。人才的出现有多种途径，其中有"拔尖"，有"冒尖"。拔尖是指被提拔而成为尖子，冒尖是指通过奋斗、取得成就而得到社会公认。有人认为，我国当今某些领域的管理人才，拔尖的多而冒尖的少。

2008 年管理类（原则与原则上）

"原则"就是规矩，就是准绳。而在日常生活和工作中，常见的表达方式是："原则上……，但是……"。请以"原则"与"原则上"为议题写一篇论说文，题目自拟，700 字左右。

2007 年管理类（南极司各脱）

电影《南极的司各脱》描写英国探险家司各脱上校到南极探险的故事。司各脱历尽艰辛，终于到达南极，却在归途中不幸冻死了。在影片的开头，有人问司各脱："你为什么不能放弃探险的生涯？"他回答："留下第一个脚印的魅力。"司各脱为留下第一个脚印付出了生命的代价。

2005 年管理类（丘吉尔的决策）

根据下述内容，自拟题目写一篇短文，评价丘吉尔的决策，说明如果你是决策者，在当时的情况下你会做出何种选择，并解释决策依据。700 字左右。

第二次世界大战期间，英国首相丘吉尔曾做出一个令他五脏俱焚的决定。当时，盟军已经破译了德军的绝密通信密码，并由此得知德军下一个空袭目标是英国的一个城市考文垂。但是，一旦通知这个城市做出任何非正常的疏散和防备，都将引起德军的警觉，使破译密码之事暴露，从而丧失进一步了解德军重大秘密的机会。所以，丘吉尔反复权衡，最终下令，不对这个城市做任何非正常的提醒。结果，考文垂在这次空袭中一半被焚毁，上千人丧生。然而，通过这个密码，盟军了解到德军在几次重大战役中的兵力部署情况，制定了正确的应对策略，取得了重大的军事胜利。

2003 年 10 月 MBA（读经读史）

"读经不如读史。"

对上述观点进行分析，论述你同意或不同意这一观点的理由，可根据经验、观察或者阅读，用具体理由或实例佐证自己的观点。题目自拟，全文 500 字左右。

2001 年 10 月 MBA（相马赛马）

近些年来，新闻媒体经常报道公开招考公务员，乃至招考厅局级领导干部的消息，这同我国传统习惯中的"伯乐相马"似乎有了不同。

请以"相马""赛马"为话题，写一篇 600 字左右的议论文，题目自拟。

2022 年经济类（免费乘坐交通工具）

我国不少地方规定老年人可以免费乘坐公共交通工具，这一规定体现了对老年人的关怀。但是在具体实施过程中出现了一些问题。如在早晚高峰时，老年人免费乘车在一定程度上影响了上班族的通勤；还有，有些老年人也由于各种原因无法享受这一福利。因此，有的地方把老年人免费乘车的福利改为发放津贴。

2017 年经济类（穷人福利）

阅读下面的材料，以"是否应该对穷人提供福利？"为题，写一篇不少于 600 字的论说文。

国家是否应该对穷人提供福利存在较大的争论。反对者认为：贪婪、自私、懒惰是人的本性。如果有福利，人人都想获取。贫穷在大多数情况下是懒惰造成的。为穷人提供福利相当于把努力工作的人的财富转移给了懒惰的人。因此，穷人不应该享受福利。

支持者则认为：如果没有社会福利，则穷人没有收入，就会造成社会动荡，社会犯罪率会上升，相关的合理支出也会增多，其造成的危害可能大于提供社会福利的成本，最终也会影响努力工作的人的利益。因此，为穷人提供社会福利能够稳定社会秩序，应该为穷人提供福利。

2016 年经济类（延迟退休）

阅读下面的材料，以"延长退休年龄之我见"为题，写一篇不少于 600 字的论说文。

自从国家拟推出延迟退休政策以来，就受到了社会各界的广泛关注，同时也引起激烈的争论。为什么要延长退休年龄？

赞成者说，如果不延长退休年龄，养老金就会出现巨大缺口；另外，中国已经步入老年社会，如果不延长退休年龄，就会出现劳动力紧缺的现象。

反对者说，延长退休年龄就是剥夺劳动者应该享受的退休福利，退休年龄的延长意味着领取养老金时间的缩短；另外，退休年龄的延长也会给年轻人就业造成巨大压力。

类型四　A、B 可共存 /A、B 相辅相成

适用于真题材料中出现多个关键词，且没有在多个关键词之间进行比较、选择、权衡，而是关键词之间具有一定关联性的情况。

2016 年管理类（多样一致）

亚里士多德说："城邦的本质在于多样性，而不在于一致性。……无论是家庭还是城邦，它们的内部都有着一定的一致性。不然的话，它们是不可能组建起来的。但这种一致性是有一定限度的。……同一种声音无法实现和谐，同一个音阶也无法组成旋律。城邦也是如此，它是一个多面体。人们只能通过教育使存在着各种差异的公民统一起来组成一个共同体。"

2015 年管理类（仁与富）

孟子曾引用阳虎的话："为富，不仁矣；为仁，不富矣。"（《孟子·滕文公上》）这段话表明了古人对当时社会上为富为仁现象的一种态度，以及对两者之间关系的一种思考。

类型五　A 和 B 好 /A、B 缺一不可

适用于真题材料中出现了多个关键词，且多个关键词同时对达成某一结果或目的有作用的情况。

2021 年管理类（实业与教育）

我国著名实业家穆藕初在《实业与教育之关系》中指出，教育最重要之点在道德教育（如责任心和公共心之养成，机械心之拔除）和科学教育（如观察力、推论力、判断力之养成）。完全受此两种教育，实业界中坚人物遂由此产生。

专题总结

行文结构	适用真题		
	管理类综合能力	MBA 综合能力（10 月）	经济类综合能力
A 好 /A 不好	2024 年（发散性思维） 2023 年（领导艺术） 2022 年（鸟类会飞） 2020 年（挑战者号） 2013 年（波音麦道） 2012 年（十力语要） 2010 年（追求真理） 2009 年（三鹿奶粉） 2006 年（和尚挑水） 2004 年（旅行者和三个人） 2002 年（压力） 2001 年（成功女神） 2000 年（毛泽东周谷城） 1998 年（儿童高消费） 1997 年（洋招牌）	2012 年（3G 和 4G 时代） 2011 年（地委书记种树） 2010 年（荣钢集团捐款） 2009 年（牦牛群） 2008 年（卷柏） 2006 年（可口可乐） 2005 年（一首小诗） 2004 年（滑铁卢战役） 2002 年（易经） 2000 年（幼儿园） 1999 年（领导者素质） 1998 年（下棋）	2024 年（袁隆平） 2023 年（社会事务的处理） 2021 年（食蚁兽） 2020 年（退休老人马旭） 2019 年（毛毛虫实验） 2018 年（教授穿金戴银） 2015 年（取乎其上） 2014 年（勇气） 2013 年（尚拙） 2012 年（抢购茅台） 2011 年（蚁族）
A 促 B	2019 年（知识的真理性） 2018 年（人工智能） 2016 年（多样一致） 1999 年（画一天卖一年）	2013 年（实现中国梦） 2007 年（眼高手低）	—
A 更好	2017 年（扩大生产与研发） 2014 年（孔雀的选择） 2011 年（拔尖冒尖） 2008 年（原则与原则上） 2007 年（南极司各脱） 2005 年（丘吉尔的决策）	2003 年（读经读史） 2001 年（相马赛马）	2022 年（免费乘坐交通工具） 2017 年（穷人福利） 2016 年（延迟退休）
A、B 可共存 / A、B 相辅相成	2016 年（多样一致） 2015 年（仁与富）	—	—
A 和 B 好 / A、B 缺一不可	2021 年（实业与教育）	—	—

专题五　按照理由类别分类

不同的论说文真题在理由上难以完全达成一致，而且论说文的行文方向较为灵活，试图用单一的话术撰写所有的文章难免会有生搬硬套的嫌疑。

但是，很多同学在写过几篇论说文后会发现，虽然很多论说文的主题不同，但是理由却有很高的相似度。

举例来说，2020年管理类综合能力考试的题目为《重视专家意见》；2019年管理类综合能力考试的题目为《论辩有利于发现真理》；2003年10月MBA综合能力考试的题目为《读经不如读史》。这三道真题虽然题目不同、材料类型不同，却有很多有共性的理由，例如：发现错误、纠正错误、完善认识、打破局限、取长补短、全面等。因为这三道题都有一个共同点，那就是借助外力的帮助。这也就意味着它们完全可以共用以上理由。

参照这个思路我们可以发现，很多真题的理由其实是相似的。经过梳理，这些理由大概可以分为如下几类。

类型一：努力更大更强
类型二：借助外力规避风险
类型三：非借助外力规避风险
类型四：克制欲望
类型五：让别人开开心心
类型六：教育相关
类型七：个人素质相关
类型八：其他

也就是说，同一理由类别中的不同真题在行文中有很多相似之处。将一道题的理由捋顺后，很多理由和话术可以应用到该类型中的其他真题上。

但还是要提醒大家，理由并非万能，若是发现考场真题无法与理由契合，不要生搬硬套。同时，理由也并非全集，大家可以在这些理由的基础上继续做补充。

类型一　努力更大更强

【适用主题】
创新、合作、专注、工匠精神、高质量发展、全局等。

> 【常用理由关键词】
>
> 企业相关：提高质量、提升服务、品牌影响力、差异化、情感共鸣、满足市场需求、专业、核心技术、迭代快、核心竞争力、建立壁垒、话语权、准入门槛、议价权、吸引力、复购率、黏性、性价比高、规模经济、老带新、口碑、渠道广、过剩经济、市场经济、全球经济、社会主要矛盾变化、信息技术革命等。
>
> 个人相关：马斯洛需求层次理论中的生理（食物和衣服）、安全（工作保障）、社交（友谊）、尊重和自我实现等。
>
> 国家相关：国际地位、话语权、软实力、硬实力、壁垒等。

2024年管理类（发散性思维）

发散性思维是指不依常规、寻求变异和多种答案的思维形式。具有这种思维形式的人，其言行往往会与众不同。

2022年管理类（鸟类会飞）

鸟类会飞是因为它们在进化过程中不断优化了其身体结构。飞行是一项较特殊的运动，鸟类的躯干进化成了适合飞行的流线型。飞行也是一项需要付出高能量代价的运动，鸟类增强了翅膀、胸肌部位的功能，又改进了呼吸系统，以便给肌肉提供氧气。同时，鸟类在进化过程中舍弃了那些沉重的、效率低的身体部件。

2020年管理类（挑战者号）

据报道，美国航天飞机"挑战者号"采用了斯沃克公司的零配件。该公司的密封圈技术专家博易斯乔利多次向公司高层提醒：低温会导致橡胶密封圈脆裂而引发重大事故。但是，这一意见一直没有受到重视。1986年1月27日，佛罗里达州卡纳维拉尔角发射场的气温降到零摄氏度以下，美国宇航局再次打电话给斯沃克公司，询问其对航天飞机的发射还有没有疑虑之处。为此，斯沃克公司召开会议，博易斯乔利坚持认为不能发射，但公司高层认为他所持理由还不够充分，于是同意宇航局发射。1月28日上午，航天飞机离开发射平台，仅过了73秒，悲剧就发生了。

2017年管理类（扩大生产与研发）

一家企业遇到了这样一个问题：究竟是把有限的资金用于扩大生产呢，还是用于研发新产品？有人主张投资扩大生产，因为根据市场调查，原产品还可以畅销三到五年，由此可以获得可靠而丰厚的利润。有人主张投资研发新产品，因为这样做虽然有很大的风险，但风险背后可能有数倍于甚至数十倍于前者的利润。

2014 年管理类（孔雀的选择）

生物学家发现，雌孔雀往往选择尾巴大而艳丽的雄孔雀作为配偶，因为雄孔雀尾巴越大越艳丽，表明它越有生命活力，其后代的健康越能得到保证。但是，这种选择也产生了问题：孔雀尾巴越大越艳丽，就越容易被天敌发现和猎获，其生存反而会受到威胁。

2013 年管理类（波音麦道）

20 世纪中叶，美国的波音和麦道两家公司几乎垄断了世界民用飞机的市场，欧洲的飞机制造商深感忧虑。虽然欧洲各国之间的竞争也相当激烈，但还是采取了合作的途径，法国、德国、英国和西班牙等决定共同研制大型宽体飞机，于是"空中客车"便应运而生。面对新的市场竞争态势，波音公司和麦道公司于1997 年一致决定组成新的波音公司，以抗衡来自欧洲的挑战。

2007 年管理类（南极司各脱）

电影《南极的司各脱》描写英国探险家司各脱上校到南极探险的故事。司各脱历尽艰辛，终于到达南极，却在归途中不幸冻死了。在影片的开头，有人问司各脱："你为什么不能放弃探险的生涯？"他回答："留下第一个脚印的魅力。"司各脱为留下第一个脚印付出了生命的代价。

2006 年管理类（和尚挑水）

根据以下材料，围绕企业管理写一篇论说文，题目自拟，700 字左右。

两个和尚分别住在东、西两座相邻的山上的寺庙里。两山之间有一条清澈的小溪。这两个和尚每天都在同一时间下山去溪边挑够一天用的水。久而久之，他们就成为好朋友了。光阴如梭，日复一日，不知不觉已经过了三年。有一天，东山的和尚没有下山挑水，西山的和尚没有在意："他大概睡过头了。"哪知第二天，东山的和尚还是没有下山挑水；第三天、第四天也是如此；过了十天，东山的和尚还是没有下山挑水。西山的和尚担心起来："我的朋友一定是生病了，我应该去拜访他，看是否有什么事情能够帮上忙。"于是他爬上了东山，去探望他的老朋友。

到达东山的寺庙，西山和尚看到他的老友正在庙前打拳，一点也不像十天没喝水的样子。他好奇地问："你已经十天都没有下山挑水了，难道你已经修炼到可以不用喝水就能生存的境界了吗？"东山和尚笑笑，带着他走到寺庙后院，指着一口井说："这三年来，我每天做完功课后，都会抽空挖这口井。如今终于挖出水来了，我就不必再下山挑水啦。"西山和尚不以为然："挖井花费的力气远远甚于挑水，你又何必多此一举呢？"

2001 年管理类（成功女神）

根据所给的材料，写一篇 600 字左右的议论文，题目自拟。

1831 年，瑞典化学家萨弗斯特朗发现了钒元素。对这一重大发现，后来他在给他朋友化学家维勒的信中这样写道:"在宇宙的极光角,住着一位漂亮可爱的女神。一天,有人敲响了她的门。女神懒得动,在等第二次敲门。谁知这位来宾敲过后就走了。她急忙起身打开窗户张望:'是哪个冒失鬼?啊,一定是维勒!'如果维勒再敲一下,不是会见到女神了吗?过了几天又有人来敲门,一次敲不开,继续敲。女神开了门,是萨弗斯特朗。他们相晤了,钒便应运而生!"

1999 年管理类（画一天卖一年）

根据所给材料,写一篇 500 字左右的议论文,题目自拟。

一位画家在拜访德国著名画家门采尔时诉苦说:"为什么我画一张画只要一天的时间,而卖掉它却要等上整整一年?"门采尔严肃认真地对他说:"倒过来试试吧,如果你用一年的时间去画它,那么只需一天就能够把它卖掉。"

2012 年 10 月 MBA（3G 和 4G 时代）

2012 年 7 月 6 日《科技日报》报道:

我国主导的 TD-LTE 移动通信技术已于 2010 年 10 月被国际电信联盟确立为国际 4G 标准。TD-LTE 是我国自主创新的第三代移动通信技术 TD-SCDMA 的演进技术。TD-SCDMA 的成功规模商用为 TD-LTE 的快速发展奠定了坚实的基础。目前,TD-LTE 已形成由中国主导、全球广泛参与的产业链,全球几乎所有通信系统和芯片制造商都已支持该技术。

在移动通信技术的 1G 和 2G 时代,我们只能使用美国和欧洲的标准。通过艰难的技术创新,到 3G 和 4G 时代中国自己的通信标准已经成为世界三大国际标准之一。

2009 年 10 月 MBA（牦牛群）

根据以下材料,结合企业管理写一篇 700 字左右的论说文,题目自拟。

《动物世界》里的镜头:一群体型庞大的牦牛正在草原上吃草。突然,不远处来了几只觅食的狼。牦牛群奔跑起来,狼群急追……终于,有一头体弱的牦牛掉队,寡不敌众,被狼分食了。

《动物趣闻》里的镜头:一群牦牛正在草原上吃草。突然,来了几只觅食的狼。一头牦牛发现了狼,它的叫声提醒了同伴。领头的牦牛站定与狼对视,其余的牦牛也围在一起,站立原地。狼在不远处虎视眈眈地转悠了好一阵,见没有进攻的机会,就没趣地走开了。

2008 年 10 月 MBA（卷柏）

南美洲有一种奇特的植物——卷柏。说它奇特,是因为它会走。卷柏生存需要充足的水分,当水分不充足时,它就会把根从土壤里拔出来,整个身躯卷成一个圆球状。由于体轻,只要稍有一点风,它就会随风在地面滚动。一旦滚到水分充足的地方,圆球就会迅速打开,根重新钻到土壤里,暂时安居。当水分又不充足,住得不称心如意时,它就会继续游走,以寻求更好的生存环境。

难道卷柏不走就不能生存了吗?一位植物学家做了一个实验:用挡板圈出一块空地,把一株卷柏放到空地中水分最充足的地方,不久卷柏便扎根生存下来。几天后,当这里水分减少时,卷柏便拔出根须，准备漂移。但实验者用挡板对其进行严格控制，限制了它游走的可能。结果实验者发现，卷柏又回到那里重新扎根生存；而且在几次将根拔出又不能移动以后，便再也不动了；而且，卷柏此时的根已经深深扎入泥土，长势比任何时期都好，也许它发现，根扎得越深，水分越充分……

2007年10月MBA（眼高手低）

著名作家曹禺先生说过这样一段话：我看，应该给"眼高手低"正名。它是褒义词，而不是贬义词。我们认真想一想，一个人做事眼高手低是正常的，只有眼高起来，手才能跟着高起来。一个人不应该怕眼高手低，怕的倒是眼也低手也低。我们经常是眼不高，手才低的。

2006年10月MBA（可口可乐）

根据以下材料，围绕企业管理写一篇论说文，题目自拟，700字左右。

20世纪80年代，可口可乐公司因为缺少发展空间而笼罩在悲观情绪之中：一方面，它以35%的市场份额控制着软饮料市场，这个市场份额几乎是在反垄断政策下企业能达到的最高点；另一方面，面对更年轻、更充满活力的百事可乐的积极进攻，可口可乐似乎只能采取防守的策略，为一两个百分点的市场份额展开惨烈的竞争。尽管可口可乐的主管很有干才，员工工作努力，但是他们内心其实很悲观，看不到如何摆脱这种宿命：在顶峰上唯一可能的路径就是向下。

郭思达（Roberto Goizueta）在接任可口可乐的CEO后，在高层主管会议上提出这样一些问题："世界上44亿人口每人每天消费的液体饮料平均是多少？"

答案是："64盎司。"（1盎司约为28克）

"那么，每人每天消费的可口可乐又是多少呢？"

"不足2盎司。"

"那么，在人们的肚子里，我们市场份额是多少？"郭思达最后问。

通过这些问题，高管和员工们关注的核心问题不再是可口可乐在美国可乐市场中的占有率，也不再是在全球软饮料市场中的占有率，而变成了在世界上每个人要消费的液体饮料市场中的占有率。而这个问题的答案是：可口可乐在世界液体饮料市场中的份额微乎其微，少到可以忽略不计。高层主管们终于意识到，可口可乐不应该只盯着百事可乐，还有咖啡、牛奶、茶甚至水，而这一市场的巨大空间远远超出人们的想象。

2002年10月MBA（易经）

阅读下面的材料，根据要求作文。

中国古代的《易经》中说："穷则变，变则通。"这就是说，当我们要解决一个问题而遇到困难无路可走时，就应变换一下方式方法，这样往往可以提出连自己也感到意外的解决办法，从而收到显著的效果。

请以"穷则变，变则通"为话题写一篇作文，可以写你自己的经历、体验或看法，也可以联系生活实际展开议论。文体自选，题目自拟，不少于 700 字。

1999 年 10 月 MBA（领导者素质）

以"小议企业领导者的素质"为题，写一篇 500 字左右的议论文。

2024 年经济类（袁隆平）

在人的一生中，有些人只做一件事。如袁隆平院士一生致力于杂交水稻研究，创建了超级杂交稻技术体系，使我国杂交水稻研究始终居于世界领先水平。

2023 年经济类（社会事务的处理）

一种社会事务，往往涉及诸多因素（如春运涉及交通设施、气候条件、民俗文化、经济环境、科学技术等），所以要依赖诸多部门的通力合作才能处理好。

2021 年经济类（食蚁兽）

巴西热带雨林中的食蚁兽在捕食时，使用带黏液的长舌伸进蚁穴捕获白蚁，但不管捕获多少，每次捕食都不超过 3 分钟，然后去寻找下一个目标，从来不摧毁整个蚁穴。而那些没有被食蚁兽捕获的工蚁就会马上修复蚁穴，蚁后也会开始新一轮繁殖，很快产下更多的幼蚁，从而使蚁群继续生存下去。

2019 年经济类（毛毛虫实验）

阅读下面的材料，并据此写一篇不少于 600 字的论说文，题目自拟。

法国科学家约翰·法伯曾做过一个著名的"毛毛虫实验"。这种毛毛虫有一种"跟随者"的习性，总是盲目地跟着前面的毛毛虫走。法伯把若干个毛毛虫放在一只花盆的边缘上，首尾相接，围成一圈。他在花盆周围不远的地方，撒了一些毛毛虫喜欢吃的松叶。毛毛虫开始一个跟一个，绕着花盆，一圈又一圈地走。一个小时过去了，一天过去了，毛毛虫们还在不停地、固执地团团转。一连走了七天七夜，终因饥饿和筋疲力尽而死去。这其中，只要有任何一只毛毛虫稍稍与众不同，便立刻会吃到食物，改变命运。

2015 年经济类（取乎其上）

根据下述材料，写一篇 600 字左右的论说文，题目自拟。

《论语》云："取乎其上，得乎其中；取乎其中，得乎其下；取乎其下，则无所得矣。"

《孙子兵法》云："求其上，得其中；求其中，得其下；求其下，必败。"

类型二　借助外力规避风险

【适用主题】
重视专家意见、有效沟通、读经不如读史、尚拙、论辩等。

【常用理由关键词】
发现错误、纠正错误、完善、客观、理性、完善认识、打破局限、取长补短、全面、整合资源、整合优势等。

2020 年管理类（挑战者号）

据报道，美国航天飞机"挑战者号"采用了斯沃克公司的零配件。该公司的密封圈技术专家博易斯乔利多次向公司高层提醒：低温会导致橡胶密封圈脆裂而引发重大事故。但是，这一意见一直没有受到重视。1986 年 1 月 27 日，佛罗里达州卡纳维拉尔角发射场的气温降到零摄氏度以下，美国宇航局再次打电话给斯沃克公司，询问其对航天飞机的发射还有没有疑虑之处。为此，斯沃克公司召开会议，博易斯乔利坚持认为不能发射，但公司高层认为他所持理由还不够充分，于是同意宇航局发射。1 月 28 日上午，航天飞机离开发射平台，仅过了 73 秒，悲剧就发生了。

2019 年管理类（知识的真理性）

知识的真理性只有经过检验才能得到证明。论辩是纠正错误的重要途径之一，不同观点的冲突会暴露错误而发现真理。

2004 年 10 月 MBA（滑铁卢战役）

在滑铁卢战役的第一阶段，拿破仑的部队兵分两路。右翼由拿破仑亲自率领，在利尼迎战布鲁查尔；左翼由奈伊将军率领，在卡特勒布拉斯迎战威灵顿。拿破仑和奈伊都打算进攻，而且，两个人都精心制定了对各自战事而言均为相当优秀的作战计划。但不幸的是，这两个计划均打算用格鲁希指挥的后备部队，从侧翼给敌人以致命一击，但他们事前并没有就各自的计划交换意见。当天的战斗中，拿破仑和奈伊所发布的命令又含糊不清，致使格鲁希的部队要么踌躇不前，要么在两个战场之间疲于奔命，一天之中没有投入任何一方的作战行动，最终导致拿破仑惨败。

2003 年 10 月 MBA（读经读史）

"读经不如读史。"

对上述观点进行分析，论述你同意或不同意这一观点的理由，可根据经验、观察或者阅读，用具体理由或实例佐证自己的观点。题目自拟，全文 500 字左右。

2013 年经济类（尚拙）

根据下述材料，写一篇 600 字左右的论说文，题目自拟。

被誉为清代中兴名臣的曾国藩，其人生哲学很独特，就是"尚拙"，他曾说"天下之至拙，能胜任天下之至巧，拙者自知不如他人，自便会更虚心"。

类型三　非借助外力规避风险

【适用主题】
谨慎、规避风险、忧患意识、居安思危等。
【常用理由关键词】
平稳发展、及时止损、未雨绸缪、保存现有实力、守住现有资源、时间成本、物质成本、资源、避免走弯路、抓住机会、价值最大化、长远等。

2017 年管理类（扩大生产与研发）

一家企业遇到了这样一个问题：究竟是把有限的资金用于扩大生产呢，还是用于研发新产品？有人主张投资扩大生产，因为根据市场调查，原产品还可以畅销三到五年，由此可以获得可靠而丰厚的利润。有人主张投资研发新产品，因为这样做虽然有很大的风险，但风险背后可能有数倍于甚至数十倍于前者的利润。

2014 年管理类（孔雀的选择）

生物学家发现，雌孔雀往往选择尾巴大而艳丽的雄孔雀作为配偶，因为雄孔雀尾巴越大越艳丽，表明它越有生命活力，其后代的健康越能得到保证。但是，这种选择也产生了问题：孔雀尾巴越大越艳丽，就越容易被天敌发现和猎获，其生存反而会受到威胁。

2005 年管理类（丘吉尔的决策）

根据下述内容，自拟题目写一篇短文，评价丘吉尔的决策，说明如果你是决策者，在当时的情况下你会做出何种选择，并解释决策依据。700 字左右。

第二次世界大战期间，英国首相丘吉尔曾做出一个令他五脏俱焚的决定。当时，盟军已经破译了德军的绝密通信密码，并由此得知德军下一个空袭目标是英国的一个城市考文垂。但是，一旦通知这个城市做出任何非正常的疏散和防备，都将引起德军的警觉，使破译密码之事暴露，从而丧失进一步了解德军重大秘密的机会。所以，丘吉尔反复权衡，最终下令，不对这个城市做任何非正常的提醒。结果，考文垂在这次空袭中一半被焚毁，上千人丧生。然而，通过这个密码，盟军了解到德军在几次重大战役中的兵力部署情况，制定了正确的应对策略，取得了重大的军事胜利。

2000 年管理类（毛泽东周谷城）

根据所给材料写一篇 500 字左右的议论文，题目自拟。

解放初期，有一次毛泽东和周谷城谈话。毛泽东说："失败是成功之母。"周谷城回答说："成功也是失败之母。"毛泽东思索了一下，说："你讲得好。"

1998 年 10 月 MBA（下棋）

用下面的一段话作为一篇议论文的开头，接下去写完一篇立论与它观点一致的议论文。字数要求 500 字左右，题目自拟。

投下一着好棋，有时可以取得全盘的主动。但是，光凭一着好棋，并不能说有把握最后胜利，还必须看以后的每着棋下得好不好。

类型四　克制欲望

【适用主题】
道德、诚信、社会责任、规则、原则、底线、环保、信守承诺、慈善、为仁等。

【常用理由关键词】
对自身好：风险低、较少损失、稳定、延长生命力、赢得机遇、影响力、口碑、信誉、声誉、社会责任感、政策风险、认可度等。
对整体好：社会秩序、社会风气、个体利益与整体一致、良性循环、避免劣币驱逐良币、榜样、带头、标杆、引导等。

2015 年管理类（仁与富）

孟子曾引用阳虎的话："为富，不仁矣；为仁，不富矣。"（《孟子·滕文公上》）这段话表明了古人对当时社会上为富为仁现象的一种态度，以及对两者之间关系的一种思考。

2009 年管理类（三鹿奶粉）

以"由三鹿奶粉事件所想到的"为题，写一篇 700 字左右的论说文。

2008 年管理类（原则与原则上）

"原则"就是规矩，就是准绳。而在日常生活和工作中，常见的表达方式是："原则上……，但是……"。请以"原则"与"原则上"为议题写一篇论说文，题目自拟，700 字左右。

2013 年 10 月 MBA（实现中国梦）

阅读以下资料，给全国的企业经理写一封公开信，并在信前添加合适的标题文字，700 字左右。

改革开放以来，中国经济发展的速度举世瞩目。按国际货币基金组织的统计，在 188 个国家与地区中，1980 年，我国按美元计算的 GDP 位列第 11 位，只是美国的 7.26%，日本的 18.63%，从 2010 年起位列世界第 2 位，成为世界第二大经济体。到 2012 年，我国的 GDP 是美国的 52.45%，日本的 137.95%，与 30 年前不可同日而语。然而，从能源消耗看，形势非常严峻。1980 年，我国能源消耗总量为 6.03 亿吨标准煤，到 2012 年增加到 36.20 亿吨，为 1980 年的 6 倍。按石油进口量排名，1982 年我国在世界排名中位列第 43 位，从 2009 年起上升到第 2 位，而且面临继续上升的困境。与能源消耗相关的污染问题也频频现于报端，引起全国民众和政府的极大关注。能源消耗和污染问题已经成为阻碍我们实现"中国梦"的两个难关，对此，我们要群策群力，攻坚克难。

2011 年 10 月 MBA（地委书记种树）

2010 年春天，已持续半年的干旱让云南很多地方群众的饮水变得异常困难，施甸县大亮山附近群众家里的水管却依然有清甜的泉水流出，他们的水源地正是大亮山林场。乡亲们深情地说："多亏了老书记啊，要不是他，不知道现在会是什么样子。"

1988 年 3 月，61 岁的杨善洲从保山地委书记的岗位上退休，婉拒了省委书记劝其搬至昆明安度晚年的邀请，执意选择回到家乡施甸县种树。20 多年过去了，曾经山秃水枯的大亮山完全变了模样：森林郁郁葱葱，溪流四季不断；林下山珍遍地，枝头莺鸣燕歌……

一位地委书记，为何退休后选择到异常艰苦的地方去种树？

"在党政机关工作多年，因工作关系没有时间去照顾家乡父老，他们找过多次我也没给他们办一件事。但我答应退休后帮乡亲们办一两件有益的事，许下的承诺就要兑现。至于具体做什么，考察来考察去，还是为后代绿化荒山比较现实。"关于种树，年逾八旬的杨善洲这样解释。

2010 年 10 月 MBA（荣钢集团捐款）

唐山地震孤儿捐款支援汶川灾区

2008 年 5 月 18 日，在中宣部等共同发起的《爱的奉献》抗震救灾大型募捐活动中，天津民营企业荣程联合钢铁集团有限公司董事长张祥青代表公司再向四川灾区捐款7 000万元，帮助灾区人民重建"震不垮的学校"。至此，荣程联合钢铁集团公司在支援四川灾区抗震救灾中累计捐款1亿元。

"我们对灾区人民非常牵挂，荣钢集团人大多来自唐山，亲历过32年前的唐山大地震，接受过全国人民对唐山灾区的无私援助，32年后为四川地震灾区捐款，回馈社会，是应尽的义务，我们必须做！"张祥青说。

张祥青在1976年唐山大地震时失去父母，年仅8岁的他不幸成为孤儿，他深深感受到来自全国四面八方的涓涓爱心。1989年，张祥青与妻子张荣华开始了艰苦的创业历程，从卖早点、做豆腐开始，最后组建了荣钢集团。企业发展了，荣钢集团人不忘回报社会，支援汶川地震灾区是其中一例。

2020年经济类（退休老人马旭）

阅读下面的文字，根据要求作文。请结合实际写一篇600字左右的论说文。

2018年，武汉一名退休老人向家乡木兰县教育局捐赠1 000万元，引起了广泛的关注。这笔巨款是马旭与丈夫一分一毫几十年积攒下来的，他们至今生活简朴，住在一个不起眼的小院里，家里没有一件像样的家具。

马旭于1932年出生于黑龙江省木兰县，1947年参军入伍，在东北军政大学学习半年后，成为解放军第四野战军的一名卫生员，先后参加过解放战争、抗美援朝战争，其间多次立功受奖。20世纪60年代，她被调入空降兵部队，成为一名军医，后来主动要求学习跳伞，成为中华人民共和国第一代女空降兵。此后20多年里，马旭跳伞多达140多次，创下空降女兵跳伞次数最多和年龄最大两项纪录。

如今，马旭的事迹家喻户晓，许多地方邀请她参加各类活动，她大多婉拒。她说："我的一生都是党和部队给的，我只是做了我力所能及的事。只要活着，我们还会继续攒钱捐款，把自己的一切献给党和国家。"

类型五　让别人开开心心

【适用主题】

公平、有效沟通、冒尖、重视意见、尊重、民主等。

【常用理由关键词】

对组织好：吸纳人才、留住人才、凝聚力、认同感、效率、用人单位精简机构和实现最大的管理效益等。

> 对个体好：积极性、激励、尊重、效率、献计献策、凝聚力、潜能、授权、责任担当、实力、主观能动性、积极性和创造性、马斯洛需求层次理论、自我实现、个体利益和整体利益等。

2023 年管理类（领导艺术）

人们常说"领导艺术"，可见领导与艺术之间存在着某种相似点，如领导一个团队完成某项任务就和指挥一个乐队演奏某首乐曲一样。

2016 年管理类（多样一致）

亚里士多德说："城邦的本质在于多样性，而不在于一致性。……无论是家庭还是城邦，它们的内部都有着一定的一致性。不然的话，它们是不可能组建起来的。但这种一致性是有一定限度的。……同一种声音无法实现和谐，同一个音阶也无法组成旋律。城邦也是如此，它是一个多面体。人们只能通过教育使存在着各种差异的公民统一起来组成一个共同体。"

2011 年管理类（拔尖冒尖）

众所周知，人才是立国、富国、强国之本。如何使人才尽快地脱颖而出，是一个亟待解决的问题。人才的出现有多种途径，其中有"拔尖"，有"冒尖"。拔尖是指被提拔而成为尖子，冒尖是指通过奋斗、取得成就而得到社会公认。有人认为，我国当今某些领域的管理人才，拔尖的多而冒尖的少。

2001 年 10 月 MBA（相马赛马）

近些年来，新闻媒体经常报道公开招考公务员，乃至招考厅局级领导干部的消息，这同我国传统习惯中的"伯乐相马"似乎有了不同。

请以"相马""赛马"为话题，写一篇 600 字左右的议论文，题目自拟。

2018 年经济类（教授穿金戴银）

阅读下面的材料，并据此写一篇不少于 600 字的论说文，题目自拟。

近期有报道称，某教授颇喜穿金戴银，全身上下都是世界名牌，一块手表价值几十万，所有的衣服和鞋子都是专门定制的，价格不菲。他认为对"好东西"的喜爱没啥好掩饰的。"以前很多大学教授都很邋遢，有些人甚至几个月都不洗澡，现在时代变了，大学教授应多注意个人形象，不能太邋遢了。"

2017 年经济类（穷人福利）

阅读下面的材料，以"是否应该对穷人提供福利？"为题，写一篇不少于600字的论说文。

国家是否应该对穷人提供福利存在较大的争论。反对者认为：贪婪、自私、懒惰是人的本性。如果有福利，人人都想获取。贫穷在大多数情况下是懒惰造成的。为穷人提供福利相当于把努力工作的人的财富转移给了懒惰的人。因此，穷人不应该享受福利。

支持者则认为：如果没有社会福利，则穷人没有收入，就会造成社会动荡，社会犯罪率会上升，相关的合理支出也会增多，其造成的危害可能大于提供社会福利的成本，最终也会影响努力工作的人的利益。因此，为穷人提供社会福利能够稳定社会秩序，应该为穷人提供福利。

类型六　教育相关

【适用主题】

求学者、教学者、教育政策制定者应该做什么、不应该干什么等。

【常用理由关键词】

对求学者、教学者本身的影响：学术研究、深入、学术成果、学术造诣、公信力、学术地位、学术影响力、形象、自我实现等。

对学术界、其他人的影响：公平、积极性、主观能动性、避免劣币驱逐良币、拉慢学术进程、影响学术水平等。

对社会大环境的影响：学术秩序、国家软实力、文化自信、科教兴国、学术建设等。

2021 年管理类（实业与教育）

我国著名实业家穆藕初在《实业与教育之关系》中指出，教育最重要之点在道德教育（如责任心和公共心之养成，机械心之拔除）和科学教育（如观察力、推论力、判断力之养成）。完全受此两种教育，实业界中坚人物遂由此产生。

2012 年管理类（十力语要）

中国现代著名哲学家熊十力先生在《十力语要》（卷一）中说："吾国学人，总好追逐风气，一时之所尚，则群起而趋其途，如海上逐臭之夫，莫名所以。曾无一刹那，风气或变，而逐臭者复如故。此等逐臭之习，有两大病。一、各人无牢固与永久不改之业，遇事无从深入，徒养成浮动性。

二、大家共趋于世所矜尚之一途，则其余千途万途，一切废弃，无人过问。此二大病，都是中国学人死症。"

2010 年管理类（追求真理）

一个真正的学者，其崇高使命是追求真理。学者个人的名利乃至生命与之相比都微不足道，但因为其献身于真理就会变得无限伟大。一些著名大学的校训中都含有追求真理的内容。然而，近年学术界的一些状况与追求真理这一使命相去甚远，部分学者的功利化倾向越来越严重，抄袭剽窃、学术造假、自我炒作、沽名钓誉等现象时有所闻。

类型七　个人素质相关

【适用主题】
好的心态、压力、习惯、勇气、努力、勤劳、节约等。
【常用理由关键词】
幸福感、抓住机会、发现潜能、规避风险、主观能动性、马斯洛需求层次理论、脚踏实地、打好基础、认同感、归属感、人生意义等。

2004 年管理类（旅行者和三个人）

根据以下材料，自拟题目撰写一篇 600 字左右的论说文。

一位旅行者在途中看到一群人在干活，他问其中一位在做什么，这个人不高兴地回答："你没有看到我在敲打石头吗？若不是为了养家糊口，我才不会在这里做这些无聊的事。"旅行者又问另外一位，他严肃地回答："我正在做工头分配给我的工作，在今天收工前我可以砌完这面墙。"旅行者问第三位，他喜悦地回答："我正在盖一座大厦。"他为旅行者描绘大厦的形状、位置和结构，最后说："再过不久，这里就会出现一座宏伟的大厦，我们这个城市的居民就可以在这里聚会、购物和娱乐了。"

2002 年管理类（压力）

阅读下面一段材料，按要求作文。

在这次激烈的招聘考试中，有些志在必得的应聘者未能通过，有些未抱希望的应聘者却取得了好成绩。前者说，压力太大，影响了发挥；后者说，没有压力，发挥了高水平。看来，压力确实会破坏人的情绪。但是，人们又常说，没有压力就没有动力，这说明压力又不可缺少。究竟应当如何认识和对待压力呢？

请以"压力"为话题，写一篇文章。题目自拟，不少于 700 字。

2005 年 10 月 MBA（一首小诗）

根据下面这首诗，写一篇 700 字左右的论说文，题目自拟。

如果你不能成为挺立山顶的苍松，

那就做山谷一棵小树陪伴溪水淙淙；

如果你不能成为一棵大树，

那就化作一丛茂密的灌木；

如果你不能成为一只香獐，

那就化作一尾最活跃的小鲈鱼，享受那美妙的湖光；

如果你不能成为大道宽敞，

那就铺成一条小路目送夕阳；

如果你不能成为太阳，

那就变成一颗星星在夜空闪亮。

不可能都当领航的船长，

还要靠水手奋力划桨；

世上有大事、小事需要去做，

最重要的事在我们身旁。

2000 年 10 月 MBA（幼儿园）

根据下面一则材料，写一篇不少于 500 字的议论文，题目自拟。

有人问一位诺贝尔奖奖金获得者："您在哪所大学学到了您认为是最主要的一些东西？"出人意料，这位学者回答说是在幼儿园，他说："把自己的东西分一半给小伙伴们，不是自己的东西不要拿，东西要放整齐，做错事要表示歉意，要仔细观察大自然。从根本上说，我学到的全部东西就是这些。"

2014 年经济类（勇气）

根据下述材料，写一篇 600 字左右的论说文，题目自拟。

我懂得了，勇气不是没有恐惧，而是战胜恐惧。勇者不是感觉不到害怕的人，而是克服自身恐惧的人。

——南非前总统纳尔逊·曼德拉

类型八　其他

> 【适用主题】
> 无法归类到其他理由类别中的主题。
> 【常用理由关键词】
> 需要根据真题所讨论的话题而定。

2018 年管理类（人工智能）

有人说，机器人的使命，应该是帮助人类做那些人类做不了的事，而不是替代人类。技术变革会夺取一些人低端烦琐的工作岗位，最终也会创造更高端更人性化的就业机会。例如，历史上铁路的出现抢去了很多挑夫的工作，但又增加了千百万的铁路工人。人工智能也是一种技术变革，人工智能也将促进未来人类社会的发展。有人则不以为然。

1998 年管理类（儿童高消费）

根据所给材料，写一篇 500 字左右的议论文，题目自拟。

当前，儿童高消费已经越来越严重，许多家长甚至让孩子吃名牌、穿名牌、用名牌、玩名牌，而自己却心甘情愿地过着节俭的日子。

1997 年管理类（洋招牌）

根据所给材料，写一篇 500 字左右的议论文。题目自拟。

时下，商店、企业取洋名似乎成了一种时尚，许多店铺、厂家竞相挂起了洋招牌，什么爱格尔、欧兰特、哈勃尔、爱丽芬、奥兰多等触目皆是。翻开新编印的黄页电话号码簿，各种冠了洋名的企业也明显增多。甚至国货产品广告，也以取洋名为荣。

2022 年经济类（免费乘坐交通工具）

我国不少地方规定老年人可以免费乘坐公共交通工具，这一规定体现了对老年人的关怀。但是在具体实施过程中出现了一些问题。如在早晚高峰时，老年人免费乘车在一定程度上影响了上班族的通勤；还有，有些老年人也由于各种原因无法享受这一福利。因此，有的地方把老年人免费乘车的福利改为发放津贴。

2016 年经济类（延迟退休）

阅读下面的材料，以"延长退休年龄之我见"为题，写一篇不少于 600 字的论说文。

自从国家拟推出延迟退休政策以来，就受到了社会各界的广泛关注，同时也引起激烈的争论。为什么要延长退休年龄？

赞成者说，如果不延长退休年龄，养老金就会出现巨大缺口；另外，中国已经步入老年社会，如果不延长退休年龄，就会出现劳动力紧缺的现象。

反对者说，延长退休年龄就是剥夺劳动者应该享受的退休福利，退休年龄的延长意味着领取养老金时间的缩短；另外，退休年龄的延长也会给年轻人就业造成巨大压力。

2012 年经济类（抢购茅台）

中国大陆 500 毫升茅台价格升至 1 200 元，纽约华人聚居区法拉盛，1 000 毫升装的同度数茅台价格为 220 至 230 美元，500 毫升约合 670 元人民币。因海外茅台价格便宜，质量有保证，华人竞相购买，回国送人。

这些年，中国游客在海外抢购"MADE IN CHINA"商品的消息已不是什么新鲜事了。服装、百货、日用品，中国造的东西，去了美国反而更便宜。有媒体报道 Levi's 505 牛仔裤，广东东莞生产，在中国商场的价格是 899 元人民币，在美国的亚马逊网站的价格是 24.42 美元，合人民币 166 元，价格相差 5.4 倍。

（摘自《茅台酒为何在美国更便宜？》，《新京报》，2011 年 1 月 7 日）

2011 年经济类（蚁族）

自 2007 年以来，青年学者廉思组织的课题组对蚁族进行了持续跟踪调查。廉思和他的团队撰写的有关蚁族问题的报告多次得到中央领导的批示和高度重视。在 2008 年、2009 年对北京蚁族进行调查的基础上，课题组今年在蚁族数量较多的北京、上海、广州、武汉、西安、重庆、南京等大城市同时展开调查，历时半年有余，发放问卷 5 000 余份，回收有效问卷 4 807 份，形成了第一份全国范围的蚁族生存报告。此次调查有一些新发现，主要有：随着高校毕业生就业形势的日趋严峻，蚁族的学历层次上升；蚁族向上流动困难，"三十而离"；五成蚁族否认自己属于弱势群体；等等。

（摘自《调查显示：蚁族学历层次上升，五成人否认自己弱势》，《中国青年报》，2010 年 12 月 10 日）

专题总结

理由类别	适用真题		
	管理类综合能力	MBA 综合能力（10 月）	经济类综合能力
努力更大更强	2024 年（发散性思维） 2022 年（鸟类会飞） 2020 年（挑战者号） 2017 年（扩大生产与研发） 2014 年（孔雀的选择） 2013 年（波音麦道） 2007 年（南极司各脱） 2006 年（和尚挑水） 2001 年（成功女神） 1999 年（画一天卖一年）	2012 年（3G 和 4G 时代） 2009 年（牦牛群） 2008 年（卷柏） 2007 年（眼高手低） 2006 年（可口可乐） 2002 年（易经） 1999 年（领导者素质）	2024 年（袁隆平） 2023 年（社会事务的处理） 2021 年（食蚁兽） 2019 年（毛毛虫实验） 2015 年（取乎其上）
借助外力规避风险	2020 年（挑战者号） 2019 年（知识的真理性）	2004 年（滑铁卢战役） 2003 年（读经读史）	2013 年（尚拙）
非借助外力规避风险	2017 年（扩大生产与研发） 2014 年（孔雀的选择） 2005 年（丘吉尔的决策） 2000 年（毛泽东周谷城）	1998 年（下棋）	—
克制欲望	2015 年（仁与富） 2009 年（三鹿奶粉） 2008 年（原则与原则上）	2013 年（实现中国梦） 2011 年（地委书记种树） 2010 年（荣钢集团捐款）	2020 年（退休老人马旭）
让别人开开心心	2023 年（领导艺术） 2016 年（多样一致） 2011 年（拔尖冒尖）	2001 年（相马赛马）	2018 年（教授穿金戴银） 2017 年（穷人福利）
教育相关	2021 年（实业与教育） 2012 年（十力语要） 2010 年（追求真理）	—	—
个人素质相关	2004 年（旅行者和三个人） 2002 年（压力）	2005 年（一首小诗） 2000 年（幼儿园）	2014 年（勇气）
其他	2018 年（人工智能） 1998 年（儿童高消费） 1997 年（洋招牌）	—	2022 年（免费乘坐交通工具） 2016 年（延迟退休） 2012 年（抢购茅台） 2011 年（蚁族）

管理类综合能力考试论说文真题分类速查

真题	材料类型	价值取向	行文主体	行文结构	理由类别
2024年（发散性思维）	说理—单	取向单——支持	个人	A好/A不好	努力更大更强
2023年（领导艺术）	说理—关系	取向单——支持	企业、管理者	A好/A不好	让别人开开心心
2022年（鸟类会飞）	故事—1人1事1结果	取向单——支持	无特定主体	A好/A不好	努力更大更强
2021年（实业与教育）	说理—单	取向单——支持	其他特定主体	A和B好/A、B缺一不可	教育相关
2020年（挑战者号）	故事—N人N事1结果	取向单——反对	企业、管理者	A好/A不好	努力更大更强/借助外力规避风险
2019年（知识的真理性）	说理—关系	取向单——支持	无特定主体	A促B	借助外力规避风险
2018年（人工智能）	说理—单	取向不单——有倾向	其他特定主体	A促B	其他
2017年（扩大生产与研发）	说理—择—	取向不单——无倾向	企业、管理者	A更好	努力更大更强/非借助外力规避风险
2016年（多样一致）	说理—关系	取向单——支持	国家、政府管理者	A促B / A、B可共存 / A、B相辅相成	让别人开开心心
2015年（仁与富）	说理—关系	取向不单——有倾向	无特定主体	A、B可共存 / A、B相辅相成	克制欲望
2014年（孔雀的选择）	故事—1人1事2结果	取向不单——无倾向	无特定主体	A更好	努力更大更强/非借助外力规避风险
2013年（波音麦道）	故事—N人N事1结果	取向单——支持	企业、管理者	A好/A不好	努力更大更强
2012年（十力语要）	说理—单	取向单——反对	其他特定主体	A好/A不好	教育相关
2011年（拔尖冒尖）	说理—择—	取向不单——有倾向	国家、政府管理者	A更好	让别人开开心心

续表

真题	材料类型	价值取向	行文主体	行文结构	理由类别
2010年（追求真理）	说理—单—	取向不单——有倾向	其他特定主体	A好/A不好	教育相关
2009年（三鹿奶粉）	故事—1人1事1结果	取向不单——反对	企业、管理者	A好/A不好	克制欲望
2008年（原则与原则上）	说理—择—	取向不单——有倾向	无特定主体	A更好	克制欲望
2007年（南极公司各脱）	故事—1人1事2结果	取向不单——有倾向	个人	A更好	努力更大更强
2006年（和尚挑水）	故事—N人N事2结果	取向不单——有倾向	企业、管理者	A好/A不好	努力更大更强
2005年（丘吉尔的决策）	故事—1人1事2结果	取向不单——有倾向	国家、政府管理者	A更好	非借助外力规避风险
2004年（旅行者和三个人）	故事—N人N事无结果	取向不单——无倾向	个人	A好/A不好	个人素质相关
2002年（压力）	说理—单—	取向不单——有倾向	个人	A好/A不好	个人素质相关
2001年（成功女神）	故事—N人N事2结果	取向不单——有倾向	个人	A好/A不好	努力更大更强
2000年（毛泽东周谷城）	说理—择—	取向不单——有倾向	无特定主体	A好/A不好	非借助外力规避风险
1999年（画一天卖一年）	故事—N人N事2结果	取向不单——有倾向	无特定主体	A促B	努力更大更强
1998年（儿童高消费）	说理—单—	取向单——反对	其他特定主体	A好/A不好	其他
1997年（洋招牌）	说理—单—	取向单——反对	其他特定主体	A好/A不好	其他

MBA 综合能力考试（10月）论说文真题分类速查

真题	材料类型	价值取向	行文主体	行文结构	理由类别
2013年（实现中国梦）	说理—单—	取向单——反对	国家、政府管理者	A 促 B	克制欲望
2012年（3G和4G时代）	故事—1人1事1结果	取向单——支持	国家、政府管理者	A 好 /A 不好	努力更大更强
2011年（地委书记种树）	故事—N人N事无结果	取向单——支持	国家、政府管理者	A 好 /A 不好	克制欲望
2010年（荣钢集团捐款）	故事—N人N事无结果	取向单——支持	企业、管理者	A 好 /A 不好	克制欲望
2009年（牦牛群）	故事—N人N事2结果	取向不单——有倾向	企业、管理者	A 好 /A 不好	努力更大更强
2008年（卷柏）	故事—N人N事2结果	取向不单——有倾向	无特定主体	A 好 /A 不好	努力更大更强
2007年（眼高手低）	说理—关系	取向单——有倾向	个人	A 促 B	努力更大更强
2006年（可口可乐）	故事—N人N事2结果	取向单——有倾向	企业、管理者	A 好 /A 不好	努力更大更强
2005年（一首小诗）	故事—N人N事1结果	取向单——支持	个人	A 好 /A 不好	个人素质相关
2004年（滑铁卢战役）	故事—N人N事1结果	取向单——反对	国家、政府管理者	A 好 /A 不好	借助外力规避风险
2003年（读经读史）	说理—择—	取向不单——无倾向	无特定主体	A 更好	借助外力规避风险
2002年（易经）	说理—单—	取向单——支持	无特定主体	A 更好	努力更大更强
2001年（相马赛马）	说理—择—	取向单——有倾向	国家、政府管理者	A 好 /A 不好	让别人开开心心
2000年（幼儿园）	故事—N人N事1结果	取向单——支持	个人	A 好 /A 不好	个人素质相关
1999年（领导素质）	说理—单—	取向单——支持	企业、管理者	A 好 /A 不好	努力更大更强
1998年（下棋）	说理—单—	取向单——支持	无特定主体	A 好 /A 不好	非借助外力规避风险

经济类综合能力考试论说文真题分类速查

真题	材料类型	价值取向	行文主体	行文结构	理由类别
2024年（袁隆平）	故事—1人1事1结果	取向单——支持	个人	A好/A不好	努力更大更强
2023年（社会事务的处理）	说理—单—	取向单——支持	国家、政府管理者	A好/A不好	努力更大更强
2022年（免费乘坐交通工具）	说理—择—	取向不单——无倾向	国家、政府管理者	A更好	其他
2021年（食蚁兽）	故事—1人1事1结果	取向单——支持	无特定主体	A好/A不好	努力更大更强
2020年（退休老人马旭）	故事—N人N事无结果	取向不单——有倾向	个人	A好/A不好	克制欲望
2019年（毛毛虫实验）	故事—1人1事1结果	取向单——反对	无特定主体	A好/A不好	努力更大更强
2018年（教授穷金戴银）	说理—单—	取向不单——有倾向	其他特定主体	A更好	让别人开开心心
2017年（穷人福利）	说理—择—	取向不单——有倾向	国家、政府管理者	A更好	让别人开开心心
2016年（延迟退休）	说理—择—	取向单——支持	国家、政府管理者	A好/A不好	其他
2015年（取乎其上）	说理—单—	取向不单——有倾向	无特定主体	A好/A不好	努力更大更强
2014年（勇气）	说理—单—	取向单——支持	个人	A好/A不好	个人素质相关
2013年（尚拙）	说理—单—	取向不单——有倾向	个人	A好/A不好	借助外力规避风险
2012年（抢购茅台）	说理—单—	取向不单——有倾向	其他特定主体	A好/A不好	其他
2011年（蚁族）	说理—单—	取向不单——无倾向	其他特定主体	A好/A不好	其他

MBA MPA MPAcc
管理类与经济类综合能力

写作真题库

主编 张乃心　近年15套写作真题精讲

北京理工大学出版社
BEIJING INSTITUTE OF TECHNOLOGY PRESS

版权专有　侵权必究

图书在版编目（CIP）数据

MBA MPA MPAcc 管理类与经济类综合能力写作真题库：函套 2 册 / 张乃心主编 . -- 北京 : 北京理工大学出版社 , 2024.7.
ISBN 978 – 7 – 5763 – 4387 – 8

Ⅰ. H15-44

中国国家版本馆 CIP 数据核字第 2024B6E714 号

责任编辑：武丽娟　　**文案编辑**：武丽娟
责任校对：刘亚男　　**责任印制**：李志强

出版发行 /	北京理工大学出版社有限责任公司
社　　址 /	北京市丰台区四合庄路 6 号
邮　　编 /	100070
电　　话 /	(010) 68944451（大众售后服务热线）
	(010) 68912824（大众售后服务热线）
网　　址 /	http://www.bitpress.com.cn

版 印 次 /	2024 年 7 月第 1 版第 1 次印刷
印　　刷 /	天津市蓟县宏图印务有限公司
开　　本 /	787 mm × 1092 mm　1/16
印　　张 /	26.5
字　　数 /	661 千字
定　　价 /	99.80 元

图书出现印装质量问题，请拨打售后服务热线，负责调换

我是谁?

我是一名考研写作老师。

在这个角色中,我首先是一名考研老师,然后才是一名写作老师。

作为一名写作老师,我可以和大家从诗词歌赋聊到人生哲学,从歌德、尼采聊到里尔克,从管理学、经济学聊到心理学,从批判性思维、系统性思维聊到创造性思维,也可以从商业案例、治国兴邦聊到人生百态……但这些远远不能囊括所有的写作内容。一名合格的写作老师应该引导学生不断做加法,打破自我局限,持续拓宽认知的边界。

然而不得不提的是,写作涉猎的领域如此之多,各种各样的写作教辅、课程如雨后春笋般涌现,这反倒让大家越来越焦虑、越来越困惑,甚至无从下笔。这是写作学习中的困境,但不应该成为考研学习的常态。

本书首先是考研备考书,然后才是写作书。

当然,提到备考,很多同学会有固化思维,认为"写作的备考"就是"模板、套路、素材、话术"。实际上,"模板、套路、素材、话术"是最低效、最笨拙的学习方式,原因如下:第一,死记硬背浪费时间;第二,在近年的真题中难以应用;第三,模板痕迹重;第四,很难拿高分。从命题趋势来看,无论是经济类综合能力考试还是管理类综合能力考试,命题方向都变得越来越灵活,越来越"反套路",死记硬背的"干货"也渐成鸡肋。

所以,本书既没有背不完的素材和大道理,也没有学不完的复杂理论。我坚信"大道至简、少就是多"。我将用极为简单、直接的理论帮大家厘清写作的备考逻辑,让大家能快速上手,高效应试,最终高分上岸。

基于这样的命题趋势和自我要求,我编写了这本书——

一本极简高效的工具书;

一本可以即时反馈的应试书;

一本面向新命题时代的写作书。

乃心老师

正文中未特殊说明的情况下,论证有效性分析的题干要求均为:

分析下述论证中存在的缺陷和漏洞,选择若干要点,写一篇600字左右的文章,对该论证的有效性进行分析和评论。(论证有效性分析的一般要点是:概念特别是核心概念的界定和使用是否准确并前后一致,有无各种明显的逻辑错误,论证的论据是否成立并支持结论,结论成立的条件是否充分,等等。)

论说文的题干要求均为:

根据下述材料,写一篇700字左右的论说文,题目自拟。

使用指南

真题是考生与命题人交流的唯一桥梁,是质量最高的"模拟题"。通过真题大家可以快速了解命题思路、考试难度、考试趋势等。每一道真题都值得大家认真对待。

1. 书籍使用建议

本书分为上册和下册。

上册:《近年 15 套写作真题精讲》(重点学习)

内容范围:近 12 年管理类综合能力写作真题 + 近 3 年经济类综合能力写作真题。

学习建议:这部分真题的讲解非常详细,并配有视频课程辅助理解,建议大家每道题至少刷三遍!该册是重中之重,大家一定要认真对待。

该部分的具体学习建议如下:

题型	模块	学习建议
论证有效性分析	真题材料	(1) 读完真题材料后,大家一定要先独立完成写作。严格计时 25 分钟,使用稿纸或答题卡作答,模拟真实考试场景。 (2) 完成后自行检查,理顺思路,修改不合理之处。 (3) 参考解析和范文进行修正和优化。 (4) 总结每道真题的审题类型、结构类型、理由类型等,找到规律,举一反三。 (5) 对第一次完成情况不理想的习作反复练习,直至完全掌握
	考试大纲原文	(1) 基于大纲改正习作中出现的错误。 (2) 学习大纲中的表达方式和分析思路,并尝试运用到自己的写作中。 (3) 尝试将大纲原文中的要点补充成完整的段落
	基于大纲原文的段落扩充	(1) 将自己补充的段落与参考段落进行对比,分析两者优劣,学习优秀表达和论证技巧,取长补短。 (2) 对照大纲要求,反复修改、润色自己补充的段落,提升语言表达的精准度和逻辑论证的严密性
	要点精析	结合该部分内容对大纲中没有给出的分析点进行补充学习
	参考范文	(1) 学习范文的思路和方法,切忌简单地模仿。 (2) 分析范文的优点和不足,取长补短,形成自己的写作风格。 (3) 尝试从不同角度分析同一篇范文
论说文	真题材料	参考论证有效性分析部分的学习建议
	审题通关	先独立完成审题通关部分的小测试,找出自己在审题方面的盲区,并有针对性地纠正,提升对细节的把握

续表

题型	模块	学习建议
论说文	行文灵感库	(1) 先独立构思理由。 (2) 通过行文灵感库补充更多理由。 (3) 找到行文灵感库中该题与其他题目的共性理由，熟练掌握，举一反三
	参考范文一：借助模板	(1) 完全借助模板的写法为考场的保底方案，并非最优选择，因为所谓的"万能"往往是以牺牲针对性为代价的。 (2) 在解析近年论说文真题时，都提供了一篇完全借助模板写的范文，且这些范文用都是同一模板。这些范文是为了帮大家理解如何将同一篇模板应用于不同主题，不是为了让大家背诵。请大家不要直接背诵，而是应构建属于自己的专属模板。（构建方法可参考同系列书籍《MBA MPA MPAcc 管理类与经济类综合能力四步写作法》） (3) 模板无法与某些话题结合时，不要生搬硬套。 (4) 不要仅依赖模板的写法进行练习
	参考范文二：基础结构	(1) 基础结构并不是唯一的，但建议大家选定一种基础结构。这能帮助大家专注于优化内容而避免担心结构问题。且一旦熟悉了某种结构，大家在写作时可以更快地组织思路和内容，从而提高写作效率。 (2) 本书中选定的基础结构：开头 — 正面论证 — 找到反对观点的理由 — 推翻反对观点的理由 — 结尾。 (3) 基础结构的每个组成部分可以分解成多个段落，也可以合并成一个段落
	参考范文三：其他	文无定法，若大家有更好的写作结构或表达方式，大可不必拘泥于传统框架。然而，在追求创新的同时，也需确保不失去文章的核心和清晰度

下册：《早年真题范文精选》（补充学习）

内容范围：其他年份管理类、MBA（10 月）、经济类综合能力写作真题。

学习建议：这部分真题可作为补充学习资料，帮助大家拓展思路。时间充裕的同学，可以进行完整的写作练习；时间紧张的同学，至少要完成审题和列提纲的步骤。需要强调的是，虽然这些真题年份偏早，但题目质量依然很高，远超大部分模拟题。

2. 什么时候开始刷？

写作的备考通常可以分为如下几个阶段。

第一阶段：入门。建议使用 1~3 套真题。在刚开始接触写作的时候，可以浏览 1~3 套真题及其解析，通过这个过程了解考试题型及行文方向，快速建立认知。

第二阶段：强化。建议使用 3~5 套真题。这个阶段的主要任务是培养独立、完整、正确地写出一篇文章的能力。本阶段，大家对写作方法的运用还不够熟练，建议大家借助 3~5 套真题，彻底理解和消化写作方法，但不要浪费大量真题。

第三阶段：刷真题。按年份刷完所有需要训练的真题。本阶段，大家需要通过大量练习真题来理解和消化写作的方法及技巧，将有价值的真题全部学完。

第四阶段：冲刺。从不同维度复盘所有真题。本阶段通常以模拟题为主，但也不应忽视真题。大家需要对真题进行二刷、三刷，从不同的维度去理解和复盘真题。该阶段建议大家配合下册附录中论说文真题分类来学习论说文写作。

3. 怎么刷？

近年真题建议大家至少刷三遍。

第一遍：逐年刷。从最新一年的真题开始，按年份依次刷。建议模拟考场环境，使用稿纸、严格计时（55分钟以内完成）。刷之前不要参考任何的资料，独立完成每一套真题。写完以后再参考答案、解析及他人的意见进行批改和优化。

第二遍：挑重点刷。将重点真题重新刷一遍。重点真题包括：第一遍写得不理想的题、难题、典型题、创新题、易错题。

第三遍：分类刷。从不同的维度重新梳理真题，找到真题之间的共性及万能解决办法。该过程建议配合使用下册附录中论说文真题分类。

4. 刷哪些？

时间充裕的情况下，刷的题越多越好。上册中的真题必刷，下册中的真题可以有选择性地刷。

若时间不充裕，我在每个类型中挑选了几道初学者入门题和重点必刷真题，大家可以优先刷这些真题。（重要程度从前往后逐次降低。未提及的真题并非不重要，只是其需要用到的思路、方法、理由等基本可以被重点真题覆盖。）

参加管理类综合能力考试的考生可以重点刷如下真题：

		论证有效性分析	论说文
初学者入门题	1	2020年管理类（冬奥会）	2020年管理类（挑战者号）
	2	2016年管理类（大学生就业难）	2017年管理类（扩大生产与研发）
	3	2022年管理类（默默无闻）	2015年管理类（仁与富）
重点必刷真题	1	2024年管理类（人才引进）	2024年管理类（发散性思维）
	2	2023年管理类（老年人工作）	2023年管理类（领导艺术）
	3	2021年管理类（眼见未必为实）	2022年管理类（鸟类会飞）
	4	2019年管理类（选择与快乐）	2021年管理类（实业与教育）
	5	2018年管理类（物质与精神）	2019年管理类（知识的真理性）
	6	2017年管理类（本性与行为）	2016年管理类（多样一致）
	7	2011年管理类（股市赚钱）	2018年管理类（人工智能）
	8	2013年管理类（文化软实力）	2014年管理类（孔雀的选择）
	9	2015年管理类（生产过剩）	2013年10月MBA（实现中国梦）
	10	2014年管理类（制衡与监督）	2011年管理类（拔尖冒尖）
	11	2012年10月MBA（四不承诺）	2010年管理类（追求真理）
次重点真题	1	2012年管理类（气候变化）	2008年管理类（原则与原则上）
	2	2010年管理类（世界是平的）	2007年10月MBA（眼高手低）
	3	2007年10月MBA（终身制和铁饭碗）	2003年10月MBA（读经读史）
	4	2023年经济类（减轻中小学生负担）	2009年管理类（三鹿奶粉）
	5	2008年管理类（中医科学性）	2023年经济类（社会事务的处理）

参加经济类综合能力考试的考生可以重点刷如下真题：

		论证有效性分析	论说文
初学者入门题	1	2022 年经济类（数字阅读）	2023 年经济类（社会事务的处理）
	2	2020 年管理类（冬奥会）	2019 年经济类（毛毛虫实验）
	3	2022 年管理类（默默无闻）	2017 年经济类（穷人福利）
重点必刷真题	1	2024 年经济类（好马不吃回头草）	2024 年经济类（袁隆平）
	2	2023 年经济类（减轻中小学生负担）	2022 年经济类（免费乘坐交通工具）
	3	2021 年经济类（根治诈骗）	2021 年经济类（食蚁兽）
	4	2020 年经济类（金融机构）	2020 年经济类（退休老人马旭）
	5	2019 年经济类（AlphaGo）	2018 年经济类（教授穿金戴银）
	6	2018 年经济类（市场竞争）	2015 年经济类（取乎其上）
	7	2017 年经济类（市场规模）	2013 年 10 月 MBA（实现中国梦）
	8	2013 年经济类（黄金周）	2020 年管理类（挑战者号）
	9	2023 年管理类（老年人工作）	2017 年管理类（扩大生产与研发）
	10	2021 年管理类（眼见未必为实）	2015 年管理类（仁与富）
	11	2019 年管理类（选择与快乐）	2022 年管理类（鸟类会飞）
次重点真题	1	2018 年管理类（物质与精神）	2021 年管理类（实业与教育）
	2	2017 年管理类（本性与行为）	2019 年管理类（知识的真理性）
	3	2011 年管理类（股市赚钱）	2016 年管理类（多样一致）
	4	2013 年管理类（文化软实力）	2018 年管理类（人工智能）
	5	2015 年管理类（生产过剩）	2014 年管理类（孔雀的选择）

目录 Contents

上篇　近年论证有效性分析真题精讲 ... 1

近 12 年管理类论证有效性分析真题精讲 ... 2
2024 年管理类论效（人才引进） ... 2
2023 年管理类论效（老年人工作） ... 5
2022 年管理类论效（默默无闻） ... 9
2021 年管理类论效（眼见未必为实） ... 13
2020 年管理类论效（冬奥会） ... 17
2019 年管理类论效（选择与快乐） ... 23
2018 年管理类论效（物质与精神） ... 29
2017 年管理类论效（本性与行为） ... 35
2016 年管理类论效（大学生就业难） ... 41
2015 年管理类论效（生产过剩） ... 47
2014 年管理类论效（制衡与监督） ... 52
2013 年管理类论效（文化软实力） ... 59

近 3 年经济类论证有效性分析真题精讲 ... 65
2024 年经济类论效（好马不吃回头草） ... 65
2023 年经济类论效（减轻中小学生负担） ... 68
2022 年经济类论效（数字阅读） ... 72

下篇　近年论说文真题精讲 ... 75

近 12 年管理类论说文真题精讲 ... 76
2024 年管理类论说（发散性思维） ... 76
2023 年管理类论说（领导艺术） ... 81
2022 年管理类论说（鸟类会飞） ... 86

2021 年管理类论说（实业与教育）	92
2020 年管理类论说（挑战者号）	98
2019 年管理类论说（知识的真理性）	106
2018 年管理类论说（人工智能）	112
2017 年管理类论说（扩大生产与研发）	121
2016 年管理类论说（多样一致）	127
2015 年管理类论说（仁与富）	133
2014 年管理类论说（孔雀的选择）	142
2013 年管理类论说（波音麦道）	150

近 3 年经济类论说文真题精讲 **157**

2024 年经济类论说（袁隆平）	157
2023 年经济类论说（社会事务的处理）	161
2022 年经济类论说（免费乘坐交通工具）	165

上篇

近年论证有效性分析真题精讲

近12年管理类论证有效性分析真题精讲

2024年管理类论效（人才引进）

人才是社会经济发展的重要因素，许多单位都十分注重培养自己需要的人才。其实，人才除了靠自己培养，还应该靠引进。

常言道："十年树木，百年树人。"这说明培养人才需要相当长的时间，即使不需要一百年，现在把一个人从小学培养到大学毕业，至少也要十五六年。由此可见，靠自己单位来培养人才根本不能解决当务之急。

其次，只注重培养而不注重引进并留住人才，结果往往事与愿违。例如，企业辛辛苦苦培养的一些人才跳槽了，一些高校的优秀毕业生出国了。因此，只着眼于培养，只能是为他人作嫁衣裳。

再次，从历史上来看，秦孝公靠商鞅变法使秦国强大了，而商鞅是卫国人，是秦孝公招揽引进的。可见，招揽引进人才，就能使国家强大起来。

可喜的是，如今不少单位出台了各种措施，引进了越来越多的人才。这样，我国的人才数量必将大幅增长，国家就会更加富强了。

考试大纲官方解析及段落扩充

暂无。

注：截至发稿，最新大纲尚未发布。待大纲发布后，"张乃心考研"微信公众号将会更新该年真题的考试大纲官方解析，以及基于考试大纲原文的段落扩充。

要点精析

【原文1】人才是社会经济发展的重要因素，许多单位都十分注重培养自己需要的人才。其实，人才除了靠自己培养，还应该靠引进。

易错提示 第一段为背景知识＋表达观点，不需要分析。

【原文2】常言道："十年树木，百年树人。"这说明培养人才需要相当长的时间，即使不需要一百年，现在把一个人从小学培养到大学毕业，至少也要十五六年。由此可见，靠自己单位来培养人才根本不能解决当务之急。

【分析角度1】"十年树木，百年树人"无法说明培养人才需要相当长的时间。这句谚语揭示的并非培养人才的时间长短，而是想强调培养人才和培育树木一样，是一个持续的过程，需要持续地耕耘和投入。

【分析角度2】培养人才需要相当长的时间，不意味着靠自己单位来培养人才不能解决当务之急。人才在家庭教育、学校教育以及社会教育中，形成了良好的综合素质。而单位的培训通常专注于实际工作中所需的技能、应用知识和解决问题的能力等，这些通常可以通过短期的培养获得，从而解决当务之急。

【分析角度3】学校教育与单位培训之间不可类比。学校教育的侧重点是让学生全面打牢基础；而单位培训的侧重点是让员工掌握专门技能。

【原文3】其次，只注重培养而不注重引进并留住人才，结果往往事与愿违。例如，企业辛辛苦苦培养的一些人才跳槽了，一些高校的优秀毕业生出国了。因此，只着眼于培养，只能是为他人作嫁衣裳。

【分析角度4】由企业培养的人才跳槽、高校毕业生出国等现象，无法推出培养人才只能是为他人作嫁衣裳。人才流动是一个普遍现象，这并不意味着培养就是徒劳无功的。即使企业内部会有人才流失，但通过培养可以提升整体团队的素质和技能水平，留下的人才同样会为组织的发展做出贡献。

【分析角度5】虽然有一部分人才跳槽或出国，但也有很多由企业培养出的人才做出了卓越的贡献。

【原文4】再次，从历史上来看，秦孝公靠商鞅变法使秦国强大了，而商鞅是卫国人，是秦孝公招揽引进的。可见，招揽引进人才，就能使国家强大起来。

【分析角度6】秦孝公靠商鞅变法使秦国强大了，难以说明招揽引进人才就能使国家强大起来。一方面，个别案例的成功并不能被简单地类推到所有情况。不同国家或同一国家在不同历史时期的情况都是有差异的，其成功的因素可能会有很大的不同。另一方面，秦国的成功之处不仅仅在于招揽了商鞅，尽管个人的能力和策略可能发挥重大作用，但国家的强大往往是整个社会和多方面因素相互作用的结果。

【原文5】可喜的是，如今不少单位出台了各种措施，引进了越来越多的人才。这样，我国的人才数量必将大幅增长，国家就会更加富强了。

【分析角度7】措施的出台不一定会达到预期的效果。政策的成功并不仅仅取决于其设计的质量，更关键的是实际执行的情况。政策在实际操作中可能会遇到各种阻碍，比如执行力不足、政策落实不到位等，这些都可能会影响到政策的最终效果。

【分析角度8】不少单位引进了越来越多的人才，不意味着我国的人才数量必将大幅增长。一方面，引进的人才未必会长期留存。很多人才出于对工作环境、薪资待遇、职业发展等因素的考量，可能在单位短暂工作后选择离开。另一方面，在引进人才的同时，也可能会面临原有人才的流失。

【分析角度9】人才数量大幅增长，国家未必就会更加富强。因为人才的数量增长并不意味着人才的质量提升；且人才需要借助相应的机会和平台发挥作用。如果不能提供足够的机会和职位来发挥人才的能力，单纯增加人才数量可能无法真正推动国家的发展。

参考范文

人才应靠招揽引进吗？

上述材料经过诸多论证试图证明"人才除了靠自己培养还应该靠引进"的结论。然而由于其在论证过程中存在诸多缺陷，所以其结论也是难以让人信服的。

首先，培养人才需要相当长的时间，不意味着靠自己单位来培养人才不能解决当务之急。人才在家庭教育、学校教育以及社会教育中，形成了良好的综合素质。而单位的培训通常专注于实际工作所需的技能、应用知识和解决问题的能力等，这些通常可以通过短期的培养获得，从而解决当务之急。

其次，由企业培养的人才跳槽、高校毕业生出国等现象，无法推出培养人才只能是为他人作嫁衣裳。人才流动是一个普遍现象，即使企业内部会有人才流失，但通过培养可以提升整体团队的素质和技能水平。

再次，秦孝公靠商鞅变法使秦国强大了，难以说明招揽引进人才就能使国家强大起来。一方面，个别案例的成功并不能被简单地类推到所有情况下。不同国家或同一国家在不同历史时期的情况都是有差异的，其成功的因素可能会有很大的不同。另一方面，秦国的成功之处不仅仅在于招揽了商鞅，尽管个人的能力和策略可能发挥重大作用，但国家的强大往往是整个社会和多方面因素相互作用的结果。

最后，不少单位出台政策引进了越来越多的人才，不意味着我国的人才数量必将大幅增长。第一，措施的出台不一定会达到预期的效果。第二，引进的人才未必会长期留存。很多人才出于对工作环境、薪资待遇、职业发展等因素的考量，可能在单位短暂工作后选择离开。第三，在引进人才的同时，也可能会面临原有人才的流失。

综上，材料的论证难以让人信服。

2023 年管理类论效（老年人工作）

随着人口的老龄化，大家都在谈论老年人还要不要继续工作的话题。我们认为，老年人应该继续工作。

我国《宪法》规定："中华人民共和国公民有劳动的权利和义务。"由此可见，老年人继续工作是法律赋予他们的权利。

据统计，我国 2019 年的人均预期寿命已经达到 77.3 岁，这说明老年人的健康水平大大提高了，所以老年人完全有能力继续工作。

如果老年人不再继续工作而退出劳动力市场，就势必会打破劳动力市场的原有平衡，从而造成社会劳动力的短缺。如果老年人继续工作，就能有效地避免这一问题。

此外，老年人有权利享受更高质量的生活。他们想增加收入，改善生活，就应该继续工作。再说，有规律的生活方式有益于身体健康，而工作实际上是一种有规律的生活方式，所以老年人继续工作还有益于其身体健康。

考试大纲官方解析及段落扩充

考试大纲原文

本题的论证主要存在如下问题：

1. 《宪法》还规定了退休制度，不能片面引用某一条款来论证老年人应该继续工作。
2. 人均预期寿命的延长不等于健康寿命的延长，不是老年人应该继续工作的充分条件。
3. 老年人退出劳动力市场，未必会造成劳动力短缺。
4. 老年人继续工作，不一定能解决劳动力短缺问题。
5. 老年人增加收入的方式有多种，继续工作只是其中之一。
6. 工作即使是一种有规律的生活方式，也不一定有益于老年人的身体健康。

基于考试大纲原文的段落扩充

【大纲原文1】《宪法》还规定了退休制度，不能片面引用某一条款来论证老年人应该继续工作。

【段落扩充】我国《宪法》规定中华人民共和国公民有劳动的权利和义务，不意味着老年人应该继续工作。因为《宪法》还规定了退休制度，不能片面引用某一条款来论证老年人应该继续工作。若基于退休制度，则老年人在满足一定的工作年限后通常应该退休，不应继续工作。

【大纲原文2】人均预期寿命的延长不等于健康寿命的延长，不是老年人应该继续工作的充分条件。

【段落扩充】人均预期寿命的延长不等于健康寿命的延长，不是老年人应该继续工作的充分条件。一方面，预期寿命并不等同于实际寿命，很可能由于疾病、灾难、战争等突发情况，人们的实际寿命会缩短。不仅如此，预期寿命也不等同于健康寿命，很可能有很多人虽然寿命延长了，但长期被各种疾病困扰，他们并不健康。另一方面，老年人是否应该继续工作不应仅仅依据其健康状况，还要评估其所掌握的技能、脑力等是否与工作需求相匹配。

【大纲原文3】老年人退出劳动力市场，未必会造成劳动力短缺。

【段落扩充】老年人退出劳动力市场，未必会造成劳动力短缺。一方面，随着科技的发展，传统的劳动力需求可能会减少，新技术和自动化的兴起会减少对劳动力的需求；另一方面，劳动力市场具有一定的灵活性，可以通过其他劳动力来弥补因老年人退出而产生的空缺。

【大纲原文4】老年人继续工作，不一定能解决劳动力短缺问题。

【段落扩充】老年人继续工作，不一定能解决劳动力短缺问题。因为很多老年人的体力和脑力都出现了严重下滑，难以适应当下的工作；且很多老年人的技能和思维方式也已经不再适应当下的发展需求，即便其继续工作，可能也无法满足岗位的需求。

【大纲原文5】老年人增加收入的方式有多种，继续工作只是其中之一。

【段落扩充】老年人想增加收入、改善生活，未必就应该继续工作。因为老年人增加收入的方式有多种，继续工作只是其中之一。例如，老年人还可以通过投资理财等方式来增加收入，将积蓄投资于债券、基金等金融产品，以获取投资回报。

【大纲原文6】工作即使是一种有规律的生活方式，也不一定有益于老年人的身体健康。

【段落扩充】工作即使是一种有规律的生活方式，也不一定有益于老年人的身体健康。很可能由于工作的强度较大，很多老年人的身体状况已经无法适应，继续工作反而不利于其身体健康；不仅如此，工作可能会限制老年人与家人和朋友的互动，增加其孤独感和心理压力。

要点精析

【原文1】随着人口的老龄化，大家都在谈论老年人还要不要继续工作的话题。我们认为，老年人应该继续工作。

易错提示1 该段在陈述观点，不需要分析。

【原文2】我国《宪法》规定："中华人民共和国公民有劳动的权利和义务。"由此可见，老年人继续工作是法律赋予他们的权利。

【分析角度1】老年人继续工作是法律赋予他们的权利，不意味着老年人就应该继续工作。权利通常指公民依法享有并受法律保护的利益范围或实施一定行为以实现某种利益的资格，是法律赋予人实现其利益的一种力量。公民可以自由地选择使用或者不使用自己的权利，故继续工作是老年人拥有的权利不代表老年人就应该继续工作。

易错提示 2 对该段落的分析不能质疑我国《宪法》的权威性。

该段相关法条的解读如下：

我国法律并未禁止用工单位聘用超过 60 岁的劳动者，超过 60 岁的人依然可以成为劳动者，依然受《中华人民共和国劳动法》保护。

我国《宪法》规定，中华人民共和国公民有劳动的权利和义务。劳动权作为公民的基本权利，我国每一个公民都应享有。对公民权利的剥夺和限制，必须依据法律法规的明确规定。

《中华人民共和国劳动法》中仅规定禁止招用未满 16 周岁的未成年人，我国法律并未禁止企业、事业单位及个体工商户招聘已超过法定退休年龄（男 60 岁，女 55 岁）的劳动者。这表明我国对于公民行使劳动权利和履行劳动义务的年龄下限做出了禁止性规定，而没有对劳动者的年龄上限进行限制。只要公民年满 16 周岁直至死亡，都具有劳动的权利。

基于该法条解读，该段落的内容基本是合理的。段落内部唯一可考虑分析的角度是"劳动不等于继续工作"。但该点比较牵强，即便引入也较难分析，故不建议选择该点。

【原文 3】据统计，我国 2019 年的人均预期寿命已经达到 77.3 岁，这说明老年人的健康水平大大提高了，所以老年人完全有能力继续工作。

【分析角度 2】2019 年的人均预期寿命提升，不代表老年人的健康水平大大提高。一方面，人均预期寿命不等同于实际寿命，很可能由于疫情、灾难等原因，人均实际寿命反而减少；另一方面，很可能很多老年人虽然寿命增加了，但被各种疾病困扰，其健康水平并未提高。

【分析角度 3】老年人的健康水平大大提高了，不意味着老年人有能力继续工作。很多工作对脑力和体力具有一定的要求，即便老年人的健康水平相较于以往提高了，但很可能仍然无法满足岗位的需求，故其未必有能力继续工作。

【原文 4】如果老年人不再继续工作而退出劳动力市场，就势必会打破劳动力市场的原有平衡，从而造成社会劳动力的短缺。如果老年人继续工作，就能有效地避免这一问题。

【分析角度 4】老年人不再继续工作而退出劳动力市场，未必会打破劳动力市场的原有平衡，也不一定会造成社会劳动力的短缺。在老年人退出劳动力市场的同时，年轻人也源源不断地进入劳动力市场，补充老年人退出后的空缺。

【分析角度 5】老年人继续工作，未必能避免劳动力短缺问题。因为很多老年人的体力和脑力都严重下滑，难以适应当下的工作；且很多老年人的技能和思维方式也已经不再适应当下的社会发展需求，即便其继续工作，可能也无法满足岗位的需求。

【原文 5】此外，老年人有权利享受更高质量的生活。他们想增加收入，改善生活，就应该继续工作。再说，有规律的生活方式有益于身体健康，而工作实际上是一种有规律的生活方式，所以老年人继续工作还有益于其身体健康。

【分析角度 6】老年人想增加收入，改善生活，就应该继续工作吗？其实不然。继续工作并不是其增加收入及改善生活的唯一方式,还可以通过投资理财、子女赡养等方式实现。

【分析角度7】 有规律的生活方式有益于身体健康,不意味着继续工作有益于身体健康。因为整体具有的性质部分未必具有。很可能由于工作的强度较大,很多老年人的身体状况已经无法适应,继续工作反而不利于其身体健康;不仅如此,很多老年人即便不继续工作,也会始终保持规律的生活方式。

📖 参考范文

老年人应该继续工作吗?

上述材料经过诸多论证试图证明"老年人应该继续工作",但由于其论证过程中存在诸多缺陷,所以其结论也是难以让人信服的。

首先,2019年的人均预期寿命提升,不代表老年人的健康水平大大提高。一方面,人均预期寿命不等同于实际寿命,很可能由于疫情、灾难等原因,人均实际寿命反而减少;另一方面,很可能大多数老年人虽然寿命增加了,但伴随着各种疾病困扰,其健康水平并未提高。

其次,老年人的健康水平大大提高了,不意味着老年人有能力继续工作。很多工作对脑力和体力具有一定的要求,即便老年人的健康水平相比较以往提高了,但很可能仍然无法满足岗位的需求,故其未必有能力继续工作。

再次,老年人继续工作,未必能避免劳动力短缺问题。因为很多老年人的体力和脑力都严重下滑,难以适应当下的工作;且很多老年人的技能和思维方式也已经不再适应当下的发展需求,即便其继续工作,可能也无法满足岗位的需求。

最后,有规律的生活方式有益于身体健康,不意味着继续工作有益于身体健康。因为整体具有的性质部分未必具有。很可能由于工作的强度较大,很多老年人的身体状况已经无法适应,继续工作反而不利于其身体健康;不仅如此,很多老年人即便不继续工作,也会始终保持规律的生活方式。

综上,材料的论证难以让人信服。

2022年管理类论效（默默无闻）

默默无闻、无私奉献虽然是人们尊崇的德行，但这种德行其实不可能成为社会的道德精神。

一种德行必须借助大众媒体的传播，让大家受其感染，并化为自觉意识，然后才能成为社会的道德精神。但是，默默无闻、无私奉献的精神所赖以存在的行为特点是不事张扬、不为人知。既然如此，它就得不到传播，也就不可能成为社会的道德精神。

退一步讲，默默无闻、无私奉献的善举经媒体大力宣传后为更多的人所了解，这就从根本上使这一善举失去了默默无闻的特性。既然如此，这一命题就无从谈起了。

再者，默默无闻的善举一旦被媒体大力宣传，当事人必然会受到社会的肯定与赞赏，而这就是社会对他的回报。既然他从社会得到了回报，怎么还可以说是无私奉献呢？

由此可见，默默无闻、无私奉献的德行注定不可能成为社会的道德精神。

考试大纲官方解析及段落扩充

考试大纲原文

本题的论证主要存在如下问题：

1. "默默无闻、无私奉献是人们尊崇的德行"与"不可能成为社会的道德精神"自相矛盾。
2. 社会道德精神的传播不一定要借助大众传媒，也可以通过家庭或学校教育。
3. "当事人"不事张扬，不能等同于其"善事"不为人所知。
4. 善举被大力宣传后为更多的人所了解，不能用来否定当事人做事时的默默无闻。
5. 社会对当事人的肯定与赞赏，不能用来否定当事人无私奉献的动机。

基于考试大纲原文的段落扩充

【大纲原文1】"默默无闻、无私奉献是人们尊崇的德行"与"不可能成为社会的道德精神"自相矛盾。

【段落扩充】"默默无闻、无私奉献是人们尊崇的德行"与"不可能成为社会的道德精神"自相矛盾。如果一种德行被人们尊崇，那么它自然会在社会中传播，哪怕没有通过大众媒体传播，人们在实践中就有可能会使其成为社会的道德精神。

【大纲原文2】社会道德精神的传播不一定要借助大众传媒，也可以通过家庭或学校教育。

【段落扩充】社会道德精神的传播不一定要借助大众传媒，也可以通过家庭或学校教育。一方面，家庭作为个人成长的第一个社会单元，会对孩子的道德观念和行为模式产生深刻影响；另一方面，学校通过课程教育、教师的指导和同学间的互动，进一步强化学生的道德原则，并教授他们如何将这些原则应用于更广泛的社会环境中。

【大纲原文3】"当事人"不事张扬，不能等同于其"善事"不为人所知。

【段落扩充】"当事人"不事张扬，不能等同于其"善事"不为人所知。因为善行的受益者或旁观者可能会主动赞扬这些行为，并通过口口相传或社交网络等途径让这些行为被更多人知晓。因此，即便当事人本人不主动宣传，善行还是有可能通过其他渠道被广泛传播和认可。

【大纲原文4】善举被大力宣传后为更多的人所了解，不能用来否定当事人做事时的默默无闻。

【段落扩充】善举被大力宣传后为更多的人所了解，不能用来否定当事人做事时的默默无闻。当事人做事时的默默无闻是出于内心的善意，而后续的宣传则是外界对这份善意的回应。宣传并不改变行为人初衷的纯粹，反而证明善行本身具有感染力，足以引起广泛传播。这种传播不应该用来否定行为人的默默无闻，而应对其初衷进行肯定和宣扬。

【大纲原文5】社会对当事人的肯定与赞赏，不能用来否定当事人无私奉献的动机。

【段落扩充】社会对当事人的肯定与赞赏，不能用来否定当事人无私奉献的动机。因为当事人行善时的内心动机是独立于外界评价的，社会的肯定与赞赏不能成为判断个人是否无私奉献的标准，这种回报是事后的结果，而非行为发生时的预期。

要点精析

【原文1】默默无闻、无私奉献虽然是人们尊崇的德行，但这种德行其实不可能成为社会的道德精神。

【分析角度1】存在自相矛盾的问题（参考考试大纲原文1）。虽然考试大纲中指出了此处的问题，但该点的延展性较小，在分析点够的情况下，不建议分析该点。

【原文2】一种德行必须借助大众媒体的传播，让大家受其感染，并化为自觉意识，然后才能成为社会的道德精神。但是，默默无闻、无私奉献的精神所赖以存在的行为特点是不事张扬、不为人知。既然如此，它就得不到传播，也就不可能成为社会的道德精神。

【分析角度2】一种德行必须借助大众媒体的传播，让大家受其感染并化为自觉意识，然后才能成为社会的道德精神吗？其实不然。很多道德精神并不是通过大众媒体的传播形成的，而是通过家庭教育、学校教育、社会教育等形成的。例如，在没有大众媒体的年代，也存在很多优良的道德精神。

【分析角度3】"默默无闻、无私奉献的精神所赖以存在的行为特点是不事张扬、不为人知"并不意味着"它就得不到传播，无法成为社会的道德精神"。因为不事张扬、不为人知是默默无闻者主观上的初衷，然而其行为是否得到传播不仅受主观因素的影响，还受客观因素的影响。主观上不想被传播不代表客观上就一定不会被传播。

【原文3】退一步讲，默默无闻、无私奉献的善举经媒体大力宣传后为更多的人所了解，这就从根本上使这一善举失去了默默无闻的特性。既然如此，这一命题就无从谈起了。

【分析角度4】"默默无闻、无私奉献的善举经媒体大力宣传后为更多的人所了解"未必就会"从根本上使这一善举失去默默无闻的特性"。因为默默无闻的善举发生在媒体大力宣传之前，因此，即便媒体的大力宣传使得默默无闻的善举被更多的人知道，也不会改变当事人做出行为时的出发点，不会改变其行为发生时所具有的特性。

【原文4】再者，默默无闻的善举一旦被媒体大力宣传，当事人必然会受到社会的肯定与赞赏，而这就是社会对他的回报。既然他从社会得到了回报，怎么还可以说是无私奉献呢？

【分析角度5】默默无闻的善举被媒体大力宣传，当事人未必会受到社会的肯定与赞赏。一方面，每个人对善恶的界定标准不同，很多人在做出善举的同时可能会侵犯一部分人的权益，或者被贴上"烂好人""纵容弱者"等标签；另一方面，这样的善举被媒体大力宣传后，当事人可能会遭到质疑，一部分人会认为他们并不是真正想做善事，而是想炒作。若是如此，其未必会受到社会的肯定与赞赏。

【分析角度6】默默无闻者从社会得到了回报，未必就不是无私奉献。因为很可能从社会得到回报并非其本意。

【原文5】由此可见，默默无闻、无私奉献的德行注定不可能成为社会的道德精神。

易错提示 材料最后一段为总结论，不需要分析。

📖 参考范文

参考范文一

默默无闻等不可能成为社会的道德精神吗？

上述材料试图通过诸多论证说明"默默无闻、无私奉献的德行注定不可能成为社会的道德精神"，但由于其论证过程存在诸多缺陷，因此其结论也是值得商榷的。

首先，一种德行必须借助大众媒体的传播，让大家受其感染并化为自觉意识，然后才能成为社会的道德精神吗？其实不然。很多道德精神并不是通过大众媒体的传播形成的，而是通过家庭教育、学校教育、社会教育等形成的。例如，在没有大众媒体的年代，也存在很多优良的道德精神。

其次，默默无闻、无私奉献的精神所赖以存在的行为特点是不事张扬、不为人知，并不意味着它就得不到传播。因为不事张扬、不为人知是默默无闻者主观上的初衷，然而其行为是否得到传播不仅受主观因素的影响，还受客观因素的影响。主观上不想被传播不代表客观上就一定不会被传播。

再次，默默无闻、无私奉献的善举经媒体大力宣传后为更多的人所了解，未必就会从根本上使这一善举失去默默无闻的特性。因为默默无闻的善举发生在媒体大力宣传之前，因此，即便媒体的大力宣传使得默默无闻的善举被更多的人知道，也不会改变其做出行为时的出发点，不会改变其行为发生时所具有的特性。

最后，默默无闻的善举一旦被媒体大力宣传，当事人必然会受到社会的肯定与赞赏吗？答案是否定的。一方面，每个人对善恶的界定标准不同，做出善举的人很可能被贴上"烂好人""纵容弱者"等标签；另一方面，善举被宣传后，当事人可能反而会遭到质疑，认为他们并不是真正想做善事，而是想炒作。

综上，材料的论证难以令人信服。

参考范文二

<h3 style="text-align:center">由默默无闻等德行所引发的论证合理吗？</h3>

上述材料中，论证者通过一系列论证试图证明"默默无闻、无私奉献的德行不可能成为社会的道德精神"，然而在其论证过程中存在一系列逻辑缺陷，因此这篇论证的有效性是有待商榷的。

首先，一种德行必须借助大众媒体的传播才能成为社会的道德精神吗？未必。德行的传播除了借助大众媒体，还可以通过家风家教的潜移默化、学校教育等方式进行传播。

其次，默默无闻、无私奉献的特点是不事张扬、不为人知，并不意味着它就得不到传播。默默无闻、无私奉献的特点是指行善者在行善的过程中初衷是无私奉献。但如果善举有旁观者记录或事后被所帮助的人传播开来，默默无闻、无私奉献的善举依然得到了传播。

再次，默默无闻的善举被更多的人了解，未必就从根本上失去了默默无闻的特性。行善者的初衷是无私奉献，只要行善时是默默无闻的，善举就具有默默无闻、无私奉献的特性。媒体的大力宣传发生在事后，并不影响行善者的初衷。因此不能说媒体的大力宣传使善举失去了默默无闻的特性。

最后，默默无闻的善举被媒体大力宣传后，当事人未必会受到社会的肯定与赞赏。媟体的传播是把双刃剑，默默无闻的善举可能会被网友认为是作秀，导致当事人受到网络暴力。因而论证者的结论难以必然成立。

综上所述，由于论证者在论证过程中存在一系列逻辑谬误，因此其结论难以必然成立。

2021年管理类论效（眼见未必为实）

常言道："耳听为虚，眼见为实。"其实，"眼所见者未必实"。

从哲学意义上来说，事物的表象不等于事物的真相。我们亲眼看到的，显然只是事物的表象而不是真相。只有将看到的表象加以分析，透过现象看本质，才能看到真相。换言之，我们亲眼看到的未必是真实的东西，即"眼所见者未必实"。

举例来说，人们都看到旭日东升，夕阳西下，也就是说，太阳环绕地球转。但是，这只是人们站在地球上看到的表象而已，其实这是地球自转造成的。由此可见，眼所见者未必实。

我国古代哲学家老子早就看到了这一点。他说过，人们只看到房子的"有"（有形的结构），但人们没看到的"无"（房子中无形的空间）才有实际效用。这也说明眼所见者未必实，未见者为实。

老子还说，讲究表面的礼节是"忠信之薄"的表现。韩非解释时举例说，父母和子女因为感情深厚而不讲究礼节，可见讲究礼节是感情不深的表现。现在人们把那种客气的行为称作"见外"，也是这个道理。这其实也是一种"眼所见者未必实"的现象。因此，如果你看到有人对你很客气，就认为他对你好，那就错了。

考试大纲官方解析及段落扩充

考试大纲原文

本题的论证主要存在如下问题：

1. 核心概念的界定前后不一致，"眼见为实"的"实"和文中"眼所见者未必实"的"实"内涵不同。
2. 亲眼看到的，其实不只是事物的表象，也可能是真相。
3. 地球自转的实情，不能用来否定我们看到的"旭日东升，夕阳西下"这一实况。
4. 房子的"无"具有"实际效用"，但这不是"未见者为实"之"实"（真实）。
5. 父母和子女因为感情深厚而不讲究礼节，不能推出讲究礼节是感情不深的表现。
6. 有人对你很客气，也有可能真的对你好。

基于考试大纲原文的段落扩充

【大纲原文1】 核心概念的界定前后不一致，"眼见为实"的"实"和文中"眼所见者未必实"的"实"内涵不同。

【段落扩充】 文中核心概念的界定前后不一致，"眼见为实"的"实"和文中"眼所见者未必实"的"实"内涵不同。"眼见为实"的"实"指的是直观的、肉眼可见的实体或事件，而"眼所见者未必实"中"实"的内涵更加抽象，往往是指事物的本质或真实。

【大纲原文2】亲眼看到的，其实不只是事物的表象，也可能是真相。

【段落扩充】亲眼看到的，其实不只是事物的表象，也可能是真相。虽然我们的感觉器官有时会误导我们，但并不意味着它们总是不可靠的。在许多情况下，我们的视觉器官能提供关于世界的真实信息。例如，我们看到水果的颜色变深通常意味着它们更成熟了。因此，将所有亲眼看到的都视为不可信的表象，是不合理的。

【大纲原文3】地球自转的实情，不能用来否定我们看到的"旭日东升，夕阳西下"这一实况。

【段落扩充】地球自转的实情，不能用来否定我们看到的"旭日东升，夕阳西下"这一实况。因为日出和日落是我们通过视觉器官所观察到的现象，而地球自转是对这些现象背后原因的科学解释。我们不能因为理解了现象背后的科学原理，就认为直接的观察是错误的。

【大纲原文4】房子的"无"具有"实际效用"，但这不是"未见者为实"之"实"（真实）。

【段落扩充】房子的"无"具有"实际效用"，但这不是"未见者为实"之"实"（真实）。"实际效用"指的是房子内部空间的功能性，即它虽然不可见，却有居住功能。这是一个物理层面的"实"。而"未见者为实"讨论的"实"则较为抽象，往往指事物存在的本质或真相。

【大纲原文5】父母和子女因为感情深厚而不讲究礼节，不能推出讲究礼节是感情不深的表现。

【段落扩充】父母和子女因为感情深厚而不讲究礼节，不能推出讲究礼节是感情不深的表现。礼节是文化和社会规范的体现，其程度并不一定与个人之间感情的深浅成正比。在不同的文化和家庭中，表达感情的方式各异。有些家庭可能通过严格的礼节来表达对彼此的尊重和爱护。因此，这个论点过于简化了礼节与感情之间的关系。

【大纲原文6】有人对你很客气，也有可能真的对你好。

【段落扩充】如果你看到有人对你很客气，就认为他对你好，这样的判断一定是错的吗？非也。有人对你很客气，也有可能真的对你好。客气可以是出于礼貌、尊重或者是对他人的真诚善意，不能一概而论地认为客气都不是出于真心对你好。

要点精析

【原文1】常言道："耳听为虚，眼见为实。"其实，"眼所见者未必实"。

易错提示1 该段为背景知识，且作者对其持否定态度，故不用分析。

【原文2】从哲学意义上来说，事物的表象不等于事物的真相。我们亲眼看到的，显然只是事物的表象而不是真相。只有将看到的表象加以分析，透过现象看本质，才能看到真相。换言之，我们亲眼看到的未必是真实的东西，即"眼所见者未必实"。

【分析角度1】我们亲眼看到的未必只是事物的表象而不是真相。因为部分事物的表象是能够反映事物的真相的。

【分析角度2】只有将看到的表象加以分析，透过现象看本质，才能看到真相吗？答案是否定的。我们不否认部分真相隐藏在表象背后，需要我们对表象进行分析，但也有很多真相是由表象直接呈现的，不需要对表象进行分析就能看到。

> 易错提示2 "从哲学意义上来说，事物的表象不等于事物的真相"为背景知识，不需要分析。

【原文3】举例来说，人们都看到旭日东升，夕阳西下，也就是说，太阳环绕地球转。但是，这只是人们站在地球上看到的表象而已，其实这是地球自转造成的。由此可见，眼所见者未必实。

【分析角度3】"太阳环绕地球转"只是人们站在地球上看到的表象，并不代表"眼所见者未必实"。因为"太阳环绕地球转"并不是人们用眼睛直接看到的事实，而是根据"旭日东升，夕阳西下"这一眼见的事实分析出来的，故这一分析的错误无法证明"眼所见者未必实"。

【原文4】我国古代哲学家老子早就看到了这一点。他说过，人们只看到房子的"有"（有形的结构），但人们没看到的"无"（房子中无形的空间）才有实际效用。这也说明眼所见者未必实，未见者为实。

【分析角度4】房子的"有"没有实际效用无法证明眼所见者未必实。一方面，作者混淆了"实际效用"与"实"；另一方面，房子中无形的空间只有通过有形的结构才能够呈现，故房子的"有"并非没有实际效用。

【分析角度5】房子的"无"才有实际效用无法证明未见者为实。一方面，有实际效用不等同于真实；另一方面，房子仅为个例，无法代表其他事物的情况。

【分析角度6】老子的观点仅为一家之言。

【原文5】老子还说，讲究表面的礼节是"忠信之薄"的表现。韩非解释时举例说，父母和子女因为感情深厚而不讲究礼节，可见讲究礼节是感情不深的表现。现在人们把那种客气的行为称作"见外"，也是这个道理。这其实也是一种"眼所见者未必实"的现象。因此，如果你看到有人对你很客气，就认为他对你好，那就错了。

【分析角度7】父母和子女之间的关系无法代表其他群体之间的关系。因为父母和子女之间的关系比较特殊——具有无法割裂的亲缘性。

【分析角度8】看到有人对你很客气，不能说明认为他对你好是错的。虽然不排除有些人的客气带有目的性，比如想要拉近彼此的距离，但也有很多人希望通过客气的方式表达自己的友善和对对方的尊重。

📖 **参考范文**

由眼所见者未必实引发的论证合理吗？

上述材料中，作者展开了诸多论证，试图得到"眼所见者未必实"的结论，然而由于其论证过程存在诸多缺陷，故其结论也是值得商榷的。现分析如下。

首先，只有将看到的表象加以分析，透过现象看本质，才能看到真相吗？答案是否定的。我们不否认部分真相隐藏在表象背后，需要我们对表象进行分析，但也有很多真相是由表象直接呈现的，不需要对表象进行分析就能看到。

其次，"太阳环绕地球转"只是人们站在地球上看到的表象，并不代表"眼所见者未必实"。因为"太阳环绕地球转"并不是人们用眼睛直接看到的事实，而是根据"旭日东升，夕阳西下"这一眼见的事实分析出来的，故这一分析的错误无法证明"眼所见者未必实"。

再次，房子的"无"才有实际效用无法证明未见者为实。一方面，有实际效用不等同于真实；另一方面，房子仅为个例，无法代表其他事物的情况。

最后，看到有人对你很客气不能说明认为他对你好是错的。虽然不排除有些人的客气带有目的性，比如想要拉近彼此的距离，但也有很多人希望通过客气的方式表达自己的友善和对对方的尊重。

综上，由于作者的论证过程存在诸多逻辑缺陷，故其结论难以令人信服。

2020 年管理类论效（冬奥会）

北京将联手张家口共同举办 2022 年冬季奥运会。中国南方的一家公司决定在本地投资设立一家商业性的冰雪运动中心。这家公司认为，该中心一旦投入运营，将获得可观的经济效益。这是因为：

北京与张家口共同举办冬奥会，必然会在中国掀起一股冰雪运动热潮。中国南方许多人从未有过冰雪运动的经历，会出于好奇心而投身于冰雪运动。这正是一个千载难逢的绝好商机，不能轻易错过。

而且，冰雪运动与广场舞、跑步等不一样，需要一定的运动用品，例如冰鞋、滑雪板与运动服装等等。这些运动用品价格不菲而具有较高的商业利润。如果在开展商业性冰雪运动的同时也经营冬季运动用品，则公司可以获得更多的利润。

另外，目前中国网络购物已经成为人们的生活习惯，但相对于网络商业，人们更青睐直接体验式的商业模态，而商业性冰雪运动正是直接体验式的商业模态，无疑具有光明的前景。

📖 考试大纲官方解析及段落扩充

考试大纲原文

本题的论证主要存在如下问题：

1. 冰雪运动的热潮主要表现为对冰雪运动的关注，它与参与冰雪运动之间缺乏必然的逻辑联系。

2. 南方许多人没有冰雪运动的经历，可能出于好奇心而投身于冰雪运动，但也有可能没有这种经历或没有好奇心而不参加冰雪运动。

3. 公司经营冬季运动用品，未必可以获得更多的利润。

4. 相对于网络购物，人们未必更青睐直接体验式的商业模态。

5. 即使人们更青睐直接体验式的商业模态，未必就青睐冰雪运动。

6. 对其他因素缺乏考虑，如在南方开展冰雪运动成本较高，也有可能影响利润。

基于考试大纲原文的段落扩充

【大纲原文1】冰雪运动的热潮主要表现为对冰雪运动的关注，它与参与冰雪运动之间缺乏必然的逻辑联系。

【段落扩充】北京与张家口共同举办冬奥会，未必会在中国掀起一股冰雪运动热潮。因为冰雪运动的热潮主要表现为对冰雪运动的关注，它与参与冰雪运动之间缺乏必然的逻辑联系。观众的兴趣可能仅在于观看比赛和关注运动员，并不会产生投身于冰雪运动的愿望，更何况冰雪运动的开展还会受到气候、地理位置等的限制。

【大纲原文2】南方许多人没有冰雪运动的经历，可能出于好奇心而投身于冰雪运动，但也有可能没有这种经历或没有好奇心而不参加冰雪运动。

【段落扩充】南方许多人没有冰雪运动的经历，可能出于好奇心而投身于冰雪运动，但也有可能没有这种经历或没有好奇心而不参加冰雪运动。这些人很可能会由于缺乏相关经历或担心受伤等原因而不愿尝试冰雪运动。此外，冰雪运动通常要求参与者进行一定的技能培训和体能准备，这些门槛可能会进一步削弱人们的参与热情。

【大纲原文3】公司经营冬季运动用品，未必可以获得更多的利润。

【段落扩充】公司经营冬季运动用品，未必可以获得更多的利润。一方面，经营冬季运动用品需要一定的进货成本，还必须考虑人工、店铺租金、仓储和货物保管等费用；另一方面，从需求角度来看，很多消费者可能对高价位的专业运动装备的购买意愿极低。因此，高昂的成本和不确定的销量使得这一商业模式的风险不容忽视。

【大纲原文4】相对于网络购物，人们未必更青睐直接体验式的商业模态。

【段落扩充】相对于网络购物，人们未必更青睐直接体验式的商业模态。在数字化时代，网络购物的便捷性和多样性已经改变了消费者的购物习惯，直接体验式的商业模态并非总是首选。此外，冰雪运动的体验性无法吸引所有人，特别是那些对体育运动不感兴趣或者偏好室内活动的消费者。

【大纲原文5】即使人们更青睐直接体验式的商业模态，未必就青睐冰雪运动。

【段落扩充】即使人们更青睐直接体验式的商业模态，未必就青睐冰雪运动。参与冰雪运动通常需要较高的费用投入，包括装备购买、使用场地的费用。这些都可能成为消费者的参与障碍。另外，冰雪运动的季节性和地域性限制也可能减少潜在参与者的数量，尤其是在南方地区。这些因素都需要在评估冰雪运动商业潜力时考虑。

【大纲原文6】对其他因素缺乏考虑，如在南方开展冰雪运动成本较高，也有可能影响利润。

【段落扩充】对其他因素缺乏考虑，如在南方开展冰雪运动成本较高，也有可能影响利润。例如：在南方温暖的气候条件下，制冰和维持低温环境所需的能源消耗会带来高额的成本。此外，由于冰雪运动对南方人而言并非传统活动，可能需要投入额外的市场推广费用来吸引和培训消费者。这些都是潜在的成本，可能会降低预期的利润，甚至导致经营亏损。

要点精析

【原文1】北京将联手张家口共同举办2022年冬季奥运会。中国南方的一家公司决定在本地投资设立一家商业性的冰雪运动中心。这家公司认为，该中心一旦投入运营，将获得可观的经济效益。这是因为：

易错提示 1　该段为背景知识，不需要分析。

【原文2】北京与张家口共同举办冬奥会，必然会在中国掀起一股冰雪运动热潮。中国南方许多人从未有过冰雪运动的经历，会出于好奇心而投身于冰雪运动。这正是一个千载难逢的绝好商机，不能轻易错过。

【分析角度1】举办冬奥会未必会在中国掀起一股冰雪运动热潮。因为不同于篮球、乒乓球等运动，冰雪运动的开展不仅会受到场地的限制，而且会受到地域、环境和天气等因素的限制。

【分析角度2】中国南方许多人从未有过冰雪运动的经历不代表他们就会出于好奇心而投身于冰雪运动。一方面，南方很多城市不具备全民参与冰雪运动的气候条件；另一方面，参与冰雪运动需要有一定的消费能力和良好的身体素质，很多人并不具备这些条件。

【原文3】而且，冰雪运动与广场舞、跑步等不一样，需要一定的运动用品，例如冰鞋、滑雪板与运动服装等等。这些运动用品价格不菲且具有较高的商业利润。如果在开展商业性冰雪运动的同时也经营冬季运动用品，则公司可以获得更多的利润。

【分析角度3】开展商业性冰雪运动的同时也经营冬季运动用品未必能使公司获得更多的利润。因为发生销售行为未必就会增加利润，利润是否增加还需要考虑运营成本、进货成本以及售价等诸多因素。不仅如此，由于冬季运动用品的售价较高且使用频率低，很多人可能不会选择购买，而是选择租用。

易错提示 2　"冰雪运动与广场舞、跑步等不一样，需要一定的运动用品"不需要分析，该句为客观事实。

【原文4】另外，目前中国网络购物已经成为人们的生活习惯，但相对于网络商业，人们更青睐直接体验式的商业模态，而商业性冰雪运动正是直接体验式的商业模态，无疑具有光明的前景。

【分析角度4】商业性冰雪运动是直接体验式的商业模态不代表其一定具有光明的前景。因为冰雪运动在推广的过程中，会受限于地域、消费能力、天气、季节等诸多因素，这些都很可能会阻碍商业性冰雪运动的发展。

【分析角度5】人们更青睐直接体验式的商业模态未必就青睐冰雪运动。因为一种商业模态发展良好并不能代表该商业模态下的所有商业类别都能发展良好。

易错提示 3　本段不存在自相矛盾的地方。很多同学指出前文提到了"网络购物已经成为人们的生活习惯"，后文又提到"人们更青睐直接体验式的商业模态"，认为二者自相矛盾，这种理解是错误的，因为习惯与青睐并不等价。

参考范文

参考范文一

设立冰雪运动中心真的可以获得可观收益吗？

材料试图通过诸多论证得出"设立冰雪运动中心可以获得可观收益"的结论，然而，由于其论证过程存在诸多缺陷，其结论也难以令人信服。

首先，举办冬奥会未必会在中国掀起一股冰雪运动热潮。冬奥会也许会在短期内激发公众对冰雪运动的兴趣，但这种兴趣是否能够长期保持并转化为日常运动习惯还存在很大的不确定性。许多国家在举办大型体育赛事后，民众对相关运动的热度并未保持太久，最终回归到原有的低水平。

其次，中国南方许多人对冰雪运动有好奇心并不代表他们会投身于冰雪运动。一方面，从客观条件出发，南方城市不具备全民参与冰雪运动的气候条件；另一方面，从主观条件出发，参与冰雪运动的人需要有一定的消费能力和良好的身体素质，很多人不具备这些条件。

再次，开展商业性冰雪运动的同时也经营冬季运动用品未必能使公司获得更多的利润。因为发生销售行为未必就会增加利润，利润是否增加还需要考虑运营成本、进货成本以及售价等诸多因素。不仅如此，由于冬季运动用品的售价较高且使用频率低，很多人可能不会选择购买，而是选择租用。

最后，直接体验式的商业模态会得到青睐不代表商业性冰雪运动就有光明的前景，因为一种商业模态发展良好并不能代表该商业模态下所有品类都能发展良好。虽然直接体验式的商业模式在一些领域取得了成功，但冰雪运动在推广的过程中，会受限于地域、消费能力、季节等诸多因素，其市场规模和用户群体相对较小。此外，冰雪运动的高门槛和高成本也使得其难以像其他体验式商业模式一样发展。

综上，材料论证过程存在诸多缺陷，所以其结论也难以令人信服。

参考范文二

设立冰雪运动中心能获得可观的经济效益吗？

材料通过诸多有缺陷的论证无法得出"在南方设立冰雪运动中心能获得可观的经济效益"这一结论。

首先，北京与张家口共同举办冬奥会，必然会在中国掀起一股冰雪运动热潮吗？不一定。要知道冰雪运动是一项专业性较强、具有一定危险性的运动，没有专业人员的指导往往很难开展。更重要的是，中国南方大部分地区的气候、温度等很难满足创造雪地的条件，故冬奥会的举办未必能掀起一股冰雪运动热潮。

其次，即使中国南方许多人从未有过冰雪运动的经历，也未必会出于好奇心而投身于冰雪运动。一方面，没有经历并不代表会好奇，他们很可能早已通过体育报道、书刊等形式对冰雪运动有所了解；另一方面，即使他们好奇，也可能因为对冰雪运动不感兴趣或考虑到冰雪运动具有危险性而不愿参与其中。

再次，公司开展商业性冰雪运动的同时也经营冬季运动用品不一定能获得更多的利润。因为很可能真实的情况是，大多数南方消费者没有购买冬季运动用品的需求，这类产品没有市场。在此情况下，公司甚至可能会因为产品滞销而造成库存积压，从而使得成本增加，原有的利润反而会减少。

最后，人们更青睐直接体验式的商业模态并不意味着商业性冰雪运动具有光明的前景。因为人们喜欢这个模态不等价于喜欢该模态下所有的商业类别。若人们都因冰雪运动不容易学或危险系数较高等不参与冰雪运动，那么即使其具有直接体验式的商业模态，也难以发展。

综上，材料的论证难以令人信服。

参考范文三

商业性冰雪运动的前景真的光明吗？

公司渴望获取丰厚的收益固然可以理解，但也应基于理性思考。材料在论证"商业性冰雪运动具有光明的前景"的过程中存在诸多谬误，故难以得到结论，现分析如下。

首先，冬奥会的举办与冰雪运动热潮的出现并无绝对关联。其一，冰雪运动的参与度与人们感兴趣的程度有关，如果人们对冰雪运动无丝毫兴趣，那么即使举办冬奥会，也无法调动他们的积极性；其二，商业性冰雪运动中心的设立需要考虑诸多因素，如购买器材设备、选择场地等，故需要一定的资金支撑，缺乏普适性。

其次，从未有过冰雪运动经历的人一定会由于好奇而投身于冰雪运动吗？未必。南方人即便从未亲身参与过冰雪运动，但说不定早已通过其他途径对冰雪运动有了一定的认识，了解到其所存在的安全隐患以及运动流程的复杂性，出于对安全及时间成本的考量，可能选择不参与冰雪运动。

再次，经营冬季运动用品不一定能增加公司的利润。运动用品价格不菲，可能会使很多家境一般的人望而却步，这样受众范围就缩小了。同时，若购买量持续低迷则会使产品积压，从而损害公司的既有利益，这样反而与其成立初衷背道而驰了。

最后，人们青睐直接体验式的商业模态并不代表冰雪运动的前景光明。人们倾向于直接体验式的服务可能是因为企业商誉良好、用户评价高或品牌附加价值高。若冰雪运动中心的内部环境差或器械质量低，则会严重降低用户的好感度，他们也将减少相关消费，进而影响企业的资金运转。

综上，商业性冰雪运动的前景未必光明。

参考范文四

设立冰雪运动中心真的能获利吗？

材料试图通过一系列论证得出"设立冰雪运动中心能获利"这一结论，然而，由于其论证过程存在诸多逻辑漏洞，其结论值得商榷。

首先，北京与张家口共同举办冬奥会未必就会在中国掀起一股冰雪运动热潮。因为相较于篮球、跑步等大众化的运动，冰雪运动的推广会受到气候、场地等因素的限制，很多地方不具备开展冰雪运动的条件。

其次，中国南方许多人从未有过冰雪运动的经历，他们就一定会出于好奇心而投身于冰雪运动，从而给企业带来商机吗？其实不然。冰雪运动是高强度的运动，参考者需要有较强的身体素质，而南方大部分人从未参加过冰雪运动，他们很有可能无法接受冰雪运动的强度；此外，参与冰雪运动的人还需要有一定的消费能力，若冰雪运动的价位超过了大部分人的预期，他们很可能不会去消费。

再次，开展商业性冰雪运动的同时也经营冬季运动用品不一定能让公司获利。因为企业能否获利除了要考虑消费者的购买力，还要考虑采购成本、销售价格等诸多因素；不仅如此，消费者考虑到冬季运动用品价格较高且使用频率低，很可能不会选择购买，而会选择租用，那么企业就不一定能获利了。

最后，目前人们更青睐直接体验式的商业模态，就代表同样具有该商业模态的冰雪运动有光明的前景吗？未必。因为在互联网时代，消费者青睐的商业模态是不断变化的，很可能几年过后，由于商业环境的变化，人们会更青睐其他创新型商业模态；同时，商业性冰雪运动只是直接体验式运动中的一种，消费者在进行选择时还会权衡时间成本及经济成本，可能会倾向于其他直接体验式的运动。

综上，材料论证难以令人信服。

参考范文五

投资商业性冰雪运动一定能获得可观的经济效益吗？

材料通过一系列论证来说明该南方公司在本地投资设立一家商业性的冰雪运动中心，一定能获得可观的经济效益，这样的论证看似有理，实则难以令人信服。

首先，北京与张家口共同举办冬奥会并不一定会在中国掀起一股冰雪运动热潮，因为绝大多数人只关注比赛的结果，而非运动本身，所以，冬奥会的举办很可能只是增加了观看冰雪运动的人数，而非参与冰雪运动的人数。

其次，中国南方许多人从未有过冰雪运动经历就一定会出于好奇心而投身于冰雪运动吗？未必。由于南方许多人从未有过冰雪运动的经历，他们可能会对激烈的冰雪运动产生畏惧心理，因此不会投身其中；况且出于好奇心产生的行为可能并不长久，人们也许体验一次后就不会再去，从长远来看，这可能并不是一个好的商机。

再次，参与冰雪运动所需的冰鞋、滑雪板与运动服装等价格昂贵，大部分人并不会选择购买，而会选择租赁，所以运动用品的价格不菲并不会使公司获得较高的经济利润；相反，昂贵的运动用品可能导致对冰雪运动有兴趣的人因无力购买而放弃体验，使得公司利润减少。

最后，人们更青睐直接体验式的商业模态未必能证明商业性冰雪运动有光明的前景。因为受到青睐只是具有光明前景的条件之一。如果公司资金受限、宣传不当，或消费者虽然青睐但没有时间、精力体验等，那么其前景仍然堪忧。

综上所述，由于材料推理存在诸多逻辑漏洞，"投资商业性冰雪运动一定能获得可观的经济效益"的结论是有待商榷的。

2019年管理类论效（选择与快乐）

有人认为选择越多越快乐。其理由是：人的选择越多就越自由，其自主性就越高，就越感到幸福和满足，所以就越快乐。其实，选择越多可能会越痛苦。

常言道："知足常乐。"一个人知足了才会感到快乐。世界上的事物是无穷的，所以选择也是无穷的。所谓"选择越多越快乐"，意味着只有无穷的选择才能使人感到最快乐。而追求无穷的选择就是不知足，不知足者就不会感到快乐，那就只会感到痛苦。

再说，在做出每一选择时，首先需要我们对各个选项进行考察分析，然后再进行判断决策。选择越多，我们在考察分析选项时势必付出更多的精力，也就势必带来更多的烦恼和痛苦。事实也正是如此。我们在做考卷中的选择题时，选项越多选择起来就越麻烦，也就越感到痛苦。

还有，选择越多，选择时产生失误的概率就越高，由于选择失误而产生的后悔就越多，因而产生的痛苦也就越多。有人因为飞机晚点而后悔没选坐高铁，就是因为可选交通工具多样而造成的。如果没有高铁可选，就不会有这种后悔和痛苦。

退一步说，即使其选择没有绝对的对错之分，也肯定有优劣之分。人们做出某一选择后，可能会觉得自己的选择并非最优而产生懊悔。从这种意义上说，选择越多，懊悔的概率就越大，也就越痛苦。很多股民懊悔自己没有选好股票而未赚到更多的钱，从而痛苦不已，无疑是因为可选购的股票太多造成的。

📖 考试大纲官方解析及段落扩充

考试大纲原文

本题的论证主要存在如下问题：

1. 所谓"选择越多越快乐"，其中的选择再多也是有限的，所以并不"意味着"选择者有无穷的选择。选择者不可能去追求无穷的选择，也就无所谓"不知足"。

2. 从"知足常乐"不能推出"不知足者就不会感到快乐"而"只会感到痛苦"。

3. 考察分析更多的选项虽然要付出更多的精力，但也可能带来探索的乐趣，而未必带来更多的烦恼和痛苦。

4. 人们的多种选择可能都合适，选项多少和选择失误之间未必存在正比关系，所以"选择越多，选择时产生失误的概率就越高"等说法未必正确。

5. "因为飞机晚点而后悔没选坐高铁"，其后悔的原因明明是"飞机晚点"，说"是因为可选交通工具多样而造成的"显属归因谬误。如果没有高铁可选，可能也会有这种后悔和痛苦。

6. "股民懊悔自己没有选好股票而未赚到更多的钱"与"可选购的股票太多"无直接因果关系。

基于考试大纲原文的段落扩充

【大纲原文1】所谓"选择越多越快乐",其中的选择再多也是有限的,所以并不"意味着"选择者有无穷的选择。选择者不可能去追求无穷的选择,也就无所谓"不知足"。

【段落扩充】所谓"选择越多越快乐",其中的选择再多也是有限的,所以并不"意味着"选择者有无穷的选择。选择者不可能去追求无穷的选择,也就无所谓"不知足"。因为每个人在生活中的选择是基于个人所处的环境,所拥有资源、时间和能力等因素而做出的。无论选择的范围有多广,它们都受到这些实际限制的约束。例如,即使超市里的商品种类繁多,消费者也只能从中选择自己需要的、负担得起的、喜欢的商品。

【大纲原文2】从"知足常乐"不能推出"不知足者就不会感到快乐"而"只会感到痛苦"。

【段落扩充】从"知足常乐"不能推出"不知足者就不会感到快乐"而"只会感到痛苦"。因为知足与否并非快乐与否的唯一决定因素,人们可以在追求更多的过程中体验挑战和成长带来的成就感,这些体验同样可以带来快乐。不仅如此,快乐和痛苦并非简单的二元对立,虽然不知足者可能认为某些方面不尽如人意,但这并不等同于他们不会有任何快乐的体验,也不意味着他们只会感到痛苦。

【大纲原文3】考察分析更多的选项虽然要付出更多的精力,但也可能带来探索的乐趣,而未必带来更多的烦恼和痛苦。

【段落扩充】考察分析更多的选项虽然要付出更多的精力,但也可能带来探索的乐趣,而未必带来更多的烦恼和痛苦。对于喜欢挑战和探索的人来说,评估不同选项的过程可能会带来乐趣,甚至是成就感的一种来源,因此不应一概而论。

【大纲原文4】人们的多种选择可能都合适,选项多少和选择失误之间未必存在正比关系,所以"选择越多,选择时产生失误的概率就越高"等说法未必正确。

【段落扩充】选择越多,选择时产生失误的概率就越高吗?其实不然。人们的多种选择可能都合适,选项多少和选择失误之间未必存在正比关系,所以"选择越多,选择时产生失误的概率就越高"等说法未必正确。

【大纲原文5】"因为飞机晚点而后悔没选坐高铁",其后悔的原因明明是"飞机晚点",说"是因为可选交通工具多样而造成的"显属归因谬误。如果没有高铁可选,可能也会有这种后悔和痛苦。

【段落扩充】"因为飞机晚点而后悔没选坐高铁",其后悔的原因明明是"飞机晚点",说"是因为可选交通工具多样而造成的"显属归因谬误。如果没有高铁可选,可能也会有这种后悔和痛苦。因此,不应将后悔的情绪简单地归咎于交通工具的多样性。

【大纲原文6】"股民懊悔自己没有选好股票而未赚到更多的钱"与"可选购的股票太多"无直接因果关系。

【段落扩充】"股民懊悔自己没有选好股票而未赚到更多的钱"与"可选购的股票太多"无直接因果关系。股民的懊悔可能有多种原因,如缺乏有效信息、判断失误或市场具有不可预测性,而不仅仅局限于股票的数量。实际上,即使可选购的股票不多,错误的投资决策依然可能导致股民懊悔。

要点精析

【原文1】有人认为选择越多越快乐。其理由是:人的选择越多就越自由,其自主性就越高,就越感到幸福和满足,所以就越快乐。其实,选择越多可能会越痛苦。

易错提示 该段为背景知识,且后文对其进行了否定,故不用分析。

【原文2】常言道:"知足常乐。"一个人知足了才会感到快乐。世界上的事物是无穷的,所以选择也是无穷的。所谓"选择越多越快乐",意味着只有无穷的选择才能使人感到最快乐。而追求无穷的选择就是不知足,不知足者就不会感到快乐,那就只会感到痛苦。

【分析角度1】"知足常乐"并不代表一个人只有知足了才会感到快乐。论证中误把"知足"这一充分条件当成了必要条件。很多人恰恰是因为不愿知足,将不知足化作前进的动力,从而获得了更大的快乐和满足。

【分析角度2】客观事物无穷并不代表主观选择无穷。从主体意愿上看,很多客观存在的事物并不被主体需要;从客观局限性上看,虽然事物具有无穷性,但是很多有效资源是稀缺的、有选择门槛的,很多事物虽然被主体需要,但它们同时受到法律、实力等因素的制约,人们往往无法自由选择。

【分析角度3】所谓"选择越多越快乐"并不意味着只有无穷的选择才能使人感到最快乐。因为选择再多也是有限的,所以选择者并非拥有无穷的选择。选择者不可能去追求无穷的选择,也就无所谓"不知足"。

【分析角度4】不知足者未必就不会感到快乐。很有可能正是因为其不知足、不满足于现状,不断地进行自我提升,反而因成长收获了快乐。

【原文3】再说,在做出每一选择时,首先需要我们对各个选项进行考察分析,然后再进行判断决策。选择越多,我们在考察分析选项时势必付出更多的精力,也就势必带来更多的烦恼和痛苦。事实也正是如此。我们在做考卷中的选择题时,选项越多选择起来就越麻烦,也就越感到痛苦。

【分析角度5】选择越多,我们在考察分析选项时未必就要付出更多的精力。很多选择是有唯一正确选项的,如考卷中的单选题。当正确选项唯一时,我们可以直接锁定正确答案,此时付出的精力与选项数量之间不存在正比关系。

【分析角度6】我们在考察分析选项时付出的精力越多并不代表烦恼和痛苦就会越多。很多时候,选择多代表选择者的自主权和选择范围大,可以更加全面地考虑问题,未必会带来更多的烦恼和痛苦。

【分析角度7】考卷中的选择题与材料所探讨的选择具有本质区别,不能草率地将二者进行类比。做考卷中的选择题要求在正确选项和错误选项之间做抉择,选项中存在无可争议的正确选项;而材料所探讨的选择并不是正误型选择,而是优劣型选择,需要大家在诸多各有利弊的选项中权衡。

【原文4】还有,选择越多,选择时产生失误的概率就越高,由于选择失误而产生的后悔就越多,因而产生的痛苦也就越多。有人因为飞机晚点而后悔没选坐高铁,就是因为可选交通工具多样而造成的。如果没有高铁可选,就不会有这种后悔和痛苦。

【分析角度8】材料将乘客因飞机晚点而产生的后悔和痛苦归结于交通工具的多样性实属荒谬。试想,即使没有高铁这一选项,飞机晚点带来的痛苦也未必能够得以缓解。更有可能的情况是,由于缺少高铁这一备选方案,更多的人可能会被迫选择飞机作为交通工具,从而增加了他们遭遇痛苦体验的可能性。

【原文5】退一步说,即使其选择没有绝对的对错之分,也肯定有优劣之分。人们做出某一选择后,可能会觉得自己的选择并非最优而产生懊悔。从这种意义上说,选择越多,懊悔的概率就越大,也就越痛苦。很多股民懊悔自己没有选好股票而未赚到更多的钱,从而痛苦不已,无疑是因为可选购的股票太多造成的。

【分析角度9】选择未必有优劣之分。很多选择的优劣是难以权衡的,当选择者所处的视角不同、衡量的标准不同时,会对同一个选择做出截然不同的评价。

【分析角度10】很多股民的痛苦真的源自可选购的股票太多吗?股民若在众多的股票中选中了不断增值的股票还会如此懊悔吗?未必。可见,很多股民懊恼的原因是没有选对股票而非可选购的股票太多。

参考范文

参考范文一

选择越多越不快乐吗?

在上述材料中,作者试图通过论证得出"选择越多可能会越痛苦"的结论,然而,其论证过程存在诸多不妥,现分析如下。

首先,"知足常乐"并不代表一个人知足了才会感到快乐。作者误把"知足"这一充分条件当成了必要条件。很多人恰恰是因为不愿知足,将不知足化作前进的动力,从而获得了更大的快乐和满足。更何况,"知足常乐"这一观点也未必适用于所有场景下的所有群体。

其次,考卷中的选择题与材料所探讨的选择具有本质区别,不能草率地将二者进行类比。考卷中的选择题要求在正确选项和错误选项之间做出选择,选项中存在无可争议的正确选项;而材料所探讨的选择并不是正误型选择,而是优劣型选择,需要在诸多各有利弊的选项中权衡。

再次，材料将乘客因飞机晚点而产生的后悔和痛苦归结于交通工具的多样性实属荒谬。试想，即使没有高铁这一选项，飞机晚点带来的痛苦也未必能够得以缓解。更有可能的情况是，由于缺少高铁这一备选方案，更多的人可能会被迫选择飞机作为交通工具，从而增加了他们遭遇痛苦体验的可能性。

最后，很多股民的痛苦真的源自可选购的股票太多吗？未必。股票的涨跌受经济走势、宏观政策、市场供需等多方面因素的影响，其走势和利润盈亏也并非一成不变。可选购的股票多只是代表市场中流通的股票数多，股民赚钱与否是受买卖价差及股票分红影响的。股民若在众多的股票中选中了不断增值的股票还会如此懊悔吗？未必。可见，很多股民懊恼的原因是没有选对股票而非可选购的股票太多。

综上，材料结论的得出还需要更加严密的论证。

参考范文二

选择越多真的越痛苦吗？

材料试图通过一系列分析得出"选择越多可能会越痛苦"的结论，但其论证过程存在诸多逻辑漏洞，现分析如下。

首先，世界上的客观事物无穷并不代表主观选择无穷。因为并非世界上所有的事物都能成为被选择的对象，在一系列条件的限制下，可选择的事物会变少。同时，无穷的选择未必能使人感到最快乐，无穷的选择很可能会使人举棋不定，浪费时间和精力。

其次，选择时付出的努力越多，带来的烦恼和痛苦不一定越多。因为选择多可以让选择者更加全面地考虑问题，甚至优化方案，所以未必会使选择者产生烦恼和痛苦；况且，选择题中的选择和材料中的选择是有差异的，前者是正误型选择，后者是优劣型选择，不能草率地将二者进行类比。

再次，可选交通工具多样一定会导致后悔和痛苦吗？答案是否定的。因为倘若只有飞机这一种出行选择，也不能避免飞机晚点和计划推迟的情况发生。天气恶劣或机场停飞等原因仍会导致飞机晚点，同样会让人感到痛苦。进一步说，单个选择的失误概率与其他选择的失误概率通常是相互独立的，选择的失误率与选择的数量并没有直接的正比关系。

从次，选择未必有优劣之分。很多选择的优劣是难以权衡的，选择者在不同的视角、不同的衡量标准下很可能会对同一选择做出截然不同的评价。

最后，很多股民感到痛苦的原因未必是可选购的股票太多，也可能是没有正确分析股市动向、行业动态等。所以，该论证过程难以必然成立。

综上，材料的论证存在诸多逻辑谬误，故其得出的结论"选择越多可能会越痛苦"是有待商榷的。

参考范文三

选择越多会越痛苦吗？

上述材料试图通过一系列论证得出"选择越多可能会越痛苦"的结论，然而，由于其论证过程存在诸多漏洞，其结论是值得商榷的。

首先，世界上的客观事物是无穷的并不代表主观选择也是无穷的。因为受到客观条件的限制，每个人的选择其实都是有限的。此外，"知足常乐"并不代表不知足就不会快乐。很多人由于"不知足"，会给自己设立更高的目标，如果他们能够持续地奋斗并实现目标，那么他们也会感到快乐。

其次，选择越多势必付出更多的努力，进而带来更多的烦恼和痛苦吗？未必。一方面，很多关于正误的选择，一旦我们锁定了正确答案，就可以不费吹灰之力地将其他选项排除，这未必需要付出更多的努力；另一方面，我们可能会因及时地放弃了不必要的选择而感到愉悦和满足，而非烦恼和痛苦。

再次，如果没有高铁可选，人们就不会因飞机晚点而后悔和痛苦了吗？未必。因为就算没有高铁，人们也会因为没有选择其他的交通方式，如大巴、轮船等而感到痛苦；此外，如果没有高铁，那么很有可能会使偏爱高铁出行方式的人失去该选择，这会造成更多的痛苦。

最后，很多股民因没选好股票而感到痛苦未必是可选购的股票太多造成的。有可能是因为股民缺乏炒股知识而无法识别走势不好的股票，又或者是因为股票市场的整体行情不好而导致多数股票表现不佳。因而不能简单地认为这种痛苦是由可选购的股票太多导致的。

综上，基于以上诸多有缺陷的论证不能得出"选择越多可能会越痛苦"的结论。

2018年管理类论效（物质与精神）

哈佛大学教授本杰明·史华慈（Benjamin I. Schwartz）在20世纪末指出，开始席卷一切的物质主义潮流将极大地冲击人类社会固有的价值观念，造成人类精神世界的空虚。这一论点值得商榷。

首先，按照唯物主义物质决定精神的基本原理，精神是物质在人类头脑中的反映。因此，物质丰富只会充实精神世界，物质主义潮流不可能造成人类精神世界的空虚。

其次，后物质主义理论认为：个人基本的物质生活条件一旦得到满足，就会把注意点转移到非物质方面。物质生活丰裕的人，往往会更注重精神生活，追求社会公平、个人尊严等等。

还有，最近一项对某高校大学生的抽样调查表明，有69%的人认为物质生活丰富可以丰富人的精神生活，有22%的人认为物质生活和精神生活没有什么关系，只有9%的人认为物质生活丰富反而会降低人的精神追求。

总之，物质决定精神，社会物质生活水平的提高会促进人类精神世界的发展。担心物质生活的丰富会冲击人类的精神世界，只是杞人忧天罢了。

考试大纲官方解析及段落扩充

考试大纲原文

本题的论证主要存在如下问题：

1. 核心概念被混淆，哲学上的"物质"和物质生活的"物质"不是同一个概念。

2. 物质生活和精神生活之间不存在简单的正比关系，物质生活的丰富不一定使精神生活更加充实，物质主义潮流也有可能造成人类精神世界的空虚。

3. 后物质主义只是国外某个学派所提出的观点，这种观点能否普遍地说明社会问题，还需要实践的检验和学术界的认同。

4. 物质生活丰裕的人，往往会更注重精神生活，这并不能用来否定一些人只沉溺于物质享受而忽略精神追求的事实。

5. 文中的社会调查是否具有代表性，可以质疑；而调查样本的数量是否足够，文章也没有加以说明。因此，这一论据缺乏有效性。

6. "物质生活的丰富"和"物质主义潮流"概念不同，"物质生活的丰富"即使不会"冲击人类的精神世界"，也不能用来否定"物质主义潮流将极大地冲击人类社会固有的价值观念"这一命题。

基于考试大纲原文的段落扩充

【大纲原文1】 核心概念被混淆，哲学上的"物质"和物质生活的"物质"不是同一个概念。

【段落扩充】 论证中的核心概念被混淆，哲学上的"物质"和物质生活的"物质"不是同一个概念。哲学上的"物质"通常指一切实际存在的东西，不仅包括我们能看到、摸到的物体，还包括诸如力量、能量这样的抽象概念。而物质生活的"物质",通常指的是物质财富,如金钱、房产等。这两者不是同一概念。

【大纲原文2】物质生活和精神生活之间不存在简单的正比关系,物质生活的丰富不一定使精神生活更加充实,物质主义潮流也有可能造成人类精神世界的空虚。

【段落扩充】物质生活和精神生活之间不存在简单的正比关系,物质生活的丰富不一定使精神生活更加充实,物质主义潮流也有可能造成人类精神世界的空虚。因为过度的物质追求有时会导致人们忽视精神追求。同时,物质主义潮流可能会导致出现功利主义价值观盛行,人们从而忽视或降低对精神层面的追求,包括对文化、艺术、道德和宗教等方面的探索,最终可能导致精神生活的空虚。

【大纲原文3】后物质主义只是国外某个学派所提出的观点,这种观点能否普遍地说明社会问题,还需要实践的检验和学术界的认同。

【段落扩充】后物质主义只是国外某个学派所提出的观点,这种观点能否普遍地说明社会问题,还需要实践的检验和学术界的认同。不同社会的历史、文化、经济发展阶段不同,人们的价值观和需求也有所不同。因此,后物质主义作为一个理论框架,虽然为理解当时的社会情况提供了有价值的视角,但其普遍性和适用性需要进一步验证。

【大纲原文4】物质生活丰裕的人,往往会更注重精神生活,这并不能用来否定一些人只沉溺于物质享受而忽略精神追求的事实。

【段落扩充】物质生活丰裕的人,往往会更注重精神生活,这并不能用来否定一些人只沉溺于物质享受而忽略精神追求的事实。事实上,物质生活的丰裕也可能导致一些人更推崇消费主义和享乐主义,从而忽视了精神追求和个人成长。

【大纲原文5】文中的社会调查是否具有代表性,可以质疑;而调查样本的数量是否足够,文章也没有加以说明。因此,这一论据缺乏有效性。

【段落扩充】文中基于对某高校大学生的抽样调查结果,试图论证物质与精神的关系。但文中的社会调查是否具有代表性,可以质疑,同一高校的大学生在年龄、教育背景、社会经验等方面具有相似性,这使得调查样本缺乏代表性;而调查样本的数量是否足够,文章也没有加以说明。因此,这一论据缺乏有效性。

【大纲原文6】"物质生活的丰富"和"物质主义潮流"概念不同,"物质生活的丰富"即使不会"冲击人类的精神世界",也不能用来否定"物质主义潮流将极大地冲击人类社会固有的价值观念"这一命题。

【段落扩充】"物质生活的丰富"和"物质主义潮流"概念不同。物质生活的丰富指的是物质资源的充足，而物质主义潮流则指的是一种强调物质利益至上的价值观；且"物质生活的丰富"即使不会"冲击人类的精神世界"，也不能用来否定"物质主义潮流将极大地冲击人类社会固有的价值观念"这一命题。因为物质主义作为一种文化现象，确实有可能导致人们过分重视物质利益而忽视精神追求，从而对社会固有的价值观念构成挑战。

要点精析

【原文1】哈佛大学教授本杰明·史华慈（Benjamin I. Schwartz）在20世纪末指出，开始席卷一切的物质主义潮流将极大地冲击人类社会固有的价值观念，造成人类精神世界的空虚。这一论点值得商榷。

易错提示1 对本段进行分析是错误的，原因有二：第一，前一句话引用了他人的观点，为背景知识，不需要分析；第二，"这一论点值得商榷"说明材料对于该引用内容并不认同，故基于这一态度，也不需要对该段进行分析。

例如，以下分析段落是不合理的。

"材料引用哈佛大学教授本杰明·史华慈的观点来说明文章的论点，难以令人信服，这一观点仅为该教授的一家之言，并不能代表实际的情况，实际情况很可能恰恰与之相反。而且该论点的提出时间是20世纪末，用该论点来论证当前的情况，明显忽略了时间的发展性。"

【原文2】首先，按照唯物主义物质决定精神的基本原理，精神是物质在人类头脑中的反映。因此，物质丰富只会充实精神世界，物质主义潮流不可能造成人类精神世界的空虚。

【分析角度1】精神是物质在人类头脑中的反映不代表物质丰富只会充实精神世界。因为人的精力是有限的，在物质世界中人们可以得到更直接、更强烈的享受，所以当物质生活越来越丰富时，人们很可能会沉迷于物质带来的享受，从而忽略了精神追求。

【分析角度2】物质丰富不一定使精神生活更加充实，物质主义潮流也可能造成人类精神世界的空虚。

【分析角度3】物质丰富不等同于物质主义潮流。前者强调物质资源充足的客观状态，后者则强调过分追求物质享受的精神状态，不可简单地将二者画等号。

【分析角度4】唯物主义基本原理中的"物质"与物质生活中的"物质"并非同一概念。

易错提示2 "精神是物质在人类头脑中的反映"为哲学原理，不可以分析。但可以指出由该理论内容无法得出后续结论。

【选点建议】对本段进行选点分析，更建议大家选择分析角度2或分析角度3，引入简单，分析的空间大。篇幅允许的情况下，也可以将分析角度2和分析角度3呈现在同一段落中。

【原文3】其次，后物质主义理论认为：个人基本的物质生活条件一旦得到满足，就会把注意点转移到非物质方面。物质生活丰裕的人，往往会更注重精神生活，追求社会公平、个人尊严等等。

【分析角度5】后物质主义理论只是国外某个学派所提出的观点,这种观点能否普遍地说明社会问题,还需要实践的检验和学术界的认同。

【分析角度6】"物质生活丰裕的人,往往会更注重精神生活"并不能用来否定一些人只沉溺于物质享受而忽略精神追求的事实。

【分析角度7】"非物质方面"不等价于"精神生活"。如健身、养生均为非物质方面,但它们也不是精神生活。

易错提示3 "物质生活丰裕的人,往往会更注重精神生活"这一语句不建议分析,因为其中的"往往"二字表示的是一种可能性。但可以说明由该语句无法得到文章总结论,考试大纲官方解析中所给出的参考分析点就是如此。(大纲解析原文为"物质生活丰裕的人,往往会更注重精神生活,这并不能用来否定一些人只沉溺于物质享受而忽略精神追求的事实")。

【选点建议】对本段进行选点分析,更建议大家选择分析角度5或分析角度7。本文的其他段落虽然有可以分析的谬误,但是理由相似度较高,故也可以分析角度5和分析角度7都写。

【原文4】还有,最近一项对某高校大学生的抽样调查表明,有69%的人认为物质生活丰富可以丰富人的精神生活,有22%的人认为物质生活和精神生活没有什么关系,只有9%的人认为物质生活丰富反而会降低人的精神追求。

【分析角度8】参与问卷调查的高校大学生的情况不能代表所有人的情况。高校大学生普遍受教育程度较高且有足够的时间去追求精神生活,并且其中大多数人没有稳定的物质收入,其对精神与物质的关系的认知很可能尚不成熟或者具有显著的阶段性特点,不能代表所有人的认知状况。

【分析角度9】有69%的人认为物质生活丰富可以丰富人的精神生活,不代表物质决定精神。不能仅凭同意的人多来论证观点的正确性。

【分析角度10】被抽样的高校大学生的想法与实际行动未必一致。

易错提示4 不可以质疑抽样调查的结果,但可以质疑基于抽样调查的结果所推出的结论。

【选点建议】对本段进行选点分析,更建议大家选择分析角度8,其正误性没有争议,容易引入,且分析空间大。

【原文5】总之,物质决定精神,社会物质生活水平的提高会促进人类精神世界的发展。担心物质生活的丰富会冲击人类的精神世界,只是杞人忧天罢了。

【分析角度11】担心物质生活的丰富会冲击人类的精神世界,未必是杞人忧天。如果没有正确的价值观和消费观,人们很可能会随着社会物质生活水平的提高,越来越追求物质和高消费。

【分析角度12】"物质生活的丰富"和"物质主义潮流"概念不同,"物质生活的丰富"即使不会"冲击人类的精神世界",也不能用来否定"物质主义潮流将极大地冲击人类社会固有的价值观念"这一命题。

该点为大纲解析中给出的分析角度。为了方便大家更好地理解该点,梳理一下该点的论证结构。

前提(在最后一段):担心物质生活的丰富会冲击人类的精神世界,只是杞人忧天罢了。

结论（在第一段）：物质主义潮流未必将极大地冲击人类社会固有的价值观念，也未必会造成人类精神世界的空虚。

📖 参考范文

参考范文一

关于物质与精神的论证合理吗？

材料围绕物质与精神展开了诸多论证，然而其在论证过程中存在诸多缺陷，故难以得出"物质决定精神，社会物质生活水平的提高会促进人类精神世界的发展"的结论。

首先，精神是物质在人类头脑中的反映，不代表物质丰富一定会充实精神世界。因为唯物主义基本原理中的"物质"与物质生活中的"物质"并不等价。前者往往指客观存在的事物，而后者则指生活资料等。

其次，材料无法凭借后物质主义理论论证得出"物质生活丰裕的人，往往会更注重精神生活"。因为后物质主义理论只是一家之言，是国外某个学派所提出的观点，这种观点能否普遍地说明社会问题，还需要实践的检验和学术界的认同；且时代在变化，该理论是否适用于当下发展也需要进一步考量。

再次，对高校大学生进行的抽样调查结果不能代表所有人的情况。高校大学生普遍受教育程度较高且有足够的时间丰富精神生活，并且其中大多数人没有稳定的物质收入，其对精神与物质的关系的认知很可能尚不成熟或者具有显著的阶段性特点，不能反映其他人群的认知状况。

最后，担心物质生活的丰富会冲击人类的精神世界，未必是杞人忧天。物质生活的丰富往往给人们带来了即时享受的机会，使得很多人贪图物质享受、沉迷于物质生活，甚至无止境地追求更高水平的物质生活，从而忽略了精神世界的发展，这无疑给人类的精神世界带来了冲击。

综上，材料的论证难以让人信服。

参考范文二

由哈佛大学教授论点所引发的论证合理吗？

材料通过一系列论证得出"物质决定精神，社会物质生活水平的提高会促进人类精神世界的发展"这一结论，由于其论证过程存在诸多逻辑漏洞，其结论是值得商榷的。

首先，物质生活的丰富并不等同于物质主义潮流。物质生活的丰富指的是人们拥有较多的生活资料，生活水平较高；物质主义潮流指的是人们普遍崇尚物质的趋势，但并不意味着他们已经拥有了较多的财富。故不可将二者简单等同。

其次，物质主义潮流不可能造成人类精神世界的空虚吗？未必。因为过分地崇尚物质会使人们想方设法地谋求财富，从而忽略精神世界的建设。但即使谋取了足够多的财富，人们也很有可能会沉迷于物质享受而忽略充实精神世界。长此以往，人类的精神世界很有可能变得愈发空虚。

再次，对某高校大学生所做的抽样调查并不具有代表性。一方面，高校大学生正处于求学阶段，其精神生活较为丰富，不能全面代表其他人群的精神生活状态；另一方面，大学生群体中多数人仍需依赖父母的经济支持，他们可能缺乏谋取物质生活的经验，可能无法很好地理解物质生活与精神生活之间的关系。

最后，担心物质生活丰富会冲击人类精神世界未必是杞人忧天的。因为当一个人拥有的物质过于丰富时，很有可能会通过享受物质来满足其内心需求，如沉迷于网络游戏、酗酒，甚至是赌博、吸毒。在这种情况下，物质生活的丰富对人类精神世界的冲击就不再是无稽之谈了。

综上，其论证难以让人信服。

参考范文三

关于物质与精神的论证合理吗？

材料围绕着物质与精神展开了诸多有缺陷的论证，故其结论的有效性值得商榷。

首先，后物质主义理论只是一家之言。受时代、地域的限制，该理论不一定反映客观规律。此外，时代是不断变化的，后物质主义理论可能没有随着时间而发展和变化，不能适应当下的情况。因此，后物质主义理论未必能很好地支持材料论点。

其次，物质丰富的人一定会充实精神世界吗？不同人面对丰富的物质所做出的选择会有所差异。有的人可能会沉迷于纸醉金迷的生活，尽情享受金钱所带来的欢愉和满足感，而忽略了思想上的升华，从而无法充实自己的精神世界，甚至可能会造成精神空虚。

再次，对某高校大学生进行的抽样调查结果无法代表社会的真实情况。高校大学生的受教育程度较高，他们有较好的个人素养和知识储备，能够较为客观、合理地看待问题。很大一部分人的受教育程度是远远不如他们的，因此对高校大学生的调查结果并不能代表整个社会的真实情况。同时，多数高校大学生认为物质生活可以丰富人的精神生活，这只是他们的观点，并不代表实际情况。

最后，精神并不仅仅由物质水平决定。精神世界发展的成因有很多，还需由良好的社会文化氛围和教育机制来引导。此外，如果物质水平得到了提高，但人们沉溺于奢靡的物质生活，缺乏增强精神追求的意识，物质生活的丰富甚至会冲击人类的精神世界。

综上，材料论证难以让人信服。

2017年管理类论效（本性与行为）

如果我们把古代荀子、商鞅、韩非等人的一些主张归纳起来，可以得出如下一套理论：

人的本性是"好荣恶辱，好利恶害"的，所以，人们都会追求奖赏、逃避刑罚。因此，拥有足够权力的国君只要利用赏罚就可以把臣民治理好了。

既然人的本性是好利恶害的，那么在选拔官员时，既没有可能也没有必要去寻求那些不求私利的廉洁之士，因为世界上根本不存在这样的人。廉政建设的关键，其实只在于任用官员之后有效地防止他们以权谋私。

怎样防止官员以权谋私呢？国君通常依靠设置监察官的方法。这种方法其实是不合理的。因为监察官也是人，也是好利恶害的，所以依靠监察官去制止其他官吏以权谋私，就是让一部分以权谋私者制止另一部分人以权谋私，结果只能使他们共谋私利。

既然依靠设置监察官的方法不合理，那么依靠什么呢？可以利用赏罚的方法来促使臣民去监督。谁揭发官员的以权谋私就奖赏谁，谁不揭发官员的以权谋私就惩罚谁，臣民出于好利恶害的本性，就会揭发官员的以权谋私。这样，以权谋私的罪恶行为就无法藏身，就是最贪婪的人也不敢以权谋私了。

📖 考试大纲官方解析及段落扩充

考试大纲原文

本题的论证主要存在如下问题：

1. 人的本性是好利恶害的，但人的本性不能等同于人的行为，由于后天的教育或环境会影响其思想，所以人们未必"都"会追求奖赏、逃避刑罚。

2. "好利"也可能追求其他的利益而不追求奖赏，所以不能推出"好利"的人都会追求奖赏。同样，"恶害"也可能逃避其他的伤害而不逃避刑罚，所以不能推出"恶害"的人都会逃避刑罚。

3. 好利恶害不等于唯利是图而不顾礼义廉耻，由于法律和道德的约束，廉洁之士是存在的，不能由"好利恶害"推出"没有可能"找到廉洁之士。

4. 监察官即使欲利，但由于其本身职责的限制，加上和其他官员共谋私利也要具备一定的条件，所以未必会和其他官员共谋私利，说"只能"使他们共谋私利的判断过于绝对，更不能据此来否定设置监察官的合理性。

5. "利用赏罚的方法来促使臣民去监督"，未必就能使以权谋私的罪恶行为无法藏身，因为揭发的前提是对其以权谋私事实的了解，而臣民对官员们以权谋私的事实未必都了解。更何况了解以权谋私事实的人未必因为有了奖赏就去揭发，有的还会因为具有共同的利益而有意隐瞒。

6. 即使以权谋私的罪恶行为无法藏身，但如果不受到严厉的惩罚或犯罪成本很低，贪婪的人还会以权谋私，所以不能得出"最贪婪的人也不敢以权谋私"的结论。

基于考试大纲原文的段落扩充

【大纲原文1】人的本性是好利恶害的，但人的本性不能等同于人的行为，由于后天的教育或环境会影响其思想，所以人们未必"都"会追求奖赏、逃避刑罚。

【段落扩充】人的本性是好利恶害的，但人的本性不能等同于人的行为，由于后天的教育或环境会影响其思想，所以人们未必"都"会追求奖赏、逃避刑罚。例如，即使人的本性中包含追求个人利益的倾向，社会的道德和法律体系也会对个人行为设定边界。

【大纲原文2】"好利"也可能追求其他的利益而不追求奖赏，所以不能推出"好利"的人都会追求奖赏。同样，"恶害"也可能逃避其他的伤害而不逃避刑罚，所以不能推出"恶害"的人都会逃避刑罚。

【段落扩充】人的本性是好利恶害的，不意味着人们都会追求奖赏、逃避刑罚。"好利"也可能追求其他的利益而不追求奖赏，如人们追求的利益可以是精神上的满足、社会地位的提升或情感上的回报等，所以不能推出"好利"的人都会追求奖赏。同样，"恶害"也可能逃避其他的伤害而不逃避刑罚，如避免名誉的损害、身体的伤害或情感的痛苦等，所以不能推出"恶害"的人都会逃避刑罚。

【大纲原文3】好利恶害不等于唯利是图而不顾礼义廉耻，由于法律和道德的约束，廉洁之士是存在的，不能由"好利恶害"推出"没有可能"找到廉洁之士。

【段落扩充】人的本性是好利恶害的，那么在选拔官员时就没有可能也没有必要去寻求那些不求私利的廉洁之士吗？答案是否定的。好利恶害不等于唯利是图而不顾礼义廉耻，由于法律和道德的约束，廉洁之士是存在的，不能由"好利恶害"推出"没有可能"找到廉洁之士。

【大纲原文4】监察官即使欲利，但由于其本身职责的限制，加上和其他官员共谋私利也要具备一定的条件，所以未必会和其他官员共谋私利，说"只能"使他们共谋私利的判断过于绝对，更不能据此来否定设置监察官的合理性。

【段落扩充】监察官是好利恶害的，不代表依靠监察官去制止其他官吏以权谋私，就一定会使他们共谋私利。监察官即使欲利，但由于其本身职责的限制，加上和其他官员共谋私利也要具备一定的条件，所以未必会和其他官员共谋私利，说"只能"使他们共谋私利的判断过于绝对，更不能据此来否定设置监察官的合理性。

【大纲原文5】"利用赏罚的方法来促使臣民去监督"，未必就能使以权谋私的罪恶行为无法藏身，因为揭发的前提是对其以权谋私事实的了解，而臣民对官员们以权谋私的事实未必都了解。更何况了解以权谋私事实的人未必因为有了奖赏就去揭发，有的还会因为具有共同的利益而有意隐瞒。

【段落扩充】该段无须扩充。

【大纲原文6】即使以权谋私的罪恶行为无法藏身,但如果不受到严厉的惩罚或犯罪成本很低,贪婪的人还会以权谋私,所以不能得出"最贪婪的人也不敢以权谋私"的结论。

【段落扩充】即使以权谋私的罪恶行为无法藏身,但如果不受到严厉的惩罚或犯罪成本很低,贪婪的人还会以权谋私,所以不能得出"最贪婪的人也不敢以权谋私"的结论。因为在犯罪收益远大于惩罚成本的情况下,贪婪的人可能会选择铤而走险。因此,仅依靠赏罚机制来预防和打击腐败是不够的。

要点精析

【原文1】如果我们把古代荀子、商鞅、韩非等人的一些主张归纳起来,可以得出如下一套理论:
人的本性是"好荣恶辱,好利恶害"的,所以,人们都会追求奖赏、逃避刑罚。因此,拥有足够权力的国君只要利用赏罚就可以把臣民治理好了。

【分析角度1】本性并不等同于行为。虽然本性会影响行为,但行为也会受到后天教育的影响、道德和法律的制约。所以由"人的本性是'好荣恶辱,好利恶害'的"无法得到"人们都会追求奖赏、逃避刑罚"的结论。

【分析角度2】"利"不等同于"奖赏","害"也未必就是"刑罚"。不仅仅是物质上的奖惩,精神上的安全感、认同感和内心的坦荡等同样是人们所趋之"利"。例如,司法机关会对触犯法律条文的人进行处罚,这种处罚从表面上看似乎是"害",但实际上是"利",因为它有助于违法者改过自新,重新开始新的生活。

【分析角度3】拥有足够权力的国君只利用赏罚未必可以把臣民治理好。臣民的治理是一个复杂的过程,除了对臣民进行适当的赏罚,为臣民提供文化建设、经济建设等也都是不可或缺的。

【原文2】既然人的本性是好利恶害的,那么在选拔官员时,既没有可能也没有必要去寻求那些不求私利的廉洁之士,因为世界上根本不存在这样的人。廉政建设的关键,其实只在于任用官员之后有效地防止他们以权谋私。

【分析角度4】人的本性是好利恶害的,不代表世界上根本不存在不求私利的廉洁之士。因为本性不等于行为。本性是与生俱来的既有特性,而行为和品性受后天教育、道德约束、法律制约等的共同作用,所以人的本性是好利恶害的并不意味着不求私利的廉洁之士是不存在的。

易错提示1 本段的论证过程:x(人的本性是好利恶害的)→y(世界上根本不存在不求私利的廉洁之士)→z(在选拔官员时既没有可能也没有必要去寻求那些不求私利的廉洁之士)。

在厘清论证过程后,大家可以先独立思考一下哪个论证环节是可以分析的。

很多同学会错误地分析观点本身,例如:"人的本性是好利恶害的,所以世界上就根本不存在不求私利的廉洁之士了吗?未必。世界上还是存在廉洁之士的。例如,袁隆平先生淡泊名利、甘于奉献,一生致力于杂交水稻的研究。"这种分析方式是错误的,我们要质疑论证过程,而非观点本身。

还有同学会分析y→z,这也是不恰当的,因为该论证环节没有缺陷。

本段建议分析的论证环节是 x→y，即指出人的本性是好利恶害的，不代表世界上不存在不求私利的廉洁之士，因为本性不等于行为。

【原文3】怎样防止官员以权谋私呢？国君通常依靠设置监察官的方法。这种方法其实是不合理的。因为监察官也是人，也是好利恶害的，所以依靠监察官去制止其他官吏以权谋私，就是让一部分以权谋私者制止另一部分人以权谋私，结果只能使他们共谋私利。

【分析角度5】监察官与以权谋私者的身份、职责不同决定了彼此眼中的"利"与"害"是不同的，很可能以权谋私者眼里的"利"恰为监察官眼中的"害"，如此又如何共谋私利？

易错提示2 "怎样防止官员以权谋私呢？国君通常依靠设置监察官的方法。"该句为客观事实的陈述，且材料作者不认可该观点，故不需要分析。

【原文4】既然依靠设置监察官的方法不合理，那么依靠什么呢？可以利用赏罚的方法来促使臣民去监督。谁揭发官员的以权谋私就奖赏谁，谁不揭发官员的以权谋私就惩罚谁，臣民出于好利恶害的本性，就会揭发官员的以权谋私。这样，以权谋私的罪恶行为就无法藏身，就是最贪婪的人也不敢以权谋私了。

【分析角度6】以权谋私往往是职位行为，臣民的信息获取渠道有限，很难准确获取官员以权谋私的有力证明，所以通过奖赏激励臣民揭发以权谋私者的方法未必可行。而且这样的方法只能进行事后补救，依然无法从源头上制止以权谋私，治标不治本。

【分析角度7】臣民出于好利恶害的本性未必就会揭发官员的以权谋私。因为当官员能够给臣民足够多的好处时，还是会有臣民铤而走险，选择包庇、不举报官员。

【分析角度8】若官员以权谋私的犯罪成本很低，即使以权谋私的罪恶行为无法藏身，贪婪的人还是会继续以权谋私。

参考范文

参考范文一

只利用赏罚真的能把臣民治理好吗？

材料通过层层论证试图告诉我们"若想把臣民治理好，只需要利用好赏罚制度就可以了"。然而，由于其论证过程存在诸多逻辑错误，所以我们不得不对其结论的充分性产生怀疑。

首先，本性并不等同于行为。本性会影响行为，但与此同时，行为也会受到后天教育的影响、道德和法律的制约，进而使得行为表现与本性不等同。更何况，"利"就是"奖赏"，"害"就是"刑罚"吗？未必。例如，司法机关会对触犯法律条文的人进行处罚，这种处罚表面上看似乎是"害"，但实际上是"利"，因为它有助于违法者改过自新，重新开始新的生活。所以由"本性是'好荣恶辱，好利恶害'的"无法得到"人们都会追求奖赏、逃避刑罚"的结论。

其次，监察官与以权谋私者的身份、职责不同决定了二者看待"利"与"害"的角度不同，很可能以权谋私者眼里的"利"恰为监察官眼中的"害",如此二者便无法共谋私利。

再次,以权谋私往往是职位行为,臣民的信息获取渠道有限,很难准确获取官员以权谋私的有力证明,所以通过奖赏激励臣民揭发以权谋私者的方法未必可行。而且这样的方法只能进行事后补救,依然无法从源头上制止以权谋私,治标不治本。

最后,若通过奖惩来刺激臣民揭发的方式真的能使得以权谋私的罪恶行为无法藏身,那么当没有罪恶行为可揭发的时候,臣民是否要因此受到惩罚呢?按照材料所述,臣民出于好利恶害的本性,恐怕不会接受这一方法;即便接受,也可能会导致恶意揭发、诬陷报复等行径频发。

综上,材料论证的有效性有待进一步商榷。

参考范文二

只利用赏罚就能治理好臣民吗?

材料通过分析荀子等人的主张归纳出"国君只要利用赏罚就能治理好臣民"的结论。然而,由于其论证过程存在诸多逻辑缺陷,其结论的有效性不足。

首先,人的本性是好利恶害的并不意味着人们都会追求奖赏、逃避刑罚。因为本性虽然是人们与生俱来的,但并不一定会伴随终身,人们处世的态度和方法很可能受后天的家庭熏陶、社会教化等因素影响而改变。若是如此,则材料中的论述难以成立。

其次,廉政建设的关键不只在于有效地防止官员上任后以权谋私,还要建立风清气正的办事风气以及有效的监督考核机制,形成不敢腐、不能腐、不想腐的良好政治生态。此外,在任用官员前对其进行审核和考察,也有利于辨别廉洁之士。

再次,监察官一定会与官员共谋私利吗?未必。其一,监察官这一重要职务作为国君在地方上的眼睛,其选拔与任用是十分严格的,其共谋私利的行为若被国君发现,监察官可能会付出极高的代价,得不偿失;其二,虽然监察官也是人,也是好利恶害的,但其眼中的"利"可能与官员所好的"利"不相同。

最后,使用赏罚机制不代表臣民一定会出于好利恶害的本性揭发官员的以权谋私行为。因为当官员能够给予臣民足够多的好处时,还是会有臣民铤而走险,选择包庇、不举报官员。更何况,普通百姓可能没有途径获知官员具体的以权谋私行为,若其揭发证据不足还可能导致检举无效,甚至被官员报复。

综上所述,只利用赏罚可能无法治理好臣民,材料得出的结论还有待商榷。

参考范文三

只利用赏罚制度就可以把臣民治理好吗?

材料通过层层论证试图得到"只要利用赏罚制度就可以治理好臣民"这一结论,然而,由于其论证过程存在诸多逻辑缺陷,其结论的有效性有待商榷。

首先,只利用赏罚制度未必可以把臣民治理好。因为仅凭赏罚制度来治理臣民,其约束力是有限的。若想达到良好的治理效果，还需要完善的社会制度和相关法律的支持。

其次，人的本性是好利恶害的就意味着没有不求私利的廉洁之士吗？答案显然是否定的。人的本性是先天形成的，但有些人受到家庭氛围以及社会风气的影响，逐渐建立起正确的价值观念，从而在后天形成不求私利的良好品德。因此，确实存在不求私利的廉洁之士。

再次，监察官一定会和其他官吏共谋私利吗？未必。共谋私利的前提是二者有共同的利益，而现实情况很可能恰恰相反。因为二者的追求不同，监察官眼里的"利"很可能是某些官员眼里的"害"，在这种情况下二者又怎能共谋私利呢？

最后，赏罚制度不一定能杜绝以权谋私的行为。其一，由于臣民的权限与官员有较大不同，要做到有效监督还存在一定困难；其二，一些臣民很可能因为自己的一己私利去恶意举报官员，这样不仅没有达到监督的目的，反而使杜绝以权谋私的行为变得更加遥不可及。

综上所述，材料在论证过程中存在诸多逻辑漏洞。若要得出材料的结论，还需提供更有力的证明。

2016年管理类论效（大学生就业难）

现在人们常在谈论大学毕业生就业难的问题，其实大学生的就业并不难。

据国家统计局数据，2012年我国劳动年龄人口比2011年减少了345万，这说明我国劳动力的供应从过剩变成了短缺。据报道，近年长三角等地区频频出现"用工荒"现象，2015年第二季度我国岗位空缺与求职人数的比率约为1.06，表明劳动力市场需求大于供给。因此，我国的大学毕业生其实是供不应求的。

还有，一个人受教育程度越高，他的整体素质也就越高，适应能力就越强，当然也就越容易就业。大学生显然比其他社会群体更容易就业，再说大学生就业难就没有道理了。

实际上，一部分大学生就业难，是因为其所学专业与市场需求不相适应，或对就业岗位的要求过高。因此，只要根据市场需求调整高校专业设置，对大学生进行就业教育以改变他们的就业观念，鼓励大学生自主创业，那么大学生的就业难问题将不复存在。

总之，大学生的就业并不是什么问题，我们大可不必为此顾虑重重。

考试大纲官方解析及段落扩充

考试大纲原文

本题的论证主要存在如下问题：

1. 劳动年龄人口的绝对减少使劳动力供求比例发生变化，但不一定导致劳动力供应从过剩变成短缺。

2. 劳动力市场需求大于供给不等于大学毕业生的市场需求大于供给，所以不能由此推出"我国的大学毕业生其实是供不应求的"。

3. 受教育程度越高，适应能力未必就越强、就越容易就业。

4. 其他社会群体中也有比大学生容易就业的群体，所以不能推断大学生比其他社会群体更容易就业。

5. 即使大学生比某些社会群体容易就业，也不能得出大学生就业不难的结论。

6. "实际上，一部分大学生就业难""大学生的就业难问题将不复存在"，表明当今存在大学生的就业难问题，这与大学生就业并不难的论点自相矛盾。

基于考试大纲原文的段落扩充

【大纲原文1】劳动年龄人口的绝对减少使劳动力供求比例发生变化，但不一定导致劳动力供应从过剩变成短缺。

【段落扩充】劳动年龄人口的绝对减少使劳动力供求比例发生变化，但不一定导致劳动力供应从过剩变成短缺。劳动力市场是一个复杂的体系，劳动力的供需关系受到多种因素的影响，包括经济发展水平、产业结构布局、区域经济差异等。材料仅依据劳动年龄人口数量的减少来判断劳动力供应状况，忽略了其他可能影响供求关系的重要因素。

【大纲原文2】劳动力市场需求大于供给不等于大学毕业生的市场需求大于供给，所以不能由此推出"我国的大学毕业生其实是供不应求的"。

【段落扩充】劳动力市场需求大于供给不等于大学毕业生的市场需求大于供给，所以不能由此推出"我国的大学毕业生其实是供不应求的"。因为劳动力市场包含各种不同技能和教育水平的人，市场对某些技术人员的需求可能很高，而这并非大学教育的重点。同时，大学毕业生通常集中在特定的专业领域，而这些领域的需求可能因岗位饱和或其他因素而较低。

【大纲原文3】受教育程度越高，适应能力未必就越强、就越容易就业。

【段落扩充】受教育程度越高，适应能力未必就越强、就越容易就业。教育程度只是影响个人就业的众多因素之一。在现实就业市场中，除了学历，雇主还会考虑求职者的工作技能、经验、沟通能力、团队协作能力以及其他软技能。因此，仅凭高学历并不能保证一个人就业无忧，求职者还需要其他能力的配合才能满足市场的需求。

【大纲原文4】其他社会群体中也有比大学生容易就业的群体，所以不能推断大学生比其他社会群体更容易就业。

【段落扩充】其他社会群体中也有比大学生容易就业的群体，所以不能推断大学生比其他社会群体更容易就业。大学生在就业市场上并非总是处于有利地位。例如，技术学校和职业学院的毕业生可能因为具备特定技能和实操经验，在某些行业中比大学生更受欢迎。此外，有些行业可能更看重工作经验而非学历背景，因此在这些领域中，拥有工作经验的求职者可能比应届大学生更易找到工作。因此，不能简单地认为大学生一定比其他社会群体容易就业。

【大纲原文5】即使大学生比某些社会群体容易就业，也不能得出大学生就业不难的结论。

【段落扩充】即使大学生比某些社会群体容易就业，也不能得出大学生就业不难的结论。就业的难易程度受到多重因素的影响，包括经济形势、行业发展趋势、地域差异、专业匹配度等。单一角度的比较不能全面反映出大学生就业的整体情况。因此，即便大学生在某种程度上比其他群体更容易找到工作，也不能笼统地认为大学生就业难的问题不存在。

【大纲原文6】"实际上，一部分大学生就业难""大学生的就业难问题将不复存在"，表明当今存在大学生的就业难问题，这与大学生就业并不难的论点自相矛盾。

【段落扩充】"实际上，一部分大学生就业难""大学生的就业难问题将不复存在"，表明当今存在大学生的就业难问题，这与大学生就业并不难的论点自相矛盾。其一方面不承认大学生就业难，另一方面又预测大学生就业难的问题将消失，这种自我矛盾削弱了论证的说服力。

要点精析

【原文1】 现在人们常在谈论大学毕业生就业难的问题,其实大学生的就业并不难。

易错提示1 该句为背景知识,且材料不认同该观点,故不需要分析。

【原文2】 据国家统计局数据,2012年我国劳动年龄人口比2011年减少了345万,这说明我国劳动力的供应从过剩变成了短缺。据报道,近年长三角等地区频频出现"用工荒"现象,2015年第二季度我国岗位空缺与求职人数的比率约为1.06,表明劳动力市场需求大于供给。因此,我国的大学毕业生其实是供不应求的。

【分析角度1】 虽然劳动年龄人口的数额减少使劳动力供求比例发生了变化,但不一定会导致劳动力供应从过剩变成短缺。

【分析角度2】 "劳动年龄人口"和"劳动力的供应"并不等价。

【分析角度3】 2011—2012年我国劳动力市场的变化情况无法代表我国当前的情况。

【分析角度4】 长三角等地区的用工情况不一定能代表全国的用工情况。

【分析角度5】 材料中选择了2015年第二季度的情况来进行论证,但很可能其他季度的情况与第二季度是不一样的,求职人数可能会随着季度的交替产生周期性变化。

【分析角度6】 劳动力市场需求大于供给不等于大学毕业生的市场需求大于供给,所以不能由此推出"我国的大学毕业生其实是供不应求的"。

易错提示2 本段中的谬误较多,且每句话中有多个谬误。建议大家在确保单个点可以独立表述清晰的基础上,再尝试进行复合表达,一定要确保层次清晰。

【原文3】 还有,一个人受教育程度越高,他的整体素质也就越高,适应能力就越强,当然也就越容易就业。大学生显然比其他社会群体更容易就业,再说大学生就业难就没有道理了。

【分析角度7】 受教育程度越高,未必整体素质就越高。整体素质越高,未必适应能力就越强。适应能力越强,未必就越容易就业。

【分析角度8】 即使大学生比某些社会群体更容易就业,也不能得出大学生就业不难的结论。很可能社会中的各个群体就业都难,大学生就业相对容易,但也有难度。

【原文4】 实际上,一部分大学生就业难,是因为其所学专业与市场需求不相适应,或对就业岗位的要求过高。因此,只要根据市场需求调整高校专业设置,对大学生进行就业教育以改变他们的就业观念,鼓励大学生自主创业,那么大学生的就业难问题将不复存在。

【分析角度9】 根据市场需求调整高校专业设置,对大学生进行就业教育以改变他们的就业观念,鼓励大学生自主创业未必会使得大学生就业难的问题不复存在。大学生的社会经验尚浅,盲目地鼓励自主创业未必会取得预期效果——使就业难问题得到解决。

易错提示3 "实际上,一部分大学生就业难,是因为其所学专业与市场需求不相适应,或对就业岗位的要求过高。"该句不可以分析,因为材料中描述的是"一部分大学生"就业难的原因,没有将所有大学生就业难都归因于此。

【原文5】总之,大学生的就业并不是什么问题,我们大可不必为此顾虑重重。

易错提示4 该段为观点句,并非论证,不可以分析。

📖 参考范文

参考范文一

大学生就业不难吗?

材料通过一系列论证试图证明"大学生就业并不难"的结论,然而,由于其论证过程存在诸多缺陷,得出的结论不足为信。现分析如下。

首先,过剩和短缺是通过对供给和需求的比较得出的,是一组相对概念。劳动年龄人口减少的345万是一个绝对数值,它只能说明我国劳动力供给量减少了。在没有提供相应需求量变动的情况下,我们无法判断劳动力是过剩还是短缺,更无法得出"我国劳动力的供应从过剩变成了短缺"。

其次,仅由2015年第二季度的情况就断言当前劳动力市场需求大于供给是不合理的。第一,第二季度不是毕业季,所以该季度的求职人数相对偏少,且此时大学生还没有完全进入职场,岗位空缺的数量相对偏多。第二,一个季度的数值不足以充分证明劳动力市场的供给情况,若是其他季度的情况与这个季度刚好相反,那么劳动力市场需求很可能小于供给。

再次,受教育程度越高,整体素质就越高吗?未必。受教育程度只是影响整体素质的一个方面,素质的高低还受到个人心理素质、实践经验和文明素养等方面的影响。若将这些因素整合起来考虑,大学生的整体素质不一定高于其他社会群体,也就无法得出大学生比其他社会群体更容易就业的结论。

最后,调整高校专业设置、进行就业教育和鼓励自主创业只能解决部分大学生的就业问题,如果这部分大学生在大学生总数中所占比例较低,而更多的大学生还面临着就业信息获取困难、面试技巧不足、专业能力不过关等其他问题,那么大学生的就业难问题仍将继续存在。

综上所述,材料没有提供充分的证据来证明结论,要想得出其论证,还必须提供更有力的证据。

参考范文二

大学生就业并不难吗?

材料通过一系列论证试图得出"大学生的就业并不难"的结论,然而,其论证过程存在诸多逻辑漏洞,故其结论未必成立。

首先,长三角地区的情况无法代表整个市场的情况。因为长三角地区仅是华东地区的一部分,可能由于该地经济发展较快而需要更多的劳动力,从而出现"用工荒"现象。但如果其他劳动力市场,如华中、华南、东北等地区的劳动力供给都远远大于需求,那么我国整体市场的劳动力依然有可能是供大于求的。

其次，劳动年龄人口减少了345万不代表劳动力供应情况就由过剩变为短缺。若原本的劳动人口情况为供远大于求，那么或许在减少345万后，市场刚好达到供求平衡，而非变为短缺。

再次，受教育程度与整体素质未必呈正相关。影响整体素质的因素还包括个人的价值观、家庭影响等，而受教育程度只是衡量整体素质的一个指标。有些人虽然受教育程度高，但整体素质很低，就像新闻中频频爆出的具有不端行为的高校教授以及受过良好教育的企业家等群体，这些不都是受教育程度高但整体素质很低的例证吗？

最后，大学生显然比其他社会群体更容易就业吗？答案显然是否定的。一方面，劳动力市场中研究生与博士生的数量与日俱增，这会极大地削弱大学生的求职竞争力；另一方面，很多企业往往更看重丰富的工作经历，招聘时未必会选择大学生。

综上，材料的论证过程存在诸多逻辑错误，使得"大学生的就业并不难"的结论很难令人信服。

参考范文三

大学生就业真的不难吗？

材料通过一系列论证试图得出"大学生的就业并不难"的结论，然而，其论证过程不够严谨，存在诸多漏洞，故其结论是值得商榷的。

首先，且不说材料中所依据的国家统计局数据是否具有时效性，即便有，那处于劳动年龄的人口就等价于劳动力供应吗？未必。实际上，在校大学生、家庭妇女、正在服兵役的士兵等虽然都达到了劳动年龄，却不是劳动力；反之，退休后被返聘的职员虽已超过劳动年龄，却依然是劳动力。此外，劳动力供应是否短缺需要考虑需求和供应两方面。材料只给出供应变化的数量而没有给出需求变化的数量，就得出"劳动力的供应从过剩变成了短缺"的结论，这显然是缺乏说服力的。如果劳动力需求也减少了345万呢？

其次，长三角地区的用工情况不能直接代表国家整体的用工情况。真实情况很可能是，相较于国内其他地区，长三角地区因经济发展较快而需要更多的劳动力。此外，由"劳动力市场需求大于供给"无法得出"大学毕业生供不应求"的结论。很可能劳动力市场中有人才需求的岗位，大多是大学毕业生无法胜任的专业岗位。

再次，一个人的受教育程度越高，就代表他整体素质越高、就业越容易吗？要知道整体素质不仅仅取决于文化素质，还取决于道德素质、心理素质、身体素质等。试问，如果一个人拥有高学历，但是心理素质、道德素质极差，我们能说他整体素质高吗？

最后，改变大学生的职业观念就一定能解决大学生就业难的问题吗？如果大学生缺乏主动学习的能力，只有理论知识而没有实践经验，那依旧很难就业。

综上，"大学生的就业并不难"这一结论仍有待商榷。

参考范文四

大学生就业未必不难

材料企图论证大学生就业并不难。但由于论证过程存在诸多缺陷，此结论未必成立。

首先，2012年相对于2011年的数据变化无法说明现在的情况，材料忽略了时间发展对劳动力市场的影响。另外，劳动力减少并不意味着其进入短缺状态，很可能原来的劳动力市场已经非常饱和，即使劳动力供应减少，也未必能改变其供过于求的状态。

其次，劳动力市场需求大于供应并不代表大学生是供不应求的。部分岗位往往更青睐有工作经验的资深人士以及熟练掌握专业技能的工人等，而大学生并不符合这些岗位的录用标准。

再次，受教育程度与整体素质并无必然联系。前者是受教育的深度与广度，只与学生的知识储备有关；而后者还包括为人处世、行事作风、抗压能力等其他考量标准。社会中不乏教育程度高却素质低下的大学生，所以不应认为二者有很强的正向关系。

从次，大学生更易就业并不意味着就业不难。事实情况可能是由于其他人群就业比例极低，虽然大学生的就业率比其他人群高，但供给依旧远大于需求，许多大学毕业生依然无法就业，大学生的就业率客观上还是偏低。

最后，调整专业设置、鼓励自主创业等举措未必能消除大学生就业难的问题。还存在这样一种可能，由于经济萧条，社会出现经济危机，大多数企业不仅停止外招，还要裁员。在这种情况下，即使调整专业设置、鼓励自主创业，也依然无法化解劳动力供需之间的悬殊差距。

基于上述诸多有缺陷的论证，"大学生就业并不难"这一结论未必成立。

2015 年管理类论效（生产过剩）

有一段时期，我国部分行业出现了生产过剩现象。一些经济学家对此忧心忡忡，建议政府采取措施加以应对，以免造成资源浪费，影响国民经济正常运行。这种建议看似有理，其实未必正确。

首先，我国部分行业出现的生产过剩并不是真正的生产过剩。道理很简单，在市场经济条件下，生产过剩实际上只是一种假象。只要生产企业开拓市场、刺激需求，就能扩大销售，生产过剩马上就会化解。退一步说，即使出现了真正的生产过剩，市场本身也会进行自动调节。

其次，经济运行是一个动态变化的过程，产品的供求不可能达到绝对的平衡状态，因而生产过剩是市场经济的常见现象。既然如此，那么生产过剩也就是经济运行的客观规律。因此，如果让政府采取措施进行干预，那就违背了经济运行的客观规律。

再说，生产过剩总比生产不足好。如果政府的干预使生产过剩变成了生产不足，问题就会更大，因为生产过剩未必会造成浪费，反而可以因此增加物资储备以应对不时之需。如果生产不足，就势必造成供不应求的现象，让人们重新去过缺衣少食的日子，那就会影响社会的和谐与稳定。

总之，我们应该合理定位政府在经济运行中的作用。政府要有所为，有所不为。政府应该管好民生问题。至于生产过剩或生产不足，应该让市场自动调节，政府不必干预。

📖 考试大纲官方解析及段落扩充

考试大纲原文

本题的论证主要存在如下问题：

1. 既说生产过剩"不是真正的生产过剩"，又说"出现了真正的生产过剩"；既说"生产过剩实际上只是一种假象"，又说"生产过剩是市场经济的常见现象"。"生产过剩"这一概念的使用前后不一。

2. "只要生产企业开拓市场、刺激需求，就能扩大销售，生产过剩马上就会化解。"生产企业开拓市场、刺激需求并非扩大销售的充分条件，因为销售还取决于市场饱和度、社会购买力、社会消费心理等其他因素。

3. "生产过剩是市场经济的常见现象。既然如此，那么生产过剩也就是经济运行的客观规律。"常见现象是事物发展的外在表现，客观规律是事物发展的本质属性，两者不能混淆。

4. "如果让政府采取措施进行干预，那就违背了经济运行的客观规律。"既然生产过剩不能等同于客观规律，就不能推出政府采取措施解决生产过剩问题就违反了客观规律。

5. "生产过剩未必会造成浪费，反而可以因此增加物资储备以应对不时之需。"生产过剩是指某些商品的生产超过了社会需求，以致商品滞销，库存积压增加，或者说，其产品已经超过了正常的消费需求和物资储备，因此，这一理由不能成立。

6. "政府应该管好民生问题。至于生产过剩或生产不足，应该让市场自动调节，政府不必干预。"市场调节和政府干预不是绝对矛盾的。而且，生产过剩或生产不足也和民生问题相关，不能把它们完全分开。

基于考试大纲原文的段落扩充

【大纲原文1】既说生产过剩"不是真正的生产过剩"，又说"出现了真正的生产过剩"；既说"生产过剩实际上只是一种假象"，又说"生产过剩是市场经济的常见现象"。"生产过剩"这一概念的使用前后不一。

【段落扩充】既说生产过剩"不是真正的生产过剩"，又说"出现了真正的生产过剩"；既说"生产过剩实际上只是一种假象"，又说"生产过剩是市场经济的常见现象"。"生产过剩"这一概念的使用前后不一。材料对"生产过剩"概念阐述上的矛盾，使得论证的前后逻辑不连贯，从而削弱了其论证的说服力。

【大纲原文2】"只要生产企业开拓市场、刺激需求，就能扩大销售，生产过剩马上就会化解。"生产企业开拓市场、刺激需求并非扩大销售的充分条件，因为销售还取决于市场饱和度、社会购买力、社会消费心理等其他因素。

【段落扩充】只要生产企业开拓市场、刺激需求，就能扩大销售，生产过剩马上就会化解吗？其实不然。生产企业开拓市场、刺激需求并非扩大销售的充分条件，因为销售还取决于市场饱和度、社会购买力、社会消费心理等其他因素。仅仅通过开拓市场和刺激需求，并不能保证生产过剩的问题能够得到有效解决。

【大纲原文3】"生产过剩是市场经济的常见现象。既然如此，那么生产过剩也就是经济运行的客观规律。"常见现象是事物发展的外在表现，客观规律是事物发展的本质属性，两者不能混淆。

【段落扩充】生产过剩是市场经济的常见现象不代表生产过剩是经济运行的客观规律。常见现象是事物发展的外在表现，客观规律是事物发展的本质属性，两者不能混淆。常见现象可能仅是市场运行中的一种暂时或偶发状况，并不一定能反映经济运行的本质规律。

【大纲原文4】"如果让政府采取措施进行干预，那就违背了经济运行的客观规律。"既然生产过剩不能等同于客观规律，就不能推出政府采取措施解决生产过剩问题就违反了客观规律。

【段落扩充】既然生产过剩不能等同于客观规律，就不能推出政府采取措施解决生产过剩问题就违反了客观规律。政府的干预反而可能解决市场失灵或过度生产导致的资源浪费，而且适当的政府干预有助于引导市场更有效率、更公平地运作。

【大纲原文5】"生产过剩未必会造成浪费，反而可以因此增加物资储备以应对不时之需。"生产过剩是指某些商品的生产超过了社会需求，以致商品滞销，库存积压增加，或者说，其产品已经超过了正常的消费需求和物资储备，因此，这一理由不能成立。

【段落扩充】生产过剩不会造成浪费，反而可以因此增加物资储备以应对不时之需吗？事实并非如此。生产过剩是指某些商品的生产超过了社会需求，以致商品滞销，库存积压增加，或者说，其产品已经超过了正常的消费需求和物资储备，因此，这一理由不能成立。

【大纲原文6】"政府应该管好民生问题。至于生产过剩或生产不足，应该让市场自动调节，政府不必干预。"市场调节和政府干预不是绝对矛盾的。而且，生产过剩或生产不足也和民生问题相关，不能把它们完全分开。

【段落扩充】市场调节和政府干预不是绝对矛盾的，两者是现代经济中互补的力量。市场机制在大多数情况下能有效分配资源，但在公共产品供给、市场失灵等情况下需政府介入以保护公共利益；而且，生产过剩或生产不足也和民生问题相关，不能把它们完全分开。生产过剩或不足直接影响就业、价格稳定和经济增长等，进而影响民生。

📖 要点精析

【原文1】有一段时期，我国部分行业出现了生产过剩现象。一些经济学家对此忧心忡忡，建议政府采取措施加以应对，以免造成资源浪费，影响国民经济正常运行。这种建议看似有理，其实未必正确。

易错提示1 该段中经济学家的建议为背景知识，且材料作者对此不认可，故不可以分析。

【原文2】首先，我国部分行业出现的生产过剩并不是真正的生产过剩。道理很简单，在市场经济条件下，生产过剩实际上只是一种假象。只要生产企业开拓市场、刺激需求，就能扩大销售，生产过剩马上就会化解。退一步说，即使出现了真正的生产过剩，市场本身也会进行自动调节。

【分析角度1】企业开拓市场、刺激需求，未必就会扩大销售。若市场已经饱和，或者企业生产的产品难以满足消费者需求，则很难扩大销售。

【分析角度2】即便扩大了销售，生产过剩也未必会马上化解。一方面，很可能过剩的产能远高于扩大的销量；另一方面，销售的扩大需要时间，无法实现"马上"化解。

【分析角度3】当出现了真正的生产过剩时，市场未必会自动调节。市场调节是具有一定阈值的，当过剩的产能超过市场能够调节的范围时，市场的自动调节未必有明显的效果。

【原文3】其次，经济运行是一个动态变化的过程，产品的供求不可能达到绝对的平衡状态，因而生产过剩是市场经济的常见现象。既然如此，那么生产过剩也就是经济运行的客观规律。因此，如果让政府采取措施进行干预，那就违背了经济运行的客观规律。

【分析角度4】材料前文指出"生产过剩实际上只是一种假象"，该段又说"生产过剩是市场经济的常见现象"，自相矛盾。

【分析角度5】市场经济的常见现象与市场经济的客观规律并不等价。市场经济的常见现象是具体的、短期的表现，如打折促销活动、搭便车、逆向选择和道德风险等。市场经济的客观规律是稳定的、长期的原理，如供需规律、价值规律。现象受多种因素影响，不一定反映规律。

【分析角度6】政府采取措施解决生产过剩问题未必违背了客观规律。合理的政府干预很可能恰恰是为了使市场经济遵循其内在规律。

【原文4】再说，生产过剩总比生产不足好。如果政府的干预使生产过剩变成了生产不足，问题就会更大，因为生产过剩未必会造成浪费，反而可以因此增加物资储备以应对不时之需。如果生产不足，就势必造成供不应求的现象，让人们重新去过缺衣少食的日子，那就会影响社会的和谐与稳定。

【分析角度7】生产过剩未必可以增加物资储备以应对不时之需。我们需要结合产品的性质和属性进行判断。

【分析角度8】出现供不应求的现象未必会让人们重新去过缺衣少食的日子，也未必会影响社会的和谐与稳定。因为很可能供不应求的不是刚需产品。

易错提示2 "生产不足，就势必造成供不应求的现象"不建议分析，因为生产不足与供不应求二者的意思基本等价，且该年真题中谬误明显较多。如果强行对该句进行分析，有钻牛角尖的嫌疑。

易错提示3 "生产过剩总比生产不足好"为段落论点，段落后文对该论点进行了论证。故不建议对该句进行分析。

【原文5】总之，我们应该合理定位政府在经济运行中的作用。政府要有所为，有所不为。政府应该管好民生问题。至于生产过剩或生产不足，应该让市场自动调节，政府不必干预。

【分析角度9】市场调节和政府干预可以相互结合，二者并不矛盾。

【分析角度10】第二句话指出"政府应该管好民生问题"，最后一句话又指出"政府不必干预生产过剩"，前后矛盾。因为生产过剩也是民生问题的一种体现。

参考范文

参考范文一

由生产过剩现象引发的论证合理吗？

看待经济发展的问题需要理性的思维，材料的作者在种种有缺陷的论证基础上是无法得到"政府不应该干预生产过剩问题"这一结论的。现分析如下。

首先，生产企业开拓市场、刺激需求未必就能扩大销售，生产过剩也未必马上就会化解。一方面，若市场已经饱和，或者企业生产的产品难以满足消费者需求，则很难扩大销售；另一方面，即便企业可以扩大销售，也需经历一个销售过程，无法马上化解生产过剩的问题。

其次，市场经济的常见现象并不等价于经济运行的客观规律，二者存在本质差异。前者代表的是发生频率较高的事件，后者则代表事物发展的趋势。例如，降价是一个常见现象，商家可能经常会为了促销、清仓、回馈老顾客等进行降价，但降价并不是商品价格变化的客观规律。

再次，生产不足未必会让人们重新去过缺衣少食的日子，生产不足的产品很可能是提高人们生活品质的产品，而非保证衣食住行等基本需求的产品。例如，小米公司的新产品在上市的时候经常脱销，但未能买到的消费者并不会因此缺衣少食。

最后，生产过剩可以增加物资储备以应对不时之需的观点显然是偏颇的。因为生产过剩所增加的物资储备有可能是被市场淘汰的、对生产生活并无作用的，还有可能是易变质、易腐烂的物品，它们不适宜作为物资被储备起来。

综上所述，论证者在忽视诸多因素与条件的情况下，片面地得出"政府不应该干预生产过剩问题"的结论是站不住脚的，故材料论证是毫无意义的。

参考范文二

<h3 style="text-align:center">由生产过剩现象引发的论证合理吗？</h3>

材料通过一系列的论证试图得出"政府不必干预生产过剩"的结论，但是在其论证过程中却出现了多处逻辑谬误，故该结论未必能成立，现分析如下。

首先，生产企业开拓市场、刺激需求未必就能扩大销售，化解生产过剩。倘若企业生产的产品无法满足消费者的需求或者市场已经饱和，那么任凭企业怎么开拓市场、刺激需求，也无法扩大销售，化解生产过剩。并且作者先说"生产过剩实际上只是一种假象"，随后又说"生产过剩是经济运行的客观规律"，二者相互矛盾。

其次，由"生产过剩是市场经济的常见现象"无法推出"生产过剩是经济运行的客观规律"。常见现象是事物的外在表现，而客观规律是事物的内在本质，二者显然不同。即便生产过剩是经济运行的客观规律，政府在采取措施干预时，也完全有可能遵循并利用规律。

再次，政府的干预未必会使生产过剩变成生产不足。相反，政府的干预完全有可能使生产与需求达到平衡。即便因为政府的干预使生产过剩变为了生产不足，也未必就会导致人们缺衣少食，而其影响社会的和谐与稳定的结论就更是过于绝对。

最后，材料认为政府应该管好民生问题，而不必干涉生产过剩或生产不足问题。但是生产问题与民生问题息息相关，前文提到的由生产不足导致的缺衣少食问题不就是民生问题吗？况且，市场的自动调节很可能会失效，如果在此基础上没有政府的干预，生产问题可能会更加严重。

综上所述，材料的论证过程存在诸多逻辑漏洞，其结论"政府不必干预生产过剩"难以让人信服。

2014年管理类论效（制衡与监督）

现代企业管理制度的设计所要遵循的重要原则是权力的制衡与监督。只要有了制衡与监督，企业的成功就有了保证。

所谓制衡，指对企业的管理权进行分解，然后使被分解的权力相互制约以达到平衡，它可以使任何人不能滥用权力；至于监督，指对企业管理进行严密观察，使企业运营的各个环节处于可控范围之内。既然任何人都不能滥用权力，而且所有环节都在可控范围之内，那么企业的运营就不可能产生失误。

同时，以制衡与监督为原则所设计的企业管理制度还有一个固有特点，即能保证其实施的有效性，因为环环相扣的监督机制能确保企业内部各级管理者无法敷衍塞责。万一有人敷衍塞责，也会受到这一机制的制约而得到纠正。

再者，由于制衡原则的核心是权力的平衡，而企业管理的权力又是企业运营的动力与起点，因此权力的平衡就可以使整个企业运营保持平衡。

另外，从本质上来说，权力平衡就是权力平等，因此这一制度本身蕴含着平等观念。平等观念一旦成为企业的管理理念，必将促成企业内部的和谐与稳定。

由此可见，如果权力的制衡与监督这一管理原则付诸实践，就可以使企业的运营避免失误，确保其管理制度的有效性、日常运营的平衡以及内部的和谐与稳定，这样的企业一定能够成功。

考试大纲官方解析及段落扩充

考试大纲原文

本题的论证主要存在如下问题：

1. "任何人都不能滥用权力，而且所有环节都在可控范围之内，那么企业的运营就不可能产生失误。"即使任何人都不能滥用权力，而且所有环节都在可控范围之内，企业也不一定能避免失误，因为企业运营失误与否还取决于管理团队的管理水平等其他条件。

2. "监督机制能确保企业内部各级管理者无法敷衍塞责。"事实上，即使有了监督机制，也不能确保所有管理者不敷衍塞责。后文所说"万一有人敷衍塞责"，也和这一判断相矛盾。

3. "监督机制能确保企业内部各级管理者无法敷衍塞责"这一判断过于绝对，不能成为论据，因而无法证明以制衡与监督为原则所设计的企业管理制度能保证实施的有效性。

4. 企业管理权力的平衡未必能使整个企业运营平衡。整个企业的运营平衡，除了企业管理权力的平衡这一重要条件之外，还取决于其他条件。

5. "平衡"和"平等"概念不同，权力平衡不等同于权力平等，两者不能混淆。

6. 企业运营不失误、管理制度有效、日常运营平衡以及内部和谐稳定，这些还不足以保证企业一定能够成功，因为企业的成功不仅取决于企业的内部因素，还取决于市场等企业的外部因素。

基于考试大纲原文的段落扩充

【大纲原文1】"任何人都不能滥用权力,而且所有环节都在可控范围之内,那么企业的运营就不可能产生失误。"即使任何人都不能滥用权力,而且所有环节都在可控范围之内,企业也不一定能避免失误,因为企业运营失误与否还取决于管理团队的管理水平等其他条件。

【段落扩充】即使任何人都不能滥用权力,而且所有环节都在可控范围之内,企业也不一定能避免失误,因为企业运营失误与否还取决于管理团队的管理水平等其他条件,权力制衡和监督机制仅仅是其中一个方面。管理团队的管理水平、战略决策能力、市场应变能力、团队协作能力等因素都会影响企业运营的效率和结果。例如对市场趋势的研判、对风险的预估和控制、对突发事件的处理等,这些都并非完善的制度所能完全解决的。

【大纲原文2】"监督机制能确保企业内部各级管理者无法敷衍塞责。"事实上,即使有了监督机制,也不能确保所有管理者不敷衍塞责。后文所说"万一有人敷衍塞责",也和这一判断相矛盾。

【段落扩充】原文中"监督机制能确保企业内部各级管理者无法敷衍塞责"的表述过于绝对。事实上,即使有了监督机制,也不能确保所有管理者不敷衍塞责。监督机制的设计和执行环节都可能存在漏洞,管理者也可能存在侥幸心理或找到逃避监督的手段。后文所说"万一有人敷衍塞责",也和这一判断相矛盾,表明作者意识到并承认了监督机制并非万能,削弱了论证的说服力。

【大纲原文3】"监督机制能确保企业内部各级管理者无法敷衍塞责"这一判断过于绝对,不能成为论据,因而无法证明以制衡与监督为原则所设计的企业管理制度能保证实施的有效性。

【段落扩充】"监督机制能确保企业内部各级管理者无法敷衍塞责"这一判断过于绝对,不能成为论据。制度的有效性不仅取决于制度本身的设计,更取决于制度执行的力度和效果。企业文化、员工素质、外部环境等因素都会影响制度的实施效果。因而无法证明以制衡与监督为原则所设计的企业管理制度能保证实施的有效性。仅仅依靠制衡和监督机制,并不能完全杜绝管理者敷衍塞责的现象,也不能保证制度的有效实施。

【大纲原文4】企业管理权力的平衡未必能使整个企业运营平衡。整个企业的运营平衡,除了企业管理权力的平衡这一重要条件之外,还取决于其他条件。

【段落扩充】企业管理权力的平衡未必能使整个企业运营平衡。企业运营是一个动态系统,权力制衡只是影响因素之一。整个企业的运营平衡,除了企业管理权力的平衡这一重要条件之外,还取决于其他条件。市场环境、技术创新、人才培养、资金链条等因素都会影响企业的运营平衡。仅仅依靠内部权力的平衡,无法应对复杂多变的外部环境和市场竞争,也无法保证企业运营的平衡和稳定。

【大纲原文5】"平衡"和"平等"概念不同,权力平衡不等同于权力平等,两者不能混淆。

【段落扩充】原文中将"平衡"和"平等"的概念混淆了。"平衡"和"平等"概念不同,权力平衡不等同于权力平等，两者不能混淆。权力平衡强调的是不同权力主体之间相互制约、相互协调的关系，可以防止权力滥用；而权力平等则强调的是不同权力主体的权力大小没有差异。权力平等在现实的企业管理中难以实现，也没有实现的必要性。企业管理层级分明，不同层级的管理者拥有不同的权力和责任，这是由企业的组织结构和管理效率决定的。

【大纲原文6】企业运营不失误、管理制度有效、日常运营平衡以及内部和谐稳定，这些还不足以保证企业一定能够成功，因为企业的成功不仅取决于企业的内部因素，还取决于市场等企业的外部因素。

【段落扩充】企业运营不失误、管理制度有效、日常运营平衡以及内部和谐稳定，这些还不足以保证企业一定能够成功，因为企业是一个开放系统，其成功不仅取决于企业的内部因素，还取决于市场等企业的外部因素。市场需求、行业竞争、政策法规、宏观经济等外部因素都会对企业的生存和发展产生重要影响。如果不能适应外部环境的变化，及时调整发展战略，即使内部管理再完善，企业也难以获得成功。

要点精析

【原文1】现代企业管理制度的设计所要遵循的重要原则是权力的制衡与监督。只要有了制衡与监督，企业的成功就有了保证。

易错提示1　"现代企业管理制度的设计所要遵循的重要原则是权力的制衡与监督"，该句为背景知识，不可以分析。

易错提示2　"只要有了制衡与监督，企业的成功就有了保证"，该句为文章总结论，当材料谬误充足的时候，不建议对其进行分析。

【原文2】所谓制衡，指对企业的管理权进行分解，然后使被分解的权力相互制约以达到平衡，它可以使任何人不能滥用权力；至于监督，指对企业管理进行严密观察，使企业运营的各个环节处于可控范围之内。既然任何人都不能滥用权力，而且所有环节都在可控范围之内，那么企业的运营就不可能产生失误。

【分析角度1】即便任何人都不能滥用权力且所有环节都在可控范围之内，也不代表企业的运营就不会产生失误。因为市场环境等外部条件是不可控的，突如其来的市场变化、政策调整或经济波动可能会影响企业运营；不仅如此，人为因素如员工疏忽、操作不当或沟通不畅也可能导致失误。

易错提示3　"制衡"与"监督"的定义为背景知识，不可以分析。

【原文3】同时，以制衡与监督为原则所设计的企业管理制度还有一个固有特点，即能保证其实施的有效性，因为环环相扣的监督机制能确保企业内部各级管理者无法敷衍塞责。万一有人敷衍塞责，也会受到这一机制的制约而得到纠正。

【分析角度2】环环相扣的监督机制未必能确保企业内部各级管理者无法敷衍塞责，过度依赖监督机制可能增加管理成本、降低工作效率。这又会导致管理者在执行过程中简化程序，出现新的敷衍行为。

【分析角度3】敷衍塞责的管理者未必会受到这一机制的制约而加以纠正，若是惩罚措施不到位，其很可能依旧敷衍塞责。

> **易错提示4** 此处大纲给出了自相矛盾的角度，即材料的上文指出"监督机制能确保企业内部各级管理者无法敷衍塞责"，下文又指出"万一有人敷衍塞责"。在未来考试中出现类似情况时，不建议大家分析这个角度。因为自相矛盾是指矛盾事件同时发生，而"万一"表示的是一种假设，严格来讲，此处并不存在自相矛盾的问题。虽然大家在该年考试中写了这个分析角度一定会得分，但大纲解析也在不断更新，面对这种可能存在争议的表述时，不建议大家冒险。

【原文4】再者，由于制衡原则的核心是权力的平衡，而企业管理的权力又是企业运营的动力与起点，因此权力的平衡就可以使整个企业运营保持平衡。

【分析角度4】企业管理的权力是企业运营的动力与起点，但这不意味着权力的平衡就可以使整个企业运营保持平衡。因为权力平衡仅指管理层内部权力分配的均衡，而企业运营的平衡涉及市场环境、资源配置、员工管理等多方面因素。

【原文5】另外，从本质上来说，权力平衡就是权力平等，因此这一制度本身蕴含着平等观念。平等观念一旦成为企业的管理理念，必将促成企业内部的和谐与稳定。

【分析角度5】权力平衡与权力平等两者并不等价。权力平衡指的是组织内部的权力被合理分配和制衡，以防止集中过度权力，从而保证决策的多样性和公正性。而权力平等则意味着所有成员拥有相同的权力和决策权，没有任何差异。

【分析角度6】平等观念一旦成为企业的管理理念，未必会促成企业内部的和谐与稳定。完全的权力平等可能导致决策效率降低，因为每个人的意见都需要被考虑，拖慢决策速度。此外，责任分散会导致推卸责任的现象增加，影响企业运作。平等观念还可能引发员工间的权力斗争，增加内部冲突。这将影响领导的权威和决策能力，最终影响企业整体战略的执行。

【原文6】由此可见，如果权力的制衡与监督这一管理原则付诸实践，就可以使企业的运营避免失误，确保其管理制度的有效性、日常运营的平衡以及内部的和谐与稳定，这样的企业一定能够成功。

【分析角度7】企业运营没有失误等还不足以保证企业一定能够成功。因为成功还取决于外部环境和市场动态。一方面，市场竞争激烈，外部环境变化迅速，客户需求和偏好不断变化，企业需要持续创新和改进产品或服务；另一方面，宏观经济因素、政策变动和技术进步等外部因素也会对企业的生存和发展产生重大影响。因此，即使内部管理完美，企业也必须灵活应对外部挑战，才能真正实现长期成功。

参考范文

参考范文一

只要有了制衡与监督企业就能成功吗？

材料试图通过一些论证得出"只要有了制衡与监督企业就能成功"的结论。然而，由于其论证过程存在诸多逻辑漏洞，其结论是值得商榷的。

首先，只要没有人滥用权力且所有环节都在可控范围之内，企业运营就不会产生失误了吗？未必。因为企业运营是否会产生失误不仅仅取决于企业管理的制衡与监督，还与管理者的战略决策、员工工作效率等因素密切相关。如果管理者做出错误的战略决策，那么即使企业管理的制衡与监督做得很好，企业的运营也可能产生失误。

其次，权力平衡并不等同于权力平等。权力平衡指的是同一级别的不同主体之间权力分配达到相互制衡的状态；而权力平等是指每个人无论身居何位，都拥有相等的权力。故不可简单地将二者等价。

再次，平等观念成为企业管理理念未必会促成企业内部的和谐与稳定。如果权力过于平等，有能力的人可能会降低其工作积极性；而能力较差的人则可能因此滋生惰性。长此以往，可能引发企业的整体工作效率下降，企业内部甚至可能产生不和谐的氛围。

最后，权力的制衡与监督这一原则付诸实践就可以避免企业运营产生失误吗？未必。因为企业的运营是否会产生失误还取决于宏观经济状况、消费者反应、管理者战略决策、员工工作效率等。如果管理者没有进行充分的市场调研，做出了错误的战略决策，也会使企业运营产生失误，那么即使其权力的制衡与监督原则实行得很好，也无法保证企业良好运营。在此基础上更无法得出企业一定能成功的结论。

综上，基于诸多有缺陷的论证，并不能得出"只要有了制衡与监督企业就能成功"的结论。

参考范文二

企业有了制衡与监督一定能成功吗？

材料通过诸多论证试图得到"企业有了制衡与监督就一定能成功"这一结论。然而，由于其论证过程存在诸多逻辑缺陷，其结论是难以让人信服的，现分析如下。

首先，任何人不滥用权力且所有环节都在可控范围内，企业的运营就不会产生失误吗？未必。因为除了内部因素，企业运营还受外部因素影响。如果市场经济处于萧条状态或者该企业有强劲的竞争对手，那么即使有良好的内部管理机制，企业的运营仍可能产生失误。

其次，以制衡与监督为原则设计的制度并不能保证其实施的有效性。因为企业在经营过程中存在上下级互相包庇的可能性，此时制衡和监督的作用可能无法体现。同时材料认为，环环相扣的监督机制能确保企业管理者无法敷衍塞责，而后又说"万一有人敷衍塞责"，有自相矛盾之嫌。

再次，权力的平衡不见得可以使企业运营平衡。除了权力的平衡，企业运营还需要满足其他条件来维持平衡，这涉及市场环境、资源配置、员工管理等多方面因素。

最后，权力平衡并不意味着权力平等。平衡意在制约，而平等则强调相等，二者存在本质区别。就算平等观念成为企业的管理理念，也并不代表企业就能有效执行，因此未必会促成企业内部的和谐与稳定。

综上，材料的结论还有待商榷。

参考范文三

<h3 style="text-align:center">权力制衡与监督就能让企业成功吗？</h3>

材料的作者试图证明"权力制衡和监督能让企业成功"，然而，由于其论证过程存在诸多逻辑错误，其结论是有待商榷的，现分析如下。

首先，所有人不能滥用权力且所有环节可控就能保证企业运营不会产生失误吗？未必。这些举措都是围绕着企业内部进行的风险排查，并没有考虑到诸如经济形势等外部因素，而外部因素往往具有很大的不确定性，其风险的可控性也相对较低。因此企业运营仍有可能产生失误。

其次，环环相扣的监督机制并不能保证企业内部各级管理者无法敷衍塞责。虽然监督机制监督着每个人，但如果敷衍塞责者只是受到道德谴责而非实质性的惩罚，那也不能确保这些谴责能使他们改变自己的行为。他们很可能会由于威慑力不足而继续犯错，甚至引发他人效仿，因此该监督机制不一定有效。

再次，权力的平衡可以使企业运营平衡吗？未必。一方面，企业运营的平衡还取决于各部门的团结协作、持续的发展等因素；另一方面，权力的平衡未必能使各部门的协作更加有效，反而有可能使各部门之间过度制约，降低工作效率。

最后，平等观念进入企业不一定就能促成企业内部的和谐与稳定。平等如果体现在权力平等，那么公司员工在处理公司事务时就可能经常发生争执，因为话语权的平等可能导致决策困难，双方互不相让。而频繁争执会影响工作效率，降低团队的凝聚力。

综上所述，若想得出"权力制衡和监督能让企业成功"的结论，材料论证还需要进一步完善。

参考范文四

<h3 style="text-align:center">制衡与监督就能让企业成功吗？</h3>

材料通过一系列的分析试图得出"只要有了制衡与监督，企业的成功就有了保证"的结论，但其论证过程存在诸多逻辑漏洞，现分析如下。

首先，即使任何人都不能滥用权力，而且所有环节都在可控的范围内，企业的经营未必就不会产生失误。因为企业经营的成功不仅仅取决于这两个因素，还与企业管理者的能力、公司的战略决策和市场竞争等因素有关。如果在其他方面出现了问题，那么企业的经营很可能就会产生失误。

其次，仅凭环环相扣的监督机制，就能确保企业内部各级管理者无法敷衍塞责吗？未必。一个成功的企业不仅需要监督机制，还需要惩戒机制、淘汰机制等。况且监督机制也未必有效，一旦出现了管理者之间互相庇护的情况，监督机制就很有可能失效。因此该论断过于绝对。

再次，权力平衡并不等于权力平等。前者是指各方的权力达到平衡的状态，后者是指将一定的权力平均分给每个人，二者并不等价。况且，"平等观念一旦成为企业的管理理念，必将促成企业内部的和谐与稳定"这一结论缺乏论证，得到该结论过于武断。

最后，即使将权力的制衡与监督这一管理原则付诸实践，未必就可以使企业运营避免产生失误。因为企业的运营除了受到内部管理的影响，还与外部因素密切相关，如国家政策的更新、竞争者商业策略的调整、消费者的消费偏好和生活习惯等。如果企业只做好了权力的制衡与监督，而忽略了其他因素的作用和影响，那么企业就很可能会故步自封，难以发展。

综上所述，材料的论证过程存在诸多逻辑谬误，故其所得出的结论"只要有了制衡与监督，企业的成功就有了保证"是有待商榷的。

参考范文五

企业有了权力制衡和监督就能成功吗？

材料通过一系列论证得出"只要有制衡与监督就能保证企业成功"的结论，然而其论证过程存在诸多逻辑缺陷，所以该结论是有待商榷的。

首先，任何人不能滥用权力并且所有环节处于可控范围之内，企业的运营就不会产生失误了吗？答案显然是否定的。因为不滥用权力和控制所有的环节并不能够避免失误的产生，企业运营可能由于存在沟通不畅、操作等问题而产生失误。

其次，即使监督机制可以确保内部各级管理者无法敷衍塞责，也未必能保证制度实施的有效性。因为判断一项制度是否有效不仅取决于企业的内部管理者是否负责，还要看制度是否契合企业的实际情况，能否解决企业发展中存在的紧急问题。

再次，权力平衡不同于权力平等，二者具有本质差异。权力平衡是指权力相互制约与牵制，刚好能够达到平衡、稳定的状态。而权力平等意味着每个个体都有同等大小的权力。因此，权力平衡并不意味着每个个体都有相同大小的权力，而权力平等也不能代表权力达到了平衡状态。

最后，即使权力的制衡与监督原则付诸实践给企业带来了一定的好处，也不意味着企业一定会成功。因为企业成功还取决于诸多外部因素，若企业仅做好了内部管理，而在市场上缺乏竞争力，没有稳定的顾客群体，也很难赚取利润以维持正常经营，更难实现成功。

综上，材料论证存在诸多问题，其结论不足为信。

2013年管理类论效（文化软实力）

一个国家的文化在国际上的影响力是该国软实力的重要组成部分。由于软实力是评判一个国家国际地位的要素之一，所以如何增强软实力就成了各国政府高度关注的重大问题。

其实，这一问题不难解决。既然一个国家的文化在国际上的影响力是该国软实力的重要组成部分，那么，要增强软实力，只需搞好本国的文化建设并向世人展示就可以了。

文化有两个特性，一个是普同性，一个是特异性。所谓普同性，是指不同背景的文化具有相似的伦理道德和价值观念，如东方文化和西方文化都肯定善行，否定恶行；所谓特异性，是指不同背景的文化具有不同的思想意识和行为方式，如西方文化崇尚个人价值，东方文化固守集体意识。正因为文化具有普同性，所以一国文化就一定会被他国所接受；正因为文化具有特异性，所以一国文化就一定会被他国所关注。无论是接受还是关注，都体现了该国文化影响力的扩大，也即表明了该国软实力的增强。

文艺作品当然也具有文化的本质属性。一篇小说、一出歌剧、一部电影等，虽然一般以故事情节、人物形象、语言特色等艺术要素取胜，但在这些作品中，也往往肯定了一种生活方式，宣扬了一种价值观念。这种生活方式和价值观念不管是普同的还是特异的，都会被他国所接受或关注，都能产生文化影响力。由此可见，只要创作更多的具有本国文化特色的文艺作品，那么文化影响力的扩大就是毫无疑义的，而国家的软实力也必将同步增强。

考试大纲官方解析及段落扩充

考试大纲原文

本题的论证主要存在以下问题：

1."既然一个国家的文化在国际上的影响力是该国软实力的重要组成部分，那么，要增强软实力，只要搞好本国的文化建设并向世人展示就可以了。""向世人展示"可能产生影响力，但也有可能没有影响力。

2."正因为文化具有普同性，所以一国文化就一定会被他国所接受；正因为文化具有特异性，所以一国文化就一定会被他国所关注。"其中的结果只具有可能性，不具有必然性。

3."无论是接受还是关注，都体现了该国文化影响力的扩大，也即表明了该国软实力的增强。"影响力有可能是正面的，也有可能是负面的。正面的影响力可以增强国家的软实力，而负面的影响力会减弱国家的软实力。

4.文艺作品虽然"肯定了一种生活方式，宣扬了一种价值观念"，但其影响力还取决于受众的价值观念和接受能力。假如受众对作品中的价值观念无法认同或缺乏接受能力，那么文艺作品所蕴含的生活方式和价值观念就未必会被接受或关注，也不一定"能产生文化影响力"。

5."只要创作更多的具有本国文化特色的文艺作品，那么文化影响力的扩大就是毫无疑义的。"

如果只创作而不传播，就谈不上"文化影响力的扩大"。

6. "只要创作更多的具有本国文化特色的文艺作品，那么文化影响力的扩大就是毫无疑义的，而国家的软实力也必将同步增强。"文艺作品影响力的扩大和国家软实力的增强不一定同步，因为国家软实力的增强还受制于其他条件。

基于考试大纲原文的段落扩充

【大纲原文1】"既然一个国家的文化在国际上的影响力是该国软实力的重要组成部分，那么，要增强软实力，只要搞好本国的文化建设并向世人展示就可以了。""向世人展示"可能产生影响力，但也有可能没有影响力。

【段落扩充】"向世人展示"可能产生影响力，但也有可能没有影响力。向世人展示文化的过程通常需要跨越语言、习俗、价值观等多重文化障碍，这些障碍可能导致信息失真或被误解。同时，受众的主观接受度、对新文化的开放度以及已有的文化偏好都会影响他们对展示内容的反应。如果一个文化作品或符号与受众的价值观有严重冲突，或者被认为是文化侵略的象征，它可能遭到抵制而非产生影响力。

【大纲原文2】"正因为文化具有普同性，所以一国文化就一定会被他国所接受；正因为文化具有特异性，所以一国文化就一定会被他国所关注。"其中的结果只具有可能性，不具有必然性。

【段落扩充】文化具有普同性，一国文化未必就一定会被他国所接受。因为文化接受还受到政治、经济、社会心理和历史等多重因素的影响；文化具有特异性，一国文化也未必就一定会被他国所关注，因为其是否被关注可能会受限于他国的文化偏好、价值观念和接受度。其中的结果只具有可能性，不具有必然性。

【大纲原文3】"无论是接受还是关注，都体现了该国文化影响力的扩大，也即表明了该国软实力的增强。"影响力有可能是正面的，也有可能是负面的。正面的影响力可以增强国家的软实力，而负面的影响力会减弱国家的软实力。

【段落扩充】文化影响力的扩大，无法等同于软实力的增强。影响力有可能是正面的，也有可能是负面的。正面的影响力可以增强国家的软实力，而负面的影响力会减弱国家的软实力。一个国家的文化如果未能被其他国家恰当地理解，或者与文化接收国的价值观念相冲突，就可能产生负面的影响力，从而减弱该国的软实力。

【大纲原文4】文艺作品虽然"肯定了一种生活方式，宣扬了一种价值观念"，但其影响力还取决于受众的价值观念和接受能力。假如受众对作品中的价值观念无法认同或缺乏接受能力，那么文艺作品所蕴含的生活方式和价值观念就未必会被接受或关注，也不一定"能产生文化影响力"。

【段落扩充】文艺作品所蕴含的生活方式和价值观念未必会被接受或关注，也不一定"能产生文化影响力"。因为文艺作品虽然"肯定了一种生活方式，宣扬了一种价值观念"，但其影响力还取决于受众的价值观念和接受能力。假如受众对作品中的价值观念无法认同或缺乏接受能力，那么作品的文化影响力就可能大打折扣。

【大纲原文5】"只要创作更多的具有本国文化特色的文艺作品，那么文化影响力的扩大就是毫无疑义的。"如果只创作而不传播，就谈不上"文化影响力的扩大"。

【段落扩充】创作更多的具有本国文化特色的文艺作品，不代表文化影响力的扩大就是毫无疑义的。如果只创作而不传播，就谈不上"文化影响力的扩大"。文化影响力的扩大是一个动态的传播过程，涉及语言翻译、媒体传播、文化交流等多个环节。如果作品仅在国内传播，而没有有效的国际传播和推广机制，那么这些作品就无法触及国际受众，也就无法在全球范围内产生影响。

【大纲原文6】"只要创作更多的具有本国文化特色的文艺作品，那么文化影响力的扩大就是毫无疑义的，而国家的软实力也必将同步增强。"文艺作品影响力的扩大和国家软实力的增强不一定同步，因为国家软实力的增强还受制于其他条件。

【段落扩充】文艺作品影响力的扩大和国家软实力的增强不一定同步，因为国家软实力的增强还受制于其他条件。一个国家的文艺作品可能在国际上广受欢迎，但如果该国在意识形态、国家凝聚力或社会制度等其他关键方面欠佳，它的软实力仍可能受到限制。

要点精析

【原文1】一个国家的文化在国际上的影响力是该国软实力的重要组成部分。由于软实力是评判一个国家国际地位的要素之一，所以如何增强软实力就成了各国政府高度关注的重大问题。

易错提示 本段第一句为客观事实，不可以分析；第二句是论证，但没有缺陷，也不可以分析。

【原文2】其实，这一问题不难解决。既然一个国家的文化在国际上的影响力是该国软实力的重要组成部分，那么，要增强软实力，只需搞好本国的文化建设并向世人展示就可以了。

【分析角度1】只搞好本国的文化建设并向世人展示未必可以增强软实力。因为向世人展示未必可以产生预期的效果。

【分析角度2】文化影响力和文化建设二者不可等同。

【分析角度3】一个国家的文化在国际上的影响力确实是该国软实力的重要组成部分，但还有其他因素会影响一个国家的软实力，如科学意识形态、社会制度等。如果这些方面的建设落后，即便文化建设领先，国家的软实力也不一定可以增强。

【原文3】文化有两个特性，一个是普同性，一个是特异性。所谓普同性，是指不同背景的文化具有相似的伦理道德和价值观念，如东方文化和西方文化都肯定善行，否定恶行；所谓特异性，是指不同背景的文化具有不同的思想意识和行为方式，如西方文化崇尚个人价值，东方文化固守集体意识。正因为文化具有普同性，所以一国文化就一定会被他国所接受；正因为文化具有特异性，所以一国文化就一定会被他国所关注。无论是接受还是关注，都体现了该国文化影响力的扩大，也即表明了该国软实力的增强。

【分析角度4】虽然文化具有普同性，但一国文化未必就会被他国所接受，因为文化的普同性仅指各国对部分现象和事物的认知、评价中的共通性，而对具体事物、细节的理解，可能由于历史、价值观和社会习俗的不同，导致两国文化难以相互接受。同时，虽然文化具有特异性，但一国文化也未必会被他国所关注，因为特异性只是指其独特性和差异性，未必能引起他国的兴趣或共鸣。文化传播和接受不仅受普同性和特异性影响，还受制于国际关系、传播渠道和受众需求等多重因素。

【分析角度5】对文化的接受或关注，无法体现该国文化影响力的扩大和该国软实力的增强。因为接受或关注可能只是表面的，未必代表对文化核心价值的认同；不仅如此，有些文化的接受是被动的，是出于经济利益或政治压力，这并不代表真正的文化吸引力。

【原文4】文艺作品当然也具有文化的本质属性。一篇小说、一出歌剧、一部电影等，虽然一般以故事情节、人物形象、语言特色等艺术要素取胜，但在这些作品中，也往往肯定了一种生活方式，宣扬了一种价值观念。这种生活方式和价值观念不管是普同的还是特异的，都会被他国所接受或关注，都能产生文化影响力。由此可见，只要创作更多的具有本国文化特色的文艺作品，那么文化影响力的扩大就是毫无疑义的，而国家的软实力也必将同步增强。

【分析角度6】文艺作品虽然"肯定了一种生活方式，宣扬了一种价值观念"，但未必都会被他国接受和关注。因为不同国家有着各自独特的文化背景、历史和社会习俗，这些因素可能导致对他国文艺作品的理解存在差异。

【分析角度7】创造更多的具有本国文化特色的文艺作品，文化影响力未必就会扩大。即使文艺作品质量高，如果缺乏有效的国际传播渠道，作品也难以在全球范围内广泛传播和被接受，从而限制了文化影响力的扩大。此外，文化影响力不仅依赖于数量，更依赖于作品的质量和创新性。如果一国文艺作品缺乏创意、粗制滥造，即使数量再多，也难以产生深远的影响。

【分析角度8】文化影响力的扩大和国家软实力的增强不一定同步。因为国家软实力不仅包括文化影响力，还涉及政治、外交等多方面因素。即使文化影响力增加，如果该国的政治形象不佳，整体软实力可能不会同步增强。

参考范文

参考范文一

如此真的能够增强国家软实力吗？

材料在诸多错误论证的基础上，得出的"扩大文化影响力即可增强国家的软实力"这一结论有待商榷。

首先，要增强国家软实力只需要搞好本国文化建设就可以了吗？未必。国家软实力的增强是由多方面因素共同作用的，文化的输出与认可程度、国家的外交政策等都会影响国家软实力。所以，要增强国家软实力还需要从多个角度发力。

其次，文化具有普同性并不意味着一国文化会被他国所接受。既然他国文化中已经包含了与这个国家文化相似的内容，又何必再去特地接受这个国家的文化呢？更何况每个国家的文化背景和价值观念都是不同的，在已有的文化背景下再去接受他国的文化或者观念是很困难的。所以，一个国家更可能是认同而不是接受他国文化。同理，文化具有特异性也未必会被他国所关注。

再次，一部文艺作品要想被他国接受或关注，至少需要满足一个前提，即这部作品会被翻译及传播，而这面临不少挑战和困难；即便这一前提成立，也不意味着该作品一定会被接受或关注，因为文化的特异性可能会导致文化冲突。

最后，材料提到一篇小说、一出歌剧、一部电影等都可以宣扬价值观念，但价值观念是一个抽象的概念，文艺作品能起到的宣扬作用往往具有不确定性。而且就算文艺作品可以宣扬价值观念，其宣扬的也不一定就是优秀的、积极的观念，而负面的、消极的观念并不能够增强国家软实力；在此基础上，创作更多具有本国文化特色的文艺作品不一定能使国家软实力增强。因为文艺作品中所传达的文化观念与思想被他国接受并认可才是增强国家软实力的关键，然而他国在已有的文化背景下再去接受其他文化是很困难的，所以创作更多的文艺作品未必有用。

综上所述，材料的论证是难以让人信服的。

参考范文二

搞好文化建设就能增强国家软实力吗？

材料试图得出"只要搞好文化建设就能增强国家软实力"这一结论，但其论证过程存在诸多逻辑谬误，因此该结论难以必然成立，现分析如下。

首先，文化建设只是提升文化影响力的途径之一。如果只是搞好本国的文化建设并向他国展示，却未能让他国理解、认同本国的文化，那么文化影响力的扩大也是难以实现的。此外，文化影响力虽然是国家软实力的重要组成部分，但并非唯一影响因素。倘若国家仅重视文化影响力而忽视社会制度、教育政策等方面，那么也无法增强该国的软实力。

其次，文化具有普同性不代表一国文化一定会被他国所接受。如果两国文化相似，那么他国很可能认为没必要再去接受相同的文化；同时，文化具有特异性也不代表一国文化一定会被他国所关注，如果两国文化差异过大，存在冲突和不可调和的部分，那么双方很可能会选择无视或排斥他国文化。因此，普同性与特异性并不一定会让国家文化被接受或关注。

再次，无论是接受还是关注都体现了该国文化影响力的扩大吗？未必。一国文化即使得到他国的关注和接受，也并不一定被认同或对他国产生借鉴意义，这不足以扩大文化影响力。更何况每个国家的文化都有其不足之处，如果这类文化被他国关注，反而会对该国扩大文化影响力起到反作用，增强国家软实力也就无从谈起了。

最后，只要创作更多具有本国文化特色的文艺作品，就能扩大文化影响力吗？其实不然。因为文艺作品只是文化的一种表现形式，况且文艺作品如果不能被有效地翻译或者缺少传播途径，也就难以得到他国的关注。此外，如果传播出去的文艺作品只体现了该国一小部分文化特色，又或者文艺作品本身质量不佳，那么也不足以扩大文化影响力。

综上所述，材料的论证过程存在诸多逻辑漏洞，因此，其所谓的"只要搞好文化建设就能增强国家软实力"的结论也是有待商榷的。

近 3 年经济类论证有效性分析真题精讲

2024 年经济类论效（好马不吃回头草）

常言道："好马不吃回头草。"人们说这句话的时候往往不是指马而言，而是用来比喻人事。在我们看来，好马完全可以吃回头草。

例如，一般人认为夫妻离异了就应该分道扬镳，但分手的他或她根本没有想到，言归于好、破镜重圆也可能是一个不错的选择，那么为什么要纠结于"好马不吃回头草"而义无反顾地背道而驰呢？

又如，现在跳槽已是司空见惯的事，但跳槽者往往会发现，外面的世界很精彩，但外面的世界又很无奈。跳槽者大可不必再纠结于"好马不吃回头草"，完全可以回原单位工作，因为回到原单位工作，比到其他单位工作更加熟悉，更容易获得成功。说穿了，如今不愿吃回头草的人，不过是因为觉得面子上过不去。其实，为了成就自己的事业，根本不应该碍于面子而不吃回头草。

现在出国留学的学生很多，他们更应该打破"好马不吃回头草"的观念，学成后回国为祖国的建设贡献力量。因为国内的"草"很有营养，吃回头草不但有利于国家的事业，也有利于自己的发展，能使自己成为新时代的千里马。

📖 考试大纲官方解析及段落扩充

暂无。

注：截至发稿，最新大纲尚未发布。待大纲发布后，"张乃心考研"微信公众号将会更新该年真题的考试大纲官方解析，以及基于考试大纲原文的段落扩充。

📖 要点精析

【原文1】 常言道："好马不吃回头草。"人们说这句话的时候往往不是指马而言，而是用来比喻人事。在我们看来，好马完全可以吃回头草。

易错提示 该句介绍了背景知识和文章观点，不需要分析。

【原文2】 例如，一般人认为夫妻离异了就应该分道扬镳，但分手的他或她根本没有想到，言归于好、破镜重圆也可能是一个不错的选择，那么为什么要纠结于"好马不吃回头草"而义无反顾地背道而驰呢？

【分析角度1】 该段是反问句的形式，需要先转换为陈述句，厘清论证关系。本题的论证关系如下。

前提：离异夫妻言归于好、破镜重圆也可能是一个不错的选择。

结论：不应纠结"好马不吃回头草"。

分析："好马不吃回头草"的观点强调不重复过去的错误，但离异夫妻的复合并不一定是重蹈覆辙。

【原文3】又如，现在跳槽已是司空见惯的事，但跳槽者往往会发现，外面的世界很精彩，但外面的世界又很无奈。跳槽者大可不必再纠结于"好马不吃回头草"，完全可以回原单位工作，因为回到原单位工作，比到其他单位工作更加熟悉，更容易获得成功。说穿了，如今不愿吃回头草的人，不过是因为觉得面子上过不去。其实，为了成就自己的事业，根本不应该碍于面子而不吃回头草。

【分析角度2】跳槽者回到原单位工作，未必比到其他单位工作更加熟悉。因为事物是动态发展的，跳槽者回到原单位后，工作的内容、团队成员或组织文化可能已经发生了变化。

【分析角度3】跳槽者对工作更加熟悉，未必更容易获得成功。过于熟悉的环境可能抑制个人的创新和进步，限制他们的职业成长。

【分析角度4】工作上不愿吃回头草的人，未必是因为觉得面子上过不去，可能是基于个人职业规划、个人价值观或对原单位不满等多种原因做出的合理决策。

【分析角度5】在原单位更容易获得成功，不代表好马就应该吃回头草。因为原单位对跳槽后返回的员工可能持保留态度，担心其再次离开，或对其忠诚度有所怀疑。这可能影响跳槽者回归后的职业发展。

【原文4】现在出国留学的学生很多，他们更应该打破"好马不吃回头草"的观念，学成后回国为祖国的建设贡献力量。因为国内的"草"很有营养，吃回头草不但有利于国家的事业，也有利于自己的发展，能使自己成为新时代的千里马。

【分析角度6】留学回国与好马吃回头草并不等价。留学本身是一个人学习和成长的过程，且大部分人学成回国将在海外学到的知识和经验运用到祖国的建设中去。对个人和国家而言，都有益处。所以，留学生回国并不应该被视为"吃回头草"，而应该被看作对他们在国际化背景下所获得的知识和技能的一种积极利用。

【分析角度7】国内的"草"很有营养，不意味着就应该打破"好马不吃回头草"的观念。留学生是否回国并非仅由国内外"草"的营养价值决定。留学生在海外可能找到更符合其技能和兴趣的工作机会，能在更广阔的舞台上实现个人价值。此外，多样化的经历不仅能丰富个人的履历，还可以促进文化交流和创新，这对个人和国家的长远发展都是有益的。

📖 参考范文

好马完全可以吃回头草吗？

上述材料基于诸多论证试图证明"好马完全可以吃回头草"，然而其论证过程存在诸多缺陷，所以其结论也是难以让人信服的。

首先，基于夫妻离异的例子无法证明好马可以吃回头草。虽然"好马不吃回头草"的观点强调不重复过去的错误，但离异夫妻的复合并不一定是重蹈覆辙。人们可以从经历中学习和成长，有时在分开之后，双方才能更清晰地认识到彼此的价值以及自己需要做出的改变。如果离异后双方都能有所反思，改正了导致分开的错误，并且依然保持对彼此的爱意，那么重建关系可能比继续分离更有意义。复合不是简单的重归于好，而是基于对婚姻和责任的更深层次的理解。

其次，跳槽者在原单位更容易获得成功，不代表好马就应该吃回头草。因为原单位对跳槽后返回的员工可能持保留态度，担心其再次离开，或对其忠诚度有所怀疑。这可能影响跳槽者回归后的职业发展。

最后，国内的"草"很有营养，不意味着就应该打破"好马不吃回头草"的观念。留学生是否回国并非仅由国内外"草"的营养价值决定。留学生在海外可能找到更符合其技能和兴趣的工作机会，能在更广阔的舞台上实现个人价值。此外，多样化的经历不仅能丰富个人的履历，还可以促进文化交流和创新，这对个人和国家的长远发展都是有益的。

综上，正是由于材料在论证过程中存在诸多缺陷，其结论也是有待进一步商榷的。

2023年经济类论效（减轻中小学生负担）

要减轻中小学生过重的学习负担，还必须加强引导和管理。

首先，我们应该引导家长破除"望子成龙"的传统观念，因为这一观念是加重中小学生学习负担的重要原因之一。千百年来有多少家长都望子成龙，但大部分的孩子还是成了普通人。如果家长都能正视这一事实，破除"望子成龙"的传统观念，把期望值降低一些，过重的学习负担马上就减轻了。

其次，我们应该改变"不能输在起跑线上"的观念。众所周知，不能输在起跑线上未必能赢在终点线上。既然如此，我们又何必纠结于"起跑线"呢？学习就像马拉松，是个长期的过程，马拉松冠军就不一定是赢在起跑线上的人。如果家长都明白了这个道理，也就不会给子女加压，孩子们就不会再有过重的学习负担了。

再次，我们应该实施素质教育，废除应试教育。应试教育所带来的课业，无疑加重了中小学生的学习任务。如果我们全面地实施素质教育，就能有效地减轻学生的学习负担。

最后，如果有关部门再进一步出台更为严格的减轻中小学生学习负担的法规，减负就能获得成功。

📖 考试大纲官方解析及段落扩充

考试大纲原文

本题的论证主要存在如下问题：

1. 大部分孩子未成"龙"的结果不能用来否定家长对孩子成才的期待。
2. 家长不"望子成龙"，也未必能减轻中小学生的学习负担。
3. 不输在起跑线上未必能赢在终点线上，不足以论证"不输在起跑线上"是错误的。
4. 学生的学习过程具有复杂性，不可与马拉松比赛做简单类比。
5. 素质教育也需要通过考试来考核学生的素质，不能把素质教育和课业对立起来。
6. 法规要靠实施。即使出台了法规，减负未必就能获得成功。

基于考试大纲原文的段落扩充

【大纲原文1】 大部分孩子未成"龙"的结果不能用来否定家长对孩子成才的期待。

【段落扩充】 大部分孩子未成"龙"的结果不能用来否定家长对孩子成才的期待。家长希望孩子成才，是一种普遍且合理的心理期待。虽然现实中大部分孩子未必能成"龙"，但这并不意味着家长的期望是不合理的。每个家长都希望自己的孩子能够拥有光明的未来，这也是推动家长教育和孩子努力的重要动力。否定这种期待，可能会严重打击孩子和家长共同奋斗的积极性。

【大纲原文2】家长不"望子成龙",也未必能减轻中小学生的学习负担。

【段落扩充】家长不"望子成龙",也未必能减轻中小学生的学习负担。即使家长降低了对孩子成才的期望,学校和社会施加的压力依然存在。单纯地改变家长的期望,并不能从根本上解决中小学生学习负担过重的问题。需要综合教育体制、社会观念等多方面因素来评估。

【大纲原文3】不输在起跑线上未必能赢在终点线上,不足以论证"不输在起跑线上"是错误的。

【段落扩充】不输在起跑线上未必能赢在终点线上,不足以论证"不输在起跑线上"是错误的。虽然有些人在起跑线上领先,而没能在终点线上取得胜利,但这并不意味着起跑线上的优势不重要。起跑线上的良好开端可以为后续的学习和发展奠定坚实的基础。若学生积极奋斗,学校、家长等各方合理引导,良好的起跑线势必会发挥最佳用处。

【大纲原文4】学生的学习过程具有复杂性,不可与马拉松比赛做简单类比。

【段落扩充】学生的学习过程具有复杂性,不可与马拉松比赛做简单类比。学习是一个综合的、长期的过程,涉及智力、情感、心态等多方面的比拼;而马拉松比赛主要考验的是体力和耐力。用马拉松比赛来类比学习过程,容易忽视学习的复杂性。

【大纲原文5】素质教育也需要通过考试来考核学生的素质,不能把素质教育和课业对立起来。

【段落扩充】素质教育也需要通过考试来考核学生的素质,不能把素质教育和课业对立起来。素质教育强调全面发展,注重智力、体力、心理素质等多方面的培养,但从未主张废弃课业。通过合理的课业设计和考试,可以有效提高和评估学生的综合素质。因此,素质教育和课业并不是对立的,两者相辅相成,共同促进学生的全面发展。

【大纲原文6】法规要靠实施。即使出台了法规,减负未必就能获得成功。

【段落扩充】法规要靠实施。即使出台了法规,减负未必就能获得成功。虽然出台严格的法规可以在一定程度上规范学校和家长的行为,但实际效果还取决于执行力度和社会的配合。教育减负需多方发力,包括教育制度改革、社会观念转变、教师和家长优化教育方式等。单靠法规的出台,无法彻底解决中小学生学习负担过重的问题。只有在法规得到有效执行,并有各项措施进行配合的情况下,减负目标才能真正实现。

要点精析

【原文1】要减轻中小学生过重的学习负担,还必须加强引导和管理。

易错提示1 该段在表达观点,不需要分析。

【原文2】首先,我们应该引导家长破除"望子成龙"的传统观念,因为这一观念是加重中小学生学习负担的重要原因之一。千百年来有多少家长都望子成龙,但大部分的孩子还是成了普通人。

如果家长都能正视这一事实，破除"望子成龙"的传统观念，把期望值降低一些，过重的学习负担马上就减轻了。

【分析角度1】家长破除"望子成龙"的传统观念，把期望值降低一些，中小学生过重的学习负担未必马上就减轻了。即使家长期望降低，如果学校的教学安排和课业要求没有改变，那么学生的学习负担可能不会有实质性的减少。

易错提示2 "我们应引导家长破除'望子成龙'的传统观念，因为这一观念是加重中小学生学习负担的重要原因之一"该句不建议分析，因为此处的表述为"重要原因之一"，而非"唯一原因"，较难反驳。

【原文3】其次，我们应该改变"不能输在起跑线上"的观念。众所周知，不能输在起跑线上未必能赢在终点线上。既然如此，我们又何必纠结于"起跑线"呢？学习就像马拉松，是个长期的过程，马拉松冠军就不一定是赢在起跑线上的人。如果家长都明白了这个道理，也就不会给子女加压，孩子们就不会再有过重的学习负担了。

【分析角度2】不能输在起跑线上未必能赢在终点线上不代表我们就不需要纠结于"起跑线"。虽然起点并不决定结果，但良好的开始可以帮助孩子树立自信心，这对孩子未来的发展至关重要。故不能因结果不定而忽视起跑线的重要性。

【分析角度3】虽然马拉松冠军不一定是赢在起跑线上的人，但这不代表起跑线不重要。一个好的起跑线可以为选手提供更好的位置和节奏。在教育中，良好的起点为孩子提供了更好的学习环境和资源，这些都是帮助他们在"教育马拉松"中保持竞争力的重要因素。

【分析角度4】虽然马拉松和学习都是长期的过程，但二者在本质上存在很大的差异，故不可将二者草率地进行类比。

【分析角度5】即使家长明白教育是长期过程，也可能会继续给子女加压。因为家长是否施压是由多种因素决定的，包括社会竞争、教育体制和个人期望等。

【原文4】再次，我们应该实施素质教育，废除应试教育。应试教育所带来的课业，无疑加重了中小学生的学习任务。如果我们全面地实施素质教育，就能有效地减轻学生的学习负担。

【分析角度6】应试教育所带来的课业，未必加重了中小学生的学习任务。很可能这种教育模式鼓励学生从小培养良好的学习习惯和时间管理能力，这些技能使他们更有效地处理和完成学习任务。因此，尽管应试教育可能带来了大量的课业，但这不必然导致学生的学习负担加重。关键在于学生如何合理地安排和应对这些课业。

【分析角度7】我们全面地实施素质教育未必就能有效地减轻学生的负担。因为素质教育强调全面发展，全面地实施素质教育可能导致学生需要投入更多的时间和精力去学习新的技能和知识。同时，由于缺乏统一的评价标准，家长和学生可能会感到迷茫，不知道如何平衡各方面的学习，反而增加了中小学生的压力和负担。

【原文5】 最后，如果有关部门再进一步出台更为严格的减轻中小学生学习负担的法规，减负就能获得成功。

【分析角度8】 有关部门进一步出台更为严格的减轻中小学生学习负担的法规，并不意味着减负就能获得成功。即便制定了法规也不一定会达到预期的执行效果，如何保证学校、教师、家长积极配合法规的执行也是一个难题。若各方都不愿意配合法规的执行，减负的效果也就难以预估了。

📖 参考范文

如此中小学生减负就能获得成功吗？

上述材料针对中小学生减负问题展开了诸多论证，然而，由于其在论证过程中存在诸多缺陷，所得结论也是有待进一步商榷的。

首先，家长破除"望子成龙"的传统观念，把期望值降低一些，中小学生过重的学习负担马上就减轻了吗？其实不然。即使家长没有"望子成龙"的传统观念，学生仍然需要接受学校的课程安排、完成教师布置的作业，这些都是学生的学习负担。不仅如此，家长的期望值降低不意味着学校和教师的期望值也会降低，学生仍然需要面对来自学校和教师的学习压力。

其次，虽然马拉松和学习都是长期的过程，但二者在本质上存在很大的差异。马拉松选手的目的在于尽力用最短的时间跑完比赛设定的距离；而学习则是为了获取知识、掌握技能，达到个人成长和发展的目的。故不可将二者草率地进行类比。

再次，全面地实施素质教育未必就能有效地减轻学生的负担。素质教育本身也需要学生付出相应的时间和精力来学习，而且素质教育的实施需要有足够的教学资源来支持。如果学校和教师在实施素质教育的过程中没有充分考虑学生的个性和差异，没有科学、合理地组织教学活动，反而可能加重学生的负担，那么素质教育就无法达到减轻学生负担的目的。

最后，有关部门进一步出台更为严格的减轻中小学生学习负担的法规，并不意味着减负就能获得成功。即便制定了法规也不一定会达到预期的执行效果，如何保证学校、教师、家长积极配合法规的执行也是一个难题。若各方都不愿意配合法规的执行，减负的效果也就难以预估了。

综上，由于材料在论证过程中存在诸多缺陷，所以其结论也是难以让人信服的。

2022 年经济类论效（数字阅读）

国内公布的一项国民阅读调查分析报告显示，大城市的数字阅读率正以较快的速度增长，这说明数字阅读正在改变人们传统的阅读习惯，即将成为国人主要的阅读方式。

数字阅读和传统的纸质阅读相比较具有绝对的优势。各种电子阅读器在实体商店和网上商店比比皆是，人们可以十分方便地买到和使用；互联网时代全球信息一体化，国人可以方便地使用这些丰富的资源，这无疑会加速数字阅读的发展。

另外，为满足受众需求，电子类的报纸、杂志、书籍等出版物迅猛增加，而原有纸质媒体如古籍等也正在加速实现数字化。这些不争的事实也在佐证传统的纸质阅读方式将很快被人们舍弃而寿终正寝。

考试大纲官方解析及段落扩充

考试大纲原文

本题的论证主要存在如下问题：

1. 仅以大城市数字阅读率的增速为根据来论证全民的阅读趋势，以偏概全。

2. 电子阅读器容易买到，但纸质书刊也容易买到，所以不能用来论证数字阅读和传统的纸质阅读相比较具有绝对的优势。

3. 电子阅读器即使可以方便地买到，但不等于容易获得和使用，因为购买电子阅读器需要一定的经济条件，使用时还需要一定的操作能力，不能用来论证比纸质媒体的使用更方便。

4. 互联网时代全球信息一体化，但使用这些资源有时有一定的限制，国人未必能方便地使用这些丰富的资源。

5. 电子媒体的快速发展有可能对传统纸质媒体的阅读造成巨大冲击，但不一定造成传统纸质媒体的消亡。

基于考试大纲原文的段落扩充

【大纲原文1】 仅以大城市数字阅读率的增速为根据来论证全民的阅读趋势，以偏概全。

【段落扩充】 仅以大城市数字阅读率的增速为根据来论证全民的阅读趋势，以偏概全。农村和偏远地区的数字阅读普及率可能较低，居民的阅读习惯和资源获取方式也与大城市有很大不同。因此，仅以大城市的数据来推断全民的阅读趋势是不全面的，忽略了城乡之间的巨大差异。

【大纲原文2】 电子阅读器容易买到，但纸质书刊也容易买到，所以不能用来论证数字阅读和传统的纸质阅读相比较具有绝对的优势。

【段落扩充】 电子阅读器容易买到，但纸质书刊也容易买到，所以不能用来论证数字阅读和传统的纸质阅读相比较具有绝对的优势。虽然电子阅读器的普及率在上升，但纸质书刊仍然是许多人获取知识和信息的重要途径，且纸质书刊在书店、图书馆等地都很容易获得。因此，电子阅读器的易购性并不能证明它在便利性上有绝对优势。

【大纲原文3】电子阅读器即使可以方便地买到，但不等于容易获得和使用，因为购买电子阅读器需要一定的经济条件，使用时还需要一定的操作能力，不能用来论证比纸质媒体的使用更方便。

【段落扩充】电子阅读器即使可以方便地买到，但不等于容易获得和使用，因为购买电子阅读器需要一定的经济条件，使用时还需要一定的操作能力，不能用来论证比纸质媒体的使用更方便。电子阅读器的价格对于一些经济条件较差的家庭来说可能是一个负担。此外，电子阅读器的使用还需要一定的技术知识和操作能力，特别是对于老年人和较少接触电子产品的人群来说，操作起来可能会比较困难。因此，电子阅读器的使用便利性并不一定能超越纸质媒体。

【大纲原文4】互联网时代全球信息一体化，但使用这些资源有时有一定的限制，国人未必能方便地使用这些丰富的资源。

【段落扩充】互联网时代全球信息一体化，但使用这些资源有时有一定的限制，国人未必能方便地使用这些丰富的资源。尽管互联网提供了丰富的全球信息资源，但这些资源的获取有时受到语言、版权、地域限制等因素的影响。例如，一些外文资料可能对不懂外语的人来说难以阅读，一些付费资源可能对经济条件有限的人来说无法购买。因此，互联网的信息资源虽然丰富，但并不意味着所有人都能方便地使用。

【大纲原文5】电子媒体的快速发展有可能对传统纸质媒体的阅读造成巨大冲击，但不一定造成传统纸质媒体的消亡。

【段落扩充】电子媒体的快速发展有可能对传统纸质媒体的阅读造成巨大冲击，但不一定造成传统纸质媒体的消亡。虽然电子媒体在信息传播速度和便捷性上具有优势，但纸质媒体在阅读体验、阅读舒适度、收藏价值等方面仍有其独特的优势。许多人仍然喜欢纸质书的触感和阅读体验，某些专业领域的书籍和期刊也更适合以纸质形式存在。因此，电子媒体的发展虽然会影响纸质媒体，但不一定会导致其完全消亡。

要点精析

【原文1】国内公布的一项国民阅读调查分析报告显示，大城市的数字阅读率正以较快的速度增长，这说明数字阅读正在改变人们传统的阅读习惯，即将成为国人主要的阅读方式。

【分析角度1】仅凭大城市的数字阅读率正以较快的速度增长无法说明数字阅读即将成为国人主要的阅读方式。材料忽视了大城市人群以外的其他人群。

【分析角度2】大城市的数字阅读率正以较快的速度增长，无法说明数字阅读正在改变人们的传统阅读习惯。增长率的上升可能有多方面的原因，例如人口结构的变化、科技的普及等。

【原文2】数字阅读和传统的纸质阅读相比较具有绝对的优势。各种电子阅读器在实体商店和网上商店比比皆是，人们可以十分方便地买到和使用；互联网时代全球信息一体化，国人可以方便地使用这些丰富的资源，这无疑会加速数字阅读的发展。

【分析角度3】人们可以十分方便地买到和使用各种电子阅读器，无法佐证数字阅读和传统阅读相比具有绝对的优势。很可能真实的情况是电子阅读器的功能较为复杂，很多人在使用电子阅读器的时候难以沉浸其中，从而会更加青睐纸质阅读。

【分析角度4】国人可以方便地使用丰富的网络资源未必会加速数字阅读的发展。人们在阅读的过程中，往往关注的是阅读的质量而不是数量。当人们面对海量信息的时候，反而有可能会无所适从，并滋生焦虑的情绪。这会使得数字阅读的发展举步维艰。

【原文3】另外，为满足受众需求，电子类的报纸、杂志、书籍等出版物迅猛增加，而原有纸质媒体如古籍等也正在加速实现数字化。这些不争的事实也在佐证传统的纸质阅读方式将很快被人们舍弃而寿终正寝。

【分析角度5】纸质媒体加速实现数字化无法佐证传统的纸质阅读方式将很快被人们舍弃而寿终正寝。人们也有可能仅仅是图一时新鲜。技术发展和市场偏好是多变的，认为数字阅读会完全取代纸质阅读的观点，可能忽略了未来技术发展、市场变化或消费者偏好的转变。

参考范文

关于数字阅读的论证合理吗？

上述材料通过诸多论证试图说明传统的纸质阅读方式将很快被人们舍弃而寿终正寝。然而，其论证过程中存在诸多缺陷，所以其结论也是值得商榷的。

首先，仅凭大城市的数字阅读率正以较快的速度增长无法说明数字阅读即将成为国人主要的阅读方式。材料忽视了大城市人群外的其他人群。由于大城市人群的生活水平、受教育程度较高，且生活节奏较快，其数字阅读的普及率更高，而其他地区的人群依然可能青睐纸质阅读。

其次，人们可以十分方便地买到和使用各种电子阅读器，无法佐证数字阅读相比传统阅读具有绝对的优势。很可能真实的情况是电子阅读器的功能较为复杂，很多人在使用电子阅读器的时候难以沉浸其中，从而更加青睐纸质阅读。

再次，国人可以方便地使用丰富的网络资源未必会加速数字阅读的发展。人们在阅读的过程中，往往关注的是阅读的质量而不是数量。当人们面对海量信息的时候，反而有可能会无所适从，并滋生焦虑的情绪。这会使得数字阅读的发展举步维艰。

最后，纸质媒体加速实现数字化无法佐证传统的纸质阅读方式将很快被人们舍弃而寿终正寝。纸质媒体数字化未必会使得更多人参与数字阅读，人们也有可能仅仅是图一时新鲜，过了新鲜劲儿以后就会回归传统阅读。

综上，材料的结论难以让人信服。

下篇

近年论说文真题精讲

近 12 年管理类论说文真题精讲

2024 年管理类论说（发散性思维）

发散性思维是指不依常规、寻求变异和多种答案的思维形式。具有这种思维形式的人，其言行往往会与众不同。

📖 审题通关

【独立审题】请认真思考后，独立拟定题目。

【审题测试】请判断以下题目是否合理。

题目1：做人要与众不同

题目2：创新的重要性

题目3：小议发散性思维

题目4：发散性思维的重要性

题目5：发散性思维推动创新

题目6：个性化的重要性

题目7：领导者应具备发散性思维

题目8：发散性思维有利于获得竞争优势

【参考答案及审题思路】

建议的题目： 题目4、题目5、题目7、题目8。

该年论说文材料的中心十分突出。

中心词：发散性思维。

主语：题干中明确给出的主语为人，故本题可以直接将个人作为主语，也可以在此基础上将主语合理引申为"管理者""领导者"等。

结果：题干中给出的结果为与众不同。拟题时也可以不写结果，或者给出一个笼统的结果，如：获得竞争优势、可持续发展等。

故本题的参考题目：发散性思维的重要性；发散性思维推动创新；领导者应具备发散性思维；发散性思维有利于获得竞争优势；组织的发展需要发散性思维等。

不建议的题目：

（在此提醒大家，不建议的题目未必就是错误的，考生使用这些题目也有可能会拿到很高的分数。但不同的阅卷者对这类题目的认可度可能存在一定的偏差，使用这些题目会有一定的风险。）

题目1：中心词错误，与众不同是结果而非中心词。

题目 2：中心词错误。创新是与众不同的同义词，这是结果而非中心词。

题目 3：观点不明确。论说文的题目应明确表达观点立场（命题作文除外）。

题目 6：中心词错误。

行文灵感库

支持观点的理由（观点：发散性思维的重要性）

1. 促进创新：发散性思维鼓励个人打破传统的思考模式，这种开放的思维方式是创新的催化剂，能够催生新颖的想法和解决方案。

2. 提升解决问题的能力：复杂问题往往没有直接或标准的答案，而发散性思维使人能够从多个角度和维度审视问题，找到非传统的解决方案。这种多维度的思考方式可以提升解决问题的能力，尤其是在面对新颖和复杂的挑战时。

3. 增强适应性：在快速变化的现代社会，适应性强是个人成功的关键。发散性思维训练个人在面对不确定性和变化时的应变能力，有助于个人快速适应新环境、新技术和新趋势。

4. 促进知识的跨界融合：发散性思维不受学科边界的限制，它鼓励个人将不同领域的知识和想法结合起来，这种跨界融合是许多突破性发现和创新的源泉。

5. 促进个性化和差异化思考：在这个日益强调个性化的世界，发散性思维可以帮助个人形成独特的思考模式和个性化的解决方案，这有助于人们在竞争激烈的环境中脱颖而出。

6. 应对未来挑战：发散性思维能够帮助人们预见可能出现的问题，提前准备应对策略，从而在未来的竞争中保持优势。

反对观点的理由及推翻思路

1. 偏离目标

反对观点：过度的发散性思维可能导致人们偏离既定目标，从而影响效率和成果。

推翻思路：发散性思维并不意味着缺乏方向，它可以与收敛性思维相结合，确保创意产生后能够更有效地实现目标。

2. 缺乏实践性

反对观点：发散性思维的产物可能过于理想化，难以在现实中得到应用。

推翻思路：虽然某些想法可能需要在实践中进一步检验，但发散性思维是探索未知和推动进步的重要前提，实践性可以在后续的验证和优化中逐步提升。

3. 决策困难

反对观点：过多的选择和想法可能导致决策困难，使人难以快速做出选择。

推翻思路：培养发散性思维的目的是扩大思考的广度。人们在做决策时，可以通过评估和筛选来做出明智的选择。

4. 不切实际

反对观点：在传统和保守的环境中，发散性思维可能被视为不切实际或不受欢迎的思维形式。

推翻思路：社会和组织需要不断进步和创新，而发散性思维正是推动变革的动力。通过教育和宣传，民众会逐渐提升对发散性思维的认可度和运用。

5.缺乏深度

反对观点：发散性思维可能导致浅层次的思考，而缺乏深入分析和研究。

推翻思路：发散性思维并不排斥深度分析，实际上，它可以激发对问题更深层次的探索，为深入研究提供更多可能性和视角。

📖 参考范文

第一类：完全借助模板写的范文

领导者应具备发散性思维

发散性思维是指不依常规、寻求变异和多种答案的思维形式，这也是未来每个管理者不可或缺的一种思维方式。

具备发散性思维的领导者更能推动组织实现持续发展。在现今竞争激烈的社会环境中，组织必须持续发展以保持生存力。持续发展不仅仅是一种战略，更是一种生存法则。具有持续发展意识的领导者能更好地满足管理需求，带领组织在竞争中抢占先机。将持续发展作为首要目标，能够使组织在不断变革的商业世界中保持长久的竞争优势。发散性思维恰恰能够帮助领导者适应发展需要，超越传统的思维模式和固有的思维框架，推动组织实现持续发展。

然而，让我们深感遗憾的是，发散性思维的实践情况却不容乐观，面临着很大的阻力。一方面，很多领导者担心过于重视发散性思维会使其自身利益受损。这种心理障碍让领导者更愿意守着旧有的安全区，不敢尝试发散性思维。另一方面，其他尝试运用发散性思维的领导者一旦失败，就会被视为推广发散性思维的反面教材。这使得领导者害怕重蹈覆辙，宁愿放弃发散性思维，从而避免面对失败的风险。

领导者若基于以上原因便放弃发散性思维是不理性的。因为担心利益受损可能导致过度谨慎、错失机会并阻碍发展。对未知和不确定性的担忧是正常的，但它不应阻止领导者采取行动和追求目标。事实上，发展通常伴随着风险，那些敢于尝试的领导者才有可能获得更大的回报。不仅如此，每个失败案例都是一堂宝贵的课程。通过分析失败案例，领导者可以吸取经验教训，避免重复犯错。失败并不可怕，真正可怕的是不从失败中吸取教训。成功往往建立在失败的基础上。

综上，领导者应重视发散性思维。

第二类：按照基础结构中规中矩写的范文

发散性思维的重要性

发散性思维是指不依常规、寻求变异和多种答案的思维形式，这也是未来每个人不可或缺的一种思维方式。

当下社会，发散性思维的重要性不言而喻。发散性思维能帮助我们打破传统的思维模式和固有的思维框架。当我们遇到问题时，常规的思维方式可能会让我们走入死胡同，无法找到创造的解决方案。而发散性思维则可以激发我们跳出舒适区，从不同角度和多元化的视角审视问题，让我们收获意想不到的灵感和解决方案；不仅如此，发散性思维还能培养创造力和创新能力，通过挑战常规和寻找新途径，使我们更轻松地发掘新颖的思路和独特的解决方案。

然而，提到发散性思维，很多人都对此抱有种种顾虑，甚至将"思维发散"视为贬义词。这背后的主要原因如下。首先，发散性思维常被误解为缺乏目标性或结构性。一些人可能将其视为随意、不系统或无序的思维方式，认为这种思维模式缺乏条理，不能有效地解决问题。因此，他们更倾向于传统的线性思维模式，因为它给人以更加明确和结构化的印象。其次，很多人认为发散性思维可能会耽误时间或不切实际。因此，面对社会压力时，人们可能更倾向于直接的解决方法，而不是通过探索多样的思维路径来寻找更具创新性的解决方案。

但不得不说，这些顾虑都是浮于表面的偏见。事实上，发散性思维能够引导思考者从不同的角度对问题进行探索和分析，使得思考者视野开阔、思维活跃，从而产生新颖的解决方案。它不是无序的思维方式，而是一种注重创意和多元视角的方法。同时，效率不应成为限制发散性思维的因素，尽管效率重要，但过于强调效率有时会限制创新和探索的空间。

综上，发散性思维不仅是解决问题的有效工具，更是培养创新力、应对变化和推动个人成长的关键。

第三类：其他范文

发散性思维助力发展

在这个日益复杂多变的世界，发散性思维变得尤为重要。

我们先来正确认识一下发散性思维。它并非无序的杂乱思想，也不是脱离现实的异想天开，而是一种在面对问题时能够打破传统思维模式，探索多种可能性的思考方式。发散性思维鼓励我们在寻找答案时不拘一格，考虑各种不同的解决路径，而不是仅仅寻找那些看似"正确"的标准答案。这种思维模式的核心在于创造力、灵活性和开放性。

缺乏发散性思维，个人和社会都将面临严重的后果。对个人而言，缺乏该思维意味着在遇到新问题时，他们往往只能束手无策，或者重复使用过时的解决方案。而对社会来说，这种思维的匮乏可能导致创新的停滞，使得社会在面对新挑战时难以有效应对。例如，如果商界领袖们不具备发散性思维，可能会在一些重要决策上过于保守，从而错失新的商机，使企业在竞争中落后。

尽管发散性思维如此重要，但仍有许多人对其持有偏见。有些人认为发散性思维过于抽象，无法产生实际的结果。他们担心这种思维方式会导致决策过程变得混乱和低效。特别是在商业环境中，快速而明确的决策往往被视为成功的关键。另外，传统教育体系往往强调对知识的记忆和重复，而不是对知识的深入理解和创新应用，这也在一定程度上限制了发散性思维的发展。

然而事实上，发散性思维并不与逻辑和效率相冲突。当我们在解决问题的早期阶段广泛地探索可能性时，我们实际上是在更深入地了解问题的本质，这样做有助于我们最终做出更加周全和明智的决策。换句话说，发散性思维可以增加我们找到最佳解决方案的机会。

正视这些误解之后，我们可以更清晰地看到发散性思维的真正价值。它不仅能够提升个人的创造力和解决问题的能力，还能够为社会带来创新和进步。因此，发散性思维不应该被误解或忽视，而应该被更多人重视。

2023 年管理类论说（领导艺术）

人们常说"领导艺术"，可见领导与艺术之间存在着某种相似点，如领导一个团队完成某项任务就和指挥一个乐队演奏某首乐曲一样。

📖 审题通关

【独立审题】请认真思考后，独立拟定题目。

【审题测试】请判断以下题目是否合理。

题目 1： 企业需要领导力

题目 2： 领导与艺术

题目 3： 寻找共性，助力完善企业

题目 4： 掌握领导艺术，推动创新发展

题目 5： 大局意识

题目 6： 掌握领导艺术，推动团队发展

题目 7： 领导要讲究艺术

题目 8： 领导艺术促进团队和谐

题目 9： 领导即艺术

题目 10： 统筹规划和细节

题目 11： 要和指挥家一样做全才

题目 12： 卓别林和斯大林的相关性分析

【参考答案及审题思路】

建议的题目： 题目 6、题目 7、题目 8、题目 9。

本题的审题方向主要有两个，一是找到领导与艺术的共性，二是指出领导艺术的重要性。从审题的角度来说，两个方向都对。但从行文角度来说，第一个方向更多地停留在共性的陈述上，较难切入论证，立意不够深刻；第二个方向在行文时更容易展开论证。

不建议的题目：

题目 1： 第一，题干中的论证范围是团队，并非企业；第二，题目中没有体现出领导艺术。

题目 2： 题目中没有体现出观点、立场，观点不明确。

题目 3： 第一，题干中的论证范围是团队，并非企业；第二，中心词应该是领导艺术，而不是要找到共性。

题目 4： 结果落到了创新上，但题干没有提到创新。

题目 5： 中心词有过度引申之嫌，题干没有提到大局意识。

题目 10： 中心词有过度引申之嫌。

题目11：题干中并没有说指挥家是全才，有过度引申之嫌。

题目12：题目中没有明确观点，且文体不像论说文。不建议大家在拟题环节过于创新，万一阅卷者没能产生共鸣，很可能会给出较低分数。

📖 行文灵感库

支持观点的理由（观点：领导艺术的重要性）

1. 和谐的人际关系：艺术性的领导能够更好地理解和管理团队成员之间复杂的人际关系，从而建立更加和谐的工作环境。

2. 随机应变：艺术性的领导能够灵活面对不断变化的环境和挑战，而不是僵化地遵循既定规则。

3. 创造性地解决问题：艺术性的领导能够找到非传统的解决方案，以创造性的方式解决问题，这在面对全新和复杂的问题时尤为重要。

4. 激励和启发团队：艺术性的领导能够激发团队成员的热情和创造力，让其对工作充满热情。

5. 尊重个性：艺术性的领导能够根据每个团队成员的独特性进行个性化的引导和管理，而不是一刀切地应用同样的管理方法。

6. 有效沟通：艺术性的领导强调沟通的重要性，包括倾听、表达和非言语沟通，这些都是建立信任和理解的关键。

7. 情绪管理：艺术性的领导能够管理和调节自己和他人的情绪，这在处理压力大、员工情绪化的情况时尤为重要。

8. 建立信任：通过艺术化的互动和沟通，领导者能够建立和巩固团队成员和其他利益相关者的信任，这是合作和效率的基础。

9. 提升工作满意度：领导者的艺术性管理方式能够提高员工的工作满意度，减少流失率，吸引更多的人才。

10. 多元化发展：在全球化的背景下，艺术性的领导能够更好地理解和尊重不同文化背景的团队成员，促进多元化的融合。

反对观点的理由及推翻思路

1. 过于抽象

反对观点：领导艺术过于抽象，缺乏明确的指导和可衡量的标准。

推翻思路：艺术性的领导并不是没有结构或标准，而是强调领导者需要根据具体情境灵活运用不同的领导技巧。领导艺术并不排斥明确的目标和评估标准，而是将它们与直觉、创造性思维相结合，以达成目标。

2. 依赖个人魅力

反对观点：领导艺术过于依赖个人魅力，并不是每个人都具备。

推翻思路：虽然个人魅力是领导艺术的一部分，但它更多地依赖于学习和实践获得的技能，如情绪智力、沟通能力。这些技能可以通过培训和经验积累来获得提升，并非仅属于天生具有魅力的个体。

3. 效率低

反对观点：领导艺术可能会牺牲效率和生产力，因为它更注重过程而非结果。

推翻思路：艺术性领导实际上强调过程和结果的平衡。通过理解和激励团队，领导者可以提高成员的工作满意度和参与度，这最终会转化为更高的效率和生产力。

4. 个人主义

反对观点：领导艺术过分强调个人领导者的作用，忽视了团队和协作的力量。

推翻思路：领导艺术实际上非常强调团队的力量和团队协作的重要性。艺术性领导力同样着力于如何引导和协调团队的集体努力，而不仅仅是个人的努力。

5. 不公平

反对观点：领导艺术可能导致偏好和不公平，因为它依赖于领导者的个人判断。

推翻思路：艺术性领导基于对组织价值观和道德原则的深刻理解，而不是随心所欲、没有原则的裁决权力。通过透明的沟通和公正的决策过程，领导者可以确保团队成员被公平对待。

6. 软技能不实用

反对观点：领导艺术是一种软技能，不足以应对商业世界中的硬性挑战。

推翻思路：软技能，如沟通、团队建设和创新思维，正变得越来越重要，它们对于组织的成功至关重要。在快速变化的商业环境中，这些所谓的软技能往往是组织能够适应和克服硬性挑战的关键。

📖 参考范文

第一类：完全借助模板写的范文

组织发展需要领导艺术

领导一个团队完成某项任务就和指挥一个乐队演奏某首乐曲一样，需要一定的艺术性。也就是说，组织的发展离不开领导艺术。

领导艺术有利于组织实现持续发展。在现今竞争激烈的社会环境中，组织必须不断发展以保持生存力。持续发展不仅仅是一种战略，更是一种生存法则。领导过程中若具有艺术性，就能够更好地迎合管理需求，确保组织在竞争中抢占先机。因此，将持续发展作为首要目标，能够使组织在不断变革的商业世界中保持长久的竞争优势。领导艺术有利于组织更好地适应发展需要，提高人才对组织的忠诚感和主观能动性，推动组织实现持续发展。

然而，让我们深感遗憾的是，领导艺术的实践情况却不容乐观，面临着很大的阻力。一方面，很多领导者担心过于重视领导艺术会使其自身利益受损。这种心理障碍让组织更愿意守着旧有的安全区，不愿意尝试领导艺术。另一方面，其他领导者在尝试领导艺术时可能失败。这些案例被视为警告，成为推广领导艺术的反面教材，使领导者害怕重蹈覆辙而选择放弃领导艺术，避免面对失败的风险。

但基于以上原因便放弃领导艺术是不理性的。因为担心利益受损可能会导致过度谨慎、错失机会并限制组织的发展。对未知和不确定性的担忧是正常的，但它不应阻止领导者采取行动和追求目标。事实上，组织的发展通常伴随着风险，那些敢于尝试的领导者才有可能获得更大的回报。不仅如此，每个失败案例都是一堂宝贵的课程。通过分析失败案例，领导者可以吸取经验教训，避免重复犯错。失败并不可怕，真正可怕的是不从失败中吸取教训。成功往往建立在失败的基础上。

综上，组织的发展离不开领导艺术。

第二类：按照基础结构中规中矩写的范文

领导者要有领导艺术

在当今多变的社会环境中，领导者的角色愈发重要。一个优秀的领导者不仅需要具备决策能力、沟通技巧和战略眼光，更需要掌握领导艺术。

一个富有远见的领导者，如同一位卓越的指挥家，能够调动团队每个成员的热情，让他们的潜能得以释放。在面对挑战时，领导艺术帮助领导者以冷静的头脑和巧妙的策略指引团队渡过难关。更重要的是，领导艺术赋予领导者将愿景转化为行动的能力，确保团队成员对共同目标充满热忱。这种艺术不仅能营造一个充满活力的工作环境，也能为实现长远发展目标奠定坚实基础。

然而，仍有不少人对领导艺术的价值持有质疑和反对意见。有人认为，在数字化和自动化技术高速发展的今天，领导者的个人魅力和领导艺术已经不再那么重要，因为决策可以由数据驱动，团队协作可以通过软件平台实现。此外，一些批评者指出，领导艺术过于强调个人能力，可能会忽视团队其他成员的贡献，导致组织过于依赖领导者个人，从而影响团队的自主性和创新能力。

这些反对意见虽然在一定程度上反映了当代社会的某些现实情况，但不足以否定领导艺术的价值。由数据驱动的决策固然重要，但它不能替代领导者在理解复杂人际关系和情感需求方面发挥作用。软件平台的确可以促进团队协作，但不能代替领导者在激励成员和凝聚团队精神方面发挥作用。而且，领导艺术并不意味着忽视团队其他成员的贡献，相反，一个真正懂得领导艺术的领导者会更加关注团队成员的参与和创新，从而推动组织的整体发展。

综上所述，领导艺术对于领导者来说至关重要。

第三类：其他范文

掌握领导艺术，助力目标达成

指挥乐队演奏某首乐曲，不仅需要调动每个乐队成员的积极性，更需要确保整个乐队的和谐统一。指挥乐队如此，领导团队又何尝不是如此，团队目标的达成离不开领导艺术。

首先，领导艺术可以帮助领导者更好地组织和管理团队。在一个大型项目中，团队成员的数量可能很多，任务也可能非常繁重，如果领导者无法有效地协调、管理和分配任务，团队成员的能力就无法得到充分发挥。领导艺术可以帮助领导者了解每个团队成员的技能、能力和兴趣爱好，分析他们的优势和不足，进而制订合理的任务分配方案，使得每个人都能够发挥最佳水平。

其次，领导艺术可以帮助领导者营造积极向上的团队文化。一个团队的成功不仅仅取决于每个成员的能力，还取决于整个团队的文化和价值观。领导者可以通过鼓励、激励和支持的方式，帮助团队成员建立共同的价值观和目标，并制订符合团队文化的规则和标准。在这种积极向上的文化中，每个人都能感受到自己工作的价值，团队成员之间的相互信任和支持也得到了加强。这种积极向上的文化氛围可以使团队成员更加努力地工作，共同为实现目标而奋斗。

最后，领导艺术可以帮助领导者更好地应对冲突和压力。在完成任务的过程中，团队成员之间可能会存在意见分歧和冲突，任务本身也可能会带来一定的压力。领导者需要具备妥善处理这些冲突和压力的能力，使得团队目标能够顺利地向前推进。通过对领导艺术的学习和实践，领导者可以掌握有效的沟通和协调技巧，解决团队成员之间的问题，减轻压力，从而使团队更加稳定和高效。

综上，具备领导艺术，能更好地助力团队目标达成。

掌握领导艺术，助力任务达成

指挥乐队演奏某首乐曲，不仅需要调动每个乐队成员的积极性，更需要让整个乐队和谐。指挥乐队如此，领导团队又何尝不是如此，团队任务的达成也离不开领导艺术。

具备领导艺术的人能有效地调动团队成员的主观能动性。团队管理是基于人的管理，如何最大限度地调动团队成员的积极性和创造性，释放每个成员所蕴藏的能量，使其以极大的热情和创造力投身于实现一致的战略目标，这是领导者需要达到的目标。管理是一门高深的学问，管理者不仅要大权在握，更重要的是要有高超的领导艺术，充分地调动成员的工作积极性。而真正有效的激励手段，往往是不花多少钱就能够做到的，关键是要抓住人心，只有从满足人的内心需要出发，才能让其自动自发、充满热情地努力工作。很多所谓的领导只能叫领导方法，不能称之为领导艺术，其往往只能以强制性手段迫使成员完成团队目标，却很难调动成员的内在积极性。领导者需要具备管理艺术，接纳个体的差异，尊重个体的多样化需求和特点，才能持久地、长期地对其产生激励作用，调动其主观能动性。

具备领导艺术能有效地提高团队凝聚力。团队的运转就像一台精密的仪器，需要所有的"零部件"紧密配合。仅仅依赖法律法规、规章制度等强制约束，仅能使团队成员在表面上配合，但其内心却难以真正认同，团队难以形成凝聚力。凝聚力是团队对于成员的吸引力，其不仅是团队存在的必要条件，而且对团队潜能的发挥有很重要的作用。凝聚力可以激发人们的奋斗热情，推动个人的成长进程，在一定程度上也可以为团队节约人才培养的成本。领导者具备领导艺术能更好地提高成员对组织的认同感，进而提高团队凝聚力，使得团队可以高效运转，最终达成团队目标。

综上，领导者具备领导艺术，能更好地助力团队目标达成。

2022年管理类论说（鸟类会飞）

鸟类会飞是因为它们在进化过程中不断优化了其身体结构。飞行是一项较特殊的运动，鸟类的躯干进化成了适合飞行的流线型。飞行也是一项需要付出高能量代价的运动，鸟类增强了翅膀、胸肌部位的功能，又改进了呼吸系统，以便给肌肉提供氧气。同时，鸟类在进化过程中舍弃了那些沉重的、效率低的身体部件。

审题通关

【独立审题】请认真思考后，独立拟定题目。

【审题测试】请判断以下题目是否合理。

题目1：适者生存

题目2：懂得取舍

题目3：创新改革

题目4：不断优化有利于达成目标

题目5：企业要适应环境变化

题目6：要改进不足

【参考答案及审题思路】

建议的题目： 题目4。

该题的审题难度较小，题干中已经明确给出了中心词。但需要注意的是，这道题中的干扰信息较多，很多同学容易被干扰信息误导。大家一定要在确定题目前排除干扰信息，找准审题方向。

题干中的中心句为"鸟类会飞是因为它们在进化过程中不断优化了其身体结构"。

其后的三句话是对这句话的解读，给出了鸟类优化其身体结构主要的三个方向。

方向一：改变。通过进化改变不合适的身体结构。

方向二：增加。增强需要的身体功能。

方向三：减少。舍弃不需要的身体结构。

故本题的最佳拟题方向是尊重原题。

中心词：不断优化结构。

结果：鸟类会飞。（本题需要将该结果进行翻译，可以翻译为达成目标、发展等）

可参考的题目：发展中需要不断优化；不断优化有利于达成目标；不断优化结构促发展。其他题目体现出类似意思亦可。

不建议的题目：

题目1：中心错误且不明确。第一，题干所探讨的不是生存问题；第二，该题目较空泛，题干中已经给出了"适"的方向，即不断优化，所拟题目最好直接指出。

题目2：中心不明确。该题目较空泛，没有明确具体应该如何取舍。

题目3：偏离题意。题干中没有提到创新。

题目5：中心不明确。该题目较空泛，题干中已经给出了"适"的方向，即不断优化，所拟题目最好直接指出。

题目6：范围缩小。审题为改变、增加、减少三个方向，只写其中之一不够全面，阅卷者会酌情扣分。

本题中心词细分为改变、增加、减少三个方向，只写其中之一，如要改进不足、要做好减法、要舍弃冗余等则不够全面。本题为科普类型材料，一般不需要强调主体，但如果为了更好地展开行文，与某主体结合且结合得较为自然，也不算错误。

📖 行文灵感库

支持观点的理由（观点：优化组织结构的重要性）

1. 提高效率：优化组织结构可以省去重复的工作流程，减少不必要的层级，提高工作效率和响应速度。

2. 增强适应性：随着市场的快速变化和技术的更新迭代，不断优化组织结构有助于企业更快适应外部环境的变化。

3. 激发创新：优化结构通常伴随着更加灵活的管理模式。这可以鼓励员工创新思维，促进新产品和服务的开发。

4. 提升员工满意度：清晰、高效的组织结构能够减少员工的工作压力，提升员工的工作满意度和忠诚度。

5. 强化核心竞争力：通过优化结构，企业可以把资源和注意力集中在核心业务上，强化其在市场上的竞争力。

6. 提高决策效率：扁平化的组织结构可以缩短决策链，提高决策的效率和质量。

7. 提高资源利用率：优化组织结构可以更合理地配置和利用资源，降低运营成本。

8. 增强客户导向：组织结构的优化可以使企业更加关注客户需求，提高服务质量和客户满意度。

9. 促进知识共享：优化结构有助于打破信息孤岛，促进知识的流动和共享，提升组织的整体智慧。

10. 提高组织凝聚力：通过优化结构，组织可以更好地塑造企业文化和价值观，增强员工的团队精神。

反对观点的理由及推翻思路

1. 变革成本高

反对观点：优化组织结构可能涉及重组团队、培训员工等，初期成本较高。

推翻思路：虽然优化组织结构在短期内可能会增加成本，但从长远来看，优化结构能够带来更高的效率和效益，初期投资在未来将获得丰厚的回报。

2. 员工抵触变革

反对观点：员工可能对组织结构的变化产生抵触心理，担心自己的利益受损。

推翻思路：组织通过充分的沟通和协商，为员工提供适当的培训和职业发展机会，可以减轻员工的抵触情绪，并获得他们对变革的支持。

3. 风险管理挑战

反对观点：组织结构的变化可能带来新的风险，增加管理上的挑战。

推翻思路：组织通过细致的规划和风险评估，建立有效的监控和应对机制，可以有效降低变革过程中的风险。

4. 可能影响稳定性

反对观点：频繁的组织结构调整可能会破坏企业发展的稳定性和连续性。

推翻思路：组织结构的优化应当是一个渐进的过程，通过小步快跑和持续改进，可以在保持稳定性的同时实现结构的优化。

5. 忽视人文关怀

反对观点：过度优化结构可能导致组织忽视人文关怀，影响员工的工作体验。

推翻思路：组织结构的优化不仅仅能提高效率，通过合理的设计，增强人性化管理，员工的工作满意度和幸福感也会得到保障。

📖 参考范文

第一类：完全借助模板写的范文

发展中需要不断优化结构

鸟类会飞是因为它们在进化过程中不断优化了其身体结构。对于组织来说同样如此，组织也需要在发展过程中不断优化其结构。

在发展中不断优化结构有利于组织实现持续发展。在现今竞争激烈的商业环境中，组织结构必须不断迭代和适应以保持生存力。持续发展不仅仅是一种战略，更是一种生存法则。不断调整业务模式和更新产品或服务，能够更好地迎合市场需求，确保组织在竞争中占据先机。因此，将持续发展作为首要目标，能够使组织在变革不断的商业世界中保持长久的竞争优势。优化组织结构有利于组织更好地适应发展需要，提高经营效率和人力资源利用率，推动组织实现持续发展。

然而，组织优化结构的过程往往困难重重，面临着很大的阻力。一方面，很多组织担心优化结构会使其自身利益受损。这种心理障碍让组织更愿意守着旧有的安全区，放弃了可能带来更大收益的机会。另一方面，其他组织尝试优化结构时的失败案例被视为警告。它们成为优化组织结构的反面教材，使组织管理者更害怕重蹈覆辙，宁愿选择保守的做法，避免面对失败的风险。

但管理者基于以上原因便拒绝组织优化是不理性的。因为担心利益受损可能会导致过度谨慎、错失机会并限制组织的发展。对未知和不确定性的担忧是正常的，但它不应阻止人们采取行动和追求目标。事实上，成功通常伴随着风险，那些敢于冒险的人才有可能获得更大的回报。不仅如此，每个失败案例都是一堂宝贵的课程，通过分析失败案例，组织可以借鉴其他组织的经验，避免重复犯错。失败并不可怕，真正可怕的是不从失败中吸取教训。成功往往建立在失败的基础上。

综上，发展中需要不断优化结构。

第二类：按照基础结构中规中矩写的范文

发展中需要不断优化结构

鸟类会飞是因为它们在进化过程中不断优化了其身体结构。对于组织来说同样如此，组织也需要在发展过程中不断优化其结构。

为了更好地满足当下的社会需求，我们应不断优化结构。如今，我国社会的主要矛盾已经由人民日益增长的物质文化需要同落后的社会生产之间的矛盾转化为人民日益增长的美好生活需要和不平衡不充分的发展之间的矛盾，这意味着当前人们的生理需求已经基本得到了满足并产生了更高层次的需求。而社会需求具有无限的扩展性，也就是说，人们的需求是无止境的，不会永远停留在某个水平上。随着社会经济的发展和人们收入的提高，需求也将不断地向前发展。人们的一种需求满足了，又会产生新的需求，循环往复，以至无穷。适应社会需求的变化需要我们不断优化结构。通过不断优化结构，组织能更好地完善自我、强化核心优势，进而提高自身的稳固性及核心竞争力，满足当下的社会需求。

然而，组织需要不断优化结构，这话说起来容易，但现实的情况却不容乐观。随着数字化浪潮来袭，人们的生活和工作方式受到了很大的影响。面对这样的局面，组织更需要不断优化结构。可事实却是很多组织依然安于现状，不敢迈出自己的舒适区。之所以会产生这样的情况，主要有以下几点原因：第一，很多组织已经按照原有的方式经营了很多年，形成了一种相对安全、熟悉的经营方式，从而不愿意改变；第二，优化结构需要耗费大量的成本和精力，但结果却具有较大的未知性，很多组织不敢去改变；第三，每个组织在发展的过程中都形成了其独一无二的组织结构，没有前车之鉴可供其参考；第四，部分组织试图优化其结构，但最终以失败收场，这也进一步打击了其余组织优化结构的积极性。

但组织基于以上理由便拒绝优化是极其不理性的行为。一方面，其仅仅看到了组织优化所带来的风险和成本，却忽视了其未来可能带来的巨大收益；另一方面，失败的案例往往更容易被人们所熟知，其仅仅看到了部分失败案例，却忽视了更多的成功经验。

综上所述，鸟儿尚且在不断地进行自我优化，组织也应该不断地优化结构，迎来发展。

第三类：其他范文

发展中需要不断优化结构

鸟类会飞是因为它们在进化过程中不断优化了其身体结构。对于组织来说同样如此，组织也需要在发展过程中不断优化其结构。

首先，以改进不足的方式来优化结构，有助于组织更好地满足市场需求和客户期望。通过识别和解决内部流程中的问题，组织可以提高员工的工作效率，加速产品或服务的交付，从而更好地满足客户的期望。

其次，以增加功能的方式来优化结构，有助于组织拓展其业务范围，获得更多的机会。这种优化可以帮助组织进入新的市场领域，开发新产品或服务，从而实现多样化的增长。

再者，以减少冗余的方式来优化结构，有助于组织提高效率和降低成本。通过清除重复的流程、职能和资源分配，组织可以更有效地运营，减少资源浪费。这种优化还有助于简化管理层级，加快决策速度，使组织更具灵活性和反应能力。这不仅节省了成本，还提高了组织的竞争力。

尽管结构优化有着显而易见的好处，但很多人仍然对此持有疑虑。一些人担心结构变革会导致工作环境具有不稳定性和不确定性，使他们失去舒适感。此外，对于一些高级管理人员来说，结构优化可能意味着他们的权力和地位受到威胁，因此他们可能不情愿支持这种变革。另外，有些员工可能担心新结构会使工作量增加，却没有相应的回报。

然而，这些疑虑并不应该成为阻止结构优化的理由。首先，结构变革可以为员工提供更多的发展机会和路径，使他们能够不断学习和成长。其次，虽然变革可能导致暂时的不稳定，但它让组织获得了更强大的竞争力，从长远来看更有利于增加员工的福祉。最后，结构优化可以通过合理的沟通和培训来减轻员工的工作负担，以确保他们能够顺利过渡到新的组织结构中。

综上，组织发展中需要不断优化结构。

优化结构有利于组织发展

鸟类在进化过程中通过优化身体结构，获得了飞行的能力。类比至组织和机构，优化结构同样对组织发展有着重要的作用。

首先，优化结构可以提高组织的适应能力。组织在发展的过程中，面对的环境和任务是多变的，通过优化结构可以让组织更好地适应这些变化。例如，在市场竞争激烈的情况下，企业需要不断优化组织架构和流程，以提高效率和竞争力。同样，政府机构也需要优化其结构和流程，以更好地满足公众的需求。优化结构可以使组织更加灵活、敏捷地应对各种挑战。

其次，优化结构可以提高组织的生产力。生产力是组织能够创造的价值和财富的度量，而优化结构可以提高生产力的水平。通过优化流程，组织可以更好地利用资源，提高生产力。例如，工厂可以通过优化生产线和流程，提高产量和质量；学校可以通过优化教学方法和课程设计，提高学生的学习效率和成绩。

再次，优化结构还可以提高组织的灵活性和创新能力。当组织面临新的挑战和机遇时，需要具备灵活性和创新能力，以更好地适应变化。通过优化结构，组织可以更好地发掘和利用其潜力和优势，推动创新和发展。例如，企业可以通过优化组织架构和流程，激发员工的创新潜力，推动产品和技术的创新；学校可以通过优化教学方法和课程设计，激发学生的创新思维，推动学科的创新发展。

最后，优化结构可以提高组织的生存能力。当一个组织在面对外部环境的变化和挑战时，如果其内部结构松散、不够灵活，则很难及时做出调整和反应，从而可能会有被淘汰的风险。但如果组织的结构不断得到优化，那么组织在应对变化和挑战时，可以更快速、更灵活地做出反应和调整，从而不断提高生存能力，取得更好的发展。

综上，就像鸟类一样，优化结构有利于组织更好地发展。

2021年管理类论说（实业与教育）

我国著名实业家穆藕初在《实业与教育之关系》中指出，教育最重要之点在道德教育（如责任心和公共心之养成，机械心之拔除）和科学教育（如观察力、推论力、判断力之养成）。完全受此两种教育，实业界中坚人物遂由此产生。

审题通关

【独立审题】请认真思考后，独立拟定题目。

【审题测试】请判断以下题目是否合理。

题目1：我们要争做道德情操和科学精神兼备的人才

题目2：道德教育比科学教育更重要

题目3：道德教育和科学教育相辅相成

题目4：道德教育和科学教育是学校教育的关键

题目5：道德教育和科学教育有助于培养实业中坚者

题目6：我们更要选拔受过道德教育和科学教育的人

【参考答案及审题思路】

建议的题目： 题目5。

该年真题的审题难度不大，题干中已经直接给出了中心词。但很多同学在审题的过程中容易忽视细节问题，在此和大家强调一下。

第一，题干指出道德教育和科学教育都很重要，但没有讨论二者是如何相互作用的，故不能把题目拟为"道德教育和科学教育相辅相成"。

第二，题干的主语不是人才，也不是人才选拔者，而是教育者。故大家要注意拟题方向。

第三，题干的论证范围是实业界，不要改变范围。

不建议的题目：

题目1：主语错误。题干的主语不是人才，而是教育者。

题目2：审题方向错误。题干没有比较道德教育和科学教育，而是在强调二者都很重要。

题目3：审题方向错误。题干没有谈道德教育和科学教育如何相互作用，而是在强调二者都很重要。

题目4：论证范围有误。题干讨论的是教育对实业的影响，而不仅仅是在讨论教育本身。

题目6：主语错误。题干的主语不是人才选拔者，而是教育者。

行文灵感库

支持观点的理由（观点：实业人才需要道德教育和科学教育）

角度一：实业人才需要道德教育

1. 培养责任感：道德教育可以加强学生的责任意识，这对于实业人才来说是基础，因为他们需要对自己的工作和企业的发展负责。

2. 增强诚信意识：道德教育强调诚实和信用的重要性，这是商业世界中不可或缺的品质，有助于实业人才在竞争激烈的市场中建立信誉。

3. 促进团队合作：道德教育强调合作和公平竞争的重要性，这有助于实业人才在团队中更好地协作和沟通。

4. 增强社会责任感：道德教育培养的社会责任感可以激励实业人才关注企业的社会影响，推动企业的可持续发展。

5. 提高适应性：道德教育提倡尊重和包容，有助于实业人才在多变的商业环境中更好地适应和工作。

6. 培养长远眼光：道德教育鼓励学生考虑长远后果，这对于实业人才制定长期战略和规划至关重要。

7. 增强自律性：自律是道德教育的核心，有助于实业人才在各种诱惑和压力面前保持自我。

8. 提升企业形象：实业人才的道德行为有助于提升企业的公众形象，吸引更多客户和投资者。

角度二：实业人才需要科学教育

1. 培养分析能力：科学教育强调逻辑推理和数据分析，这些技能对于实业人才在解决问题和做出决策时至关重要。

2. 创新思维：科学教育鼓励创新和实验精神，这有助于实业人才在产品开发和业务模式创新方面保持领先。

3. 提高效率：科学方法论可以提高工作效率，通过系统化的流程减少错误和浪费。

4. 提高决策质量：科学教育倡导基于证据的决策方式，有助于实业人才做出更加精准和高效的商业决策。

5. 培养批判性思维：科学教育强调批判性思维，这可以帮助实业人才识别和质疑不合理的假设和论断。

6. 提高问题解决能力：科学教育注重解决问题，教会实业人才如何处理复杂问题并找到可行的解决方案。

7. 加强团队合作：科学项目的开展通常需要团队合作，这种合作精神对于实业领域的团队建设和项目管理非常重要。

8. 提升适应变化的能力：科学教育教授人们如何面对不确定性和变化，这对于实业人才在不断变化的市场环境中保持竞争力至关重要。

反对观点的理由及推翻思路

角度一：实业人才需要道德教育

1. 过于理想化

反对观点：道德教育可能过于理想化，与现实商业世界的残酷竞争不符。

推翻思路：实际上，道德行为在商业中是一种长期的竞争优势，它有助于企业建立品牌忠诚度和客户信任，从而为企业带来持续的利润。

2. 难以量化

反对观点：道德教育的成效难以量化，不易评估其对实业人才的实际影响。

推翻思路：虽然道德教育的成效不像技术技能那样可以直接量化，但通过观察员工的行为，可以间接评估其积极影响。

3. 与业务技能不相关

反对观点：道德教育与实业所需的具体业务技能不相关，因此不应成为培养实业人才的重点。

推翻思路：道德素养是所有职业技能的基础，它不仅与业务技能相关，还能够提高业务执行的质量和效果。

4. 资源分配问题

反对观点：将资源投入道德教育可能会减少对实业技能培训的投入。

推翻思路：道德教育并不需要大量的资源投入，且其长期效益远超短期的技能培训。合理的资源分配可以确保两者都得到充分的重视。

角度二：实业人才需要科学教育

1. 过于理论化

反对观点：科学教育可能过于侧重理论，缺乏实际商业环境中所需的实践经验。

推翻思路：理论知识是实践的基础，科学教育可以通过实验、案例研究和实习等方式，将理论与实践相结合，为实业人才提供全面的教育。

2. 忽视人文素养

反对观点：过分强调科学教育可能会忽视实业人才的人文素养和道德教育。

推翻思路：科学教育并不排斥人文素养，实际上，许多科学课程都包含伦理和社会责任的内容，强调科学与人文的交叉学习。

3. 专业限制

反对观点：科学教育可能导致实业人才的知识过于专业化，不利于其跨领域发展。

推翻思路：当今的科学教育鼓励跨学科学习，多学科融合的教学方式能够培养更加灵活和适应性强的实业人才。

4. 投资回报周期长

反对观点：科学教育需要长期的学习和研究，投资回报周期较长，不符合实业快速发展的需求。

推翻思路：科学教育的长期投资能够为企业培养具有深厚知识储备和创新能力的人才，这些人才将成为企业保持竞争力的关键。

📖 参考范文

第一类：完全借助模板写的范文

道德教育和科学教育有助于培养实业中坚者

正如我国著名实业家穆藕初在《实业与教育之关系》中所说，教育最重要之点是道德教育和科学教育。完全受此两种教育，实业界中坚人物遂由此产生。穆藕初先生的话对我们当下的实业教育依然具有启发意义，在培养实业人才的过程中，我们应重视道德教育和科学教育。

重视道德教育和科学教育有利于实业实现持续发展。在现今竞争激烈的社会环境中，实业界必须适应发展以保持生存力。持续发展不仅仅是一种战略，更是一种生存法则。实现持续发展，能够更好地迎合发展需求，确保在竞争中占据先机。因此，将持续发展作为首要目标，能够使实业在变革不断的时代中保持长久的竞争优势。人才是实业发展的根基，在人才培养过程中重视道德教育和科学教育有利于实业界更好地适应发展需要，提高人才的素质和实力，从而推动实业界实现持续发展。

然而，让我们深感遗憾的是，放眼现实，在培养实业人才的过程中我们却往往忽视了对道德教育和科学教育的重视。一方面，人们担心过于重视道德教育和科学教育难以提高自身实力，会使其自身利益受损。这种心理障碍让人才和教育从业者更愿意守着旧有的安全区，不愿意尝试道德教育和科学教育。另一方面，以往在尝试道德教育和科学教育时效果不佳，这些案例被视为警告。它们成为推广道德教育和科学教育的反面教材，使人们害怕重蹈覆辙，宁愿放弃道德教育和科学教育，避免面对失败的风险。

但基于以上原因便放弃道德教育和科学教育是不理性的，不利于实业人才的培养。因为担心利益受损可能会导致过度谨慎、错失机会并限制人才的成长及实业界的发展。对未知和不确定性有担忧是正常的，但它不应阻止实业界采取道德教育和科学教育来培养人才。事实上，实业教育的发展通常伴随着风险，敢于尝试才有可能获得更大的回报；不仅如此，每个失败案例都是一堂宝贵的课程。通过分析失败案例，决策者可以吸取经验教训，避免重复犯错。失败并不可怕，真正可怕的是不从失败中吸取教训。成功往往建立在失败的基础上。

综上，道德教育和科学教育有助于培养实业中坚者。

第二类：按照基础结构中规中矩写的范文

道德教育和科学教育有助于培养实业中坚者

在当今社会，实业作为国家经济发展的根基，对于一个国家的繁荣和社会的稳定起着至关重要的作用。实业需要中坚力量，而这些中坚者不仅需要具备扎实的科学知识，还必须拥有崇高的道德修养。道德教育和科学教育的结合，对于实业人才的培养来说至关重要。

一方面，科学教育为实业中坚者提供了必要的知识和技能。在科技日新月异的时代，只有掌握了先进的科学技术，实业中坚者才能在激烈的市场竞争中立于不败之地，推动企业的创新和发展。另一方面，道德教育则为实业中坚者树立了正确的价值观和行为准则。道德教育能够培养他们的社会责任感和职业道德，使他们在追求经济效益的同时，也关注社会利益和环境保护。这种科学与道德相结合的教育模式，能够培养出全面发展的实业中坚者，既能推动企业技术创新，又能确保企业的可持续发展。

然而，也有人认为过分强调道德教育可能会限制实业中坚者的创新精神和市场竞争力。他们认为，在市场经济中，过多的道德约束可能会导致企业在追求利润的过程中失去灵活性和竞争力。同时，一些人也质疑科学教育的实用性，认为过于理论化的科学教育并不能直接转化为实业中坚者的实际能力，因此在实际工作中的作用有限。

但实际上，良好的道德修养并不会限制创新和竞争，反而能够长远地为企业赢得更好的社会声誉和消费者信任，从而增强企业的市场竞争力。同样，科学教育不仅仅局限于理论知识的传授，更强调知识的应用和实践能力的培养。通过案例分析、实验操作和实习实训，科学教育可以很好地将理论知识转化为实际操作能力，为实业中坚者解决实际问题提供支持。

综上所述，我们应当重视并加强道德教育和科学教育的结合，以此培养出更多优秀的实业中坚人才。

第三类：其他范文

道德教育和科学教育有助于培养实业中坚者

穆藕初曾指出，教育最重要之点在于道德教育和科学教育。这一理念对当今实业家的培养仍有启发意义：培养实业家，需要道德教育和科学教育并重。

道德教育旨在责任心和公共心的养成、机械心的拔除，这是实业家立足的根基。实业家不仅需要具备专业素质，还需要具备道德品质。实业家追求利益最大化是无可厚非的，但如果实业家缺乏社会责任心，可能会陷入唯利是图、投机取巧的泥沼，甚至逾越道德的底线。这样不仅不利于实业的健康发展，而且会使实业家自身难以在社会立足。道德教育可以使人拥有大局观和长远眼光，从而能让实业家真正地服务消费者、造福社会。

科学教育旨在培养观察力、推论力和判断力，其价值在于拓宽人的认知边界。实业家需要有良好的信息提取能力，要能观察和把控市场变化动向，把握发展的机会，做出合理、正确的判断，并将这些判断落实到实业的发展计划中。如果实业家没有及时抓取市场信息的能力，或者不能快速做出正确决策，那么其事业可能难以获得成功。

若我们只看重道德教育，而忽略科学教育，很可能培养出没有实干能力的实业家；同样，若我们只重视科学教育，而不顾道德教育，那么即使科学教育开展得再成功，也可能只是教出了一批只知技术理论，而不懂为何要为社会、为国家做贡献的"片面人才"。

当然，我们要重视道德教育和科学教育并不是说只有这两种教育对人的成长有益，技能教育、知识教育等也很重要。我们应该将道德教育与科学教育融入其中，让受教育者在生活的方方面面都能接受道德的教诲与科学理念的熏陶，从而促进其更好地发展。

综上所述，在急需实业人才的当下，道德教育与科学教育应该并重，共同培养实业界的中坚力量。

道德教育和科学教育助力实业发展

道德教育和科学教育有助于培养实业中坚者。正如我国著名实业家穆藕初在《实业与教育之关系》中所说，教育最重要的是道德教育和科学教育。完全受此两种教育，实业中坚者遂由此产生。穆藕初先生的话对我们当下的实业教育依然具有启发意义，在培养实业人才的过程中，我们应重视道德教育和科学教育。

道德教育有利于提高从业者素质。当前，中国进入工业化、信息化加速发展的阶段，随着经济发展方式的转变，我们迫切需要一大批高素质的劳动者。然而，实业从业者中缺乏敬业奉献精神、诚信意识淡漠的人却不在少数。为了提高实业者的道德素养，我们要追根溯源，加强道德教育。道德教育有利于激发人们的事业心和责任心，能够使受教育者热爱自己的事业、忠于职守、胜任本职工作；同时，道德教育还能够引导人们形成正确的价值取向，帮助他们树立远大理想并为之奋斗。这些都是实业中坚者不可或缺的品质。

科学教育有利于提高从业者实力。当下，随着人工智能、大数据等新兴科技的不断涌现，"勤能补拙"不再是普遍适用的真理。许多重复性的、有规律的劳动逐渐被机械、科技所取代。仅靠蛮力和勤奋已经难以适应当下实业发展的需要。教育是培养经济发展所需人才的一种社会活动，与经济发展、社会进步的关系十分紧密。它不仅是传递社会生产经验和生活经验的必要手段，更是社会经济发展不可缺少的重要基础和条件。面对瞬息万变的时代，我们也需要与之匹配的教育。科学的方法才是这个时代的旋律。这就需要在教育层面加强对实业人才的科学教育，在教学环节中培养和提高学生的观察力、判断力及推理能力，以"智力"谋"富力"，以科学教育推动实业人才的培养。

人才是企业发展的根基。所有的人才都是在接受教育后被输送到各行各业的，教育的水平将很大程度上决定人才的水平。教育不仅仅是"教"，更要"育"。实业教育不应仅仅传授知识、技能，还应该培养学生的思考能力、提高他们的道德情操，这也是培养实业中坚者的关键所在。

基于此，在培养实业人才的过程中，我们应重视道德教育和科学教育。

2020年管理类论说（挑战者号）

据报道，美国航天飞机"挑战者号"采用了斯沃克公司的零配件。该公司的密封圈技术专家博易斯乔利多次向公司高层提醒：低温会导致橡胶密封圈脆裂而引发重大事故。但是，这一意见一直没有受到重视。1986年1月27日，佛罗里达州卡纳维拉尔角发射场的气温降到零摄氏度以下，美国宇航局再次打电话给斯沃克公司，询问其对航天飞机的发射还有没有疑虑之处。为此，斯沃克公司召开会议，博易斯乔利坚持认为不能发射，但公司高层认为他所持理由还不够充分，于是同意宇航局发射。1月28日上午，航天飞机离开发射平台，仅过了73秒，悲剧就发生了。

审题通关

【独立审题】请认真思考后，独立拟定题目。

【审题测试】请判断以下题目是否合理。

题目1：细节决定成败

题目2：官僚作风不可取

题目3：要重视产品质量

题目4：要及时止损

题目5：兼听则明

题目6：要重视专家意见

题目7：领导者不应一意孤行

【参考答案及审题思路】

建议的题目： 题目5、题目6、题目7。

该年真题是一个非常简单的故事类型材料。题干中的结果是"悲剧就发生了"，故我们需要寻找悲剧发生的原因。题干中有两个导致悲剧发生的情节，第一个是"这一意见一直没有受到重视"，第二个是"公司高层认为他所持理由还不够充分，于是同意宇航局发射"。这两个情节传递的意思其实是一样的，即专家一次次地提醒公司高层，但他们没有采纳意见。

故本题的保底题目为"我们要重视意见"。

我们还可以进一步优化这一题目。

因为题干中的主语是公司高层，所以此处可以将"我们"替换为"管理者""领导者""决策者"等。题干中的意见是专家提出的，故可以将"意见"补充为"专家意见""权威意见"等。题干中的意见是关于隐患、危机的，故可以将"意见"替换为"隐患""危机""反对的声音"等。

故可参考的题目有：重视意见；兼听则明；要重视专业意见；领导者不应一意孤行；不应忽视反对的声音；不应忽视风险预警；管理者应重视专家意见。其他能体现该中心的题目亦可。

不建议的题目:

题目 1:中心词错误。失败的根源不是没注意到细节,而是在专家指出该问题后依然没有重视。

题目 2:中心词错误。题干中没有体现出官僚作风,该题目存在过度解读的问题。

题目 3:中心词错误。题干中并没有说橡胶密封圈本身存在质量问题,而是说这一零件不宜在低温环境下使用,公司高层却不顾发射条件依旧同意发射。

题目 4:中心词错误。及时止损有亡羊补牢的意思,而题干没有提及之前发生过此类事故。

【真题变形】

请阅读如下真题的变形材料,并拟定题目。

变形一

据报道,美国航天飞机"挑战者号"采用了斯沃克公司的零配件,但公司高层忽视了低温会导致橡胶密封圈脆裂而引发重大事故这一细节。1986 年 1 月 27 日,佛罗里达州卡纳维拉尔角发射场的气温降到零摄氏度以下,美国宇航局再次打电话给斯沃克公司,询问其对航天飞机的发射还有没有疑虑之处。为此,斯沃克公司召开会议,依然没有重视这一细节,于是同意宇航局发射。1 月 28 日上午,航天飞机离开发射平台,仅过了 73 秒,悲剧就发生了。

变形二

据报道,美国航天飞机"挑战者号"采用了斯沃克公司的零配件,但公司高层忽视了低温会导致橡胶密封圈脆裂而引发重大事故这一隐患。1986 年 1 月 27 日,佛罗里达州卡纳维拉尔角发射场的气温降到零摄氏度以下,美国宇航局再次打电话给斯沃克公司,询问其对航天飞机的发射还有没有疑虑之处。为此,斯沃克公司召开会议,依然没有重视这一隐患,于是同意宇航局发射。1 月 28 日上午,航天飞机离开发射平台,仅过了 73 秒,悲剧就发生了。

变形一参考题目:细节决定成败、细节的重要性

变形二参考题目:管理者要重视隐患

大家要注意区分变形一、变形二与原题的区别,以便更好地理解该年真题的正确审题方向。

📖 行文灵感库

支持观点的理由(观点:管理者应重视专家意见)

1. 专业知识:专家拥有深厚的专业知识和经验,他们的意见往往基于严谨的分析和实践经验。

2. 风险预防:专家的建议可以帮助管理者识别潜在的风险并采取预防措施,从而避免事故发生。

3. 提高决策质量:重视专家意见可以提升决策的科学性和合理性,提高决策的质量。

4. 维护企业声誉:避免因忽视专家意见而引发的事故,有助于保持企业的声誉和市场地位。

5. 提高效率:专家意见往往能够给出最有效的解决方案,从而提高工作效率和成本效益。

6. 促进创新:专家的见解可能包含创新的思路,有助于企业在技术和管理方面的创新。

反对观点的理由及推翻思路

1. 过度依赖可能导致视野受限

反对观点：过度依赖专家意见可能导致管理者视野受限，忽视其他重要因素。

推翻思路：重视并不意味着依赖，而是将专家意见作为决策过程中的重要参考。管理者应兼顾多方面的信息和意见，形成全面的决策。

2. 可能抑制多样性

反对观点：如果只重视专家意见，可能会忽视团队内部意见的多样性。

推翻思路：管理者可以在重视专家意见的同时，鼓励团队成员表达不同的观点，通过多样化的讨论促进最佳决策的形成。

3. 专家也可能有偏见

反对观点：专家也是人，他们的意见可能受到个人偏见的影响。

推翻思路：专家意见的确有可能受到偏见影响，但这可以通过引入多位专家的意见，进行交叉验证的方式降低这种影响。

4. 成本考虑

反对观点：采纳专家的建议可能会产生较高的成本。

推翻思路：虽然专家的建议可能增加短期成本，但从长远来看，预防潜在的风险和问题可以避免更大的损失，从而节省更多的成本。

5. 决策延迟

反对观点：过多考虑专家意见可能导致决策过程变得缓慢。

推翻思路：及时决策固然重要，但更重要的是做出正确的决策。通过有效的沟通和决策机制，决策者可以在考虑专家意见的同时保证决策的效率。

参考范文

第一类：完全借助模板写的范文

管理者要重视专家意见

斯沃克公司高层因为没有重视专家的提醒，一意孤行地同意宇航局发射，酿成了美国航天飞机"挑战者号"的悲剧。这一悲剧也在时刻警醒管理者们要重视专家意见。

管理者在决策过程中重视专家意见有利于实现持续发展。在现今竞争激烈的社会环境中，管理者必须带领企业适应发展以保持生存力。持续发展不仅仅是一种战略，更是一种生存法则。企业实现持续发展，能够更好地迎合发展需求，确保在竞争中占据先机。因此，将持续发展作为首要目标，能够使企业在变革不断的时代中保持长久的竞争优势。管理者重视专家意见有利于更好地适应发展需要，提高决策的水平，从而推动持续发展。

然而，让我们深感遗憾的是，放眼现实，很多管理者却往往忽视专家意见，对专家意见不屑一顾。原因有二：一方面，管理者担心过于重视专家意见会使自身实力难以提高，使自身利益受损。

这种心理障碍让管理者更愿意守着旧有的安全区，不愿意重视专家意见。另一方面，有些管理者虽然重视专家意见，但效果不佳，这些案例被视为警告。它们成为推广重视专家意见的反面教材，使管理者害怕重蹈覆辙，拒绝重视专家意见，避免面对失败的风险。

但基于以上原因便拒绝专家意见是不理性的，不利于管理者做出理性决策。因为担心利益受损可能会导致过度谨慎、错失机会并影响管理者的决策。对未知和不确定性有担忧是正常的，但它不应阻止管理者重视专家意见。事实上，企业的发展通常伴随着风险，敢于尝试才有可能获得更大的回报；不仅如此，每个失败案例都是一堂宝贵的课程。管理者通过分析失败案例，可以吸取经验教训，避免重复犯错。失败并不可怕，真正可怕的是不从失败中吸取教训。成功往往建立在失败的基础上。

综上，管理者应重视专家意见。

第二类：按照基础结构中规中矩写的范文

管理决策当重视专家意见

美国航天飞机"挑战者号"在发射前被发现存在橡胶密封圈脆裂的重大风险，尽管专家一再提醒公司管理层，但其意见始终未得到充分重视，结果酿成悲剧。这启示我们：管理决策当重视专家意见。

为什么要重视专家意见呢？因为专家通常在特定领域拥有多年的研究和实践经验，他们的意见能够帮助管理者看到问题的本质，避免决策受到表面现象的干扰。此外，专家往往能够提供创新的解决方案，这对于企业的持续发展和竞争力的提升至关重要。在遇到特定技术或市场问题时，专家的建议可以帮助管理者做出更加科学的判断，降低决策失误的可能。更重要的是，专家意见有助于管理者全面考虑决策的长远影响，从而做出更有利于持续发展的决定。

尽管如此，也存在一种观点认为管理者过分依赖专家意见可能会限制他们的自主决策能力。有人认为，管理者应该依靠自己的直觉和经验来做出决策，因为专家思考问题可能过于理论化，而忽视了实际操作中的复杂性。此外，有观点指出，专家的建议可能会受到个人利益或偏见的影响，从而导致管理者做出不符合组织最佳利益的决策。

然而，这些质疑没有考虑到管理者可以通过多元化的专家意见来校正个别专家的偏见。管理者不应被动地接受专家意见，而是应该批判性地分析和综合不同专家的观点，以做出最合适的决策。此外，管理者的直觉和经验虽然重要，但在某些高度专业化的问题上可能缺乏深刻的剖析能力。在这些情况下，专家意见是不可或缺的。同时，专家的专业性和客观性通常是通过严格的学术研究和实践检验而得到的，因此，他们的意见往往比个人直觉更为可靠。

综上，管理者应当重视专家意见，更全面地评估问题、提出解决方案。

第三类：其他范文

兼听则明

老话常说：听人劝，吃饱饭。斯沃克公司高层因为没有重视专家的提醒，一意孤行地同意宇航局发射，最终酿成了美国航天飞机"挑战者号"的悲剧。这一事件也在时刻警醒我们兼听则明。

首先，兼听则明是一种态度，能避免我们先入为主。心理学上有一个自我价值保护原则，核心内容是人为了保护自我价值，心理上会有一种防止自我价值遭到否定的倾向。因此，人们一般只接纳那些喜欢自己、支持自己的人，以防止自我价值受到贬低和否定。正是因为人们存在这种自我支持的心理倾向，所以才会有"忠言逆耳"的说法。在企业中，如果管理者不能克服自我价值保护原则，只接受自己喜欢的人的意见以及和自己的意见相一致的观点，长此以往，员工便专提管理者喜欢的意见，专做管理者喜欢的事情，没有人愿意表达自己的洞见和"忠言"。如此循环往复，最终形成"亲小人，远贤臣"的局面。

其次，兼听则明是一剂良方，能帮助我们更加理性地看待和解决问题。世界上的事物错综复杂，人们受自身知识、经历、观念、涵养等因素的局限，难免在见解上有所缺失。如果把多种意见集中起来，进行综合比较、鉴别，从而去伪存真，自然会做出更加合理的决策。如果决策者忽略了兼听则明的重要性，就容易误入"听信一方"的歧途，使得思绪难以开阔，考虑也会欠周到。

再次，值得一提的是我们不应错误地理解兼听则明。兼听则明不是指别人说什么我们就信什么，很多企业家总是很膜拜所谓的专家，为了少走弯路或者避免决策错误，他们会找很多专家花大量的时间去交流讨论，从而错过了很多机会，最终只能扼腕叹息。由此可见，仅仅兼听还不够，必须结合自己的经验和视角，果断地做出判断。

最后，兼听则明，希望"挑战者号"的悲剧不要再次上演。

管理者要重视专家意见

斯沃克公司高层因为没有重视专家的提醒，一意孤行地同意宇航局发射，酿成了美国航天飞机"挑战者号"的悲剧。这一悲剧也在时刻警醒管理者们要重视专家意见。

为什么要重视专家意见呢？

第一，重视专家意见可以使管理者的认识由片面变得全面，由含混变得清晰，由肤浅变得深刻。商业经营错综复杂，无数规律隐藏在表象的背后，需要管理者去探索和发现。然而，管理者的认识水平是有限的，正所谓"人非生而知之者，孰能无惑"。通过重视专家意见，管理者可以在此过程中拓宽思路，取其精华、去其糟粕，进而更好地决策。此外，通过重视专家意见，管理者还可以开拓视野，学习了解到不同于自身的、新颖的思路，并根据不同观点进行交流探讨，引发更多的思考，从而持续进行理性决策。

第二，重视专家意见可以使管理者意识到问题所在，并及时纠正，进而做出更为理性的决策。当管理者在某一领域有着卓越的成就时，他提出的观点通常会被当作权威。但如果专家能提出不同见解，管理者的认知便会暴露问题。需要注意的是，重视专家意见不是一蹴而就的，而是需要管理者投入大量的时间与精力，不断发现问题并及时改正。

世界上的事物错综复杂，管理者受自身知识、经历、观念、涵养等因素的局限，难免在见解上有所缺失。如果管理者能通过重视专家意见把多种意见集中起来，进行比较、鉴别，做到去伪存真，自然就更容易做出合理的决策。管理者要是忽略了专家意见的重要性，拒绝重视专家意见，就容易误入歧途，思绪难以变得开阔，考虑也很难周到。

然而，回归到现实，为什么很多管理者不愿意重视专家意见呢？第一，有些管理者认为自己就是权威，不容置疑；第二，管理者与专家的意见很难达成一致，最终交流很可能会变成争执，非但没有结果，还浪费了时间；第三，专家的意见有可能是错误的，重视专家意见反而可能将原本正确的观点改错。我们不否认这些顾虑有一定的合理之处，但这不能成为拒绝重视专家意见的理由。是否需要重视专家意见不应仅仅考虑眼前的利弊得失，而应该放眼于长远的考量。即便当下重视专家意见会浪费时间、意见难以达成一致，但若是能够让决策得以完善，让其更适合于当下和未来的发展，这一付出便是值得的。

综上，管理者要重视专家意见。

我们要重视他人的意见

博易斯乔利多次向公司高层提醒：低温会导致橡胶密封圈脆裂而引发重大事故。但这一意见并没有受到重视，最终导致了悲剧的发生。这件事让我们深刻地认识到：一定要重视他人的意见。

当下，社会分工的日益细化造成了"隔行如隔山"的局面。在非专业领域，如果我们不采纳专业人员的意见，轻则屡屡碰壁，重则像"挑战者号"一样发生悲剧。因此，为了更加高效地完成任务，降低试错成本，我们一定要重视他人的意见。

重视他人的意见有利于查漏补缺。他人的意见可能恰恰指出了自己所忽视的或有待完善之处。重视他人的意见可以发现自己的不足，并及时加以改正和完善。这不仅有助于工作顺利进行，提高工作效率，还可以使自己学到新的知识。

重视他人的意见可以提高认同感。根据马斯洛的需求层次理论，当一个人的基本需求得到满足后，会激发更高层次的需求，认同感就是高层次需求的一种。一个意见的背后可能蕴含了多次的实验、大量知识的沉淀以及绞尽脑汁的思考。如果提出者的意见能够被采纳或认可，他会获得强烈的认同感和成就感，这会激励他不断进步。管理者对员工意见的认可也会激励大家献计献策，由此形成的良性循环能为企业的发展保驾护航。

也许有人会认为，重视他人的意见会拉低整体效率。因为如果采纳了错误的意见，可能会让我们多走弯路、得不偿失。但其实，重视他人的意见并不是要对他人的意见照单全收，在采纳前需要对其合理性、可行性和有效性进行分析、评估。这个过程可以有效避免采纳错误意见。并且，在分析这些错误意见的过程中，我们可以预见后续工作开展过程中可能会走的弯路，从而降低风险。

综上所述，我们不仅要重视他人的意见，还要理性地看待他人的意见，这样才能保证工作的顺利开展。

重视隐患，保障发展

一个小小的密封圈就导致了一场悲剧的发生，给企业带来了巨大损失，其原因是斯沃克公司高层没有对潜在隐患予以重视。斯沃克公司的例子警示着每一家企业：重视隐患才能保障发展。

无论是"黑天鹅"还是"灰犀牛"，隐患与危机一直存在于生产经营的过程中，那为何有些企业却没有重视这些隐患呢？究其根本，原因有二：其一，"术业有专攻"，管理层在技术层面的知识相对匮乏，对潜在隐患可能带来的损失了解不全面，从而低估了其风险等级；其二，管理层多以效益最大化为原则进行决策，若遇到长期投资迟迟不见回报的情况难免心急，此时，他们会对隐患与危机抱有侥幸心理，选择冒险。

然而，上述内容不应是管理者漠视隐患的理由。实际上，企业重视隐患，能给其长足发展加上一份保险。重视隐患，能为企业争取时间预设解决办法，不至于让企业在面临危机时措手不及，从而错失最佳的处理时机。此外，重视隐患还有助于企业建立品牌形象，赢得消费者信任。例如，在产品设计与制造过程中，重视可能产生事故的每一处细节，绝不让不合格产品入市。这样企业既能在消费者中建立口碑，也能避免后续因产品质量问题而产生纠纷。合理的风险预警机制以及良好的企业形象能助力企业稳步发展。

需要强调的是，重视隐患不是一句口头承诺，也不是照搬照做。第一，重视隐患需要建立起合理的风险预警机制，利用大数据、云计算等手段确定企业的安全边界，一旦项目风险评估等级超过安全边界，企业就应考虑及时止损。第二，管理者应该听取专家的意见，必要时专家应拥有"一票否决权"。做到以上两点，才算是对隐患有了基本的防范意识，才能够体现重视隐患的积极作用。

风起于青萍之末，任何不起眼的事物都可能掀起汹涌波涛。企业若想在竞争激流中稳步发展，必须重视隐患，要做到"宁舍眼前利，不存侥幸心"。

兼听则明

1986年1月28日，是备受关注的"挑战者号"航天飞机升空的日子。然而在其发射后仅过了73秒，悲剧就发生了。这是美国航空史上的一次失败，更是人类探索宇宙历程中的一次大挫折。痛定思痛，事后的分析令人唏嘘，这一切本可以避免，只是因为公司高层没有采纳专家的意见。在多年后的今天，这一事件仍给我们警醒——兼听则明。

对一个企业来说，生存和发展是其根本目标，而管理者对公司的布局和战略的制定至关重要。但人的精力和所长是有限的，不可能对所有的领域都了如指掌。兼听的必要性就此显现。

若企业的管理者一意孤行，企业发展的进程将会受阻。没有不同思想的碰撞，如何产生创新的火花呢？没有各种声音的发出，又如何能真实了解企业内部存在的问题呢？这样一来，不需要竞争对手或是外部条件的打击，企业自己就会走向失败。

反之，若"兼听"，则会"明"。现代许多公司之所以会以优厚的待遇招贤纳士，正是因为这些管理者懂得兼听对企业管理和发展的重要性。企业管理者及时听取相关专业人才的建议和意见，并加以分析和研究，更有利于企业的发展和竞争力的提高。

当然，兼听则明并不是说只要听取多方的意见，就可以发展得更好，而是指应在充分了解企业的发展阶段、发展目标、发展遇到的困难和自身特点的基础上，以平等、尊重的态度对待不同的声音，再结合管理者自身充分的考量和分析，最终做出正确的决策。

在竞争日益激烈、大环境日益复杂的今天，以正确的态度面对不同的声音，才是企业得以发展的"阳关大道"。

管理决策当重视专家意见

美国航天飞机"挑战者号"在发射前存在橡胶密封圈脆裂的重大风险，尽管专家一再提醒公司管理层，但其意见始终未得到充分重视，结果酿成悲剧。这启示我们：管理决策当重视专家意见。

重视专家意见，有利于防范风险，提前化解危机。与管理层不同，专家在某个细分领域深耕多年，已经积累了丰富的知识和经验，能够发现很多常人难以发现的漏洞，或能依据可靠的数据资料，更为准确地判断事态发展的趋势。因此，听取专家的意见，有助于预先识别风险，及时纠正错误，从而避免产生不必要的损失。

重视专家意见，还有利于做出更合理的决策，推动组织成长。这是因为：一方面，重视专家意见可以汇集各方的声音，吸纳不同领域的智慧，形成互补，减少决策过程中因考虑不全面和信息不对称产生的不利影响；另一方面，专家意见可以调动组织内优秀成员的积极性，让他们获得参与感和成就感，激发他们为组织效力的热情。

相反，不重视专家意见、一意孤行，就有可能造成类似"挑战者号"的悲剧。"挑战者号"的失败不仅让数位宇航员失去了宝贵的生命，还让公司的声誉遭受严重冲击，使管理层的治理能力饱受外界质疑。

当然，重视专家意见并不意味着对专家意见不加分辨地接纳，而是要在态度上给予充分重视，并在决策过程中对其进行有效分析，取其精华，去其糟粕。不仅如此，重视专家意见也未必会造成决策低效，相反，这能帮助决策者少走弯路，更快地达成既定目标。

综上，为了做出科学的管理决策，我们应当重视专家意见。

2019年管理类论说（知识的真理性）

知识的真理性只有经过检验才能得到证明。论辩是纠正错误的重要途径之一，不同观点的冲突会暴露错误而发现真理。

📖 审题通关

【独立审题】 请认真思考后，独立拟定题目。

【审题测试】 请判断以下题目是否合理。

题目1：实践出真知

题目2：论辩有利于企业发现真理

题目3：唯有论辩才能完善真理

题目4：实践是检验真理的唯一标准

题目5：论辩有利于发现真理

题目6：真理越辩越明

题目7：论辩有利于检验真理

【参考答案及审题思路】

建议的题目： 题目5、题目6、题目7。

该年的论说文真题是围绕"真理"展开的。题干中呈现了三个步骤：第一步是如何发现真理中的错误——通过不同的观点冲突；第二步是如何纠正真理中的错误——通过论辩；第三步是如何证明知识的真理性——通过检验。

三个步骤形成了一个"发现问题—改正问题—检验真理—再发现问题"的良性循环。在这样的良性循环中，诞生了"真正的真理"。

不难看出题干的焦点在于发现真理，而发现真理的关键步骤就是要对冲突的观点进行论辩。所以本题的立意非常简单，中心词是论辩，目的是发现真理。

可参考的题目：真理越辩越明；真理要勇于质疑；碰撞出真知；论辩出真知；真理需要质疑精神。

不建议的题目：

题目1：中心词错误。本题的中心词为论辩或观点冲突，而非实践。

题目2：论证范围错误。题干中没提到企业，且本题的中心词与企业之间的关联度较小，故不建议与企业结合。

题目3：论证有缺陷。论辩并非完善真理的必要条件，此说法过于绝对。

题目4：中心词错误。实践并非本题的中心词。拟该题目时没有从题干出发，而是依赖于个人生活经验，这一点值得我们警惕。

【真题变形】

请阅读如下真题的变形材料，并拟定题目。

变形一

根据下述材料，以"真理与论辩"为题写一篇 700 字左右的论说文。

知识的真理性需要检验，论辩是纠正错误的重要途径之一，不同观点的冲突会暴露错误而发现真理。

变形二

知识的真理性只有经过检验才能得到证明，那么如何才能检验真理呢？实践是检验真理的唯一标准。

变形一参考题目：真理与论辩（注意审题，该题目变形后为命题作文）

变形二参考题目：实践是检验真理的唯一标准

大家在审题的时候不仅要审材料内容，也要审题干要求，若题干已经给出了题目，则不可以自己拟定。

同时，大家在审题的时候还要避免先入为主，要读懂题干的要求，不要强行运用自己的知识储备。例如，给该年真题拟的题目就不能像变形二一样拟定成大家耳熟能详的"实践是检验真理的唯一标准"。

📖 行文灵感库

支持观点的理由（观点：论辩有利于发现真理）

1. 扩展知识视野：通过论辩，参与者能够接触到不同的观点和信息，有助于打破个人的知识局限，发现新的真理。

2. 激发思维活力：论辩促使人们积极思考，挑战自我认知，通过逻辑推理和批判性思维，人们能更接近真理的本质。

3. 明辨是非：在论辩中，通过对理论和观点的分析、比较，人们能更准确地辨别正误，从而揭示真理。

4. 深入理解：通过论辩，人们可以从各个角度更深入地理解问题，促使认知深化，从而更贴近真实情况。

5. 促进思想交流：论辩是思想交流的重要方式，通过交流可以促进思想的碰撞和融合，有助于真理的发现。

6. 消除偏见：论辩有助于消除个人偏见，使人们更加客观地看待各方的观点，不断接近真理。

7. 提高辩证能力：论辩锻炼人们的辩证能力，使人们学会从对立统一的角度看问题，从而更容易发现事物的本质。

反对观点的理由及推翻思路

1. 过于理想化

反对观点：论辩在实际中可能被情绪和权力所左右，不一定能发现真理。

推翻思路：虽然论辩可能受到非理性因素的影响，但这并不否定其在理性环境下寻找真理的价值，关键在于建立公正和理性的辩论环境。

2. 可能导致分歧

反对观点：论辩可能加剧观点分歧，导致冲突而非真理的发现。

推翻思路：分歧本身是认识和发展的催化剂，通过理性论辩，分歧可以转化为对真理更深入的探索。

3. 信息过载

反对观点：现代社会信息过载，论辩可能导致认知负担，难以辨识真理。

推翻思路：信息筛选和批判性思维是论辩的重要组成部分，有助于人们从信息海洋中辨识真理。

4. 胜负心态

反对观点：论辩往往伴随胜负心态，参与者可能更关注是否胜出而非发现真理。

推翻思路：真正的论辩不以胜负为目的，而是以探求真理为宗旨。培养正确的论辩态度是关键。

5. 实践脱节

反对观点：论辩可能过于理论化，与实际情况脱节，不利于真理的发现。

推翻思路：理论与实践相结合是论辩的重要原则，通过将论辩与实际案例相结合，可以使真理更具实践意义。

6. 论辩技巧影响

反对观点：论辩的结果可能受到辩手技巧而非真理的影响。

推翻思路：虽然辩论技巧是一个影响因素，但在严格的规则和评判标准下，真理的力量仍然是决定性的。

7. 主观解释

反对观点：论辩中的真理可能受到参与者主观解释的影响，缺乏客观性。

推翻思路：通过多方参与和多角度审视，可以减少主观解释的影响，更客观地接近真理。

8. 时间和资源消耗

反对观点：论辩需要投入大量的时间和资源，可能不是发现真理最有效的方式。

推翻思路：虽然论辩需要投入大量的时间和资源，但它为真理的发现提供了深度和广度，这种投入是值得的。

9. 无法达成共识

反对观点：论辩可能无法达成共识，使真理变得模糊不清。

推翻思路：即使短期内无法达成共识，论辩也是推动思想进步和靠近真理的因素。真理的发现往往需要时间的积累和不断地探索。

参考范文

第一类：完全借助模板写的范文

论辩有利于发现真理

论辩是纠正错误的重要途径之一，通过不同观点的冲突，我们会暴露错误，从而发现真理。对此，我深表认同。

对真理进行论辩有利于实现持续发展。在现今日新月异的社会环境中，真理也需要与时俱进以适应发展并保持生存力。持续发展不仅仅是一种战略，更是一种生存法则。实现持续发展，能够更好地迎合发展需求，确保在竞争中占有一席之地。因此，将持续发展作为首要目标，能够使我们在变革不断的时代中保持长久的竞争优势。对真理进行论辩有利于完善真理，使其更好地适应发展需要，正确地指导行动，从而推动持续发展。

然而，让我们深感遗憾的是，放眼现实，人们往往拒绝对真理进行论辩，认为真理是不容置疑的。一方面，人们担心对真理进行论辩会陷入混乱，使其自身利益受损。这种心理障碍让很多人更愿意守着旧有的安全区，不愿意对真理进行论辩。另一方面，以往开展过对真理的论辩，但效果不佳，这些案例被视为警告。它们成为推广对真理进行论辩的反面教材，使人们害怕重蹈覆辙，拒绝对真理进行论辩，避免面对失败的风险。

但若是基于以上原因便拒绝对真理进行论辩是片面的，不利于我们做出理性决策。因为担心利益受损可能会导致过度谨慎、错失机会并限制管理者的决策。对未知和不确定性的担忧是正常的，但它不应阻止我们对真理进行论辩。事实上，事物的发展通常伴随着风险，敢于尝试才有可能获得更大的回报；不仅如此，每个失败案例都是一堂宝贵的课程。通过分析失败案例，我们可以吸取经验教训，避免重复犯错。失败并不可怕，真正可怕的是不从失败中学到教训。成功往往建立在失败的基础上。

综上，我们应对真理进行论辩。

第二类：按照基础结构中规中矩写的范文

真理越辩越明

知识的真理性往往是需要检验的，而论辩正好是检验真理的重要途径。通过论辩能纠正错误认知，形成正确思维，从而帮助我们在此过程中发现并检验真理。由此可见，真理越辩越明。

为什么说真理越辩越明呢？

第一，在认识真理的过程中，辩可以使认识由片面变得全面，由含混变得清晰，由肤浅变得深刻。大千世界万物运行，无数规律隐藏在表象的背后，需要我们去探索、去检验。然而，人们的认识水平是有限的，正所谓"人非生而知之者，孰能无惑"。论辩可以使双方在此过程中拓宽思路，取其精华、去其糟粕，进而发现真理。通过论辩，我们可以开拓视野，学习、了解到不同于自身、新颖的思路，并根据不同观点进行交流探讨，从而引发更多的思考，继续去探索未知的真理。

第二，在认识真理的过程中，辩可以暴露错误认知，促使我们及时纠正，进而检验真理。当人们在某一领域有着卓越的成就时，他提出的观点通常会被当作真理。如果其他人提出不同观点，要求进行论辩，那么在此过程中，错误认知便会暴露，从而达到检验真理的目的。需要注意的是，发现并检验真理的过程不是一蹴而就的，这需要投入大量的时间与精力，不断发现错误认知并及时改正，才能在论辩中实现目标。

然而，回归到现实，为什么很多人不愿意对真理进行论辩呢？第一，有些人认为真理具有权威，不容置疑；第二，论辩双方的意见很难达成一致，论辩最终很可能会变成争执，非但没有结果，还浪费了时间；第三，对方的意见很可能是错误的，通过论辩反而会将原本正确的观点改错。

我们不否认这些顾虑有一定的合理之处，但这不能成为拒绝论辩的理由。真理之所以权威，恰恰是因为其在一次次的论辩和检验中不断优化、不断完善。是否需要对真理进行论辩不应仅仅考虑眼前的利弊得失，而是应该基于更长远的眼光。即便当下会浪费时间、意见难以达成一致，但若是能够让真理得到完善，这样的付出也是值得的。

论辩出真知，相信知识的真理性通过论辩的不断检验能得到更好的证明。

第三类：其他范文

真理越辩越明

人类的历史是追求真理、探索真理、传播真理，进而摆脱蒙昧、无知、愚笨的进程。然而，认识真理的过程并非一帆风顺，它是一个去伪存真、去粗取精的过程。在这样的过程中，论辩是必不可少的一个环节，人们为了寻求真理，要同无知辩，同偏见辩，向未知挑战，与荒谬斗争，同强权抗衡。俗话说："鼓不敲不响，理不辩不明。"人们正是在长期追求真理的过程中，认识到了真理越辩越明的道理。

所谓的真理是人们对客观事物及其规律的正确认识。辩是指以一定的逻辑基础为规则，通过摆事实、讲道理的方式与不同的观点交流、交锋；而明即清楚明晰。真理越辩越明就是说真理会在各种思想的论辩中变得更加清晰明白。

为什么说真理越辩越明呢？

第一，在认识真理的过程中，辩可以使认识由片面变得全面，由含混变得清晰，由肤浅变得深刻。大千世界万物运行，无数规律隐藏在表象的背后，需要我们去探索、去检验。然而，个人的认知水平是有限的，正所谓"人非生而知之者，孰能无惑"。于是，人们用辩来识别真假，用辩来裁决真理和谬误。在辩的过程中，真理逐渐由萌芽走向成熟。

第二，在真理的传播过程中，辩可以使真理常新。任何真理都离不开一定的条件。一旦这些条件发生变化，那么真理也将随之而改变。如果人们不继续探索真理，那么真理最终也会变成一堆"死"的教条。而辩正是防止真理僵化的有效途径。

综上，真理越辩越明。

通过论辩发现并检验真理

知识的真理性往往是需要检验的，而论辩则是检验真理的重要途径。通过论辩，人们能纠正错误认知，形成正确思维，从而在此过程中发现并检验真理。

人们能在论辩过程中拓宽思路，取其精华，去其糟粕，进而发现真理。人们由于自身的局限性，通常很难全面地掌握知识信息。此时，论辩的作用显得尤为重要。通过论辩，我们可以开拓视野，学习到不同于自身的、新颖的思路，并就不同的观点进行交流探讨，从而引发更多的思考，继续去探索未知真理。

人们能在论辩过程中暴露错误认知，并及时纠正，进而检验真理。实践是检验真理的唯一标准，论辩也是实践的方式之一。当人在某一领域有着卓越的成就时，他提出的观点通常会被当作真理。如果其他人对此提出不同看法，要求进行论辩，那么错误认知便会暴露，从而达到检验真理的目的。需要注意的是，发现并检验真理的过程不是一蹴而就的，这需要投入大量的时间与精力，不断发现错误认知并及时改正，方能在论辩中获得真理。

当然，论辩并不是不切实际地随意发表观点、进行无意义的争辩，而是要在论辩双方平等的基础上，根据充分的论据去论证各自的论点，并不断地通过有效分析、讨论去探索真理。为了更好地进行论辩，首先，双方需要提前做好准备。拥有客观、合理的论据是双方进行论辩的前提。其次，论辩双方需要有接纳理解的意识。固执己见，无论对方说什么都一味否定，不是论辩的精神所在。最后，论辩双方要在平等的基础上进行。如果一方是另一方的领导者，可能会出现"不敢辩"的现象。在平等的基础上交流讨论，有助于双方更积极地发表自己的观点。

论辩出真知，相信知识的真理性通过论辩的不断检验能得到更好的证明。

2018 年管理类论说（人工智能）

有人说，机器人的使命，应该是帮助人类做那些人类做不了的事，而不是代替人类。技术变革会夺取一些人低端烦琐的工作岗位，最终也会创造更高端更人性化的就业机会。例如，历史上铁路的出现抢去了很多挑夫的工作，但又增加了千百万的铁路工人。人工智能也是一种技术变革，人工智能也将促进未来人类社会的发展。有人则不以为然。

审题通关

【独立审题】 请认真思考后，独立拟定题目。

【审题测试】 请判断以下题目是否合理。

题目 1：人工智能是一种技术变革

题目 2：人工智能将促进未来人类社会的发展

题目 3：人工智能是造饭碗而非砸饭碗

题目 4：人工智能将威胁人类生存

题目 5：人工智能具有两面性

【参考答案及审题思路】

建议的题目： 题目 2、题目 3。

本题的审题难度比较低。题干中引入了他人的观点，我们首先需要对该观点表达支持或反对的态度。

从题干信息来看，题干虽然列举了对人工智能的两种不同观点，但仔细阅读会发现，题干并非完全中立，而是更倾向于引导大家认同人工智能的积极意义。题干首先提出"机器人是否会取代人类"的担忧，但紧接着就将机器人的使命定义为"帮助"人类，巧妙地化解了人们对人工智能的焦虑，将讨论重点引向人工智能的正面作用。为了进一步证明人工智能的益处，题干用"铁路取代挑夫"的例子类比，暗示技术变革最终会创造新的就业机会，弱化了人工智能可能带来的失业问题的影响。而对于"不以为然"的反对观点，题干只是简单提及，并未展开讨论，也没有赋予其更多的话语权，这使得支持人工智能的观点在论述上显得更为突出。

从社会主流价值观来看，人工智能是一个高效的工具，可以极大地提高生产力。故从社会主流价值观来看，答题者也应该对人工智能持肯定态度。故我们应对该观点予以支持。

可参考的题目：人工智能更有利于未来人类社会的发展；人工智能不会替代人类；人工智能不是砸饭碗而是造饭碗。其他题目只要合理亦可。

不建议的题目：

题目 1：审题方向错误。题干讨论的主要问题是人工智能能否促进人类社会发展，而不是人工智能与技术变革的内在关系。

题目 4：背离题意。该论证方向不符合主流价值趋势。题干中已经明确指出虽然人工智能会对人类造成一定的威胁，但也会带来许多的好处，故不应该对人工智能持否定态度。

题目 5：观点不明确。答题者要明确表达对人工智能的态度。

【真题变形】

请阅读如下真题的变形材料，并拟定题目。

有人说，技术变革虽然会夺取一些人低端烦琐的工作岗位，但最终也会创造更高端更人性化的就业机会。例如，机器人的出现，就在帮助人类做那些他们做不了的事，而不是代替人类；历史上铁路的出现抢去了很多挑夫的工作，但又增加了千百万的铁路工人。可见，技术变革将促进未来人类社会的发展。有人则不以为然。

变形参考题目：技术变革将促进未来人类社会的发展

大家要重点对比变形后的材料与真题的区别。真题强调的主体是人工智能，而变形后的材料强调的主体是技术变革。

📖 行文灵感库

支持观点的理由（观点：人工智能是造饭碗而非砸饭碗）

1. 创造新岗位：人工智能的发展需要大量的研发人员、程序员、数据分析师和系统维护人员，可以带来新兴的就业机会。

2. 提升生产效率：人工智能能够在生产和服务领域提升效率，创造更多的经济增长和就业机会。

3. 促进新产业发展：人工智能作为一种驱动力，催生了无人驾驶、智能家居、远程医疗等新产业，这些产业都需要人才支持。

4. 提高工作质量：人工智能可以接管重复性和危险性工作，让人类从中解放出来，从事更有创造性和人性化的工作。

5. 提高教育和培训效果：人工智能在教育领域为人们提供了个性化学习路径，提高了技能培训的有效性，从而帮助人们适应新的工作环境。

反对观点的理由及推翻思路

1. 造成失业

反对观点：人工智能会取代许多传统工作岗位，导致失业率上升。

推翻思路：虽然人工智能可能会取代某些工作，但历史上技术革新总是会带来新的工作机会。社会和政府可以通过教育和培训，帮助劳动力过渡到新的就业领域。

2. 技能要求高

反对观点：人工智能相关的工作通常有较高的技能要求，不是所有人都能胜任。

推翻思路：技能要求的提高是劳动力市场发展的必然趋势。通过持续的教育和职业培训，劳动者可以提升自己的技能以适应新的工作需求。

3.收入差距加大

反对观点：人工智能可能会加大社会收入差距，因为高技能工作的收入通常更高。

推翻思路：政府和社会可以通过税收政策和社会福利措施来调节收入，减小收入差距。

4.对中低技能工人不利

反对观点：人工智能的发展对中低技能工人是不利的，因为他们的工作更容易被机器取代。

推翻思路：社会可以为中低技能工人提供转型和再培训的机会，帮助他们适应新的经济环境。此外，人工智能也会创造出一些不需要高技能但依赖人类独特能力的新工作岗位。

参考范文

第一类：完全借助模板写的范文

人工智能将促进未来人类社会的发展

人工智能作为一种技术变革，将促进未来人类社会的发展。对此，我深表认同。

人工智能有利于人类社会实现持续发展。在现今竞争激烈的社会环境中，技术变革能带领我们适应发展以保持生存力。持续发展不仅仅是一种战略，更是一种生存法则。实现持续发展，能够更好地迎合发展需求，确保在竞争中占据先机。因此，将持续发展作为首要目标，能够使我们在变革不断的时代中保持长久的竞争优势。人工智能的应用恰恰有利于更好地适应发展需要，创造更多更人性化的就业机会，从而推动持续发展。

然而，让我们深感遗憾的是，放眼现实，很多人却对人工智能充满了敌意。一方面，人们担心过于依赖人工智能难以提高自身实力，且会威胁到自身的工作机会，使自身利益受损。这种心理障碍让人们更愿意守着旧有的安全区，不愿意接受人工智能。另一方面，很多传统的岗位已经被人工智能所取代，这些案例被视为警告。它们成为推广人工智能的反面教材，使人们害怕重蹈覆辙，因而拒绝接受人工智能，避免面对失败的风险。

但基于以上原因便拒绝人工智能是不理性的，不利于人类社会的发展。因为担心利益受损可能会导致过度谨慎、错失机会并限制人类社会的发展。对未知和不确定性的担忧是正常的，但它不应阻止技术的变革。事实上，每一种技术变革的推进通常都伴随着风险，敢于尝试才有可能获得更大的回报；不仅如此，每个失败案例都是一堂宝贵的课程。通过分析失败案例，可以吸取经验教训，避免重复犯错。失败并不可怕，真正可怕的是不从失败中吸取教训。成功往往建立在失败的基础上。

综上，人工智能将促进未来人类社会的发展。

第二类：按照基础结构中规中矩写的范文

人工智能将促进未来人类社会的发展

在技术革新的浪潮中，人工智能的快速发展已成为不可逆转的趋势。尽管有人担忧人工智能将夺走大量人类工作岗位，但历史的经验告诉我们，人工智能的发展同样将开辟新的就业领域，促进人类社会的进步。

人工智能的发展，实际上正在为就业市场带来积极的变化。首先，人工智能技术的应用能够提高生产效率和产品质量，这为企业创造了更多的利润空间，使得企业有能力扩大规模和增加就业。其次，随着人工智能技术的深入，新的行业和职位正在不断涌现。例如，数据科学家、机器学习工程师、人工智能策略顾问等高技能岗位需求激增。这些岗位通常对专业知识和技能有较高的要求，是人工智能时代背景下的产物。因此，人工智能不仅没有成为夺取工作岗位的"罪魁祸首"，反而是创造新就业机会的"催化剂"。

尽管人工智能带来了诸多积极的影响，但仍有不少人质疑人工智能的发展。他们认为，随着人工智能技术的不断完善，机器将替代越来越多的人力工作，尤其是在制造业、客服等领域。这种观点认为，人工智能的普及将导致低技能工作者失业，增加社会的就业压力。

然而，这些担忧忽视了技术发展总是伴随着就业结构的变动，而不是就业岗位的减少。当人工智能接管了某些重复性和低附加值的工作后，人类可以转向更有创造性和战略意义的工作。同时，人工智能的发展也需要大量的人力支持，包括软件开发、系统维护，以及人工智能应用的监管等。这些新兴领域为传统行业的工作者提供了转型和再就业的机会。因此，人工智能的发展不应被视为就业市场的威胁，而应被视为促进人类社会发展和就业结构优化的重要力量。

总而言之，人工智能的崛起是一个不可逆转的趋势，它将促进未来人类社会的发展。

第三类：其他范文

人工智能促进社会发展

很多人担心人工智能的存在会取代人们的工作，阻碍社会发展。但实际上，人工智能将大大促进社会发展。

人们担心人工智能会取代他们工作的原因主要有三点：第一，相比于人类的大脑，人工智能拥有更快的运算速度和更强的信息处理能力，在一些重复性的工作中，其工作效率远超人类；第二，人工智能的学习能力远超人类，在一些新兴的行业中，人工智能能够更快地适应工作；第三，人工智能只需要电力和网络便可以永不停息地工作，相比于人力成本，其成本更低。

然而这些担心都是没必要的。一方面，人工智能的出现取代的往往是低端重复的工作，比如在审计过程中调用法规、采集数据等工作，这反而解放了劳动力，让审计人员能够将时间和精力更多地放在设计审计方案上，有助于提高审计效率和审计质量。另一方面，人工智能在取代低端工作的同时，也激励了原先在这些岗位上的人提升自己，使他们可以获得更好的工作机会。这大大提高了企业人才成长的速度，也降低了培养人才的成本。

若是没有人工智能，很多高端精细化工作将无法完成，这将阻碍社会的发展。很多手术都因应用了人工智能技术的医疗器械而提高了成功率；很多高端工业产品的生产因为机械臂的应用，其精确度可以达到毫米甚至微米。这些都是人类自身无法企及的。

当然，人工智能的存在并不代表人们就可以不用努力，只需等待社会进步了。须知道，人工智能的进一步发展还需要科研人员的研发。更何况社会上还有很多需要人文关怀和情感投入的工作，这些工作所在行业的发展只能靠人类自身。

总之，人工智能将促进人类社会发展，但人类也要找准自己的定位，努力工作助力社会发展。

假人工智能者，而致千里

"假舆马者，非利足也，而致千里。"随着经济发展和技术进步，善用人工智能才能让科技成为推动社会发展的第一生产力。如果只是局限于人工智能的弊端，不能从本质上了解人工智能技术变革的作用，无异于因噎废食。

人工智能运用自动化、云计算、大数据等一系列手段实现人脑和计算机的有机结合，不仅创造出能够代替人类工作的机器人，还催生出许多新兴的产业。

人工智能的发展是社会进步的催化剂。功能不断进化的机器人不仅可以代替人们从事高危工作，减少伤亡，而且可以克服人类自身生理和心理上的缺陷。在从事重复性的工作时，机器人在工作效率上有着显著的优势。与此同时，人们可以从繁重枯燥的工作中解放出来，有更多时间用在自己的兴趣爱好上。这不仅有利于企业的生产发展，还有利于和谐社会的构建。

人工智能的发展是国家转型的有效推动力。我国的产业结构正处于由劳动密集型向技术密集型转变的重要阶段。人工智能的出现加快了这一进程。人工智能取代了一部分依靠劳动力的低端岗位，有效地节省了企业的成本，有助于企业将更多的资金运用于技术的研发和创新。同时，劳动力需求的下降也促使求职者积极提升自身的专业素养，从而出现更多的新型人才，这有利于提升我国的综合实力。

不可否认，当下人工智能会带来一些社会问题，其中就业问题首当其冲，但这往往是新事物发展所带来的阵痛。面对人工智能的冲击，相关部门正大力推动素质教育，积极培养有综合思维、敢于创新的全方位人才。同时也加强了对人工智能产品的监管，增强了相关行业的法律规范，以此规范企业与个人的行为，不让人工智能的发展超越法律道德的底线。随着相关措施的普及和完善，长远来看，人工智能将有利于职业的升级转型。

人工智能产业方兴未艾，要想让其更长久地造福于人类还需要社会各方的共同努力，唯有善用人工智能，方能至千里。

人工智能促进人类社会发展

随着科技的进步和发展，人工智能进入了人们的生活，影响着人们生活的方方面面。本文认为，虽然人工智能存在一些弊端，但其能够在诸多领域促进人类社会的发展。

人工智能可以提供更多就业机会，优化就业市场资源配置。在大数据时代，虽说人工智能在一定程度上引起了"技术性失业"，形成了"替代效应"，但与此同时，人工智能也创造出更多更具优势的就业岗位，产生了"创造效应"，进一步优化了就业市场的资源配置。比如，制造智能传感器、芯片、智能机器人等均需要大量的技术工人，相比于单一烦琐的工作，这些工作更能够缓解人们工作时的枯燥感，提升他们的工作体验。

人工智能可以提高企业的工作效率，最大限度地发挥人才的作用。企业中繁重的科学和工程计算等任务本来是需要人脑承担的，而如今的计算机不仅能完成这些任务，而且比人类做得更快、更准,大幅提升了工作效率。与此同时,这些原本从事脑力工作的员工因人工智能的介入而被重新调配,企业将他们安排在那些人工智能无法胜任的工作领域,最大限度地发挥了人才的作用,优化了企业人力资源配置。

当然,人工智能的问世也为人类的发展带来了一些困扰。例如,人工智能的发展间接导致了"大数据杀熟"、失业人员增加等问题,这些问题在一定程度上对人们的日常生活造成了冲击。但是,我们不能因为人工智能存在一些弊端便否定它,因为其所带来的利远大于弊。试想,如果没有人工智能,很多领域的发展速度都会大大减缓:精准医疗可能还停留在理论阶段,无人驾驶可能还只是科幻电影里的桥段,人们获取信息的速度和效率也会大打折扣。人工智能的出现,推动了这些领域的快速发展,为人类社会的进步做出了巨大的贡献。

综上所述,人工智能大大促进了人类社会的发展,虽有不足,但权衡利弊后,我们仍需大力发展人工智能。

发展人工智能,推动社会进步

随着经济发展和科技进步,人工智能逐渐映入人们的眼帘。人工智能作为一项新兴技术,会极大提高社会生产力和生产效率。因此,我们要发展人工智能,推动社会进步。

人工智能,即利用精密算法与自主学习的技术,使计算机拥有一定的"智慧",从而帮助人类更高效地完成部分工作。

从这个定义不难看出,人工智能有助于节约劳动成本、提高社会生产力和生产效率。人工智能的大规模应用,可以使劳动密集型的企业节约大量人力成本、降低次品率并提高产量。海底捞的无人餐厅、蔚来汽车的无人换电站等都是人工智能增效、创收的例子,它们在节省服务员或维修工的人力成本的同时,也省去了由于人工操作失误所带来的额外成本。

人工智能还有利于优化人类岗位种类,提升人们的知识储备,从而推动社会进步。随着人工智能的广泛应用,那些技术含量低、重复性高的职业将有可能被人工智能所取代,剩下的岗位将需要具有一定专业知识、应变能力和管理经验的人胜任。这就要求人们提升知识储备,否则将逐渐被社会所淘汰。当公众的知识水平普遍提高时,社会的运行效率和发展速度将会进一步提升。

有些质疑的声音认为:人工智能会提高失业率、带来伦理道德问题,甚至取代人类。其实,随着监管力度的加强,有关部门采取了大力推动素质教育、培养具有不可替代性的全方位人才等一系列措施,这些问题未必不能得到解决。的确,人工智能在发展初期难免"吞食"部分就业岗位,但随着技术的普及和人们知识储备的增加,一大批更高端、更有"钱途"的职业将会涌现。

人工智能的发展是社会进步的新浪潮、新机遇,我们要大力发展人工智能,克服挑战,推动社会进步。

人工智能是"造饭碗"而非"砸饭碗"

不管你是否在意、是否愿意,人工智能的时代已经悄然来临。人工智能作为极为先进的生产力代表,如果发展成熟,也许能极大地节省人力,但是这也意味着大量基础的人力,落后的生产方式、组织机构等随之遭到淘汰。对此,我们千万不可因人工智能替代了部分劳动岗位而将其视为洪水猛兽。人工智能的发展属于不可逆转的好事，因为人工智能是在"造饭碗"而非"砸饭碗"。

一方面，人工智能的发展会衍生出很多新型行业。就像在互联网出现之前，职业的选择相对有限，人们大多从事售货员、工人之类的传统职业；而在互联网出现后，一系列新兴职业也随之出现，比如高门槛的程序员以及低门槛的快递员等。我们不能认为一个新生事物的出现就一定会残忍地淘汰所有的旧有事物。新事物更可能结合旧事物，劳动力可以通过学习和训练慢慢地转移到新的行业中来。而且，随着科技的发展、生产力的提升，职业的划分将进一步细化，这也意味着诸多行业将会吸纳更多的人力。

另一方面，人工智能的发展会创造更有价值的工作岗位。行业的职业结构通常呈现出金字塔形态，其中顶端需要高精尖人才，而底部需要大量的普通员工作为支撑，这才是一个健康的行业生态。从短期来看，人工智能可能导致部分人失业；但从长期来看，人工智能会使这些人具有更广阔的就业空间，因为人工智能的发展方向是协同人类而非取代人类。例如，京东的无人机等不是真正的无人化，而是需要人的操作、维修、保养等协同工作才能运作。在未来，随着人工智能的发展，在旧的职业需求减少的同时，新的职位也一定会越来越多，而且这些职位并非只需要研发类的高级人才。一些调试、维修等工作，其实只需要经过简单培训，大多数人都可以上手，这也意味着那些被人工智能冲击的人力在未来仍可以找到新的工作，他们并不会因为文化程度不高而失去工作机会。

综上，人工智能这一新兴事物，是在帮我们"造饭碗"，而非"砸饭碗"。

让人工智能促发展

随着科技的进步，有关人工智能应该如何与人类共处的争论也变得日益激烈。在我看来，人工智能应该促进人类的发展，而不是取代人类。

一方面，人工智能的发展有利于降低生产成本，满足消费需求。随着我国居民收入水平的普遍增长，人们的消费需求越来越个性化、多样化。消费需求的升级对企业生产方式的创新和变革提出了新的时代课题。在新时代，不少企业期望降低成本的同时仍能满足消费者的需求，而降低成本的有效方法之一就是使用人工智能。人工智能本身具有高效且精确的特征，它不仅降低了企业生产过程中不必要的损耗，同时也提高了生产效率，有利于形成规模经济、降低成本，为消费者提供更高性价比的服务和产品。

另一方面，人工智能有利于激发人类的危机意识。随着人工智能的不断发展，一些体力工作以及机械化的工作逐渐不需要人类来操作，而如果人们想在这竞争愈发激烈的市场中生存下去，就不得不去学习更多的知识和技能来充实自己，这对人类自身而言是有意义的，对整个社会的发展也是有益的。相反，如果抵制人工智能，很可能导致社会后退。人类能有今天的高速前进，离不开工业革命和科技革命。如果一家企业不顺应潮流，就很可能被社会边缘化，最终走向破产。同理，如果一个人不顺应潮流，不仅无法享受到人工智能带来的便捷，同时很可能会被社会淘汰。

当然，还有些观点认为人工智能会代替人类，实则不然。许多工作，如研究员、心理咨询师、育儿师等，都是人工智能难以替代的。如果人们能够提升自己，让自己的技能和学识能够符合市场需求，是可以在市场中占据一席之地的。并且，有旧工作的消失，也就会有新工作的出现。就如材料中所说的那样：铁路的出现抢去了挑夫的工作，但又增加了成千上万的铁路工人。

综上所述，我们应该发展人工智能，让其成为人类的得力助手。

人工智能推动社会发展

如材料所说，人工智能的蓬勃发展对人类的生活方式进行了极大的优化，它淘汰了一些落后、低效的生产方式，推动了社会的发展。

人工智能让人们的生活更便利。人工智能的发展提高了社会智能化水平，为公共服务提升提供了基础。智能交通系统方便人们随时随地地关注路况信息，节省了人们的出行时间，也在一定程度上缓解了交通拥堵的状况；智能家居不仅增添了生活的趣味性，也从功能上体现出它带给人们的便利，如智能洗碗机、扫地机、智能电视等。主人一声令下，这些智能产品就各司其职，开始运作，让人们能够忙里偷闲。这些成果都得益于人工智能对科技的推动，大到工作生活，小到日常家务，人工智能给我们带来的便利无处不在。

人工智能让社会运作更高效。社会就像一台大机器，而人工智能就像润滑油，让社会高效生产。如今，许多机器人接替了工厂流水线上单一枯燥的工作。一方面，这有助于企业降低劳动力成本、提高生产效率、为社会提供服务；另一方面，机器人代替了简单的劳动，释放了劳动力，人们因此能够去学习更高层次的技术和知识，从而满足社会对高层次人才的需要。正是有了人工智能，社会生产效率才得以快速提升。

人工智能的发展虽有弊端，但我们不能因噎废食。我们应该正确认识它，在享受人工智能服务的同时，也要迎接人工智能给我们带来的威胁和挑战。面对新的技术变革，我们不应将其扼杀在摇篮之中，而是应该不断提升自我，让自己真正融入这个时代，更好地让人工智能为我们所用，推动社会的发展。

面对人工智能掀起的新浪潮，有人立潮头当弄潮儿，有人被海浪淹没。但不可否认的是，人工智能的时代已到来，其无与伦比的优势，必将推动着社会滚滚向前。

坚持人工智能，促进社会发展

现在越来越多的"机器人"产品出现在我们身边，如智能语音助手、外卖机器人、导航机器人等。随着5G技术的发展，这一现象又有进一步扩大的趋势。人们也对人工智能的未来展开讨论，有人认为人工智能与工业革命一样，会给人类社会带来发展上的变革，我深以为然。

一方面，人工智能可以提高效率、减少危险。人工智能将人们从低端烦琐的工作中解放出来，同时也能到人类难以到达的危险区代替人工作业。比如，物流行业利用人工智能对包裹进行分装、运输，不但节约了人力成本，而且错误率低，提高了效率；人工智能对一些人类难以到达的高压电网、桥梁隧道的连接处进行定期检查，减少了意外事故的发生。这些实例就是人工智能促进社会发展的有力证明。

另一方面，人工智能可以促进创新，赋予社会新的活力。根据马斯洛需求层次理论，当我们为满足基础物质需求的劳动已经被机器完成后，我们就有更多的时间和精力去追逐更高层次的精神需求。随着一代代智能机器的出现，我们在逐渐接受新鲜事物的同时，会以一种全新的思维角度看待世界。社会文化会越来越开放、进步、包容，社会的发展也因此注入新的活力。人们也会时刻保持紧迫感，努力学习新的知识，创造新的价值。

相反，拒绝人工智能是一种拒绝进步的自我麻痹。很多人因"机器会在未来代替人类"的观点拒绝发展，但历史上闭关锁国的例子也引发了我们对当代社会的反思：只因为自己的惰性而拒绝新事物，最终将会导致落后。还有人提出人工智能在当下面临的道德伦理问题，而这正指出了我们当今社会法律体系的不完备之处，督促我们完善法律制度，推动构建更和谐美好的新时代。我们不能因新事物的不足而全盘否定它的价值，而应当以开放包容的态度，利用它推动社会继续向前。

接受人工智能，促进社会发展。发展是永恒的，人工智能的时代终要来临！

人工智能促社会发展

人工智能和历史上铁路的出现一样，作为技术变革，虽然会夺取一部分工作机会，但是最终会提供更多、更高端的就业机会。因此，人工智能促社会发展。

人工智能有利于提高效率。一方面，面对越来越昂贵的研发成本以及客户不断升级的产品需求等，企业必须通过规模经济来建立成本优势和竞争优势，而人工智能的应用使得企业在一定程度上减少了人工成本，在更大程度上提升了企业的工作效率，使得企业能够在生产研发上投入更多的时间、精力、金钱，以此来建立企业在核心技术方面的竞争优势。另一方面，随着人工智能时代的来临，人们的消费方式也在升级，对于日常生活品质的要求也会变高。例如，智能家电、智能助手的应用使得人们摆脱了空间限制，享受到了口头发令的方便快捷，提升了生活的品质。

人工智能有利于加速技术变革。第一，人工智能的出现要求人们具有与时代发展相匹配的专业技能，从而促进教育事业对科技发展的大力投资，培养更多致力于技术研发的人才；第二，人工智能提供了更多高端、人性化的工作机会，使得人才摆脱低端、烦琐的工作，拥有更高的平台，从而更好地发挥自身的价值，为加速技术变革贡献力量。

虽然人工智能的发展在一定程度上夺取了一些就业机会，但也相应地提供了更多其他的就业机会。为什么这么说呢？因为，人工智能所取代的是一些从事低端、烦琐的工作的劳动力，而创造的却是更高端、更人性化的就业机会。这样一来，通过技术人才的努力，我国的技术便能有更大的发展，如此良性循环，就能源源不断地为市场提供更多的就业机会。

综上，虽然人工智能的确会取代部分工作岗位，但是我们不能因噎废食，因为它能创造更多岗位。人工智能最终会促进社会的发展。

2017年管理类论说（扩大生产与研发）

一家企业遇到了这样一个问题：究竟是把有限的资金用于扩大生产呢，还是用于研发新产品？有人主张投资扩大生产，因为根据市场调查，原产品还可以畅销三到五年，由此可以获得可靠而丰厚的利润。有人主张投资研发新产品，因为这样做虽然有很大的风险，但风险背后可能有数倍于甚至数十倍于前者的利润。

📖 审题通关

【独立审题】请认真思考后，独立拟定题目。

【审题测试】请判断以下题目是否合理。

题目1：企业当创新

题目2：企业要学会选择

题目3：直面风险的重要性

题目4：企业要学会规避风险

题目5：企业资金有限时更要研发新产品

题目6：企业资金有限时更要扩大生产

【参考答案及审题思路】

建议的题目：题目5、题目6。

通过题干内容不难看出，材料对于投资扩大生产和研发新产品两个方向并没有倾向，所以在拟题的时候两个方向均可选择。

如果选择投资扩大生产方向，则核心内容应为扩大生产更好；如果选择研发新产品方向，则核心内容应为研发新产品更好。需要注意的是，在拟题以及行文的过程中，一定要体现出是在对比二者后选择了某一个方向，不要只谈一个方向而置另一个方向于不顾，因为材料问的是二者之间选择谁。

可参考的题目：企业资金有限时更要研发新产品；企业资金有限时更要扩大生产。

需要注意的是，创新≠研发新产品，不可将二者等价。

不建议的题目：

题目1：中心词不准确。因为创新≠研发新产品，不可将二者等价。

题目2：中心词不明确。没有明确指出企业遇到题干所述的困境时应该如何选择。

题目3：中心词指向有歧义。研发新产品和扩大生产都有风险，通过该题目无法准确传递观点。

题目4：中心词不明确。没有明确做何选择。

【真题变形】

请阅读如下真题的变形材料，并拟定题目。

变形一

一家企业遇到了这样一个问题：究竟是把有限的资金用于扩大生产呢，还是用于研发新产品？有人主张投资扩大生产，因为根据市场调查，原产品还可以畅销三到五年，由此可以获得可靠而丰厚的利润。然而这种主张却忽视了：若是投资研发新产品，虽然会有很大的风险，但风险背后可能有数倍于甚至数十倍于前者的利润。

变形二

一家企业遇到了这样一个问题：究竟是把有限的资金用于扩大生产呢，还是用于研发新产品？若是投资研发新产品，虽然可能有数倍于甚至数十倍于前者的利润，但有很大的风险。若是投资扩大生产，原产品则还可以畅销三到五年，由此可以获得可靠而丰厚的利润。

变形一参考题目：企业资金有限时更要研发新产品

变形二参考题目：企业资金有限时更要扩大生产

该年真题为择一类型试题，题干中无倾向。变形后的两道试题依然是择一类型试题，但题干中有倾向。大家需要准确地识别题干中的选择倾向。

📖 行文灵感库

支持观点的理由（观点：研发新产品更有利于长远发展）

1. 创新驱动竞争力：新产品的研发可以为企业提供独特的竞争优势，有助于企业在市场上脱颖而出。

2. 满足市场需求：通过研发新产品，企业能够更好地适应市场变化和消费者需求，从而吸引更多客户。

3. 提高利润率：新产品往往能够带来更高的利润率，尤其是在产品生命周期的成长期。

4. 长期发展：研发新产品是企业持续发展的关键，有助于企业保持长期竞争力。

5. 风险分散：投资于新产品的研发可以分散企业的商业风险，避免过度依赖现有产品线。

6. 吸引投资：创新的产品和技术能够吸引外部投资者，为企业带来额外的资金支持。

7. 增强品牌形象：成功的新产品可以增强企业的品牌形象，提升品牌价值。

8. 利用技术进步：通过研发新产品，企业可以充分利用最新的科技成果，提高企业的技术水平。

9. 拓展市场空间：新产品可以开拓新的市场或细分市场，为企业带来新的增长点。

10. 吸引人才：投资研发新产品能够吸引和留住有创新精神和技术专长的人才。

反对观点的理由及推翻思路

1. 研发风险高

反对观点：新产品研发存在不确定性，可能会失败，导致资金损失。

推翻思路：虽然研发新产品存在风险，但通过市场调研和产品测试可以降低失败的可能性。此外，不研发新产品从长期来看可能导致企业竞争力下降，面临更大的风险。

2. 回报周期长

反对观点：研发新产品需要较长的时间才能看到回报，而扩大生产可以快速增加收入。

推翻思路：短期收入虽然重要，但企业的长远发展更依赖于创新和新产品。投资于研发是为了实现可持续的增长。

3. 扩大生产见效快

反对观点：扩大生产可以立即利用现有市场和产品，迅速增加销量和市场份额。

推翻思路：在市场饱和或竞争激烈的情况下，一味扩大生产可能导致产能过剩和价格竞争，反而损害企业利益。

4. 研发成本高昂

反对观点：新产品的研发需要大量的资金投入，对于资金有限的企业来说负担重。

推翻思路：虽然研发成本较高，但企业可以通过申请政府补贴、吸引投资等方式分担成本，且研发成功带来的收益远大于成本。

5. 现有产品仍有市场

反对观点：如果现有产品仍然有稳定的市场需求，那么扩大生产似乎是合理的选择。

推翻思路：即使现有产品有稳定需求，但不断地创新是企业生存和发展的关键。新产品的研发可以为现有市场带来新的活力，甚至创造新的需求。

参考范文

第一类：完全借助模板写的范文

资金有限的企业更要研发新产品

企业究竟是应该把有限的资金用于扩大生产呢，还是用于研发新产品？从长远发展的角度考虑，企业更应该研发新产品。

相较于选择扩大生产，企业在资金有限时选择研发新产品更有利于实现持续发展。在现今竞争激烈的社会环境中，管理者必须带领企业适应发展以保持生存力。持续发展不仅仅是一种战略，更是一种生存法则。企业实现持续发展，能够更好地迎合发展需求，确保在竞争中占据先机。因此，企业将持续发展作为首要目标，能够使其在变革不断的时代中保持长久的竞争优势。企业选择研发新产品更有利于适应发展需要，满足用户的差异化需求，从而推动持续发展。

然而，让我们深感遗憾的是，放眼现实，很多管理者在面对资金有限的困境时往往选择扩大生产，不愿意研发新产品。一方面，管理者担心研发新产品风险较大，会使自身利益受损。这种心理障碍让管理者更愿意守着旧有的安全区，不愿意研发新产品。另一方面，有些管理者放弃扩大生产，选择了研发新产品，但效果不佳，这些失败案例被视为警告。它们成为推广研发新产品的反面教材，使管理者害怕重蹈覆辙，拒绝研发新产品，避免面对失败的风险。

但基于以上原因便选择扩大生产而拒绝研发新产品是不理性的，不利于管理者做出理性决策。因为担心利益受损可能会导致过度谨慎、错失机会并限制管理者的决策。对未知和不确定性的担忧是正常的，但它不应阻止企业研发新产品。事实上，企业的发展通常伴随着风险，敢于尝试才有可能获得更大的回报；不仅如此，每个失败案例都是一堂宝贵的课程。通过分析失败案例，企业可以吸取经验教训，避免重复犯错。失败并不可怕，真正可怕的是不从失败中吸取教训。成功往往建立在失败的基础上。

综上，资金有限的企业更要研发新产品。

> **第二类：按照基础结构中规中矩写的范文**

企业更要研发新产品

企业资金有限的时候，到底是应该扩大生产，还是研发新产品是困扰很多企业的难题。在我看来，从长远发展的角度出发，企业更要研发新产品。

为了更好地满足当下的社会需求，相较于扩大生产，我们更要研发新产品。如今，我国社会的主要矛盾已经由人民日益增长的物质文化需要同落后的社会生产之间的矛盾转化为人民日益增长的美好生活需要和不平衡不充分发展之间的矛盾，这意味着当前人们的生理需求已经基本得到了满足并产生了更高层次的需求。而社会需求具有无限的扩展性，也就是说，人们的需求是无止境的，不会永远停留在一个水平上。随着社会经济的发展和人们收入的提高，需求也将不断地向前发展。人们的一种需求满足了，又会产生新的需求，循环往复，以至无穷。适应社会需求的变化需要研发新产品。不同于一味扩大生产，企业通过研发新产品可以更好地完善自我、强化核心构成，进而提高自身的稳固性及核心竞争力，满足长远的社会需求。

然而，企业更要研发新产品，这话说起来容易，但现实的情况却不容乐观。随着数字化浪潮的到来，人们的生活和工作方式产生了很大的影响。面对这样的局面，企业更需要研发新产品。可事实却是很多企业依然安于现状，不敢迈出自己的舒适区。之所以会产生这样的情况，主要基于以下几点原因。第一，很多企业已经按照原有的方式经营了很多年，形成了一个相对安全、熟悉的经营方式，从而不愿意去改变；第二，相较于扩大生产，研发新产品需要耗费大量的成本和精力，但结果却具有较大的未知性，很多企业不敢去改变；第三，部分企业资金有限的时候放弃了扩大生产，试图研发新产品，但最终却以失败收场，也进一步打击了其优化的积极性。

企业基于以上理由便拒绝研发新产品，是极其不理性的行为。一方面，其仅仅看到了研发新产品所带来的风险和成本，却忽视了其未来可能带来的巨大收益；另一方面，失败的案例往往更容易被人们所熟知，其仅仅看到了部分失败案例，却忽视了更多的成功经验。

综上所述，相较于扩大生产，企业更要研发新产品。

> **第三类：其他范文**

企业更要扩大生产

一家企业遇到了这样一个问题：究竟是把有限的资金用于扩大生产呢，还是用于研发新产品？在我看来，相较于研发新产品，企业更要扩大生产。

什么是扩大生产？我们所说的扩大生产并不是墨守成规、一成不变，也不是止步不前、不敢尝试。扩大生产恰恰是一种积极应战、主动出击的表现。其本质是时刻保有危机意识，在不断变化的环境中时刻保持清醒，从而避免为了一时的得失，而使自身陷入危险的、不可挽回的境地。

基于当下考虑，相较于研发新产品，扩大生产更有助于当下进行理性的决策。企业在做出选择时，其本质就是在风险和收益之间进行权衡。几乎所有的选择都具有两面性，都是风险与收益并存的。而我们要做的就是权衡好利弊得失，做出收益大于风险的选择。我们之所以倡导扩大生产，其实就是倡导风险意识。不应只看到收益的一面，也应该看到风险的一面，尽可能做出更加理性的决策。

基于未来考虑，相较于研发新产品，扩大生产更有助于长远稳定的发展。随着市场经济的实施，完全竞争市场基本形成，这就意味着竞争更为激烈与残酷。想要在市场中占据一席之地，企业首先要考虑的就是如何生存下去，只有先满足生存的基本条件，才有进一步发展的机会。常言道："笑到最后的才是赢家。"寻求发展不应仅看到眼前的利弊得失，还应该有长期意识。一往无前、无视风险的勇气固然值得肯定，却未必值得我们模仿。一时的冲动很可能换来不可挽回的后果。风险来临时，扩大生产是生存下去的基本方法之一，由于市场风险一直存在并且无法消除，扩大生产能够在很大程度上减少重大失败的概率。面对已经基本被瓜分的市场，最终能够实现长远发展的胜利者往往不是获利最多的企业，而是一直伫立于市场的企业。

有人说，相较于研发新产品，扩大生产会将很多机会拒之门外，很难获得较大的收益。但是这只是暂时的，获利高的机会并非只有一个，只要企业能抓住机遇，那么获利只是时间问题。相反，如果企业一味追逐风险，遭受一次打击就很可能一蹶不振。而选择扩大生产的企业反而能在风险的包围之中保持自身的稳定性，并能抓准时机提高自身实力；当风险过去之时，这些企业已具备更强的实力，能够在机会到来之时脱颖而出，从而抓住机遇得以发展壮大。

综上所述，我们更需要扩大生产。

创新研发更有助于企业发展

在面对有限的资金时，企业很可能会陷入艰难的发展抉择：是研发新产品，还是扩大生产？在企业持续经营的过程中，从长远发展来看，我认为研发新产品更能为企业带来巨大的发展潜力。

扩大生产往往意味着不断复制已有的成熟的明星产品，这在一定程度上的确有助于企业扩大市场份额，占领更多已开拓的市场。但是，其初衷很可能不会达成。因为在消费快速更迭的大环境下，竞争者很可能在不断创造需求，企业若一味扩大生产，很可能会失去主动权，不仅可能使大力生产的产品滞销，更有可能给企业带来资金链断裂的"灭顶之灾"。

然而，研发新产品则能够化解这些危机。

一方面，创新研发能使企业进军新的产品领域，夺取行业领先地位，抢占先机，也能使企业有机会激发出新的消费需求，以期创造更多的利润。这里所谓的创新研发不是盲目试错的过程，而是经过市场调研后做出的理性抉择。市场的更替是企业抉择的见证，那些不进行创新研发的企业，如柯达、雅虎等，都逐渐淡出了消费者的视野，成为市场的"炮灰"。

另一方面，创新研发更易使企业适应瞬息万变的市场更迭，更好地应对竞争者的策略调整。谁要做守常者，谁就是失败者——这是每个企业都深谙的道理。但是有很多企业知行不一。为什么呢？一句话概括，那就是惧怕创新的风险所带来的后果，而安于扩大生产后的短暂繁荣假象。殊不知，一旦其隐蔽的矛盾爆发，企业将无法翻身。

然而，有人却认为研发新产品是极端冒险的行为，会给企业带来难以预计的灾难。诚然，很多企业的创新研发可能并不成功，耗费了大量人力物力却毫无成果，但是，创新研发不是不考虑风险的冒险，而是在经历产品工程师的成功率预估与市场部门的调研后进行的理性研发行为。我们不应只追求事事一帆风顺，而是应该在不断的波折过程中达成量的积累，进而产生质变。

综上，比起扩大生产，将有限的资金用于创新研发更有助于企业的长久发展。

<h3 style="text-align:center">扩大生产更有助于企业生存</h3>

在面对有限的资金时，企业很可能会陷入艰难的发展抉择：是研发新产品，还是扩大生产？在企业持续经营的过程中，从长远发展来看，我认为扩大生产更有助于企业度过眼下资金有限的窘境，从而有机会在激烈的竞争中存活。

的确，从长期来看，研发新产品可以应对更多的市场变化，使企业在消费更迭的大环境中脱颖而出。但是，眼下的问题是企业如何生存，如何获得更多的利润，以实现日后更大的雄心抱负。一些企业的失败，很大程度上是因为其盲目地跟风资金雄厚的企业进行创新研发，一味追求走在市场前沿，想要做到先发制人。殊不知，把有限的资金投入研发不确定性更大的产品，可能会使企业面临资金链断裂的危机。

然而，扩大生产却很可能可以化解这些危机。

一方面，扩大生产有利于企业巩固市场地位。扩大生产是将有限资金合理地投入现有的成熟商品中，规避研发投入的不确定性风险，因为扩大生产的产品往往是企业的明星产品或"现金牛"，具有一定的市场认可度，进一步扩大生产可以拓宽市场，使该产品家喻户晓，从而形成本阶段的财富积累，为后期发展壮大奠定坚实基础。

另一方面，扩大生产可以促进资金周转速度，吸引外部投资。企业的发展一部分靠自身产品与服务的收益，另一部分要靠外部投资者的投资。那么，企业靠什么来吸引投资者呢？靠其对外公布的报表数据，如果其利润趋势好，那么投资者更可能加大投资。所以，扩大生产可以提高企业自身产品的收益，也可以在此基础上获得投资者的青睐。

综上，在企业捉襟见肘之际，扩大生产更有助于企业度过眼下窘境，先保证企业生存，而后才有机会考虑创新研发。

2016 年管理类论说（多样一致）

亚里士多德说："城邦的本质在于多样性，而不在于一致性。……无论是家庭还是城邦，它们的内部都有着一定的一致性。不然的话，它们是不可能组建起来的。但这种一致性是有一定限度的。……同一种声音无法实现和谐，同一个音阶也无法组成旋律。城邦也是如此，它是一个多面体。人们只能通过教育使存在着各种差异的公民统一起来组成一个共同体。"

审题通关

【独立审题】请认真思考后，独立拟定题目。

【审题测试】请判断以下题目是否合理。

题目1：一致性的重要性

题目2：教育的重要性

题目3：教育能使多样性变为一致性

题目4：存小异得大同

题目5：接纳多样性有利于实现一致性

题目6：一致诚可贵，多样价更高

题目7：唯有存异才能得同

【参考答案及审题思路】

建议的题目：题目4、题目5。

对于这类试题，我们需要理解材料每一句话的含义以及语句之间的关联，不可断章取义，也不要将所有的信息进行堆叠，而是要通过对语句进行分析找到最合适的行文方向。

题干的第一部分在强调多样性的重要性，第二部分在强调一致性的重要性，第三部分在强调二者之间的关系，即多样性是实现一致性的基础。所以，如果只看前三个部分，很明显立意方向应该是多样性促进一致性，但看到最后一句话的时候，很多同学就可能产生误解，将中心放在了教育上。实际上，最后一句话只是对上文观点的一个补充，不应作为审题重点。

所以审题方向应该是论证多样性和一致性之间的关系。仔细分析题干形式不难发现，题干中更想传达的是一致性是必不可少的，是我们的目标，而这一目标的实现需要多样性这一条件，所以二者的关系应该是接纳多样性能够促进一致性。

可参考的题目：接纳多样性有利于实现一致性；存小异得大同。

不建议的题目：

题目1：中心词错误。本题的中心论点为接纳多样性，而非一致性。

题目2、题目3：中心词错误。本题的中心词为多样性，而非教育。

题目6：审题方向错误。题干讨论的是二者的共存关系，而非比较二者价值。

题目7：逻辑有缺陷。题目的表达过于绝对。

【真题变形】

请阅读如下真题的变形材料，并拟定题目。

变形一

亚里士多德说："城邦的本质在于多样性，而不在于一致性。……无论是家庭还是城邦，它们的内部都有着一定的一致性。不然的话，它们是不可能组建起来的。但这种一致性是有一定限度的。……同一种声音无法实现和谐，同一个音阶也无法组成旋律。城邦也是如此，它是一个多面体。人们只能通过一定的方法使存在着各种差异的公民统一起来组成一个共同体。"

变形二

亚里士多德说："城邦的本质在于多样性，而不在于一致性。……无论是家庭还是城邦，它们的内部都有着一定的一致性。不然的话，它们是不可能组建起来的。但这种一致性是有一定限度的。……同一种声音无法实现和谐，同一个音阶也无法组成旋律。城邦也是如此。"

变形三

亚里士多德说："城邦的本质在于多样性，而不在于一致性。"

变形四

亚里士多德说："无论是家庭还是城邦，它们的内部都有着一定的一致性。不然的话，它们是不可能组建起来的。"

变形一参考题目：接纳多样性有利于实现一致性

变形二参考题目：接纳多样性有利于实现一致性

变形三参考题目：多样性比一致性更重要

变形四参考题目：一致性的重要性

这四个变形材料截自材料中的不同片段，当呈现的内容存在差异的时候，拟题方向也会随之改变。故大家在考场上一定要全面审题。

📖 行文灵感库

支持观点的理由（观点：接纳多样性有利于实现一致性）

1. 增进相互理解：多样性促进不同观点的交流，帮助公民之间建立更深层次的相互理解，为一致性打下基础。

2. 促进创新发展：接纳多样性为城邦带来新鲜的观点和解决方案，推动社会的创新和进步。

3. 强化社会凝聚力：对多样性的认可能促使公民感到自己是社会的重要一员，从而增强社会的凝聚力。

4. 提升决策质量：多样性意味着不同的专业知识和经验可以被用于决策过程中，从而提高决策的质量和有效性。

5. 平衡社会利益：接纳多样性有助于确保各个群体的利益得到关注，防止特定群体的利益被忽视。

6. 促进社会和谐：理解和接纳多样性可以减少因误解和偏见导致的冲突，有助于保持社会和谐。

反对观点的理由及推翻思路

1. 可能导致分裂

反对观点：过分强调多样性可能导致社会分裂，而不是统一。

推翻思路：实际上，适当地接纳多样性可以增强公民之间的相互理解和尊重，并不会造成分裂。统一并不意味着消除差异，而是在差异中寻求共同点。

2. 决策效率低下

反对观点：接纳多样性可能使决策过程变得复杂和缓慢。

推翻思路：虽然多样性可能给决策带来挑战，但建立有效的沟通和协商机制，可以确保决策既充分考虑多样性，也能保持必要的效率。

3. 文化冲突

反对观点：不同文化和价值观的冲突可能会因为多样性的接纳而加剧。

推翻思路：文化冲突往往源于缺乏理解和尊重，而非多样性本身。通过教育和对话可以减少冲突，促进不同文化间的和谐共存。

参考范文

第一类：完全借助模板写的范文

接纳多样性有利于实现一致性

正如亚里士多德所说，同一种声音无法实现和谐，同一个音阶也无法组成旋律。城邦也是如此，需要各种具有差异的公民统一起来组成一个共同体。也就是说，接纳多样性更有利于实现城邦的一致性。

在城邦发展过程中，接纳多样性有利于实现持续发展，最终实现一致性。在现今竞争激烈的社会环境中，管理者必须带领城邦适应发展以保持生存力。持续发展不仅仅是一种战略，更是一种生存法则。实现持续发展，能够更好地迎合发展需求，确保在竞争中占有一席之地。因此，将持续发展作为首要目标，能够使城邦在变革不断的时代中保持长久的竞争优势。接纳个体的多样性有利于城邦更好地适应发展需要，提高整体凝聚力，从而推动持续发展，以达成一致性目标。

然而，让我们深感遗憾的是，放眼现实，很多城邦管理者却往往拒绝接纳多样性，认为一致性的实现不应建立在接纳多样性的基础上。一方面，管理者担心一味接纳多样性难以提高城邦的凝聚力，会使城邦利益受损。这种心理障碍让城邦管理者更愿意守着旧有的安全区，不愿意接纳多样性。另一方面，部分城邦接纳了多样性，但效果不佳，这些案例被视为警告。它们成为推广接纳多样性的反面教材，使管理者害怕重蹈覆辙，拒绝接纳多样性，避免面对无法实现一致性的风险。

但基于以上原因便拒绝接纳多样性是不理性的，不利于城邦实现一致性。因为担心利益受损可能会导致过度谨慎、错失机会并限制管理者的决策。对未知和不确定性的担忧是正常的，但它不应阻止管理者接纳多样性。事实上，城邦的发展通常伴随着风险，敢于尝试才有可能获得更大的回报；不仅如此，每个失败案例都是一堂宝贵的课程。通过分析失败案例，管理者可以吸取经验教训，避免重复犯错。失败并不可怕，真正可怕的是不从失败中学到教训。成功往往建立在失败的基础上。

综上，接纳多样性有利于实现一致性。

第二类：按照基础结构中规中矩写的范文

接纳多样性有利于实现一致性

正如亚里士多德所说，同一种声音无法实现和谐，同一个音阶也无法组成旋律。城邦也是如此，接纳多样性更有利于实现一致性。

首先，多样性促进了不同背景和观点的交流，帮助公民之间建立更深层次的相互理解。通过理解他人的文化和价值观，公民能够更加包容和尊重差异，为达成一致性打下坚实的基础。其次，多样性的接纳为城邦带来了新鲜的观点和解决方案，这些新思维和新方法能够推动社会创新和进步，有利于城邦的整体发展。此外，社会凝聚力的强化让每个公民都能感到自己是社会的重要一员，这种归属感和认同感是实现一致性的关键。

尽管如此，仍有观点认为接纳多样性可能导致社会分裂而非统一。一些人担心，多样性会使决策过程变得复杂和缓慢，甚至认为不同文化和价值观的冲突可能会因为多样性的接纳而加剧。这些观点反映了人们对于多样性可能带来的负面影响的担忧。

然而，这些担忧往往忽略了适当地接纳多样性可以增强公民之间的相互理解和尊重，而不是分裂。统一并不意味着消除差异，而是在差异中寻求共同点。通过建立有效的沟通和协商机制，可以确保决策既充分考虑多样性，也能保持必要的效率。文化冲突往往源于不理解和不尊重，而非接纳多样性本身。教育和对话可以减少冲突，促进不同文化间的和谐共存。因此，反对意见中的担忧可以通过积极的管理和适当措施得到解决，而不应成为拒绝接纳多样性的理由。

综上所述，接纳多样性不仅不会削弱城邦的一致性，反而有助于构建更加和谐、统一的社会。在多样性中找到共同点，让差异成为互补，城邦的一致性将在多元和包容中得到真正的实现。

第三类：其他范文

存小异，求大同

同一种声音无法实现和谐，同一个音阶也无法组成旋律。对城邦来说，亦是如此，存小异，更能得大同。

存小异，是为了更好地求大同。我们所说的"存小异"，不是无原则地包庇一切差异，而是提倡对个性的保护，是在不违反原则的前提下包容个体的特色，使之在集体中也能实现属于自己的目标。同时，这也能为整体提供更多的可能性，增强整体发展的活力，让这个世界更加精彩。中国的

"一国两制"方针、民族区域自治制度以及多党合作和政治协商制度等对一国之内不同组成的保护，不正是尊重个体多样性的最好示范吗？如今中国社会能有百花齐放的繁荣图景，对多样性的接纳功不可没。

然而，求大同，并不排斥小异。"大同之路"向前铺设时，无须为此去除路旁装点世界的花花草草；求大同，也不该消除一切看似与整体发展不相符的个性，以免让每个部分都像流水线的产品，毫无生气。相反，"求大同"的过程，更应是将"小异"有机整合，使个体与整体相互促进、协同发展。正所谓"独行快，众行远"，个体只有乘上集体这艘"大船"，才能站上更高的平台，获得更优的机会，实现个体的价值。这正如习近平总书记提出的"一带一路"倡议，将沿线不同文化与制度的国家的发展连成命运共同体，使欧亚大陆迸发出更大活力；沿线国家也因此获得了更多的发展机会，提升了自身实力。

求同存异，才能使整体与个体相互促进，实现真正的和谐。但也要警惕"小人同而不和"，只有找到整体与个体利益的真正结合点，同时适当妥协，摒弃无谓的争端，方可实现"君子和而不同"的愿景。

"和实生物，同则不继。"古人尚且深谙求同存异之道，我们身处更加多元，却更需"抱团取暖"的 21 世纪，更要求同存异，谱写新时代和谐美妙的乐章！

求同，更要存异

亚里士多德认为，城邦的本质在于多样性，而不在于一致性。无论是家庭还是城邦，它的内部都有着一定的一致性。而在当代社会，多样性和一致性依然不可或缺。我认为，我们要求同，更要存异。

很多人对"同"存在一定的误解，认为"同"就是完全相同，只有一种声音，一个看法，实则不然。"同"不是扼杀差异，而是约定俗成的行为习惯，是事物发展运行的规律。如果没有了"同"，那么社会的发展就没有了明确的方向，人们的行为也没有了约束。这会影响人们的正常生活秩序，不利于国家的稳定与发展，基于此，我们要求同。

那么是否只有"同"就可以了呢？答案显然是否定的。事物的发展在于其多样性。以企业为例，如果在企业管理中只有一种声音，那么会极大地影响管理者的决策判断。俗话说，术业有专攻，由于管理者和基层工作者存在着信息不对称，如果企业只有"同"，那么管理者将不能多方位地了解企业的情况，不利于管理者做出符合实际的战略决策和市场定位。更有甚者，管理者会因此做出错误的决定，造成企业的重大损失。如果企业能够存异，那么将会调动员工建言献策的积极性，形成良好的企业文化，为企业的创新和发展不断注入新的活力，提高企业在市场中的竞争力。

当然，求同和存异并不是对立的矛盾关系。如我国的经济体制从计划经济体制转向了社会主义市场经济体制，这一过程借鉴了资本主义经济制度。二者虽然都是市场经济，但是我国结合了自身的国情，制定了更符合我国国情的经济制度，利用了市场的规律，极大地调动了社会生产力的积极性，推动了社会的发展。这启示我们，在求同时，更要存异，要结合自身的情况，取长补短，做到"见贤思齐焉，见不贤而内自省也"。

综上所述，多样性和一致性不可分割，我们要客观看待求同，但是在这一过程中，更要存异。

接纳多样性，有利于实现一致性

同一种声音无法实现和谐，同一个音阶也无法组成旋律。对城邦来说，亦是如此，接纳多样性，有利于实现一致性。

接纳多样性，能有效地调动个体的主观能动性，以实现城邦的一致性发展。城邦治理是基于人的管理，如何最大限度地调动公民的积极性和创造性，释放每个公民所蕴藏的能量，使其以极大的热情和创造力投身于实现一致性的战略目标上来，是城邦治理需要达到的目标。管理是一门高深的学问，管理者不仅要大权在握，更重要的是要有高超的领导艺术，充分地调动成员的工作积极性。人的需求是多层次的，物质需求只是低层次的需求，因而使用金钱并不能从根本上激发公民的主观能动性——即使对部分公民适用，但是其所起的作用也是有限的、短期的。真正有效的激励手段，往往不需要花费大量金钱，关键是要抓住人的心，从满足人的内心需要出发，才能让其自动自发、充满热情地努力工作。管理之所以难，是因为每个人都是独立的、多样化的个体，难以统一。不固执地追求完全一致，而是做出退让，接纳个体的差异，尊重个体的多样化需求和特点，恰恰是尊重个体多元化的表现，它能持久地、长期地对个体产生激励作用，调动其主观能动性。

接纳多样性，能有效地提高城邦凝聚力，实现城邦的一致性发展。城邦的运转就像一台精密的仪器，需要所有的"零部件"紧密配合。依赖法律法规、规章制度等强行约束，统一行动，能使公民表面上配合，但其内心却难以真正认同，难以形成凝聚力。凝聚力是组织对于成员的吸引力，其不仅是组织存在的必要条件，而且对组织潜能的发挥有很重要的作用。凝聚力可以激发人们的奋斗热情，推动个人的成长进程，在一定程度上也可以为组织节约人才培养的成本。通过接纳差异，能更好地提高个人对组织的认同感，进而提高城邦凝聚力，使得城邦这台仪器可以高效运转起来，最终达成一致目标。

值得一提的是，接纳多样性、包容个体的差异，难免会带来一定的阵痛。在可以预见的未来，管理难度大、个别人恃宠而骄等状况都可能会发生。但管理是一个长期的过程，我们应基于对未来的构想来制订当下的策略，而不应基于当下的困境便选择妥协。从长远的角度出发，城邦若是想达成一致性，接纳多样性不可或缺。

综上，城邦应接纳多样性，以达成一致性。

2015 年管理类论说（仁与富）

孟子曾引用阳虎的话："为富，不仁矣；为仁，不富矣。"（《孟子·滕文公上》）这段话表明了古人对当时社会上为富为仁现象的一种态度，以及对两者之间关系的一种思考。

📖 审题通关

【独立审题】请认真思考后，独立拟定题目。

【审题测试】请判断以下题目是否合理。

题目1：论仁和富

题目2：仁富不可共存

题目3：仁富可共存

题目4：仁富必共存

题目5：仁富缺一不可

题目6：为仁有利于为富

【参考答案及审题思路】

建议的题目： 题目3、题目6。

本题为关系类型材料，我们需要基于材料来表达自己的观点。材料引用了一句古话，表明仁富不共存，而我们需要针对这句话表达自己的态度和立场。明确审题方向后，大家需要做出合理的选择，到底是支持还是反对？很明显，"仁富不共存"这一立场过于消极、思想不健康，故我们应该持反对态度，指出"仁富可共存"。故可参考题目：为仁与为富并不冲突；为仁与为富相辅相成；为富者亦可为仁；为仁者更易得富。其他题目只要合理亦可。

不建议的题目：

题目1：观点不明确。题目中没有明确的立场。

题目2：思想不健康。该立场过于消极。

题目4、题目5：表达过于绝对。题干中讨论的是二者能不能共存，而非是否必须共存。

【真题变形】

请阅读如下真题的变形材料，并拟定题目。

变形一

有人曾说："为富，促仁矣；为仁，促富矣。"这段话表明了古人对当时社会上为富为仁现象的一种态度，以及对二者之间关系的一种思考。

变形二

有人曾说："为富，胜仁矣。"这段话表明了古人对当时社会上为富为仁现象的一种态度，以及对二者之间关系的一种思考。

变形三

有人曾说:"为富,必仁矣;为仁,必富矣。"这段话表明了古人对当时社会上为富为仁现象的一种态度,以及对二者之间关系的一种思考。

变形一参考题目:为仁为富相辅相成

变形二参考题目:为仁,胜富矣(本题需要将为仁与为富进行比较,而材料中的观点思想是不健康的,故我们可以对其表示反对)

变形三参考题目:仁富必共存

很多同学一看到题干中有两个关键词,就想写成择一或者相辅相成,这是非常危险的观念。大家一定要在题干具体内容中寻找答案。希望大家能通过该年真题与几个变形材料的对比,更好地体会这一点。

📖 行文灵感库

支持观点的理由(观点:仁富相辅相成)

角度一:为仁者更易得富

1. 长期信誉:坚守仁的原则能够建立个人或企业的长期信誉。信誉是商业成功的重要基石,能够吸引更多的客户和合作伙伴。

2. 社会网络:仁的行为能够帮助企业建立广泛的社会关系网络,这些关系在商业活动中是宝贵的资源。

3. 员工忠诚度:对员工的仁爱可以提高员工的满意度和忠诚度,进而降低员工流失率,提升工作效率。

4. 消费者信任:消费者更愿意支持那些他们认为负责任和有道德的品牌,这种信任可以给企业带来更高的销售额和市场份额。

5. 避免法律风险:遵守道德和法律规范有助于企业避免昂贵的法律诉讼费用和罚款,保护企业的财富。

6. 社会责任:履行社会责任能够为企业带来良好的公共形象,获得政府支持和市场优势。

7. 可持续发展:以仁为导向的商业模式更加注重可持续发展,这有助于企业在资源日益紧张的市场环境中保持竞争力。

角度二:为富者更易为仁

1. 资源能力:财富积累提供了实践仁德所需的资源,如进行慈善捐助、提供社会服务。

2. 社会影响力:富裕的个人或企业通常拥有较大的社会影响力,使其有能力推动社会正义和改善公共福利。

3. 减少压力:经济上的富足可以减轻为生计奔波的压力,使人们有更多的精力关注道德和精神层面的追求。

4. 教育投资:财富可以用于教育投资,提高整体社会的道德和文化水平,从而促进仁德的实践。

5. 环境改善:财富可以用于改善工作和生活环境,这有助于营造更加和谐的社会关系,为仁德提供良好的土壤。

6. 经济独立：财富可以带来经济独立，使人们在进行道德决策时不受经济压力的影响。

反对观点的理由及推翻思路

角度一：为仁者更易得富

1. 利润最大化

反对观点：商业的本质是利润最大化，仁可能会限制这一目标的实现。

推翻思路：长远来看，仁和利润并不是对立的。以仁经营可以提升客户忠诚度和品牌价值，这些都是利润最大化的重要因素。

2. 成本增加

反对观点：仁德行为可能会增加成本，比如支付更高的工资、进行社会捐款等。

推翻思路：这些成本实际上是一种投资，它们可以带来更高的员工生产力、更好的品牌认知度和更强的社会支持。

3. 竞争压力

反对观点：在激烈的市场竞争中，坚持仁可能会导致"劣币驱逐良币"，使企业处于不利地位。

推翻思路：仁可以成为企业的竞争优势，因为它能够吸引那些重视企业道德的消费者和投资者。

4. 短期利益

反对观点：仁可能会牺牲短期利益。

推翻思路：虽然仁可能会影响短期利益，但它有助于企业保持长期的稳定和持续的财富积累。

角度二：为富者更易为仁

1. 财富诱惑

反对观点：财富可能使人沉迷于物质享受，忽视对仁的追求。

推翻思路：财富本身并不能决定一个人的道德高低。仁的关键在于个人如何使用财富，有意识地将财富用于仁的实践可以使人抵制物质享受的诱惑。

2. 不平等

反对观点：财富积累可能导致社会不平等，与仁的精神背道而驰。

推翻思路：财富的积累不必然导致不平等。富有的个体和企业可以通过财富的再分配和慈善活动来减少社会不平等。

3. 权力滥用

反对观点：富有可能导致权力的滥用，与仁德相悖。

推翻思路：权力滥用是个体品行的问题，而非财富本身的问题。通过法律和道德教育，可以引导富有者正当使用其权力。

参考范文

第一类：完全借助模板写的范文

为仁有利于得富

在古人看来：为富，不仁矣；为仁，不富矣。该观点表明仁、富两者为矛盾关系，不可共存。但这样的观点如今已经不再适用，实际上仁富两者可兼顾，且为仁有利于得富。

为仁有利于实现持续发展，从而更好地为富。在现今竞争激烈的社会环境中，无论是个人还是企业都应适应发展以保持生存力。持续发展不仅仅是一种战略，更是一种生存法则。实现持续发展，能够更好地迎合发展需求，确保在竞争中占据先机。因此，将持续发展作为首要目标，能够使我们在变革不断的时代中保持长久的竞争优势。如何实现持续发展呢？答案是为仁。为仁有利于我们更好地适应发展需要，推动持续发展，从而更好地为富。

然而，让我们深感遗憾的是，在很多人看来，仁富两者是不可共存的。一方面，很多为富者认为一味为仁会使自身利益受损。这种心理障碍让人们更愿意守着旧有的安全区，不愿意为仁，担心会阻碍其为富。另一方面，很多为仁者，最终却难以为富。这些案例被视为警告，它们成为推广仁富兼顾的反面教材，使很多人害怕重蹈覆辙，拒绝为仁，避免面对难以为富的风险。

但基于以上原因便拒绝为仁是不理性的，不利于最终实现为富。因为担心利益受损可能会导致过度谨慎、错失机会并限制自身的决策。对未知和不确定性有担忧是正常的，但它不应阻止我们为仁。事实上，个体的发展通常伴随着风险，敢于尝试才有可能获得更大的回报。不仅如此，每个失败案例都是一堂宝贵的课程。通过分析失败案例，可以吸取经验教训，避免重复犯错。失败并不可怕，真正可怕的是不从失败中吸取教训。成功往往建立在失败的基础上。

综上，仁富两者并不矛盾，为仁有利于得富。

第二类：按照基础结构中规中矩写的范文

为仁者，更易得富

孟子曾引用阳虎的话："为富，不仁矣；为仁，不富矣。"也就是说，在古人看来，仁富两者是矛盾的。如今这一观点已经不再适用。仁富两者并不冲突，为仁者更易得富。

为仁，有利于树立良好的形象，从而更好地得富。以企业为例，品牌形象能直接影响消费者的选择。产品和服务的质量越好，社会公众的认可度就越高。若企业有良好的品牌形象，公众就更愿意为其产品买单。近年来，鸿星尔克、白象等品牌就因"仁"而收获了大量的客户和可观的利润。企业经营者以仁为本，更有利于树立良好的企业形象，取得消费者的信任，使消费者更可能为自己的产品或服务进行消费，有利于企业的持续经营，从而更好地得富。

为仁，有利于塑造良好的社会风气，从而更好地得富。每个个体都是社会中不可忽视的组成部分，其行为不仅仅会影响自身的发展，还会对社会产生影响。个体是社会的细胞，社会是个体利益的源泉。若个体拒绝为仁，一味追求经济利益，就很有可能冲击或损坏社会利益。对于社会而言，这样的个体无异于毒瘤，其存在的价值将大打折扣，个体的财富终将难以稳固。个体为仁，是在保护社会的利益，更是在保护自身的利益。

很多人明明知道不仁者难以富，却为什么甘愿将不仁作为"赌注"呢？其原因不难得出，从成本-收益的角度考虑，为仁需要付出许多成本，而弄虚作假所需的本钱却少得多。此外，为仁并不能在短时间内获得可观利润，很多时候只能"赔本赚吆喝"；而弄虚作假的人则可以通过"动手脚""做文章"等方式迅速占领市场，获取可观收入。再者，管理层可能迫于股东对高额资本回报率的要求或者对经营业绩的压力，出于明哲保身的想法和迎合他人的目的，甘愿冒险做出损害第三方，即消费者的权益的决策——其根本原因就是利欲熏心。我们需要明白"纸包不住火"的道理，在当今自媒体时代，舆情监控使任何社会丑态无所遁形。我们万不可图一时的得失而走上无法回头的道路。为仁不容丝毫疏忽，为仁方能更好地得富。

综上所述，为仁有利于得富。

第三类：其他范文

仁与富可共存

自古至今都存在着对于仁富关系的思考，孟子曾引用阳虎的话："为富，不仁矣；为仁，不富矣。"而基于当下社会的现状及未来发展的角度，仁与富是可以共存的。

其一，为富且为仁者并不鲜见。很多企业家虽家财万贯却仍心怀社会，是为富亦可为仁的鲜明印证。其二，为仁对为富具有促进作用。为仁者以人为本，尊重他人的利益，不会轻易损害利益相关者的权益，这有助于建立良好的个人信誉和企业信用，进而为日后的资金筹措提供保障，为经营活动的开展提供支持。因此，秉持仁心有助于致富之路的畅通，为仁自然可为富。

然而，社会上还存在着其他的声音。或许是因为《水浒传》中富人的骄奢无度，《白毛女》中黄世仁的蛮不讲理，新闻报道中富商为谋利益不惜损害消费者权益，等等，这些例子为人们所熟知，导致很多人直观地以为为富者不仁。然而，仅仅基于文学作品和部分新闻报道而对富人形成的印象并不可靠。文学作品中对富人的刻画往往基于特定历史时期和社会背景，还需达到一定文学效果；新闻报道也可能仅仅反映社会的一个侧面，比如汶川地震后也不乏富人捐献重金以助灾民重建家园的新闻。

如果基于此便偏颇地认为仁富不可共存，社会可能会滋生仇富心理。一些并不富裕的人或许会以为富人都是无良的、自私的，从而化身"键盘侠"，对富人所做仁义之事指手画脚，甚至声称他们借故作秀，沽名钓誉。或许还会有人把不择手段当作致富的唯一途径，寄希望于损人利己的歪门邪道，步奸商的后尘，危害行业和市场的发展。就为仁的富人而言，原本为他们所推崇的仁心被众人所误解，长此以往，他们难免会心寒，仁德之光也可能因之黯淡。

所以，为仁与为富并非相互矛盾，二者可以共存。

"为富不仁"新解

不同于"道义不存而富"，在市场经济体制下，我们可以对孟子的"为富不仁"做出新的理解：

不能绝对地认为为富之人都不仁爱，为仁为富可以并行而不悖。

一味为仁、舍弃为富难以长久。价格是市场配置资源的信号，如果人人都"轻利"，反而很可能导致交易均衡点的缺失，很容易引起社会资源的错配，进而可能导致整个社会利益的损失。例如，在企业管理中如果过于"乐善好施"，将"行善"作为衡量企业的主要标准，那么企业的效率与效益就很难得以保障。长此以往，既无法保障企业自身的健康运转，也无法持续地"行善"。因此，要想真正把企业做大做强，还需要按照市场规律理性竞争，遵循为富的规律行事。这样才能更好地在仁与富之间找到均衡点，使企业更好地发展。

但遵循为富并不是要舍弃为仁，为富和为仁是可以并行的。企业在追求股东财富最大化的过程中，通过拓展经营规模与领域，为社会提供就业机会、优化资源配置。而随着股东财富的增长，企业也会缴纳更多的税金，进而间接增加社会福利。同时，积极履行社会责任为企业带来了更好的商誉，最终有利于实现股东价值最大化，这些都是为仁为富相辅相成的表现。

为富既然不是传统的唯利是图，那么就不必求全责备。对于勤勉、正当的为富者，我们应当表示应有的尊重。同时，受仁者不能认为受仁是理所当然的，不能把为富与为仁割裂开来。当然，为富之道也不能突破为仁的底线，正确的为富观应自觉受为仁的制约，杜绝"道义不存而富"的现象。

综上所述，在市场经济体制下，为富与为仁并行不悖。每个人正当地"利己"，可以带来更为广泛的"利他"。

为富与为仁相辅相成

"为富，不仁矣；为仁，不富矣。"这句话表达了古人对当时社会上为富与为仁有关系的一种看法，然而这种观点在当今社会背景下已经不再适用了。随着社会制度和法律法规的不断完善，为富与为仁应是相辅相成的关系。

为富指的是财富的获取与积累，为仁指的是正直、本分。古人之所以认为二者不相容，可能是因为他们存在着一种偏见：富人都是无良的，而仁者因坚守内心的良知而无法为富。那么为富与为仁是否可以相辅相成呢？

为富亦可为仁。根据马斯洛需求层次理论，人们在追求高层次需求之前，需要满足低层次需求，只有低层次需求得到满足了，高层次的需求才能发挥其激励作用。该理论说的就是这个道理。为富可以满足人们对于生理、安全、社交的需求，在这些需求得到一定程度的满足后，高层次需求则会产生激励作用，促使人们为仁。

为仁亦可为富。其实，做好自己分内的事情也是为仁。同仁堂坚持"炮制虽繁必不敢省人工，品味虽贵必不敢省物力"的原则，保证产品的质量，给消费者带来良好的购物体验。这份坚持也为同仁堂赢得了良好的声誉，帮助其在行业内占有较大的市场份额。同仁堂的发展告诉我们，为仁者或许走得慢，但这不妨碍他们抵达富的终点。

只仁不富可能会让为仁者心理失衡，不利于他们对仁的坚守。一个社会可以提倡为仁，但不能指望每个人都为仁。因此，为仁者是需要为富的。只富不仁无法取得他人的信任，即使获得了眼前的小利，也难以实现长远发展。尤其是在如今这个信用社会，信用的积累艰难而漫长，消耗却轻而易举，以牺牲仁为代价的富如昙花一现，难以为继。

综上所述，在人类文明空前进步的今天，为富与为仁是可以相辅相成的。

为富亦能为仁

材料以孟子引用阳虎的话表明为富和为仁是一对矛盾的关系。实际上二者的关系并不矛盾，在现实社会中，为富亦能为仁。

所谓为富，是指拥有一定的物质基础，并且能对财产进行自由支配。而为仁则是实行仁德，以宽厚之心对待他人。

一方面，大部分为富者由于后天受到良好的家庭氛围和素质教育的影响，很有可能会在自身的道德感和社会责任感的驱使下，追求更高的精神满足，通过帮助更多的人，获得延时满足感，并实现自身的社会价值；同时，社会信息具有不对称性，为富者拥有一定的社会资源和人脉关系，在为仁的过程中，能更合理地协调社会资源，最大化实现资源分配的效用。

另一方面，由于为富者通常具有一定的社会地位与社会影响力，因此他们能够号召更多人参与到为仁的实践中。而这一过程能够降低宣传和号召成本，同时提高社会整体的效益。在社会良性发展的背景下，社会的生产力会在一定程度上有所发展，有利于社会现有行业的发展和创新升级，为富者也能在这一过程中利用自身的优势创造更大的财富。

当然，我们承认"为富不仁"现象的存在。在制度和教育体制不够完善的过去，为富不仁并不能为人们带来足够的警惕。然而，在当代社会的背景下，随着法律法规的完善以及社会整体道德素养的提高，为富不仁的代价很有可能远远大于为仁的代价。为富不仁的行为不仅会损害自身的名誉和社会声望，还很有可能给自己带来牢狱之灾，得不偿失。因此，为富和为仁并不是矛盾的关系，而是相辅相成、互相促进的。

综上所述，为富和为仁并不矛盾，为富亦能为仁。

为富也要为仁

孟子曾引用阳虎的一句话来描述当时社会的"为富为仁"现象，即"为富，不仁矣；为仁，不富矣"。在当时的社会，富和仁被视作对立的两方，无法兼而有之。而随着时代的演变，富和仁逐渐打破壁垒、相互依存。在我看来，为富也要为仁。

只富不仁，则无法富之有道，富得长久。仁义不仅仅是个人和企业需要坚守的道德标准，更是与对手竞争、与伙伴合作时的通关良药。震惊全国的"三鹿奶粉"事件，便是为富不仁的典型。三鹿集团只着眼利润，损害消费者利益，将自己的企业声誉置之不顾，最终葬送了企业的前程。仁义之心，正如企业发展道路上的垫脚石，只有坚守这一颗仁心，才能帮助自己走得更远。

只仁不富，则无法强大自身，发扬仁之根本。仁义可分为小仁和大仁，若洁身自好为小仁，那么通过一己之力帮助身边人，乃至影响社会风气，则可称之为大仁。有"中国首善"之称的企业家陈光标，出身贫寒，但他立志改变自己的命运，改变家庭的境遇。通过求学、创业等方式，陈光标渐渐积累了财富，并在三十岁那年开始涉足慈善事业，捐款数十亿元，帮助了数万名和他一样出身贫困的人。助人为乐是中华民族的传统美德，但若不提升自我，寻求生财之道，那么大仁大义可能永远都只是心中的一份幻想。一定程度上的富是为仁的物质基础，若不打好地基，何来参天大楼？

为仁，是为富的前提；而为富，则是为仁的基础。既为仁，又为富，则能深明大义，以仁治身。伴随着21世纪的到来，我国市场经济蓬勃发展。我们目睹了形形色色的企业和个人因丧失了仁，而断送了财路和前途；也目睹了更多仁义之士，以善行赢得了认可和发展。

为仁和为富，从古至今都不是对立的概念。若能将二者有机结合，我们可能会离人生理想更进一步。

为富还需先为仁

古人认为"为富不仁""为仁不富"，将仁与富对立起来，这实则是对二者关系的误解。为富是指获得财富，为仁是指遵守道德准则。实际上，为仁能够更好地为富，为富还需先为仁。

首先，为仁是立足社会的根本，不为仁，难为富。我们常说"仁义礼智信"，仁作为五常之首，足见其在道德伦理社会中的重要程度。在我国如此重视伦理道德的社会背景下，不仁之人犹如过街老鼠，必将遭到口诛笔伐。除此之外，仁也是市场的必然要求。我们在新闻上常看到的"失信人名单""终身市场禁入"等就是违背为仁的后果。可见，如果不为仁，就难以在社会上立足，更不用谈财富的创造了。

其次，为仁有助于为富的实现。一方面，为仁要求遵守道德准则，为人处世不逾矩，而在信息不对称的社会环境下，为仁之人无论是受雇于人还是与他人合作，都能向对方传递低风险的信号，自然能够收获大量的青睐，走向更广阔的平台，有助于其实现为富的目标。另一方面，一个以为仁为主要基调的社会能够节省打击不仁行为的成本，优化社会资源的配置，为全社会实现为富创造良好的环境。

最后，假如没有为仁的基础，即便达成为富，也不过是昙花一现，难以持久。固然，绕过为仁的要求或许有实现为富的捷径，但是如此生财之道，不仅难以复制，还可能瞬间崩塌。一方面，虽然偶尔可能侥幸逃过道德机制的审查，但企图依赖此途径积累财富显然不切实际；另一方面，迅速累积而成的财富大厦，若其根基充满道德瑕疵，一旦面临政策变动或其他不可预见因素，这座大厦可能顷刻间崩塌。虽然"先为仁再为富"的过程需要花费更多的时间，但从长远发展角度来看，只有搭建起坚实的"仁"的基础，才能使财富高楼在风雨中屹立不倒。

综上所述，为富还需先为仁。

为仁利于为富

在古人看来，为仁、为富是一对矛盾关系。但随着时代的发展，为仁、为富其实可以共存，而且，为仁利于为富。

首先，为仁可以促进信用的建立，利于为富。信用制度是现代市场经济的核心。一方面，一个人如果为仁，可以赢得他人的信任，在工作中将具备较高的客户认可度，也更利于商品交易的形成。试想，与不为仁的人相比，与为仁的人进行交易能够降低违约风险，减少机会成本。市场容量总是有限的，如果大家都更倾向于与为仁的人进行交易，那么为仁的人将更容易为富。另一方面，如果一个企业为仁，可以加强自身的品牌建设，更好地提升客户黏性，从而将顾客的信任转换为销售业绩，进而获得更大的商品利润。

其次，为仁可以获得长远的收益，利于为富。正如党的十九大报告中所指出的那样，我国当前社会的主要矛盾已变为"人民日益增长的美好生活需要和不平衡不充分的发展之间的矛盾"，这种"美好生活需要"正伴随着社会民众个人素质的提高，对商品经济提出了新的为仁要求。古代"为富不仁，为仁不富"的观念或许是受交通和通信的限制而形成的。但是，随着信息时代的来临，信息不对称的局面逐渐被打破。在长远交易中，人们更青睐为仁的个人或企业，由此，为仁将会获得更多的忠实顾客，利于为富。

再次，为富不为仁将难以获得实质性的成功。如今，以往的地域经济已逐渐演变为全球经济。在这样紧密相扣的经济体系下，商品信用的建立尤为重要。随着民众举报、央视3·15晚会报道等社会监督机制的跟进，众多不为仁的无良商家被要求停业整顿。为富不为仁的企业虽可获得短期的利益，但无法获得长期发展，更难以获得实质性的成功。

最后，需要明确的是，为仁不意味着不能为富，为富也不意味着割裂仁义价值。现代经济和社会价值观念所发生的众多变化正在逐步昭示着：为仁利于为富。

为仁有利于为富

材料中关于"为仁""为富"的话题引人深思，但是无论在过去还是未来，仁与富都并不是对立的，为仁有利于为富的观点更适用于社会发展的需求。

在改革开放初期，"先富带后富"的政策深入人心，一些长辈秉持着富国利民的仁心，历经创业的艰辛，不畏艰苦地努力，正体现了为仁有利于为富的思想；同时，在如今的市场经济中，仁心是提升企业用户黏性的重要举措。对企业来说，怀有仁心往往比一味追求财富更能获得消费者的信赖、引发消费者的共鸣，从而实现二次甚至多次回购，稳固消费群体，实现企业的长远发展。由此看来，为仁更有利于为富。

反之，失去仁心所获得的财富往往都很短暂。为富而不仁者在获取短期利润之后，再踏上致富的征途会更加艰辛，同时，其所面临的风险也会更大。当前，多样化的产品、创新型的企业更受追捧，无论是产品还是服务，其可替代性都会愈来愈强，而这也从侧面反映了我们更需要以仁治企、为仁致富，从而紧紧抓住消费群体，利用光环效应提升用户黏性，扩大市场份额，而这不正是为仁有利于为富的体现吗？

为仁有利于为富，失去仁心，很可能会丧失为富的良好时机，增加机会成本。仁，在一定程度上是指企业的责任感、道德感。当前，人们的消费需求逐步升级，这就更需要企业对其生产的产品做出一定的承诺，保证其服务质量。此举不仅能体现企业的仁心，而且能使消费群体安心。反之，若企业失去对其产品的责任感，售后服务无法保障，这种一次性买卖或许会快速获得短期利润，但从长远来看，则失去了实现平稳致富的保障。

综上，为仁、为富并不冲突，为仁有利于为富。

2014年管理类论说（孔雀的选择）

生物学家发现，雌孔雀往往选择尾巴大而艳丽的雄孔雀作为配偶，因为雄孔雀尾巴越大越艳丽，表明它越有生命活力，其后代的健康越能得到保证。但是，这种选择也产生了问题：孔雀尾巴越大越艳丽，就越容易被天敌发现和猎获，其生存反而会受到威胁。

📖 审题通关

【独立审题】请认真思考后，独立拟定题目。

【审题测试】请判断以下题目是否合理。

题目1：直面风险，更有利于成功

题目2：成功更需要合理规避风险

题目3：选择的重要性

题目4：要谨慎选择

题目5：鱼和熊掌不可兼得

题目6：事物具有两面性

题目7：树大招风，做人要低调

【参考答案及审题思路】

建议的题目： 题目1、题目2。

本题是故事类型材料。题干的形式是一个主语（雌孔雀），发生了一件事（选择尾巴大而艳丽的配偶），取得了两个结果（后代健康、生存威胁）。那么应该如何审题立意呢？为了搞清楚这个问题，大家可以先想想，什么是审题立意？按照大纲的说法就是"对材料的观点进行分析，表达自己的观点并加以论证"，理解了这句话以后我们再来结合该年真题进行分析。

"生物学家发现，雌孔雀往往选择尾巴大而艳丽的雄孔雀作为配偶，因为雄孔雀尾巴越大越艳丽，表明它越有生命活力，其后代的健康越能得到保证。但是，这种选择也产生了问题：孔雀尾巴越大越艳丽，就越容易被天敌发现和猎获，其生存反而会受到威胁。"请对上述材料的观点进行分析，表达自己的观点并加以论证。

如果这么结合以后大家还是没有感觉，我们再切换一个类似场景。

"教育学家发现，考生往往选择名气高的院校进行报考，因为院校的名气越高，学生未来的发展越能得到保证。但是这种选择也产生了问题：院校名气越高，学生的竞争压力越大，越容易被淘汰。"请对上述材料的观点进行分析，表达自己的观点并加以论证。

如果大家还是没有感觉，我们再将这一场景口语化。

"我特别想报这个名气高的院校，因为从这个学校毕业后好找工作。但是我又特别担心会考不上。"大家能不能根据我目前的情况提出建议及原因。

看到这里，我相信大家应该非常有代入感了，这道题其实就是我们在生活中经常遇到的选择困境。当我们征求别人的观点时，如果别人的观点是"做选择应全面考虑""凡事有利必有弊""事物具有两面性"等，虽然不算错误，但这样的观点参考价值极低。最好的观点应该是在权衡利弊后给出选择倾向，这才能够被称为立意深刻。故可参考的题目：先生存，后发展；做选择更应规避风险；我们更要直面风险。其他题目只要合理亦可。

不建议的题目：

题目3、题目4、题目5、题目6：中心词不明确。没有指出要如何选择。（这些题目可以拿到三类卷左右的分数，但很难拿高分）

题目7：中心词错误。本题讨论的是面对风险应如何选择，而不是如何做人。

📖 行文灵感库

支持观点的理由（观点：直面风险的重要性）

1. 快速成长：直面风险是个人和组织成长的催化剂，挑战自我可以推动能力的提升和目标的实现。
2. 增强适应性：在不断变化的环境中，直面风险可以提高我们适应新情况的能力，增强竞争力。
3. 激发创新：直面风险鼓励人们跳出舒适区，寻找和尝试新的方法，从而激发创新思维。
4. 提升决策质量：直面风险需要深入分析和评估，这有助于我们提高决策的质量和效果。
5. 强化团队凝聚力：共同面对风险可以加强团队成员之间的信任和合作，增强团队精神。
6. 增加机遇：直面风险意味着我们更有可能抓住机遇，而逃避风险可能错失发展的可能性。
7. 提高应急能力：在风险面前，个人和组织可以锻炼应对突发事件的能力，提高抗压性。
8. 建立信心：成功地管理风险，可以增强个人和组织的自信心，为应对未来的挑战打下基础。
9. 优化资源配置：通过识别和管理风险，我们可以更合理地分配和利用资源，避免浪费。

反对观点的理由及推翻思路

1. 风险可能导致失败

反对观点：直面风险可能会导致严重的失败和损失。

推翻思路：风险与机遇并存，避免风险同样可能让我们错过成功的机会。失败是学习和成长的一部分，通过合理的风险管理，可以最大限度地减小失败的影响。

2. 风险带来不确定性

反对观点：直面风险增加了未来的不确定性。

推翻思路：不确定性是生活和商业的一部分，通过积极面对风险，我们可以更好地学习如何在不确定性中做出决策。

3. 风险可能伤害信誉

反对观点：失败的风险管理可能会损害个人或组织的信誉。

推翻思路：信誉建立在诚信和能力上，而非单纯地通过避免风险来维护。透明地处理风险和失败反而可以增强公众的信任。

4. 风险可能引发恐慌

反对观点：直面风险可能引发员工或公众的恐慌。

推翻思路：恐慌源于信息的不透明和准备的不足。通过教育和透明的沟通，可以减少恐慌并鼓励理性应对风险。

5. 风险会消耗资源

反对观点：直面风险可能会消耗大量的时间和资源。

推翻思路：资源的使用应该基于长远的考虑。直面风险是对资源的一种投资，以期在未来获得更大的回报。

6. 风险可能影响稳定

反对观点：直面风险可能破坏现有的稳定和秩序。

推翻思路：过分强调稳定可能导致僵化、缺乏进步。适度的风险可以带来创新和改变，从而促进长期稳定。

7. 风险可能导致流失

反对观点：直面风险可能导致人才流失，因为不是所有人都愿意承受风险。

推翻思路：人才流失可能是因为缺乏挑战和成长机会。提供能直面风险的工作环境，反而可以吸引那些寻求成长和机遇的人才。

参考范文

第一类：完全借助模板写的范文

企业更要直面风险

雌孔雀往往选择尾巴大而艳丽的雄孔雀作为配偶。尽管尾巴大而艳丽会使孔雀的生存受到威胁，但其后代的健康更能得到保证。雌孔雀的选择也在激励着企业经营者们选择直面风险。

相较于规避风险，管理者在决策过程中直面风险更有利于实现持续发展。在现今竞争激烈的社会环境中，管理者必须带领企业适应发展以保持生存力。持续发展不仅仅是一种战略，更是一种生存法则。实现持续发展，能够更好地迎合发展需求，确保在竞争中占据先机。因此，将持续发展作为首要目标，能够使企业在变革不断的时代中保持长久的竞争优势。管理者直面风险有利于更好地适应发展需要，抓住机会，从而推动持续发展。

然而，让我们深感遗憾的是，放眼现实，很多企业管理者却一味逃避风险，不愿意直面风险。一方面，其担心直面风险会使自身利益受损。这种心理障碍让管理者更愿意守着旧有的安全区，不愿意直面风险。另一方面，其他管理者尝试了直面风险，但效果不佳，这些案例被视为警告。它们成为推广直面风险的反面教材，使管理者们害怕重蹈覆辙，拒绝直面风险，避免面对失败的风险。

但基于以上原因便选择规避风险、拒绝直面风险是不理性的，不利于管理者做出理性决策。因为担心利益受损可能会导致过度谨慎、错失机会并限制管理者的决策。对未知和不确定性的担忧是正常的，但它不应阻止管理者直面风险。事实上，企业的发展通常伴随着风险，敢于尝试才有可能获得更大的回报；不仅如此，每个失败案例都是一堂宝贵的课程。通过分析失败案例，可以吸取经验教训，避免重复犯错。失败并不可怕，真正可怕的是不从失败中吸取教训。成功往往建立在失败的基础上。

综上，相较于规避风险，更应该直面风险。

第二类：按照基础结构中规中矩写的范文

我们更要规避风险

雌孔雀在选择配偶时，往往会倾向于尾巴大而艳丽的雄孔雀。在这样的选择下，后代尽管会更健康，却要以生存威胁为代价，在我看来是不值得的。无论是孔雀还是我们人类，都应懂得规避风险。

什么是规避风险？我们所说的规避风险并不是胆小怕事、畏首畏尾，也不是杞人忧天、庸人自扰。规避风险恰恰是一种积极应战、主动出击的表现。其本质是时刻保有危机意识，在不断变化的环境中时刻保持清醒。风险来临前，合理评估、积极准备；风险来临时，权衡利弊、谨慎选择。避免为了一时的得失，而使自身陷入危险的、不可挽回的境地。

基于当下考虑，规避风险有助于进行理性的决策。无论是个人、企业还是国家，做选择的本质都是要在风险和收益之间进行权衡。几乎所有的选择都具有两面性，都是风险与收益并存的。而我们要做的就是权衡好利弊得失，做出收益大于风险的选择。我们之所以倡导规避风险，其实就是在倡导风险意识。我们不应只看到收益的一面，也应该看到风险的一面，尽可能地做出更加理性的决策。

基于未来考虑，规避风险有助于长远稳定的发展。随着市场经济的实施，完全竞争市场基本形成，这就意味着竞争将更为激烈与残酷。想要在市场中占据一席之地，首先要考虑的就是如何生存下去，只有先满足生存的基本条件，才有进一步发展的机会。常言道："笑到最后的才是赢家。"发展不应仅关注眼前的利弊得失，还应该有长期意识。一往无前、无视风险的勇气固然值得肯定，却未必值得我们模仿。一时的冲动很可能换来不可挽回的后果。风险来临时，规避风险是生存下去的基本方法之一，由于市场风险一直存在并且无法消除，规避风险能够在很大程度上减小重大失败的概率。面对已经基本被瓜分的市场，最终能够实现长远发展的胜利者往往不是获利最多的企业，而是一直屹立于市场的企业。

有人说，规避风险也会将很多机会拒之门外，很难获得较大的收益。但是这只是暂时的，获利的机会并非偶然，只要企业能抓住机遇，那么获利只是时间问题。相反，如果企业一味追逐风险，遭受一次打击就很可能一蹶不振，而规避风险的企业反而能在风险的包围之中依旧保持自身的稳定性，抓紧时机提高自身实力，当风险过去之时，已经具备更强的实力，能够在机会到来之时脱颖而出，从而能够抓住机遇，发展壮大。

综上所述，我们更需要规避风险。

第三类：其他范文

我们更需要规避风险

雌孔雀择偶时面临着一个难题：更能保证后代健康的雄孔雀，往往意味着其自身生存更容易遭受威胁。我们又何尝不是经常面临着类似雌孔雀的选择呢？我认为在做选择时，我们更需要规避风险。

规避风险有利于长远发展。随着市场经济的发展，市场自由度与不确定性日益增加，竞争越来越激烈与残酷。想要在市场中占据一席之地，首先要考虑的就是如何生存下去，只有先满足生存的基本条件，才有进一步发展的机会。规避风险就是生存下去的基本方法之一。由于市场风险一直存在且无法消除，规避风险能够在很大程度上减小重大失败的概率。面对已经基本被瓜分的市场，最终能够实现长远发展的胜利者往往不是获利最多的企业，而是一直屹立于市场的企业。

规避风险可以帮助企业避免潜在的重大损失。企业在追求发展壮大的道路上，往往需要做出各种投资和决策。然而，并非所有决策都能如预期般带来回报，盲目扩张或冒险投入往往隐藏着巨大的风险。如果企业没有充分进行市场调研，就贸然进行大规模生产，一旦产品滞销，将面临巨额的生产成本无法收回的困境，甚至可能威胁到企业的生存。相反，如果企业在决策之前能够深入调研市场、全面评估风险，就能有效避免这类情况的发生，将潜在的损失控制在可控的范围内。

当然，有人说规避风险也会将很多机会拒之门外，很难获得较大的收益。但是这只是暂时的，获利机会并非偶然，只要企业能抓住机遇，那么获利只是时间问题。如果企业一味追逐机会，遭受一次风险打击就很可能一蹶不振；而规避风险的企业在遍地风险的商业环境中反而依旧能保持自身的稳定性，抓紧时机提高自身实力，当风险过去之时，其已经具备更强的实力，能够在机会到来之时脱颖而出，从而获得机遇，得以发展壮大。

综上所述，我们更需要规避风险。

我们更应该直面风险

雌孔雀为了后代的健康选择了尾巴大而艳丽的雄孔雀作为配偶，尽管其选择的雄孔雀更易置身于危险中，甚至生存受到威胁。孔雀的选择也给予我们启发：我们更应该直面风险。

直面风险并不是指面对不确定因素时的鲁莽前行，亦不是指没有策略的一时兴起，而是经过审时度势后的迎难而上。这是一种不拘于现状的无畏突破，力争为自己取得最大的利益与优势。

直面风险有利于拓宽发展渠道，获得更多的机遇。面对风险，拒绝畏葸不前，而选择无惧前行，这在无形中会赢得更多的机遇，有助于挣脱自身的思想桎梏，也使自身的关注点不只停留在事物的表面，而会引导自己更深入地挖掘核心规律，整合优质资源，从而发现更多的着力点。同时，直面风险所带来的优势条件也可以进一步夯实基础，进而巩固自身壁垒，提高对风险的抵抗能力。

直面风险有利于提高积极性和提高洞察力。面对充满不确定性的风险，人们会逼自己聚焦于发展态势，减少了其他因素的干扰，这样可以锻炼自身对于事物发展的敏锐感知能力，从而做出正确的选择，降低错判风险。时刻保持紧迫感，督促自己保持"半杯水"的心态，不断勉励自己，有助于实现质的飞跃，为自己积蓄更多的能量，实现完美绽放。

若一味选择规避风险，在舒适圈中徘徊，只会故步自封，这样可能会产生消极情绪，无法追随时代发展，最终只能被无情地淘汰。规避风险的确能将自己置于一隅净土，远离风险及危险的侵袭，但同时也缺少了更多的积极刺激以及选择，只能被动地生存，缺乏主动性。而直面风险则会激励自己进行风险预判，虽然短期内可能带来挑战和不安，但长远来看，这样的过程会让我们获得延时满足，为个人的成长和进步奠定坚实基础。

综上，我们更应该直面风险，而不是畏惧地蜷缩在一旁，这样才更有助于长远发展。

做高收益的选择

雄孔雀的尾巴越大越艳丽，就越容易被天敌发现和猎获，导致其生存受到威胁，但它的活力可以确保后代的健康，这样后代也会具有更好的躲避天敌的能力。因此，雌孔雀仍应选择尾巴大而艳丽的雄孔雀作为配偶。我们人类也一样，尽管高收益伴随着高风险，但我们不能因噎废食，而应敢于尝试，坚定地选择高收益。

做高收益的选择并不是只顾利益做出的盲目选择，而是在综合考虑风险承受和控制能力等多方面因素后做出的理性选择。现实中不乏倡导逃避风险的人，他们认为这样可以获得稳定、持久的收益。但承担更大的风险往往也意味着获得更高的收益。

做高收益的选择更容易实现自我价值。愿意承担高风险的人往往是不安于现状的人，而承担高风险在一定程度上来说是满足更高层次需求的必要条件。我国社会的主要矛盾已经由人民日益增长的物质文化需要与落后的社会生产力之间的矛盾转化为人民日益增长的美好生活需要和不平衡不充分的发展之间的矛盾，这意味着我国人民的生理需求已经基本得到了满足，并产生了更高层次的需求。高收益的选择带来的不仅仅是表面的物质利益，更是对自身能力的肯定，这样可以给人带来更高的成就感和自信心。

诚然，低风险、低收益的选择相对保险而又稳定，但正如拿破仑那句名言所说，"不想当将军的士兵不是好士兵"。每个人都有自己的追求和理想，如果受制于不愿意承担高风险的心理，那么或许只能一生委曲求全，将就生活。这样的人一生确实可以免于许多挑战和打击，但也同样失去了很多大放光芒、实现自我价值的机会，最终遗憾离场。

综上所述，高收益虽然伴随着高风险，但如果风险在自己的可承受范围内，为了自我价值的实现，不妨放手一搏。

直面风险更利于长远发展

雌孔雀为了后代的健康能够得到保障，会选择尾巴大而艳丽的雄孔雀作为配偶。但这样的雄孔雀面临着易被天敌发现和猎获的风险。与之类似，企业在经营过程中也会存在风险，而为了长远发展，企业应选择直面风险。

直面风险能够使企业在复杂多变的市场环境中稳固发展。一方面，企业选择直面风险就意味着有更大的概率获得巨额收益，企业可将部分收益用于市场扩张，从而赢得抢占市场的先机，避免其在激烈的市场竞争中处于被动地位。另一方面，直面风险提高了企业的抗风险能力，在出现突发状况时，企业就有经验去应对，不至于陷入困境，从而为自身的稳固发展提供保障。

直面风险有利于企业竞争优势的提升。随着消费的升级，消费者由以前吃饱穿暖的低层次需求，转变为更注重产品对其心理和生理影响的高层次需求。诚然，企业在创新过程中仍然会面临风险，但若能勇于直面风险，研发出满足消费者需求的产品，就能获得更多的客户群体。这不仅有利于企业品牌形象的建立，而且能使企业因其独一无二的产品体验获得更大的竞争优势，从而实现长远发展。

逃避风险看似是企业长久运行的保障，实则不然。逃避风险不仅使企业丧失了向前发展的动力，而且使其错过了很多良好的发展机会，不利于企业的长远发展。

直面风险并不意味着莽撞行事，而是一种经过仔细考量后的合理选择。企业在直面风险的过程中应结合自身发展情况以及市场环境变化做出合理的判断，预估风险发生的可能性以及其可能造成的损失，并制订合理有效的应对方案，以期风险来临时避免受到重创。

综上，企业直面风险更利于其长远发展。

直面风险更有利于企业发展

在材料中，雌孔雀为了后代的健康，往往选择尾巴大而艳丽，但因此容易被天敌发现的雄孔雀作为配偶。这也在一定程度上为企业提供了启示：在如今这样一个风险与机遇并存的时代，直面风险更有利于企业乘风破浪，向前发展。

直面风险更能增强企业实力。在变化纷繁的市场中，敢于直面风险的底气源自对自身实力的信心。在应对风险时，对企业的战略调整、规划布局等都能极好地锻炼企业管理层，为今后应对同类型风险积攒经验与教训。同时，企业直面风险更有利于员工勠力同心，积极为企业的发展建言献策，营造更加团结的企业氛围，并充实企业文化。

逃避风险不利于企业发展。我们深知企业处于复杂多变的市场中，或许在风平浪静时能恣意生长、发展壮大，可当市场风云突变、骤雨袭来之际，毫无风险应对能力的企业该如何自保呢？对于习惯了逃避风险的企业管理者来说，遇到困难的第一时间想的不是设法解决，而是如何躲避，这不利于其积攒经验以应对考验，企业上下也会因此人心涣散。甚至不需要风险的打击，这类企业就会在市场竞争中衰之。

当然，我们所说的直面风险并非不考虑自身实力而盲目行事。对于管理层来说，直面风险是合理评估企业自身实力、前景，以及员工氛围、凝聚力等情况后做出的决策。直面风险带来的收益若是比逃避风险带来的收益要大，又或是其长期收益优于逃避风险，那么便可以依照形势做出直面风险的选择。但若是在企业岌岌可危，自身发展都难以保证的情况下，还是应该暂时喘息，给予自身一定的缓冲空间之后再做打算。

综上所述，企业在综合考虑后，条件允许的情况下应选择直面风险，这更有利于其未来发展。

直面风险求发展

雌孔雀在选择配偶时，面临的是保证后代健康与降低生存威胁之间的权衡，而为了保证后代更健康，雌孔雀应选择直面风险。企业也是如此，直面风险以求得长远发展。

风险是指企业在生产经营过程中可能面临的资产损失、收益减少等对企业发展造成威胁的问题。直面风险是指企业要正视风险，敢于面对，而不是一味逃避。

直面风险可以实现更大的收益，有利于企业的长远发展。风险与收益往往呈正相关，直面风险增大了企业博取更多收益的概率，而所获收益可以进一步用于企业的市场扩张，从而实现企业地位的长久稳固。就好比拉里·佩奇在创新风险中实现了差异化经营，获取了超额收益，奠定了谷歌在互联网时代长远发展的基础。况且，企业发展不会一帆风顺，直面风险才能在曲折中实现螺旋式上升，完成质的飞跃。

一味逃避风险难道就能保证企业生命的延续吗？非也。就像雌孔雀若选择其他类型的配偶，或许能够免受生命威胁，却为后代的健康埋下了隐患，最终其所面对的可能是整个物种的灭绝。企业身处复杂多变的交易市场，即使是保守决策，也可能存在潜在隐患，长此以往，一旦危机爆发，可能会对企业造成致命打击。更何况，激烈的竞争环境使得企业经营如"逆水行舟，不进则退"，一味求稳看似有保障，实则会损耗企业的发展活力，断送企业持续经营的可能性，得不偿失。

需要强调的是，直面风险并非莽撞行动，让企业处于不利境地，而是一种在企业充分权衡利弊后所选择的决策方案。为实现这种方案的效益最大化，对内，企业需要完善战略布局，制订合理的风险应对方案，控制成本；对外，要做好市场调研工作，契合市场发展环境，及时发现并解决潜在风险。

不要因风险而一叶障目，要直面风险，收获博弈中更大的生机。

2013年管理类论说（波音麦道）

20世纪中叶，美国的波音和麦道两家公司几乎垄断了世界民用飞机的市场，欧洲的飞机制造商深感忧虑。虽然欧洲各国之间的竞争也相当激烈，但还是采取了合作的途径，法国、德国、英国和西班牙等决定共同研制大型宽体飞机，于是"空中客车"便应运而生。面对新的市场竞争态势，波音公司和麦道公司于1997年一致决定组成新的波音公司，以抗衡来自欧洲的挑战。

审题通关

【独立审题】 请认真思考后，独立拟定题目。

【审题测试】 请判断以下题目是否合理。

题目1：竞争的重要性

题目2：合作的重要性

题目3：竞争有利于合作

题目4：合作有利于竞争

题目5：竞争中的合作有利于发展

【参考答案及审题思路】

建议的题目： 题目2、题目5。

这道题应该算论说文真题中数一数二的简单题，之所以波音公司、麦道公司和欧洲各国都能得到更好的发展，其根本原因就是合作。所以这道题的中心词就是"合作"，题目可以拟为"我们要合作""合作的重要性""合作促双赢"等。

但很多同学发现这道题中还有一个关键词——"竞争"，所以试图将"竞争"也加入题目。这种思路也是可以的，但一定要注意，竞争并非成功的原因，故竞争不能作为"中心词"；合作的目的也不是为了"竞争"，故竞争也不能作为"结果"。也就是说，"竞争促进合作""竞争促进发展""合作促进竞争"等题目都是不准确的。竞争在题目中的角色是状语，即题干中的主语都是在充满竞争的情况下选择了合作，如果一定要把竞争加入题目，那么题目可以拟成"竞争中的合作有利于发展""我们要竞合"等。

不建议的题目：

题目1：中心词错误。材料中两组主语成功的根本原因都是合作，而非竞争。

题目3：中心词错误。本题的中心词应该是合作，而非竞争。

题目4：结果错误。合作的结果是取得成功，而非竞争。

📖 行文灵感库

支持观点的理由（观点：合作的重要性）

1. 资源共享：合作可以使各方分享各自的资源和优势，实现资源的最大化利用。
2. 风险分担：合作伙伴可以共同承担风险，降低单个企业所面临的技术风险。
3. 市场竞争力：通过合作，企业可以提高产品和服务的质量，更好地应对市场竞争。
4. 技术创新：合作促进了技术交流和创新，加快了新技术的研发和应用。
5. 成本效益：合作可以实现规模经济，降低生产和运营成本。
6. 知识共享：合作伙伴之间的知识共享可以加速学习过程，提高整体的知识水平。
7. 市场准入：合作有助于企业进入新市场，特别是在需要快速熟悉地域商业环境的情况下。
8. 品牌强化：合作可以增强品牌影响力，提升企业在消费者心中的形象。
9. 文化交流：国际合作促进了文化的交流和理解，有助于构建全球化的商业环境。
10. 可持续发展：合作有助于实现可持续发展目标，通过共同努力解决环境和社会问题。

反对观点的理由及推翻思路

1. 利益冲突

反对观点：合作可能导致利益冲突，影响决策的效率和质量。

推翻思路：通过明确的合作协议和有效的沟通机制，可以提前识别和解决潜在的利益冲突，确保合作的顺利进行。

2. 文化差异

反对观点：不同企业之间的文化差异可能导致合作困难。

推翻思路：文化差异可以通过跨文化培训和团队建设活动来克服，并且这些差异也可以成为创新和学习的源泉。

3. 知识泄露

反对观点：合作可能导致商业机密和核心技术的泄露。

推翻思路：通过签署保密协议和采取相应的安全措施，可以有效保护知识产权和商业机密。

4. 管理复杂性

反对观点：合作增加了管理的复杂性，可能导致效率降低。

推翻思路：通过建立专门的合作管理团队和清晰的协调流程，可以有效管理合作项目，确保高效运作。

5. 依赖性增加

反对观点：合作可能导致企业对合作伙伴产生过度依赖。

推翻思路：建立多元化的合作伙伴关系、提高内部能力，可以降低对单一合作伙伴的依赖性。

6. 目标不一致

反对观点：合作伙伴可能有不同的目标和期望，难以达成共识。

推翻思路：通过开放的对话和协商，明确共同的目标和期望，并定期评估合作进展，确保目标一致性。

7. 合作成本

反对观点：建立和维护合作关系可能需要大量的时间和金钱成本。

推翻思路：与潜在的市场机会和长期利益相比，这些成本是合理的投资，而且可以通过有效的合作管理来控制成本。

8. 决策迟缓

反对观点：合作可能导致决策过程变慢，因为涉及更多的利益相关者。

推翻思路：通过建立高效的决策机制和授权体系，可以加快决策过程，确保及时响应市场变化。

9. 自主性受限

反对观点：合作可能会限制企业的自主性，影响其独立决策。

推翻思路：合作并不意味着放弃自主性，而是一种战略选择。企业可以在保留核心决策权的同时，与合作伙伴共享资源和技术。

📖 参考范文

第一类：完全借助模板写的范文

合作有利于实现双赢

美国和欧洲的飞机制造商在外部竞争激烈的情况下，都选择了合作，并取得了成功，这也为当下企业上了生动的一课：合作有利于实现双赢。

为了实现持续发展，企业间的合作不可或缺。在现今竞争激烈的商业环境中，管理者必须不断探索和适应市场变化，以保持企业的活力。持续发展不仅仅是一种战略，更是一种生存法则。通过不断地调整和更新，企业能更好地迎合市场需求，确保在竞争中占据先机。因此，将持续发展作为首要目标，能够使企业在变革不断的商业世界中保持竞争优势。合作恰恰有利于企业实现持续发展。

然而，提到合作，很多管理者对此忧心忡忡。理由如下。第一，他们担心合作会导致企业自身利益受损。在发展中，管理者可能因为害怕未知的风险而选择保守态度。这种心理障碍让企业更愿意守着旧有的安全区，放弃可能带来更大成就的冒险机会。第二，企业可能因为担心需要投入更多的资金、劳动力或其他资源而望而却步。这种担忧可能让企业在决策时更倾向于选择相对安全、风险较小的方案，以保持资源的相对稳定。

但是，我们不能仅因上述顾虑而拒绝合作。在企业发展的道路上，各种挑战层出不穷，而合作正是我们应对这些挑战、规避潜在风险的有效手段。与其独自承担所有风险，不如与合作伙伴携手共进，整合资源、分担压力，共同探索更为稳健的发展路径。毕竟，企业的成功离不开审慎的决策和高效的风险管理，而合作正是实现这两者的有效途径之一。更何况，合理的投资往往伴随着更高的回报，通过合作，企业能够最大限度地降低不必要的成本，并在未来实现更大的利益。若抱有恐惧而一直停滞不前，反而可能使企业在竞争激烈的环境中失去竞争力。

综上，合作有利于发展。

第二类：按照基础结构中规中矩写的范文

合作有利于实现双赢

在 20 世纪中叶，全球民用航空市场的竞争格局发生了显著的变化。一方面，美国的波音和麦道两家公司通过强强联合几乎垄断了市场；另一方面，欧洲各国飞机制造商选择跨越国界的合作，共同研发大型宽体飞机，最终成就了"空中客车"的诞生。这些历史性的合作案例，无不体现了合作有利于实现双赢的商业智慧。

合作有利于实现双赢的理由是多方面的。首先，合作使得各方能够共享资源和知识，减少重复投资，从而提高效率和竞争力。其次，合作能够扩大市场份额，提高议价能力。在全球竞争中，合作伙伴通过联合，能够形成更大的市场影响力和更强的谈判地位。此外，合作还能够促进技术创新和产品多样化。合作伙伴之间的相互学习和激励，往往能够激发新的创意和解决方案，这不仅推动了整个行业的进步，也为消费者带来了更多的选择。

当然，合作也往往会让人们心存顾虑，这些顾虑往往源于对未知的恐惧、对变化的抗拒以及对失控的担忧。例如，合作可能会带来文化冲突，不同企业的价值观念、工作方式和决策流程可能会相互碰撞，导致合作困难。管理风格的不同可能会导致决策瘫痪，员工的不适应可能会降低效率。此外，合作中的利益分配往往是一个棘手的问题，如何确保合作的成果能够公平合理地分配给各方始终是合作中的一个难点。

然而，合作带来的正面效应远远超出了这些顾虑。面对文化冲突的担忧，合作双方可以在合作之初就建立起一套共同的价值观和目标，通过团队建设活动和文化交流增进相互理解，减少文化差异带来的负面影响。此外，对于利益分配的问题，双方在合作前就应该制订明确的合同和协议，确保利益分配的透明和公正，避免因为分配不均而产生的矛盾。

综上所述，尽管合作可能会带来一些顾虑和挑战，但这些并非无法克服，我们应以合作谋双赢。

第三类：其他范文

竞合促进发展

面对波音和麦道的垄断，欧洲各国转向合作；而波音和麦道为抗衡新的竞争，也转为合作。双方均在竞争态势下选择合作，它们的选择对当下市场环境中的企业依然具有借鉴意义：合作更有助于成功，企业应在合作中寻求发展，实现共赢。

所谓竞合，是指原本互为竞争关系的企业相互合作，整合力量，共同应对更强大的竞争对手，从而在市场博弈中实现共赢。当然，竞合并非盲目合作，而是在竞争状态下，企业根据自身实力和特点，选择最合适的合作伙伴，进行风险共担、利益共享。

竞合可以使企业实现效用最大化，形成竞争中的优势。原本互为竞争对手的企业，资源难免分散，此时选择合作，双方的资源得以整合，从而达到补劣促优的效果，最大限度地避免双方在经营过程中因短板效应而失去抢占市场的先机，进而实现共赢。同时，竞争企业间的强强联合，可以将彼此所具有的品牌效应相互叠加，产生更大的影响力，从而避免"鹬蚌相争，渔翁得利"的惨淡结局。小微企业间打破竞争格局，进行合作，也可以产生1加1大于2的优势升级，为与大企业抗衡博得一分胜算。

企业如果固守自己的一亩三分地，不仅很难实现利益最大化，反而可能沦为市场炮灰。企业在竞争过程中，难免会把部分资源和资金用于与对手的博弈，从而对企业研发、扩大生产造成一定影响。况且，即使博弈成功，其收益是否能够覆盖成本也是未知的，更不要提利益最大化了。相反，如果选择与竞争对手合作，看似谁都没能成为最终霸主，但双方很可能都会成为收益颇丰的市场赢家。

综上，企业应在竞合中寻求更好的发展，实现共赢。

竞合以抗衡挑战

面对波音和麦道在世界民用飞机市场的垄断格局，欧洲各国停止了相互间的竞争，通过合作研制"空中客车"，以抗衡强大的对手；同样，波音和麦道也随之组建新波音公司，以期抗衡新挑战。而面对如今多变的市场，我们更需要竞合以抗衡挑战。

竞合是指多方在竞争中由于外界势态变化或新进入者的威胁，谋求合作发展，最终实现双赢的一种正和博弈。那么为什么要在竞争中合作呢？原因很简单。

一方面，竞合有利于巩固优势地位。随着信息技术的发展和全球化进程的加快，原本闭塞的地域经济转变为全球经济。这一转变刺激了潜在的行业竞争者和外来经济体进入市场，使市场中现有的经济主体岌岌可危，如果不谋求经营策略的转变，势必会被市场淘汰。而通过在竞争中加强合作，各企业能够有效整合多方优势资源，扩大生产规模，形成产品规模效益。这有利于企业提升议价能力，提高市场准入门槛，减少潜在竞争者的威胁，进而巩固企业原有的优势地位。

另一方面，竞合有利于降低经营风险。在多变的市场竞争环境中，企业面临多方挑战。通过竞合能够减少竞争中不必要的资源浪费，增加整体资产规模，提升企业抵御风险的能力，进而减少经营风险。以疫情期间为例，良品铺子通过持续整合上下游产业链的优势资源，加大产品端和生产端的战略合作，最终在疫情中实现业绩逆势增长。这激励着更多企业在竞争中谋求合作共赢，降低经营风险。

当然，也有一些论调认为，竞合会使企业的利润被摊薄，无利于企业获利。实际上，利润摊薄只是短期现象，从长期来看，竞合双方能够通过整合优势资源寻求新的利润增长点和更多的明星业务，从而实现整体利润的增加以保障长远利益。

综上，面对风云变幻的市场，企业应以竞合抗衡挑战。

成功需要在竞争中合作

美国和欧洲的飞机制造商在竞争激烈的情况下，选择与曾经的对手合作，并取得了成功，这也为当下企业上了生动的一课：成功需要在竞争中选择合作。

这样做的原因有很多，具体如下：

第一，在竞争中合作有利于打破行业垄断。当今互联网电商平台的后起之秀——拼多多就是一个很好的例子。几年前，电商行业的主要市场份额被阿里巴巴等几个巨头牢牢占据，就连腾讯这样的大型企业试图进入该行业都没有激起水花。这个时候的拼多多与腾讯认识到了双方的优势，从竞争对手转向了合作关系。腾讯的强大社交功能和拼多多的电商能力结合起来，成功地打破了电商行业多年来形成的壁垒，现在甚至超过了一些原有的电商巨头，这样的成功正是靠着在竞争中合作得到的。

第二，在竞争中合作有利于满足消费者的需求。随着中国的经济形势从短缺经济变成过剩经济，许多行业的时代红利已经消退。这时新兴企业如果想进入并占领市场，合作是极为高效的方法之一。这种合作不仅提高了企业的核心竞争力，也使其有精力研发出更好的产品以满足消费者的需求，从而抢夺市场。而原有的企业在后入者挑战的危机感下也会被迫意识到自己公司的问题所在。这样的市场由于良性竞争而充满活力，消费者的需求也能因为市场的良性发展不断得到满足，实现双赢。

反之，如果一些企业没有看到在竞争中合作的长期利益，或者错误地判断了自己的实力，从而盲目地挑战巨型企业，只会让自己蒙受巨大的损失。再者，长期遭受垄断的行业如果没有新兴企业成功打破行业壁垒，一些没有话语权的企业只会逐渐走向衰退，形成行业市场的恶性循环。

当然，在竞争中选择合作不是一方盲目地服从另一方，而是在认清自己与对方的实力之后，审时度势地做出合作战略。

综上所述，成功需要在竞争中选择合作。

企业要以合作来抗衡挑战

面对新的市场竞争态势，波音、麦道以及欧洲各国的飞机制造商都不约而同地选择了合作，它们的选择对身处当下市场环境中的企业依然具有借鉴意义。面对如今多变的市场，企业更需要以合作来应对挑战。

企业之间的合作有利于产生规模效益，巩固优势地位。一方面，与上下游企业合作，能够打通产品供应链和销售渠道，整合上下游产业优势资源，加大产品端和生产端的战略合作，节省生产成本，从而获取更大的利润。另一方面，与同行业企业合作，可以发挥各自优势，规避劣势，形成规模效益，使彼此利益最大化。此外，企业之间的合作还有利于形成行业壁垒，提高市场准入门槛，减少潜在竞争者的威胁，进而巩固企业原有的优势地位。

企业之间的合作有利于及时获取市场信息，调整发展战略以适应市场需求的变化。"三人行，则必有我师"，这句古训放在企业合作中也同样适用。随着信息技术的发展和全球化进程的加快，原本闭塞的地域经济转变为全球经济，仅靠自己去掌握时刻变化的产品需求未免有些困难，而企业之间如果能互通有无，分享市场变化的信息，则能够帮助企业及时地调整市场策略，与时俱进，从而形成互惠互利、共同发展的良好态势。如果企业故步自封，放弃合作的机会，则很有可能陷入发展的窘境。

值得说明的是，鼓励企业之间的合作并不是放弃自身的优势，逐渐趋同和单一化发展；相反，企业之间的合作是取长补短，更好地发挥自身的长处并弥补短板。根据木桶原理，这样能最大限度地优化企业的产品结构，促进企业实现高质量发展。

综上所述，面对激烈的竞争环境，企业更应该以合作的方式来抗衡挑战。

近 3 年经济类论说文真题精讲

2024 年经济类论说（袁隆平）

在人的一生中，有些人只做一件事。如袁隆平院士一生致力于杂交水稻研究，创建了超级杂交稻技术体系，使我国杂交水稻研究始终居于世界领先水平。

📖 审题通关

【独立审题】请认真思考后，独立拟定题目。

【审题测试】请判断以下题目是否合理。

题目1：一生只做一件事的价值

题目2：袁隆平与杂交水稻的故事

题目3：创新的力量

题目4：专注成就专业领先

题目5：工匠精神在现代社会的意义

题目6：坚持一事，成就一生

题目7：超级杂交稻技术对国家发展的贡献

【参考答案及审题思路】

建议的题目： 题目1、题目4、题目5、题目6。

本题的审题难度较低。题干为故事类型材料，且结果为正向的，故我们的立意方向应为支持袁隆平院士的做法。

中心词：专注、毅力、工匠精神。

主语：题干中明确给出主语为袁隆平院士，故可以在此基础上将主语合理引申为"人""科学家""研究者"等。

可参考题目：专注的重要性；工匠精神助力发展等。

不建议的题目：

题目2：观点不明确。论说文的题目需要明确表达观点。

题目3：偏离中心。本题的中心为工匠精神等，而非创新。

题目7：偏离中心。本题的重点是学习袁隆平先生身上的精神，而非水稻对国家的贡献。

行文灵感库

支持观点的理由（观点：专注的重要性）

1. 深度掌握：长期专注于某一领域可以使个人深入理解和掌握复杂的概念和技能，从而在该领域成为专家。

2. 创新突破：专注通常是创新和技术突破的前提，因为深入研究可以发现之前未被注意到的问题和解决方案。

3. 提升效率：通过专注，个人可以更高效地利用时间和资源，减少在不同任务之间切换的时间成本。

4. 建立专业声誉：长期的专注可以帮助个人在特定领域建立声誉，使其成为该领域的权威。

5. 心流体验：全神贯注于某项活动可以进入"心流"状态，这种状态下的工作质量和效率通常更高。

6. 避免分心：在信息过载的时代，专注可以帮助个人抵御不必要的信息和活动的干扰。

7. 长期目标实现：专注于长期目标可以帮助个人保持动力，抵御诱惑。

8. 资源积累：长期的专注可以积累大量的知识和资源，为未来的发展打下坚实的基础。

9. 社会贡献：专注于某一领域的个人往往能够在该领域做出重要贡献，推动社会进步。

10. 个人成就感：深入钻研并在某一领域取得成就，可以给个人带来巨大的满足感和成就感。

反对观点的理由及推翻思路

1. 多样性丧失

反对观点：过度专注可能导致个人失去探索其他领域的机会，从而限制了知识和经验的多样性。

推翻思路：虽然专注可能在某种程度上限制了涉猎的广度，但深度的探索可以带来更深层次的理解和满足。

2. 变化适应性差

反对观点：长期专注于某一领域可能导致个人适应变化的能力下降，当外部环境变化时难以调整。

推翻思路：专注所积累的深厚专业知识可以使个人在面对变化时更加自信和有准备，而且专业领域的专长可以转化为其他领域的适应能力。

3. 创新视野受限

反对观点：专注可能使人的视野变得狭窄，限制了跨学科和多元化的思维方式，对创新不利。

推翻思路：专注并不意味着封闭，专家可以通过跨学科合作和持续学习来拓宽视野，而且深度钻研一个领域往往是跨界创新的基础。

4. 压力增加

反对观点：长时间的专注可能会导致个人承受过大的压力，尤其是在高度竞争的领域中。

推翻思路：专注于某一领域会获得深度理解和熟练的技能，这可以降低工作的不确定性和压力。而且专注可以帮助个人更快地解决问题，减少焦虑。

5. 机会成本

反对观点：专注于一个领域可能会错过进入其他领域的机会，尤其是当市场需求快速变化时。

推翻思路：专注于一个领域可以建立稳定的职业基础，而且所积累的专业专长可以成为跨领域机会的跳板，因为深厚的专业知识是许多不同领域都需要的。

参考范文

第一类：完全借助模板写的范文

专注有利于发展

袁隆平院士终其一生只做一件事，其专注的精神鼓舞着无数后来者。

为了实现持续发展，专注是不可或缺的要素。在快速变化且竞争激烈的现代社会，每个人都面临着各种各样的干扰和诱惑。因此，只有专注于自己的长远目标和核心任务，才能不断进步和适应，从而保持竞争力。持续发展不仅仅是一种战略，更是一种生存法则。通过持续的专注和努力，个体能够更好地满足社会需求，确保在激烈的竞争中保持领先地位。因此，专注对于每个人来说，都是实现持续发展的重要途径。

值得一提的是，当提到专注，有些人可能会感到担忧。他们担心过度专注可能会对生活的其他方面造成负面影响，导致个人利益的损失。在追求发展的道路上，人们可能因为害怕离开现有的舒适区而选择保守的态度。这种心理障碍让人们更倾向于维持现状，而不是追求可能带来更大成就的新机遇；同时，有些人担心专注于某一领域可能需要更多的时间和精力投入，这可能会影响到他们在其他领域的表现或机会。

然而，这些顾虑不应成为拒绝专注的理由。事实上，发展的过程中总是伴随着一定的风险和牺牲。纵观古今，成功的个体往往都是那些敢于专注并付出额外努力的人。通过专注，人们有机会深入挖掘自己的潜力，掌握新技能，最终达到更高的成就。如果总是畏惧风险而停滞不前，个体反而可能会在竞争中逐渐失去地位。此外，虽然专注可能意味着在某一领域内有较大投入，但这种投入往往能够带来更丰厚的回报。通过明智的规划和有效的时间管理，每个人都可以在专注的道路上实现效益最大化，从而在长远中获得更大的成功。

综上所述，专注对于个人的发展具有重要的积极影响。

第二类：按照基础结构中规中矩写的范文

专注的重要性

在纷繁复杂的现代社会，人们常常面临着多元选择的困扰，而在众多领域中保持长期的专注与投入，无疑是一种难能可贵的品质。袁隆平院士的一生，便是对专注价值最好的诠释。他将全部的热情和智慧，毫无保留地倾注在杂交水稻的研究上，不仅为中国，也为全世界的粮食短缺提供了解决方案。这也让我们看到了在追求个人发展和社会进步的道路上，专注的重要性。

专注的意义首先体现在它能够帮助个体积累深厚的专业知识和技能。人们在一个领域中持续深入地钻研，可以逐渐形成独到的见解和方法论，这是在广泛而浅尝辄止的学习中无法获得的。专注还能够提升工作效率，减少资源的浪费。当一个人能够集中精力在一项任务上，他们往往能够更快地完成任务，并且以更高的质量完成。此外，专注还能培养人的耐心和毅力，这些品质对于克服研究和工作中不可避免的挫折和失败至关重要。

然而，有人可能会提出反对意见，认为在当今多变的社会，专注于单一领域可能会限制个人的视野和发展空间。在技术日新月异、跨行业合作日益频繁的时代背景下，过于专注可能会导致机会的错失，甚至在某种程度上阻碍了创新的步伐。多样化的技能和知识能够帮助个人适应快速变化的环境，把握更多的机会。

对此，我们必须认识到，专注并不意味着封闭和僵化。真正的专注是在深入一个领域的同时，能够与时俱进，不断吸收新的知识和技术。袁隆平院士的杂交水稻技术体系正是在不断的创新中形成和完善的。专注让人有足够的深度去探究问题的本质，而这种深度正是创新的土壤。此外，专注并不排斥跨领域的学习和合作，而是在坚实的基础上，进行更有针对性和效率的跨界整合。

综上所述，专注对于个人成长和社会发展都是至关重要的。

第三类：其他范文

发展离不开专注

在快节奏的社会中，专注力被视为一种稀缺资源。然而，正是这份能够排除干扰、聚焦目标的能力，构筑了个体成功与社会进步的基石。

专注力是个人成长和学习的基石。心理学研究表明，深度学习需要长时间的专注。当人们投入某项学习活动时，大脑会形成新的神经连接，加深对知识的理解和记忆。例如，一个致力于学术研究的学者，必须在阅读和实验中保持高度专注，才能够吸收复杂的信息，提出有价值的假设，并进行验证。专注力不仅有助于知识的积累，而且促进了批判性思维和解决问题的能力，这些都是个人成长不可或缺的要素。

在工作环境中，专注力直接关系到工作效率的提升。多任务处理虽然看似提高了工作效率，但实际上会分散注意力，降低工作质量，并增加犯错的概率。相反，专注于单一任务可以减少认知负荷，使个体能够更快速、更准确地完成工作。效率的提升不仅意味着时间的节省，还意味着能够在有限的时间内创造更多的价值，这对于个体职业发展和企业竞争力至关重要。

此外，专注力是推动创新的关键动力。创新往往来源于对某一问题或领域深入而持久的思考。专注于一个问题可以激发深层次的思考，促进不同知识领域的交叉和融合，从而产生新的想法和解决方案。历史上无数的科技突破和艺术创作都证明了这一点。例如，科学家在实验室中进行反复的实验和数据分析，艺术家在工作室中沉浸于作品的创作，这些过程都需要高度的专注和投入。

综上所述，专注力对于个体的成长、工作效率的提升以及创新能力的培养具有不可替代的作用。它既是个人实现目标的动力，也是社会持续进步的基础。

2023 年经济类论说（社会事务的处理）

一种社会事务，往往涉及诸多因素（如春运涉及交通设施、气候条件、民俗文化、经济环境、科学技术等），所以要依赖诸多部门的通力合作才能处理好。

📖 审题通关

【独立审题】请认真思考后，独立拟定题目。

【审题测试】请判断以下题目是否合理。

题目1：跨部门合作的必要性

题目2：春运的社会挑战

题目3：多因素对社会事务处理的影响

题目4：通力合作的力量

题目5：社会事务的处理需要通力合作

题目6：科技在社会事务处理中的作用

【参考答案及审题思路】

建议的题目： 题目1、题目4、题目5。

该年真题的审题难度较低。材料中的目的是处理好社会事务，提供的方法是诸多部门的通力合作。故立意方向为"依赖诸多部门的通力合作有利于处理好社会事务"。大家可以在这一基础上拟定题目。

故本题的参考题目：合作有利于处理社会事务；处理社会事务需要通力合作等。

不建议的题目：

题目2：观点不明确。

题目3：虽然提到了社会事务处理，但没有强调合作，且观点不明确。

题目6：偏离中心。聚焦在科技上，而不是合作。

📖 行文灵感库

支持观点的理由（观点：社会事务的处理需要通力合作）

1. 资源整合：不同部门拥有不同的资源和专业知识，通力合作可以实现各部门资源的有效整合，提高社会事务处理的效率和质量。

2. 多角度分析：社会事务通常复杂多变，需要从多个角度进行分析和评估，以确保决策的全面性和合理性。

3. 风险分散：通过跨部门合作，可以分散处理社会事务时可能出现的风险，减少单一部门的压力和负担。

4. 促进创新：不同部门的合作可以激发新的思维方式，产生创新解决方案，有助于应对复杂的社会问题。

5. 提升公信力：多部门协同工作可以提升政府和相关机构的公信力，增强公众对政府处理社会事务能力的信任。

6. 快速响应：面对紧急社会事务，多部门快速响应可以有效应对突发情况。

7. 持续监管：处理社会事务不仅需要及时行动，还需要建立有效的监管机制。跨部门合作有助于实现持续性的监管。

8. 公平正义：多部门合作有助于确保社会事务处理过程中的公平正义，防止利益集团操控和不当干预。

9. 社会稳定：有效的通力合作有助于维护社会稳定，预防和化解社会矛盾和冲突。

10. 可持续发展：跨部门合作有助于实现社会经济的可持续发展，平衡不同群体和领域的利益。

反对观点的理由及推翻思路

1. 效率低下

反对观点：多部门合作可能导致决策过程冗长，效率低下。

推翻思路：效率问题往往是协调不当的结果，而不是合作本身的问题。实际上，合作可以通过集体智慧和专业分工来高效解决问题。

2. 责任不明

反对观点：多部门参与可能导致责任不清，出现问题时互相推诿。

推翻思路：责任不明通常是组织结构设计不合理的表现。有效的合作不仅不会导致责任不清，反而可以通过协商来明晰责任划分，各司其职。

3. 资源浪费

反对观点：通力合作可能导致资源重复使用和浪费。

推翻思路：资源浪费是计划和执行不善的结果，而合作本身可以通过专业化分工，使资源得到更合理和有效的配置。

4. 冲突和矛盾

反对观点：不同部门可能存在利益冲突，导致合作困难。

推翻思路：冲突和矛盾是每个组织都难以避免的问题，合作并不是冲突的根源。实际上，良好的沟通和共同的目标可以协助解决冲突，促进合作。

5. 决策迟缓

反对观点：多方合作可能使决策变得迟缓，难以迅速应对社会事务。

推翻思路：决策迟缓往往是由于缺乏有效沟通和决策机制，而不是合作本身。合作中的多元视角和专业知识反而可以提高决策的速度和质量。

参考范文

第一类：完全借助模板写的范文

处理社会事务需要通力合作

在当代社会，每一项社会事务都像是一个错综复杂的网络，其运作依赖于不同部门之间的通力合作。

为了实现持续发展，通力合作不可或缺。在现今竞争激烈的社会环境中，社会各界必须携手并进，共同应对挑战以保持整体的生存力。持续发展不仅仅是一种战略，更是一种生存法则。通过持续的协作和整合，各部门能够更好地迎合社会需求，确保在发展中占有一席之地。因此，将持续发展作为首要目标，能够使社会在变革不断的环境中保持长久的竞争优势。通力合作恰恰有利于社会实现持续发展。

值得一提的是，提到处理社会事务，很多人对此忧心忡忡。理由如下。第一，他们担心通力合作会导致个体自身利益受损。在发展中，人们可能因为害怕失去自我而选择保守态度。这种心理障碍让人们更愿意守着旧有的安全区，放弃了可能带来更大成就的合作机会。第二，个体可能因为担心需要投入更多的时间、精力或其他资源而望而却步。这种担忧可能让人们在决策时更趋向于选择相对安全、风险较小的选择，以保持资源的相对稳定。

然而，不能基于以上顾虑便拒绝通力合作。在发展中，冒一些风险是不可避免的。历史上成功的案例通常都是敢于合作的人。通过适当的合作，社会有机会发现新的解决方案、获取新的资源，最终实现更大的利益。抱有恐惧而一直停滞不前，反而可能使社会在竞争激烈的环境中失去竞争力。更何况，尽管成本的增加是一个真实的担忧，但有效的合作往往伴随着更高的回报。通过合理的规划和有效的资源整合，社会可以最大限度地降低不必要的成本，并在未来实现更大的回报。

综上，通力合作有利于社会事务的发展。

第二类：按照基础结构中规中矩写的范文

处理社会事务需要通力合作

在当代社会，每一项社会事务都像是一个错综复杂的网络，其运作依赖于不同部门之间的通力合作。

通力合作的重要性体现在多个层面。首先，它能够整合分散的资源，优化资源配置。例如：在春运期间，交通运输部门需要调动大量的运输资源，包括火车、飞机、公路和水运等，以满足旅客的需求。气象部门的精确预报可以帮助交通运输部门合理安排运输计划，减少因天气不佳而引起的延误。文化和经济部门的参与则确保了服务的多样性和人性化，让每一位旅客都能感受到节日的温暖和国家的关怀。其次，通力合作还能够汇聚多方智慧，提高问题解决的质量。各个部门的专家可以共同商讨，从不同角度出发，提出更为全面和创新的解决方案。最后，协作还能增强社会的凝聚力，在共同面对挑战时，社会成员的相互信任和合作精神得以增强，这对社会的长远发展极为有益。

然而，反对意见认为多部门合作可能会导致效率低下，决策迟缓。部门间的沟通协调需要时间，决策过程中的每一次会议、每一轮讨论都可能成为拖延决策的因素。而且，不同部门可能会有不同的利益诉求，这些诉求的冲突可能导致合作难以实现。

这些观点似乎合情合理，但它们忽略了一个关键点：合作机制的设计和优化可以有效解决这些问题。首先，现代通信技术的发展大大加快了信息交流的速度，使得不同部门之间可以实时沟通协调，有效减少了会议和讨论所需的时间。其次，不同部门间的利益诉求，可以通过制定公正的决策机制来平衡，确保每个部门的合理关切都得到考虑，并寻求最大公约数。通过这些措施，多部门合作不仅成为可能，而且可以变得高效和富有成效。

总结而言，社会事务的处理不应该是单一部门独自应对的。处理社会事务需要通力合作，这是社会发展不可或缺的动力。

第三类：其他范文

处理社会事务需要通力合作

在当今社会，社会事务的处理通常涉及多个领域和层面，仅凭单一力量或资源来解决，效果往往不尽如人意。而通力合作则能让不同领域的人员和机构携手共进，充分发挥各自的资源和优势，以更有效地处理社会事务。

首先，社会事务的复杂性决定了单打独斗的局限性。社会问题往往错综复杂，其产生并非单一因素所致，也难以依赖单一力量解决。例如，环境污染问题涵盖了工业生产、交通运输、居民生活等多个领域，需要政府、企业、公众等多方共同努力，协同治理，才能取得实质性的效果。孤立地看待问题，只会陷入"头痛医头，脚痛医脚"的困境，无法从根本上解决问题。

其次，资源的有限性促使我们整合力量，发挥协同效应。任何个体或组织拥有的资源都是有限的，而社会事务的解决往往需要调动大量的人力、物力和财力。通力合作可以避免资源的重复投入和浪费，实现资源的优化配置。同时，合作还能促进优势互补，将不同个体或组织的优势资源整合起来，形成解决问题的强大合力，从而实现"1+1>2"的效果。

更重要的是，通力合作是构建和谐社会关系的基石。社会是由人组成的，而人与人之间的和谐关系需要相互理解、信任和支持。通力合作的过程，实际上也是不同个体或组织之间相互沟通、相互理解、相互包容的过程。通过合作，人们可以增进彼此的了解，建立更加稳固的信任关系，形成共识，凝聚力量，共同推动社会进步。反之，如果缺乏合作，各自为政，就会导致社会关系的紧张和对立，不利于社会的和谐稳定。

当然，通力合作也面临一些挑战，例如如何建立有效的沟通机制，如何协调不同的利益诉求，如何确保合作的公平与效率等，这些问题都需要我们认真研究和探索。但我们必须明确，合作是解决社会问题的必由之路，任何困难和挑战都不能成为我们拒绝合作的理由。

综上，通力合作是解决社会事务的有效方式。

2022 年经济类论说（免费乘坐交通工具）

我国不少地方规定老年人可以免费乘坐公共交通工具，这一规定体现了对老年人的关怀。但是在具体实施过程中出现了一些问题。如在早晚高峰时，老年人免费乘车在一定程度上影响了上班族的通勤；还有，有些老年人也由于各种原因无法享受这一福利。因此，有的地方把老年人免费乘车的福利改为发放津贴。

📖 审题通关

【独立审题】请认真思考后，独立拟定题目。

【审题测试】请判断以下题目是否合理。

题目1：免费乘车与发放津贴：哪种更好？

题目2：老年人免费乘车改为发放津贴，这个可以有

题目3：免费乘车政策的利弊分析

题目4：免费乘车怎能取消

题目5：优化老年人福利措施的建议

【参考答案及审题思路】

建议的题目： 题目2。

该年真题题干中提供了两种为老年人提供福利的方式，一种是免费乘车，另一种是发放津贴，故该题为择一类型试题，选择其中一种方式展开论证即可。但更建议大家选择支持发放津贴。因为发放津贴在体现关怀的同时，还能够消除材料中提到的老年人免费乘车带来的问题。还有同学选择将两者结合让老年人自由选择，或者提供其他方案，只要这些方案能切实化解题干中的困境，且论证清楚，也是可以的。

不建议的题目：

题目1：题目中没有明确表达立场，观点不明确。

题目3：论说文是要表明态度、论证观点，而不是进行利弊分析。

题目4：该题目为反问句，转化为陈述句的意思就是：免费乘车一定不能取消。该题目从态度上来说过于绝对。从观点选择上也不是本题的最优解。

题目5：论说文是要考生论证观点，而不是提出建议。

📖 行文灵感库

支持观点的理由（观点：发放津贴更可取）

1.公平性：发放津贴可以确保所有老年人都能平等地享受到福利，不受身体状况或居住地的限制。

2. 减轻拥堵：改为发放津贴可以减轻早晚高峰期公共交通的拥挤程度，提高通勤效率。

3. 个性化需求：津贴可以根据老年人的实际需求使用，不限于公共交通，增加了使用的灵活性。

4. 经济刺激：津贴可以直接用于消费，从而刺激经济，促进社会总需求的增加。

5. 降低管理成本：发放津贴简化了管理流程，减少了免费乘坐公共交通所需的验证和监督工作。

6. 避免滥用：免费乘车可能导致部分老年人过度使用公交服务，造成不必要的出行；发放津贴可以有效避免这种情况。

7. 增加自主权：津贴赋予了老年人更多的消费选择权，尊重了他们的自主选择权。

8. 社会安全：避免老年人在高峰期为了免费乘车而挤公交，减少了安全隐患。

反对观点的理由及推翻思路

1. 福利感知降低

反对观点：老年人可能认为直接的免费乘车福利比津贴更有价值。

推翻思路：通过宣传教育，提高老年人对津贴实际价值的认识，并强调津贴可以用于多种消费选择，提升福利的感知价值。

2. 经济管理能力

反对观点：一些老年人可能不具备管理额外津贴的能力。

推翻思路：可以为老年人提供指导和服务，帮助他们理解如何有效管理和使用津贴，或者通过简化的方式直接减免相关费用。

3. 福利实施成本

反对观点：发放津贴可能涉及更高的行政成本和复杂性。

推翻思路：随着电子支付和银行系统的发展，津贴的发放和管理可以通过自动化系统实现，以此有效降低成本。

4. 津贴的充分性

反对观点：津贴可能无法完全覆盖老年人的交通费用。

推翻思路：津贴的金额可以根据实际交通费用和生活成本进行调整，确保其覆盖必要的出行开销。

5. 传统福利的情感价值

反对观点：免费乘车是对老年人的一种传统尊重和关怀的体现，改为津贴可能会削弱这种情感联系。

推翻思路：政府和社会可以通过其他形式继续表达对老年人的尊重和关怀，如提供更多便利设施和服务，同时强调津贴是对老年人福利的一种现代化和个性化的改进。

参考范文

第一类：完全借助模板写的范文

老年人免费乘车改为发放津贴，这个可以有

我国不少地方规定，老年人可以免费乘坐公共交通工具。这一规定在体现对老年人的关怀的同时，也出现了不少问题。因此，有的地方把老年人免费乘车的福利改为发放津贴。这一措施既体现了对老年群体的关怀，又缓解了公共交通的压力，值得进一步推广。

为了实现持续发展，合理利用社会资源不可或缺。在现今资源有限的社会环境中，政策制定者必须不断调整和优化福利措施以保持社会公平与效率。持续发展不仅仅是一种战略，更是一种社会责任。通过不断地改革和创新，能够更好地满足各年龄层的需求，确保公共资源在社会中得到合理分配。因此，将持续发展作为首要目标，能够使社会在变革不断的环境中保持平衡与和谐。老年人免费乘车改为发放津贴恰恰有利于实现这种持续发展。

值得一提的是，提到改变老年人的免费乘车政策，很多人对此忧心忡忡。理由如下。第一，他们担心改变现有政策会导致老年人的出行成本增加。在福利调整中，人们可能因为害怕失去已有的优惠而持保守态度。这种心理障碍让人们更愿意守着旧有的福利，放弃可能带来更大灵活性的新政策。第二，个体可能因为担心津贴的使用范围和操作复杂性而望而却步。这种担忧可能让人们在接受新政策时感到不安，担心无法适应新的福利发放方式。

然而，不能基于以上顾虑便拒绝福利政策的改革。在社会进步中，调整和改进是不可避免的。历史上成功的改革通常都是敢于创新的决策。通过适当的政策调整，社会有机会提高福利的有效性、增加老年人的选择自由，最终实现更合理的资源分配。抱有恐惧而一直停滞不前，反而可能使社会福利制度在变革不断的环境中失去效率。更何况，灵活的福利发放往往伴随着更高的个人满意度。通过合理的规划和有效的政策执行，社会可以最大限度地提升福利政策的适应性，并在未来实现更大的社会效益。

综上，老年人免费乘车改为发放津贴，这个改革有利于社会福利政策的持续发展。

第二类：按照基础结构中规中矩写的范文

老年人免费乘车改为发放津贴，这个可以有

老年人免费乘车政策是为了体现社会对老年人的关怀与尊重，但随着社会的发展和人口老龄化的加剧，这一政策也面临着一些挑战和问题。近年来，一些地方开始探索将免费乘车政策改为向老年人发放交通津贴的新模式，这一变革引起了社会各界的广泛关注。

首先，老年人免费乘车政策改为发放津贴的做法有其合理性。这种改变考虑了老年人群体的差异化需求，因为并不是所有的老年人都需要使用公共交通工具。有的老年人可能因健康或其他原因，很少出门，他们更倾向于步行或乘坐私家车出行。而将免费乘车的优惠转化为津贴，可以使这部分老年人得到实质性的补贴，而不是形成上的福利。同时，这种模式也更加灵活，老年人可以根据自己的实际需求，自由支配这笔津贴，无论是用于交通出行，还是用于其他方面的支出。

对于将老年人免费乘车政策改为发放津贴的提议，很多人却心存顾虑。有人担心这一变更可能降低老年人的出行意愿，因为他们可能会为了节省津贴而减少外出，这会对他们的社交生活和身体健康产生负面影响。

然而，这些顾虑可以通过合理的政策设计和有效的执行来化解。发放津贴实际上为老年人提供了更多的自主性和灵活性，他们可以根据个人需求选择最合适的出行方式，不再局限于乘坐公共交通工具。政府可以通过宣传和教育来鼓励老年人合理利用津贴，维持必要的社交和身体活动。如此可以有效地解决对改变老年人免费乘车政策的担忧，同时确保老年人的福利不受影响，甚至得到进一步提升。

由此不难看出，老年人免费乘车改为发放津贴，这个可以有。

第三类：其他范文

老年人免费乘车改为发放津贴，这个可以有

我国不少地方规定，老年人可以免费乘坐公共交通工具。这一规定在体现对老年人的关怀的同时，也出现了不少问题。因此，有的地方把老年人免费乘车的福利改为发放津贴。这一措施既体现了对老年群体的关怀，又缓解了公共交通的压力，值得进一步推广。

将老年人免费乘车改为发放津贴，这么做的好处至少有三点：

一来可以调整老年人的出行习惯。如果将免费乘坐公共交通工具改成发放津贴，老年人乘车时与其他人一样需刷卡付费，老年人出行就会更加理性，"吃个早点买个菜就从城南坐到城北"的现象肯定会大大减少。

二来可以降低早晚高峰期老年人出行的频率。因为过去实施的70岁以上老年人可以随时随地免费乘车的政策，让不少老年人在早晚高峰期出门散步，与年轻人在车上争座位，导致许多年轻人无座可坐，甚至从上车一直站到下车。如果将老年人免费乘坐公共交通工具改成发放津贴，选择早晚高峰期出行的老年人就会大大减少，公共交通就不会像现在那么拥挤，座位也不会那么紧张了。这样会大大提高上班族乘坐公交的舒适度和满意度。

三来可以将专项福利变成普惠福利。过去实施的70岁以上老年人免费乘车的政策，受益的仅仅是选择公交出行的老年人群体，而那些容易晕车或腿脚不便的老年人则无法享受这一福利。如果将老年人免费乘车改为发放津贴，则这一政策可以实现对同一城市相同年龄群体的全覆盖执行。这样更能体现这一优惠政策的公平性，老年人的福利也可以得到进一步提升，进而达到提升老年人的获得感和幸福感的目的。

综上，老年人免费乘车改为发放津贴，这个可以有。

（改编自《老年人免费乘公交改为发放补贴，这个可以有！》，华声在线，2019年01月27日）

发放津贴更可取

"老有所养"一直是我国社会保障制度的基本理念之一，重视对老年人的关怀也是社会文明进

步的重要体现。在这个基础上，国内许多地方规定老年人可以免费乘坐公共交通工具。然而，这一规定的实施却存在不少问题，例如，老年人在早晚高峰时段免费乘车会影响上班族的通勤；一些老年人由于种种原因无法享受到这一福利。因此，我认为给老年人发放津贴更可取。

  首先，老年人免费乘坐公共交通工具给其他市民的出行带来了不便。特别是在早晚高峰时段，本来就有限的公共交通资源被老年人因可以免费乘坐而占用。这不仅导致上班族的通勤时间被延长，还会让车厢拥挤不堪，甚至产生安全隐患。相比之下，老年人在领取到津贴以后，出行会更加理性，降低给其他市民的出行造成不便的可能性。而且这一措施还可以根据老年人的具体出行情况来制定津贴标准，更具灵活性和针对性。

  其次，一些老年人由于诸多原因无法享受免费乘坐公共交通工具的福利。比如一些老年人居住在偏远地区，公共交通不便；还有一些老年人因为身体原因无法乘坐公共交通工具。对于这些老年人来说，即便有免费乘坐公共交通工具的规定，实际上也无法享受到这一福利，反而会让他们感到更加失落和无助。相比之下，发放津贴可以根据老年人的实际需求进行分配，不会让一些老年人因为各种原因而失去享受福利的机会，能够真正体现社会福利政策对老年人的关爱和照顾。

  最后，发放津贴可以鼓励老年人更加自主地选择出行方式。老年人的身体条件和出行需求各不相同，有些老年人可能更愿意选择步行、骑自行车等出行方式。发放津贴可以让老年人更加自主地选择出行方式，更能满足老年人的实际需求。

  综上所述，虽然老年人免费乘坐公共交通工具体现了对老年人的关怀，但是发放津贴的方式更可取。

题目来源：

估分：

题目来源：

 题目来源:

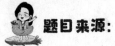 题目来源:

估分:

题目来源：

估分：

题目来源：

估分：

题目来源:

题目来源：

估分：

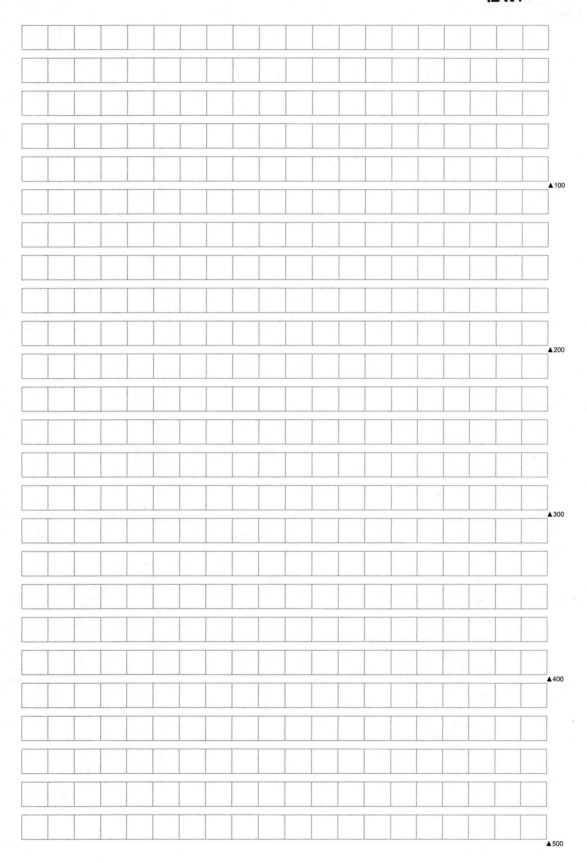

题目来源:

估分：

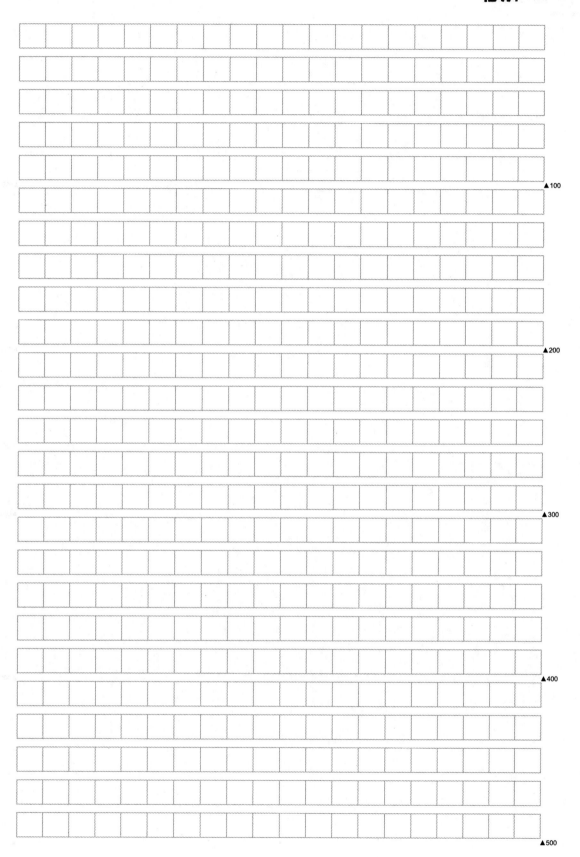

题目来源:

估分：

题目来源：

估分:

 题目来源：

估分：

 题目来源：

估分：

 题目来源：

估分：

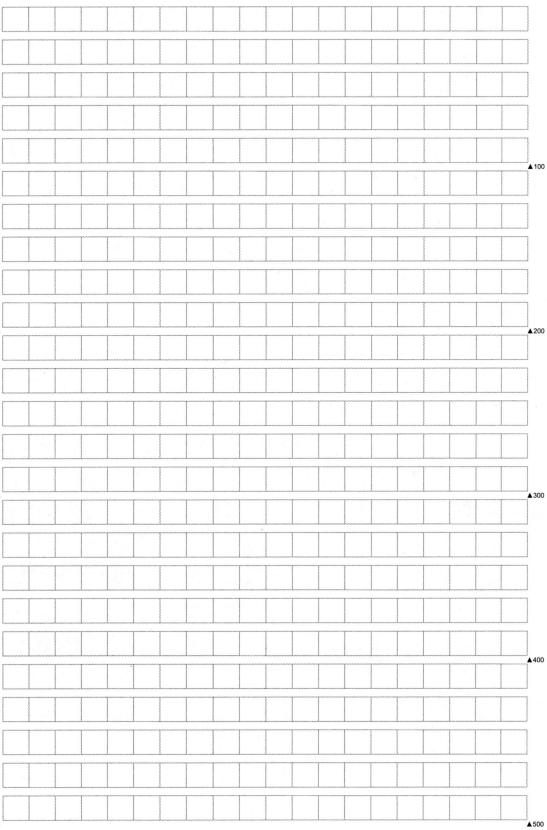

题目来源:

估分：

 题目来源:

估分：

 题目来源：

估分：

题目来源：

估分：

题目来源：

估分:

题目来源:

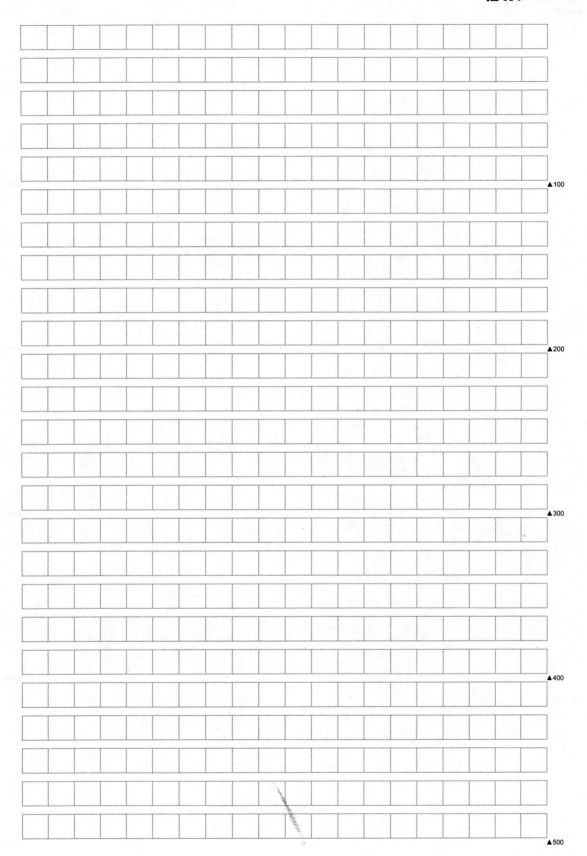

题目来源:

题目来源：

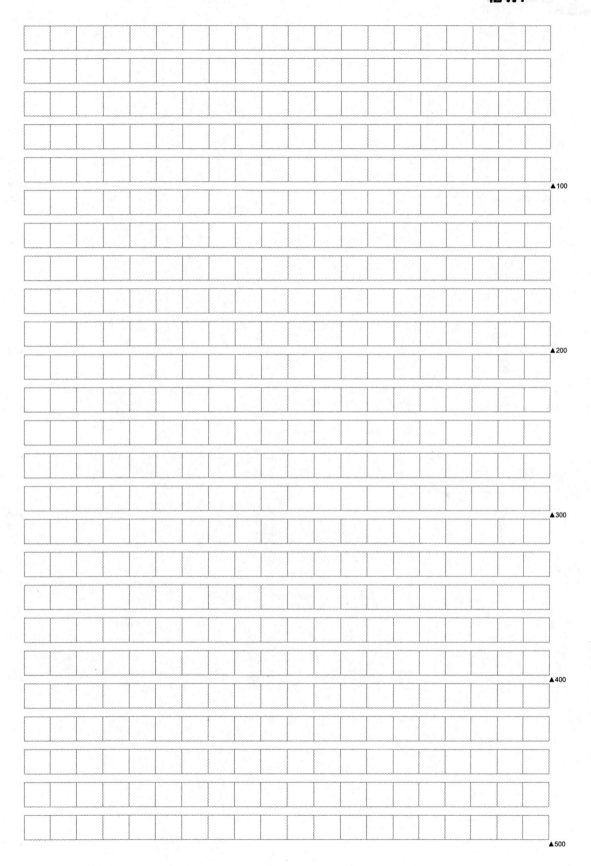

题目来源：

估分:

题目来源：